# ŒUVRES COMPLÈTES

DE

# SHAKSPEARE

V

Paris.—Imprimerie Bonaventure et Ducessois, 55, quai des Augustins.

# OEUVRES COMPLÈTES
DE
# SHAKSPEARE

TRADUCTION
DE
## M. GUIZOT

NOUVELLE ÉDITION ENTIÈREMENT REVUE

AVEC UNE ÉTUDE SUR SHAKSPEARE
DES NOTICES SUR CHAQUE PIÈCE ET DES NOTES

---

V

Le roi Lear.
Cymbeline.—La méchante femme mise à la raison.
Peines d'amour perdues.—Périclès.

PARIS
À LA LIBRAIRIE ACADÉMIQUE
DIDIER ET Cⁿ, LIBRAIRES-ÉDITEURS
35, QUAI DES GRANDS-AUGUSTINS.

1862
Tous droits réservés.

# LE ROI LEAR

TRAGÉDIE

# NOTICE SUR LE ROI LEAR

En l'an du monde 3105, disent les chroniques, pendant que Joas régnait à Jérusalem, monta sur le trône de la Bretagne Leir, fils de Baldud, prince sage et puissant, qui maintint son pays et ses sujets dans une grande prospérité, et fonda la ville de Caeirler, maintenant Leicester. Il eut trois filles, Gonérille, Régane et Cordélia, de beaucoup la plus jeune des trois et la plus aimée de son père. Parvenu à une grande vieillesse, et l'âge ayant affaibli sa raison, Leir voulut s'enquérir de l'affection de ses filles, dans l'intention de laisser son royaume à celle qui mériterait le mieux la sienne. « Sur quoi il
« demanda d'abord à Gonérille, l'aînée, comment bien elle l'aimait ;
« laquelle appelant ses dieux en témoignage, protesta qu'elle l'ai-
« mait plus que sa propre vie, qui, par droit et raison, lui devait
« être très-chère ; de laquelle réponse le père, étant bien satisfait, se
« tourna à la seconde, et s'informa d'elle combien elle l'aimait ;
« laquelle répondit (confirmant ses dires avec de grands serments)
« qu'elle l'aimait plus que la langue ne pouvait l'exprimer, et bien
« loin au-dessus de toutes les autres créatures du monde. » Lorsqu'il fit la même question à Cordélia, celle-ci répondit : « Connais-
« sant le grand amour et les soins paternels que vous avez toujours
« portés en mon endroit (pour laquelle raison je ne puis vous répondre
« autrement que je ne pense et que ma conscience me conduit), je
« proteste par-devant vous que je vous ai toujours aimé et continue-
» rai, tant que je vivrai, à vous aimer comme mon père par nature ;
« et si vous voulez mieux connaître l'amour que je vous porte,
« assurez-vous qu'autant vous avez en vous, autant vous méritez,
« autant je vous aime, et pas davantage. » Le père, mécontent de cette réponse, maria ses deux filles aînées, l'une à Henninus, duc de

Cornouailles, et l'autre à Maglanus, duc d'Albanie, les faisant héritières de ses États, après sa mort, et leur en remettant dès lors la moitié entre les mains. Il ne réserva rien pour Cordélia. Mais il arriva qu'Aganippus, un des douze rois qui gouvernaient alors la Gaule, ayant entendu parler de la beauté et du mérite de cette princesse, la demanda en mariage; à quoi l'on répondit qu'elle était sans dot, tout ayant été assuré à ses deux sœurs ; Aganippus insista, obtint Cordélia et l'emmena dans ses États.

Cependant les deux gendres de Leir, commençant à trouver qu'il régnait trop longtemps, s'emparèrent à main armée de ce qu'il s'était réservé, lui assignant seulement un revenu pour vivre et soutenir son rang ; ce revenu fut encore graduellement diminué, et ce qui causa à Leir le plus de douleur, cela se fit avec une extrême dureté de la part de ses filles, qui semblaient penser que tout « ce « qu'avait leur père était de trop, si petit que cela fût jamais ; si « bien qu'allant de l'une à l'autre, Leir arriva à cette misère qu'elles « lui accordaient à peine un serviteur pour être à ses ordres. » Le vieux roi, désespéré, s'enfuit du pays et se réfugia dans la Gaule, où Cordélia et son mari le reçurent avec de grands honneurs ; ils levèrent une armée et équipèrent une flotte pour le reconduire dans ses États, dont il promit la succession à Cordélia, qui accompagnait son père et son mari dans cette expédition. Les deux ducs ayant été tués et leurs armées défaites dans une bataille que leur livra Aganippus, Leir remonta sur le trône et mourut au bout de deux ans, quarante ans après son premier avénement. Cordélia lui succéda et régna cinq ans ; mais dans l'intervalle, son mari étant mort, les fils de ses sœurs, Margan et Cunedag, se soulevèrent contre elle, la vainquirent et l'enfermèrent dans une prison, où, « comme c'était une femme d'un courage mâle, » désespérant de recouvrer sa liberté, elle prit le parti de se tuer [1].

Ce récit de Hollinshed est emprunté à Geoffroi de Monmouth, qui a probablement bâti l'histoire de Leir sur une anecdote d'Ina, roi des Saxons, et sur la réponse de la plus « jeune et de la plus sage des filles » de ce roi, qui, dans une situation pareille à celle de Cordélia, répond de même à son père que, bien qu'elle l'aime, l'honore et révère autant que le demandent au plus haut degré la nature et le devoir filial, cependant elle pense qu'il pourra lui arriver un jour d'aimer encore plus ardemment son mari, avec qui, par les commandements de Dieu, elle ne doit faire qu'une même chair, et

---

[1] *Chroniques de Hollinshed, Hist. of England*, liv. II, ch. v, t. I, p. 12.

pour qui elle doit quitter père, mère, etc. Il ne paraît pas qu'Ina ait désapprouvé le « sage dire » de sa fille ; et la suite de l'histoire de Cordélia est probablement un développement que l'imagination des chroniqueurs aura fondé sur cette première donnée. Quoi qu'il en soit, la colère et les malheurs du roi Lear avaient, avant Shakspeare, trouvé place dans plusieurs poëmes, et fait le sujet d'une pièce de théâtre et de plusieurs ballades. Dans une de ces ballades, rapportée par Johnson sous le titre de : *A lamentable song of the death of king Leir and his three daughters*, Lear, comme dans la tragédie, devient fou, et Cordélia ayant été tuée dans la bataille, que gagnent cependant les troupes du roi de France, son père meurt de douleur sur son corps, et ses sœurs sont condamnées à mort par le jugement « des lords et nobles du royaume. » Soit que la ballade ait précédé ou non la tragédie de Shakspeare, il est très-probable que l'auteur de la ballade et le poëte dramatique ont puisé dans une source commune, et que ce n'est pas sans quelque autorité que Shakspeare, dans son dénoûment, s'est écarté des chroniques qui donnent la victoire à Cordélia. Ce dénoûment a été changé par Tatel, et Cordélia rétablie dans ses droits. La pièce est demeurée au théâtre sous cette seconde forme, à la grande satisfaction de Johnson, et, dit M. Steevens, « des dernières galeries » *(upper gallery)*. Addison s'est prononcé contre ce changement.

Quant à l'épisode du comte de Glocester, Shakspeare l'a imité de l'aventure d'un roi de Paphlagonie, racontée dans l'*Arcadia* de Sidney ; seulement, dans le récit original, c'est le bâtard lui-même qui fait arracher les yeux à son père, et le réduit à une condition semblable à celle de Lear. Léonatus, le fils légitime, qui, condamné à mort, avait été forcé de chercher du service dans une armée étrangère, apprenant les malheurs de son père, abandonne tout au moment où ses services allaient lui procurer un grade élevé, pour venir, au risque de sa vie, partager et secourir la misère du vieux roi. Celui-ci, remis sur son trône par le secours de ses amis, meurt de joie en couronnant son fils Léonatus ; et Plexirtus, le bâtard, par un hypocrite repentir, parvient à désarmer la colère de son frère.

Il est évident que la situation du roi Lear et celle du roi de Paphlagonie, tous deux persécutés par les enfants qu'ils ont préférés, et secourus par celui qu'ils ont rejeté, ont frappé Shakspeare comme devant entrer dans un même sujet, parce qu'elles appartenaient à une même idée. Ceux qui lui ont reproché d'avoir ainsi altéré la simplicité de son action ont prononcé d'après leur système, sans prendre la peine d'examiner celui de l'auteur qu'ils critiquaient. On pourrait leur répondre, même en partant des règles qu'ils veulent imposer, que l'amour des deux femmes pour Edmond qui sert à amener leur punition, et l'intervention d'Edgar dans cette portion du dénoûment, suffisent pour absoudre la pièce du reproche de duplicité d'action; car, pourvu que tout vienne se réunir dans un même nœud facile à saisir, la simplicité de la marche d'une action dépend beaucoup moins du nombre des intérêts et des personnages qui y concourent que du jeu naturel et clair des ressorts qui la font mouvoir. Mais, de plus, il ne faut jamais oublier que l'unité, pour Shakspeare, consiste dans une idée dominante qui, se reproduisant sous diverses formes, ramène, continue, redouble sans cesse la même impression. Ainsi comme, dans *Macbeth*, le poëte montre l'homme aux prises avec les passions du crime, de même dans *le Roi Lear*, il le fait voir aux prises avec le malheur, dont l'action se modifie selon les divers caractères des individus qui le subissent. Le premier spectacle qu'il nous offre, c'est dans Cordélia, Kent, Edgar, le malheur de la vertu ou de l'innocence persécutée. Vient ensuite le malheur de ceux qui, par leur passion ou leur aveuglement, se sont rendus les instruments de l'injustice, Lear et Glocester; et c'est sur eux que porte l'effort de la pitié. Quant aux scélérats, on ne doit point les voir souffrir; le spectacle de leur malheur serait troublé par le souvenir de leur crime : ils ne peuvent avoir de punition que par la mort.

De ces cinq personnages soumis à l'action du malheur, Cordélia, figure céleste, plane presque invisible et à demi voilée sur la composition qu'elle remplit de sa présence, bien qu'elle en soit presque toujours absente. Elle souffre, et ne se plaint ni ne se défend jamais; elle agit, mais son action ne se montre que par les résultats; tranquille sur son propre sort, réservée et contenue dans ses sentiments les plus légitimes, elle passe et disparaît comme l'habitant d'un monde meilleur, qui a traversé notre monde sans subir le mouvement terrestre.

Kent et Edgar ont chacun une physionomie très-prononcée : le premier est, ainsi que Cordélia, victime de son devoir : le second n'intéresse d'abord que par son innocence; entré dans le malheur en même temps, pour ainsi dire, que dans la vie, également neuf à l'un et à l'autre, Edgar s'y déploie graduellement, les apprend à la fois, et découvre en lui-même, selon le besoin, les qualités dont il est doué; à mesure qu'il avance, s'augmentent et ses devoirs, et ses difficultés, et son importance : il grandit et devient un homme; mais en même temps, il apprend combien il en coûte; et il reconnaît à la fin, en le soutenant avec noblesse et courage, tout le poids du fardeau qu'il avait porté d'abord presque avec gaieté. Kent, au contraire, vieillard sage et ferme, a, dès le premier moment, tout su, tout prévu ; dès qu'il entre en action, sa marche est arrêtée, son but fixé. Ce n'est point, comme Edgar, la nécessité qui le pousse, le hasard qui vient à sa rencontre ; c'est sa volonté qui le détermine ; rien ne la change ni ne la trouble ; et le spectacle du malheur auquel il se dévoue lui arrache à peine une exclamation de douleur.

Lear et Glocester, dans une situation analogue, en reçoivent une impression qui correspond à leurs divers caractères. Lear, impétueux, irritable, gâté par le pouvoir, par l'habitude et le besoin de l'admiration, se révolte et contre sa situation et contre sa propre conviction ; il ne peut croire à ce qu'il sait ; sa raison n'y résiste pas : il devient fou. Glocester, naturellement faible, succombe à la misère, et ne résiste pas davantage à la joie : il meurt en reconnaissant Edgar. Si Cordélia vivait, Lear retrouverait encore la force de vivre ; il se brise par l'effort de sa douleur.

A travers la confusion des incidents et la brutalité des mœurs, l'intérêt et le pathétique n'ont peut-être jamais été portés plus loin que dans cette tragédie. Le temps où Shakspeare a pris son action semble l'avoir affranchi de toute forme convenue ; et de même qu'il ne s'est point inquiété de placer, huit cents ans avant Jésus-Christ, un roi de France, un duc d'Albanie, un duc de Cornouailles, etc., il ne s'est pas préoccupé de la nécessité de rapporter le langage et les personnages à une époque déterminée ; la seule trace d'une intention qu'on puisse remarquer dans la couleur générale du style de la pièce, c'est le vague et l'incertitude des constructions grammaticales, qui semblent appartenir à une langue encore tout à fait dans l'enfance ; en même temps un assez grand nombre d'expressions rapprochées du français indiquent une époque, sinon correspondante à celle où est supposé exister le roi Lear, du moins fort antérieure à celle où écrivait Shakspeare.

Le roi Lear de Shakspeare fut joué pour la première fois en 1606, au moment de Noël. La première édition est de 1608, et porte ce titre : « Véritable Chronique et Histoire de la Vie et de la Mort du « Roi Lear et de ses Trois Filles, par M. William Shakspeare. Avec « la Vie infortunée d'Edgar, Fils et Héritier du Comte de Glocester, « et son Déguisement sous le nom de Tom de Bedlam :—Comme elle « a été jouée devant la Majesté du Roi, à White Hall, le soir de « Saint-Étienne, pendant les Fêtes de Noël, par les Acteurs de Sa « Majesté, jouant ordinairement au Globe, près de la Banque. »

# LE ROI LEAR

### TRAGÉDIE

---

### PERSONNAGES

LEAR, roi de la Grande-Bretagne.
LE ROI DE FRANCE.
LE DUC DE BOURGOGNE.
LE DUC DE CORNOUAILLES.
LE DUC D'ALBANIE.
LE COMTE DE GLOCESTER.
LE COMTE DE KENT.
EDGAR, fils de Glocester.
EDMOND, fils bâtard de Glocester.
CURAN, courtisan.
UN VIEILLARD, vassal de Glocester.
UN MÉDECIN.
LE FOU du roi Lear.
OSWALD, intendant de Gonerille.
UN OFFICIER employé par Edmond.
UN GENTILHOMME attaché à Cordélia.
UN HÉRAUT.
SERVITEURS du duc de Cornouailles.
GONERILLE,
REGANE,   } filles du roi Lear.
CORDELIA,
CHEVALIERS DE LA SUITE DU ROI LEAR, OFFICIERS, MESSAGERS, SOLDATS ET SERVITEURS.

La scène est dans la Grande-Bretagne.

---

## ACTE PREMIER

### SCÈNE I

Salle d'apparat dans le palais du roi Lear.

*Entrent* KENT, GLOCESTER, EDMOND.

KENT.—J'avais toujours cru au roi plus d'affection pour le duc d'Albanie que pour le duc de Cornouailles.

GLOCESTER.—C'est ce qui nous avait toujours paru; mais aujourd'hui, dans le partage de son royaume, rien n'indique quel est celui des deux ducs qu'il préfère : l'égalité y est si exactement observée, qu'avec toute l'attention possible on ne pourrait faire un choix entre les deux parts.

KENT.—N'est-ce pas là votre fils, milord?

GLOCESTER.—Son éducation, seigneur, a été à ma

charge; et j'ai tant de fois rougi de le reconnaître, qu'à la fin je m'y suis endurci.

KENT.—Je ne saurais concevoir...

GLOCESTER.—C'est ce qu'a très-bien su faire, seigneur, la mère de ce jeune homme : aussi son ventre en a-t-il grossi, et elle s'est trouvée avoir un fils dans son berceau avant d'avoir un mari dans son lit. Maintenant entrevoyez-vous la faute?

KENT.—Je ne voudrais pas que cette faute n'eût pas été commise, puisque l'issue en a si bien tourné.

GLOCESTER.—Mais c'est que j'ai aussi, seigneur, un fils légitime qui est l'aîné de celui-ci de quelques années, et qui cependant ne m'est pas plus cher. Le petit drôle est arrivé, à la vérité, un peu insolemment dans ce monde avant qu'on l'y appelât; mais sa mère était belle; j'ai eu ma foi du plaisir à le faire, et il faut bien le reconnaître, le coquin[1]!—Edmond, connaissez-vous ce noble gentilhomme?

EDMOND.—Non, milord.

GLOCESTER.—C'est le lord de Kent.—Souvenez-vous-en comme d'un de mes plus honorables amis.

EDMOND.—Je prie Votre Seigneurie de me croire à son service.

KENT.—Je vous aimerai certainement et chercherai à faire avec vous plus ample connaissance.

EDMOND.—Seigneur, je mettrai mes soins à mériter votre estime.

GLOCESTER.—Il a été neuf ans hors du pays, et il faudra qu'il s'absente encore. (*Trompettes au dehors.*) —Voici le roi qui arrive.

(Entrent Lear, le duc de Cornouailles, le duc d'Albanie, Gonerille, Régane, Cordélia; suite.)

LEAR. — Glocester, vous accompagnerez le roi de France et le duc de Bourgogne.

GLOCESTER.—Je vais m'y rendre, mon souverain.

(Il sort.)

LEAR.—Nous cependant, nous allons manifester ici nos

---

[1] *The whoreson.*

plus secrètes résolutions. Qu'on place la carte sous mes yeux. Sachez que nous avons divisé notre royaume en trois parts, étant fermement résolu de soulager notre vieillesse de tout souci et affaire pour en charger de plus jeunes forces, et nous traîner vers la mort délivré de tout fardeau.—Notre fils de Cornouailles, et vous qui ne nous êtes pas moins attaché, notre fils d'Albanie, nous sommes déterminés à régler publiquement, dès cet instant, la dot de chacune de nos filles, afin de prévenir par là tous débats dans l'avenir. L'amour retient depuis longtemps dans notre cour le roi de France et le duc de Bourgogne, rivaux illustres pour l'amour de notre plus jeune fille : je vais ici répondre à leur demande.—Dites-moi, mes filles (puisque nous voulons maintenant nous dépouiller tout à la fois de l'autorité, des soins de l'État et de tout intérêt de propriété), quelle est celle de vous dont nous pourrons nous dire le plus aimé, afin que notre libéralité s'exerce avec plus d'étendue là où elle sera sollicitée par des mérites plus grands?—Vous, Gonerille, notre aînée, parlez la première.

GONERILLE.—Je vous aime, seigneur, de plus d'amour que n'en peuvent exprimer les paroles; plus chèrement que la vue, l'espace et la liberté; au delà de tout ce qui existe de précieux, de riche ou de rare. Je vous aime à l'égal de la vie accompagnée de bonheur, de santé, de beauté, de grandeur. Je vous aime autant qu'un enfant ait jamais aimé, qu'un père l'ait jamais été. Trouvez un amour que l'haleine ne puisse suffire, et les paroles parvenir à exprimer; eh bien! je vous aime encore davantage.

CORDÉLIA, *à part*.—Que pourra faire Cordélia? Aimer et se taire.

LEAR.—Depuis cette ligne éloignée jusqu'à celle-ci, toute cette enceinte riche d'ombrageuses forêts, de campagnes et de rivières abondantes, de champs aux vastes limites, nous t'en faisons maîtresse, qu'elle soit à jamais assurée à votre prospérité, à toi et au duc d'Albanie.—Que répond notre seconde fille, notre bien-aimée Régane, l'épouse de Cornouailles? Parle.

RÉGANE.—Je suis faite du même métal que ma sœur, et je m'estime à sa valeur. Dans la sincérité de mon cœur, je trouve qu'elle a défini précisément l'amour que je ressens : seulement elle n'a pas été assez loin; car moi, je me déclare ennemie de toutes les autres joies contenues dans le domaine des sentiments les plus précieux, et ne puis trouver de félicité que dans l'affection de Votre chère Majesté.

CORDÉLIA, *à part.*—Ah! pauvre Cordélia! Mais non, cependant, puisque je suis sûre que mon amour est plus riche que ma langue.

LEAR, *à Régane.*—Toi et les tiens vous posséderez héréditairement ce grand tiers de notre beau royaume, portion égale en étendue, en valeur, en agrément, à celle que j'ai assurée à Gonerille.—Et vous maintenant, qui pour avoir été ma dernière joie n'en fûtes pas la moins chère, vous dont les vignobles de la France et le lait de la Bourgogne sollicitent à l'envi les jeunes amours, qu'avez-vous à dire qui puisse vous attirer un troisième lot, plus riche encore que celui de vos sœurs? Parlez.

CORDÉLIA.—Rien, seigneur.

LEAR.—Rien?

CORDÉLIA.—Rien.

LEAR.—Rien ne peut venir de rien, parlez donc.

CORDÉLIA.—Malheureuse que je suis, je ne puis élever mon cœur jusque sur mes lèvres. J'aime Votre Majesté comme je le dois, ni plus ni moins.

LEAR.—Comment, comment, Cordélia? Corrigez un peu votre réponse, de peur qu'elle ne ruine votre fortune.

CORDÉLIA.—Mon bon seigneur, vous m'avez donné le jour, vous m'avez élevée, vous m'avez aimée : je vous rends en retour tous les devoirs qui me sont justement imposés; je vous obéis, je vous aime et vous révère autant qu'il est possible. Mais pourquoi mes sœurs ont-elles des maris, si elles disent n'aimer au monde que vous? Il peut arriver, quand je me marierai, que l'époux dont la main recevra ma foi emporte la moitié de ma tendresse, la moitié de mes soins et de mes devoirs.

Sûrement je ne me marierai jamais comme mes sœurs, pour n'aimer au monde que mon père.

LEAR.—Mais dis-tu ceci du fond du cœur?

CORDÉLIA.—Oui, mon bon seigneur.

LEAR.—Si jeune et si peu tendre!

CORDÉLIA.—Si jeune et si vraie, mon seigneur.

LEAR.—A la bonne heure. Que ta véracité soit donc ta dot; car, par les rayons sacrés du soleil, par les mystères d'Hécate et de la Nuit, par les influences de ces globes célestes par lesquels nous existons et nous mourons, j'abjure ici tous mes sentiments paternels, tous les liens, tous les droits du sang, et je te tiens de ce moment et à jamais pour étrangère à mon cœur et à moi. Le Scythe barbare, et celui qui fait de ses enfants l'aliment dont il assouvit sa faim, seront aussi proches de mon cœur, de ma pitié et de mes secours, que toi qui as été ma fille.

KENT.—Mon bon maître...

LEAR.—Taisez-vous, Kent; ne vous mettez point entre le dragon et sa colère. Je l'ai aimée plus que personne, et je voulais confier mon repos aux soins de sa tendresse. —Sors d'ici, et ne te présente pas à ma vue.—Puissé-je trouver la paix dans le tombeau, comme je lui retire ici le cœur de son père!—Qu'on fasse venir le roi de France.—M'obéit-on?—Appelez le duc de Bourgogne.— Cornouailles, Albanie, avec la dot de mes filles acceptez encore ce tiers. Que cet orgueil qu'elle appelle franchise serve à la marier. Je vous investis en commun de ma puissance, de mon rang, et de ces vastes prérogatives qui accompagnent la majesté royale. Nous et cent chevaliers que nous nous réservons, entretenus à vos frais, nous vivrons alternativement durant un mois chez chacun de vous, retenant seulement le nom de roi et les titres qui s'y rattachent. Nous vous abandonnons, fils chéris, l'autorité, les revenus et le soin de régler tout le reste, et, pour le prouver, partagez entre vous cette couronne. (*Il leur donne sa couronne.*)

KENT. — Royal Lear, vous que j'ai toujours honoré comme mon roi, aimé comme mon père, suivi comme mon maître, et rappelé dans mes prières comme mon puissant patron...

LEAR. —L'arc est bandé et tiré ; évite le trait.

KENT. —Qu'il tombe sur moi, dût le fer pénétrer dans la région de mon cœur ! Kent peut manquer au respect quand Lear devient insensé.—Que me feras-tu, vieillard ? —Penses-tu que le devoir puisse craindre de parler quand le devoir fléchit devant la flatterie? L'honneur est tenu à la franchise, quand la majesté souveraine s'abaisse à la démence. Rétracte ton arrêt ; répare, par une plus mûre délibération, ta monstrueuse précipitation. Que ma vie réponde ici de mon jugement : ta plus jeune fille n'est pas celle qui t'aime le moins ; ce ne sont pas des cœurs vides, ceux dont le son peu élevé ne retentit point d'un bruit creux.

LEAR. —Kent, sur ta vie, pas un mot de plus.

KENT. —Je n'ai jamais regardé ma vie que comme un pion [1] à hasarder contre tes ennemis ; je ne crains pas de la perdre, si c'est pour te sauver.

LEAR, *en colère*. —Ote-toi de ma vue.

KENT. —Regardes-y mieux, Lear, et laisse-moi demeurer devant tes yeux comme leur fidèle point de vue [2].

LEAR. —Cette fois, par Apollon !...

KENT. —Cette fois, par Apollon, ô roi, tu prends le nom de tes dieux en vain.

LEAR, *mettant la main sur son épée*. —Vassal ! mécréant !

ALBANIE ET CORNOUAILLES. —Cher seigneur, arrêtez.

KENT. —Continue, tue ton médecin, et donne le salaire à ta funeste maladie. Révoque tes dons, ou, tant que mes cris pourront s'échapper de ma poitrine, je te dirai que tu fais mal.

LEAR. —Écoute-moi, faux traître, sur ton allégeance, écoute-moi : comme tu as tenté de nous faire violer notre serment, ce que nous n'avons encore jamais osé,

---

[1] *Pawn*, pion, allusion aux pièces de l'échiquier.

[2] *See better, Lear, and let me here remain the true blank of thine eye.* Il y a lieu de soupçonner ici un jeu de mots sur le mot *blank*, blanc des yeux, ou *blank*, but. Il ne pouvait être rendu dans une traduction littérale.

et que les efforts de ton orgueil ont voulu se placer entre notre arrêt et notre pouvoir, ce que notre caractère ni notre rang ne nous permettent pas d'endurer, notre pouvoir ayant son plein effet, tu vas recevoir la récompense qui t'est due. Nous t'accordons cinq jours pour arranger tes affaires de manière à te mettre à couvert des détresses de ce monde; le sixième, tourne à notre royaume ton dos détesté; si, le dixième de ceux qui suivront, ton corps proscrit est trouvé dans l'étendue de notre domination, ce moment sera celui de ta mort. Va-t'en; par Jupiter! cet arrêt ne sera pas révoqué.

KENT.—Adieu, roi. Puisque c'est ainsi que tu te montres, la liberté vit loin d'ici, et l'exil est ici. (*A Cordélia.*)— Jeune fille, que les dieux te prennent sous leur puissante protection, toi qui penses juste et qui as parlé avec tant de sagesse!—(*A Régane et Gonerille.*) Vous, puissent vos actions justifier vos magnifiques discours, afin que de ces paroles d'affection puissent naître des effets salutaires!—C'est ainsi, princes, que Kent vous fait à tous ses adieux. Il va continuer son ancienne conduite dans un pays nouveau.

(Il sort.)

(Rentre Glocester, avec le roi de France, le duc de Bourgogne, et leur suite.)

GLOCESTER.—Voici, mon noble maître, le roi de France et le duc de Bourgogne.

LEAR.—Mon seigneur de Bourgogne, c'est à vous que nous adresserons le premier la parole, vous qui vous êtes déclaré le rival du roi dans la recherche de notre fille : quel est le moins que vous me demandiez actuellement pour sa dot, si je ne veux voir cesser vos poursuites amoureuses?

LE DUC DE BOURGOGNE.—Royale Majesté, je ne demande rien de plus que ce que m'a offert Votre Grandeur, et vous ne voudrez pas m'offrir moins.

LEAR.—Très-noble duc de Bourgogne, tant qu'elle nous fut chère, nous l'avions estimée à cette valeur; mais aujourd'hui elle est déchue de son prix.—Seigneur, la voilà devant vous : si quelque chose dans cette petite personne trompeuse, ou sa personne entière avec notre déplaisir par-dessus le marché, et rien de plus, paraît suffisamment agréable à Votre Seigneurie, la voilà, elle est à vous.

LE DUC DE BOURGOGNE.—Je ne sais que répondre.

LEAR.—Telle qu'elle est avec ses défauts, sans amis, tout récemment adoptée par ma haine, dotée de ma malédiction, et tenue pour étrangère par mon serment, voulez-vous, seigneur, la prendre ou la laisser?

LE DUC DE BOURGOGNE. — Pardonnez, seigneur roi; mais un choix ne se détermine pas sur de pareilles conditions.

LEAR.—Laissez-la donc, seigneur; car, par le maître qui m'a fait, je vous ai dit toute sa fortune.—(*Au roi de France.*) Pour vous, grand roi, je ne voudrais pas abuser de votre amour au point de vous unir à ce que je hais : ainsi, je vous en conjure, tournez votre inclination vers quelque autre objet qui en soit plus digne qu'une malheureuse que la nature a presque honte d'avouer pour sienne.

LE ROI DE FRANCE. — C'est quelque chose de bien étrange, que celle qui était, il n'y a qu'un moment encore, le premier objet de votre affection, le sujet de vos louanges, le baume de votre vieillesse, ce que vous aviez de meilleur et de plus cher, ait pu, dans l'espace d'un clin d'œil, commettre une action assez monstrueuse pour être dépouillée de tous les replis de votre faveur! Sans doute il faut que son offense blesse la nature à tel point qu'elle en devienne un monstre; ou bien l'affection que vous lui aviez témoignée devient une tache pour Votre Majesté, ce que ma raison ne saurait m'obliger de croire sans le secours d'un miracle.

CORDÉLIA, *à son père*.—Je supplie Votre Majesté, bien que je manque de cet art onctueux et poli de parler sans avoir dessein d'accomplir, puisque je veux exécuter mes bonnes intentions avant d'en parler, de vouloir bien déclarer que ce n'est point une tache de vice, un meurtre ou une souillure, ni une action contre la chasteté, ni une démarche déshonorante, qui m'a privée de votre faveur et de vos bonnes grâces, mais que c'est pour n'avoir pas possédé, et c'est là ma richesse, cet œil qui sollicite toujours, et cette langue que je me félicite de ne pas avoir, quoique pour ne l'avoir pas j'aie perdu votre tendresse.

LEAR.—Il vaudrait mieux pour toi n'être jamais née que de n'avoir pas su me plaire davantage.

LE ROI DE FRANCE.—N'est-ce que cela? une lenteur naturelle qui souvent néglige de raconter l'histoire de ce qu'elle va faire?— Monseigneur de Bourgogne, que dites-vous à cette dame? L'amour n'est point l'amour dès qu'il s'y mêle des considérations étrangères à son véritable objet. La voulez-vous? elle est une dot en elle-même.

LE DUC DE BOURGOGNE, *à Lear*. — Royal Lear, donnez-moi seulement la part que vous aviez d'abord offerte de vous-même; et ici, à l'instant même, je prends la main de Cordélia comme duchesse de Bourgogne.

LEAR.—Rien; je l'ai juré : je suis inébranlable.

LE DUC DE BOURGOGNE, *à Cordélia*.—Je suis vraiment fâché que vous ayez perdu votre père à tel point qu'il vous faille aussi perdre un époux.

CORDÉLIA.—La paix soit avec le duc de Bourgogne. Puisque ces considérations de fortune faisaient tout son amour, je ne serai point sa femme.

LE ROI DE FRANCE. — Belle Cordélia, toi qui n'en es que plus riche parce que tu es pauvre, plus précieuse parce que tu es délaissée, plus aimée parce qu'on te méprise, je m'empare de toi et de tes vertus : que le droit ne m'en soit pas refusé; je prends ce qu'on rejette. —Dieux, dieux! n'est-il pas étrange que leur froid dédain ait donné à mon amour l'ardeur d'une brûlante adoration?—Roi, ta fille sans dot, et jetée au hasard de mon choix, sera reine de nous, des nôtres, et de notre belle France. Tous les ducs de l'humide Bourgogne ne rachèteraient pas de moi cette fille si précieuse et si peu appréciée.—Cordélia, fais-leur tes adieux malgré leur dureté. Tu perds ce que tu possédais ici pour retrouver mieux ailleurs

LEAR.—Elle est à toi, roi de France; qu'elle t'appartienne; cette fille n'est pas à moi, je ne reverrai jamais son visage : ainsi, va-t'en sans notre faveur, sans notre affection, sans notre bénédiction.—Venez, noble duc de Bourgogne.

(Fanfares.—Sortent Lear, les ducs de Bourgogne, de Cornouailles, d'Albanie, Glocester et suite.)

LE ROI DE FRANCE.—Faites vos adieux à vos sœurs.

CORDÉLIA.—Vous, les joyaux de notre père, Cordélia vous quitte les yeux baignés de larmes. Je vous connais pour ce que vous êtes, et, comme votre sœur, je n'en ai que plus de répugnance à appeler vos défauts par leurs noms. Soignez bien notre père; je le confie à vos cœurs qui ont professé tant d'amour. Mais, hélas! si j'étais encore dans ses bonnes grâces, je voudrais lui donner un meilleur asile. Adieu à toutes les deux.

RÉGANE.—Ne nous prescrivez pas notre devoir.

GONERILLE.—Étudiez-vous à contenter votre époux, qui vous a prise quand vous étiez à la charité de la fortune. Vous avez été avare de votre obéissance, et ce qui en a manqué méritait bien ce qui vous a manqué.

CORDÉLIA.—Le temps développera les replis où se cache l'artifice : la honte vient enfin insulter à ceux qui ont des fautes à cacher. Puissiez-vous prospérer!

LE ROI DE FRANCE.—Venez, ma belle Cordélia.

(Le roi de France et Cordélia sortent.)

GONERILLE.—Ma sœur, je n'ai pas peu de chose à vous dire sur ce qui nous touche de si près toutes les deux. Je crois que mon père doit partir d'ici ce soir.

RÉGANE.—Rien n'est plus certain; il va chez vous : le mois prochain ce sera notre tour.

GONERILLE.—Vous voyez combien sa vieillesse est pleine d'inconstance, et nous venons d'en avoir sous les yeux une assez belle preuve. Il avait toujours aimé surtout notre sœur : la pauvreté de sa tête se montre trop visiblement dans la manière dont il vient de la chasser.

RÉGANE.—C'est la faiblesse de l'âge. Cependant il n'a jamais su que très-médiocrement ce qu'il faisait.

GONERILLE.—Dans son meilleur temps, et dans la plus

grande force de son jugement, il a toujours été très-inconsidéré. Il faut donc nous attendre qu'aux défauts invétérés de son caractère naturel l'âge va joindre encore les humeurs capricieuses qu'amène avec elle l'infirme et colère vieillesse.

RÉGANE.—Il y a toute apparence que nous aurons à essuyer de lui, par moments, des boutades pareilles à celle qui lui a fait bannir Kent.

GONERILLE.—Il est encore occupé à prendre congé du roi de France. Je vous en prie, concertons-nous ensemble. Si notre père, avec le caractère qu'il a, conserve quelque autorité, cet abandon qu'il vient de nous faire ne sera qu'une source d'affronts pour nous.

RÉGANE.—Nous y réfléchirons à loisir.

GONERILLE.—Il faut faire quelque chose, et dans la chaleur du moment.

(Elles sortent.)

## SCÈNE II

Une salle dans le château du duc de Glocester.

**EDMOND** *tenant une lettre.*

EDMOND.—Nature, tu es ma divinité; c'est à toi que je dois mon obéissance. Pourquoi subirai-je la maladie de la coutume, et permettrai-je aux ridicules arrangements des nations de me dépouiller, parce que je serai de douze ou quatorze lunes le cadet d'un frère? Mais quoi, je suis un bâtard! pourquoi en serais-je méprisable, lorsque mon corps est aussi bien proportionné, mon esprit aussi élevé, et ma figure aussi régulière que celle du fils d'une honnête dame? Pourquoi donc nous insulter de ces mots de vil, de bassesse, de bâtardise? Vils! vils! nous qui, dans le vigoureux larcin de la nature, puisons une constitution plus forte et des qualités plus énergiques qu'il n'en entre dans un lit ennuyé, fatigué et dégoûté, dans la génération d'une tribu entière d'imbéciles engendrés entre le sommeil et le réveil! Ainsi donc, légitime Edgar, il faut que j'aie vos biens : l'amour de notre père appartient au bâtard Edmond comme au légitime Edgar. Légitime! le beau mot! A la bonne heure, mon cher légitime; mais si cette lettre réussit et que mon invention prospère, le vil Edmond passera par-dessus la tête du légitime Edgar.—Je grandis, je prospère! Maintenant, dieux! rangez-vous du parti des bâtards.

(Entre Glocester.)

GLOCESTER.—Kent banni de la sorte, et le roi de France parti en courroux! et le roi qui s'en va ce soir! qui délaisse son autorité!... réduit à sa pension! et tout cela fait bruyamment!—(*Il aperçoit Edmond.*) Edmond! Eh bien! quelles nouvelles?

EDMOND, *cachant la lettre*.— Sauf le bon plaisir de Votre Seigneurie, aucune.

GLOCESTER.—Pourquoi tant d'empressement à cacher cette lettre?

EDMOND.—Je ne sais aucune nouvelle, seigneur.

GLOCESTER.—Quel est ce papier que vous lisiez?

EDMOND.—Ce n'est rien, seigneur.

GLOCESTER.—Rien? Et pourquoi donc cette terrible promptitude à le faire rentrer dans votre poche? Rien n'est pas une qualité qui ait si grand besoin de se cacher. Voyons cela; allons, si ce n'est rien, je n'aurai pas besoin de lunettes.

EDMOND.—Je vous en conjure, seigneur, excusez-moi; c'est une lettre de mon frère que je n'ai pas encore lue en entier; mais j'en ai lu assez pour juger qu'elle n'est pas faite pour être mise sous vos yeux.

GLOCESTER.—Donnez-moi cette lettre, monsieur.

EDMOND.—Je commettrai une faute, soit que je vous la refuse, soit que je vous la donne. Son contenu, autant que j'en puis juger sur ce que j'en ai lu, est blâmable.

GLOCESTER.—Voyons, voyons.

EDMOND.—J'espère, pour la justification de mon frère, qu'il n'a écrit cette lettre que pour sonder, pour éprouver ma vertu.

GLOCESTER *lit*.—« Cet assujettissement, ce respect pour
« la vieillesse, rendent la vie amère à ce qu'il y a de
« meilleur de notre temps; ils nous retiennent notre for-

« tune jusqu'à ce que l'âge nous ôte les moyens d'en
« jouir. Je commence à trouver bien sotte et bien débon-
« naire cette soumission à nous laisser opprimer par la
« tyrannie des vieillards, qui gouvernent non parce
« qu'ils ont la force, mais parce que nous le souffrons.
« Viens me trouver afin que je t'en dise davantage. Si
« mon père voulait dormir jusqu'à ce que je le réveil-
« lasse, tu jouirais à perpétuité de la moitié de son
« revenu, et tu vivrais le bien-aimé de ton frère Edgar. »
—Hom, une conspiration! *Dormir jusqu'à ce que je le
réveillasse... Tu jouirais de la moitié de son revenu...*—Mon
fils Edgar! Il a pu trouver une main pour écrire ceci, un
cœur et un cerveau pour le concevoir!—Quand avez-
vous reçu cette lettre? qui vous l'a apportée?

EDMOND.—Elle ne m'a point été apportée, seigneur.
Voici la ruse qu'on a employée : je l'ai trouvée jetée par
la fenêtre de mon cabinet.

GLOCESTER.—Vous connaissez ces caractères pour être
de votre frère?

EDMOND.—Si c'était une lettre qu'on pût approuver,
seigneur, j'oserais jurer que c'est son écriture; mais
pour celle-ci, je voudrais bien croire qu'elle n'est pas de
lui.

GLOCESTER.—C'est son écriture!

EDMOND.—Oui, c'est sa main, seigneur; mais j'espère
que son cœur n'a point de part à ce que contient cet
écrit.

GLOCESTER.—Ne vous a-t-il jamais sondé sur cette
affaire?

EDMOND.—Jamais, seigneur : seulement, je l'ai souvent entendu soutenir qu'il serait à propos, lorsque les
enfants sont parvenus à la maturité, et que les pères
commencent à pencher vers leur déclin, que le père
devînt le pupille du fils, et le fils administrateur des
biens du père.

GLOCESTER.—O scélérat! scélérat! voilà son système
dans cette lettre. Odieux scélérat! fils dénaturé, exé-
crable, bête brute! pire encore que les bêtes brutes!—
Allez, s'il vous plaît, le chercher. Je veux m'assurer

de sa personne. Le scélérat abominable! où est-il?

EDMOND.—Je ne le sais pas bien, seigneur. Mais si vous consentiez à suspendre votre indignation contre mon frère jusqu'à ce que vous pussiez tirer de lui des preuves plus certaines de ses intentions, ce serait suivre une marche plus sûre : au lieu que si, en procédant violemment contre lui, vous veniez à vous méprendre sur ses desseins, ce serait une plaie profonde à votre honneur et vous briseriez un cœur soumis. J'ose engager ma vie pour lui, et garantir qu'il n'a écrit cette lettre que dans la vue d'éprouver mon attachement pour vous, et sans aucun projet dangereux.

GLOCESTER.—Le crois-tu?

EDMOND.—Si vous le jugez à propos, je vous placerai en un lieu d'où vous pourrez nous entendre conférer ensemble sur cette lettre, et vous satisfaire par vos propres oreilles; et cela, pas plus tard que ce soir.

GLOCESTER.—Il ne peut pas être un pareil monstre!

EDMOND.—Il ne l'est sûrement pas.

GLOCESTER.—Pour son père qui l'aime si tendrement, si complétement!—Ciel et terre! Edmond, trouvez-le; amenez-le par ici, je vous en prie; arrangez les choses selon votre prudence. Je donnerais ma fortune pour savoir la vérité.

EDMOND.—Je vais le chercher à l'instant, seigneur. Je conduirai la chose comme je trouverai moyen de le faire, et je vous en rendrai compte.

GLOCESTER.—Ces dernières éclipses de soleil et de lune ne nous présagent rien de bon. La raison peut bien, par les lois de la sagesse naturelle, les expliquer d'une ou d'autre manière; mais la nature ne s'en trouve pas moins très-souvent victime de leurs fatales conséquences. L'amour se refroidit, l'amitié s'éteint, les frères se divisent : dans les villes, des révoltes; dans les campagnes, la discorde; dans les palais, la trahison; et le nœud qui unit le père et le fils, brisé. Mon scélérat rentre dans la prédiction : c'est le fils contre le père. Le roi s'écarte du penchant de la nature : c'est le père contre l'enfant.—Nous avons vu notre meilleur temps : les machinations, les trames obscures, les trahisons, et tous les désordres les plus funestes vont nous suivre en nous tourmentant jusqu'à nos tombeaux.—Edmond, trouve-moi ce misérable, tu n'y perdras rien ; agis avec prudence.—Et le noble et fidèle Kent banni! Son crime, c'est la probité! Étrange! étrange!

(Il sort.)

EDMOND seul.—Voilà bien la singulière impertinence du monde! Notre fortune se trouve-t-elle malade, souvent par une plénitude de mauvaise conduite, nous accusons de nos désastres le soleil, la lune et les étoiles, comme si nous étions infâmes par nécessité, imbéciles par une impérieuse volonté du ciel; fripons, voleurs et traîtres, par l'action invincible des sphères; ivrognes, menteurs et adultères, par une obéissance forcée aux influences des planètes; et que nous ne fissions jamais le mal que par la violence d'une impulsion divine. Admirable excuse du libertin, que de mettre ses penchants lascifs à la charge d'une étoile! — Mon père s'arrangea avec ma mère sous la queue du dragon, et ma naissance se trouva dominée par l'*Ursa major,* d'où il s'ensuit que je suis brutal et débauché. Bah! j'aurais été ce que je suis quand la plus vierge des étoiles du firmament aurait scintillé sur le moment qui a fait de moi un bâtard. (*Entre Edgar.*) — Edgar! il arrive à point comme la catastrophe d'une vieille comédie. Mon rôle à moi, c'est une mélancolie perfide, et un soupir comme ceux de Tom de Bedlam. — Oh! ces éclipses nous présageaient ces divisions : *fa, sol, la, mi* [1].

EDGAR.—Qu'est-ce que c'est, mon frère Edmond? nous voilà dans une sérieuse contemplation.

EDMOND.—Je rêvais, mon frère, à une prédiction que j'ai lue l'autre jour sur ce qui doit suivre ces éclipses.

EDGAR.—Est-ce que vous vous inquiétez de cela?

---

[1] Il paraîtrait qu'on accordait aux dissonances en musique une sorte d'influence magique, ou au moins mystérieuse. Les moines qui, dans le moyen âge, ont écrit sur la musique, ont dit : MI *contra* FA *est diabolicus.*

EDMOND.—Je vous assure que les effets dont elle parle ne s'accomplissent que trop malheureusement. — Des querelles dénaturées entre les enfants et les parents, des morts, des famines, des ruptures d'anciennes amitiés, des divisions dans l'État, des menaces et des malédictions contre le roi et les nobles, des méfiances sans fondement, des amis exilés, des cohortes dispersées, des mariages rompus, et je ne sais quoi encore.

EDGAR.—Depuis quand êtes-vous devenu sectateur de l'astronomie?

EDMOND.—Allons, allons; quand avez-vous vu mon père pour la dernière fois?

EDGAR.—Eh bien! hier au soir.

EDMOND.—Avez-vous causé avec lui?

EDGAR.—Oui, deux heures entières.

EDMOND.—Vous êtes-vous quittés en bonne intelligence? N'avez-vous remarqué dans ses paroles ou dans son air aucun signe de mécontentement?

EDGAR.—Aucun.

EDMOND.—Réfléchissez, en quoi vous avez pu l'offenser, et, je vous en conjure, évitez sa présence jusqu'à ce qu'un peu de temps ait modéré la violence de son ressentiment, si furieux en ce moment, qu'en vous faisant du mal il serait à peine apaisé.

EDGAR.—Quelque misérable m'aura calomnié.

EDMOND.—C'est ce que je crains. Je vous en prie, tenez-vous à l'écart jusqu'à ce que la fougue de sa colère soit un peu ralentie; et, comme je vous le dis, retirez-vous avec moi dans mon appartement : là, je vous mettrai à portée d'entendre les discours de mon père. Allez, je vous en prie, voilà ma clef; et si vous sortez, sortez armé.

EDGAR.—Armé, mon frère!

EDMOND.—Mon frère, ce que je vous dis est pour le mieux : allez armé. Que je ne sois pas un honnête homme si l'on a de bonnes intentions à votre égard. Je vous dis ce que j'ai vu et entendu, mais bien faiblement, et rien qui approche de la réalité et de l'horreur de la chose. De grâce, éloignez-vous.

EDGAR.—Aurai-je bientôt de vos nouvelles?

EDMOND.—Je vais m'employer pour vous dans tout ceci. (*Edgar sort.*)—Un père crédule, un frère généreux dont le naturel est si loin de toute malice qu'il n'en soupçonne aucune dans autrui, et dont mes artifices gouverneront à l'aise la sotte honnêteté : voilà l'affaire. Le bien me viendra sinon par ma naissance, du moins par mon esprit. Tout m'est bon, si je puis le faire servir à mes vues.

(Il sort.)

## SCÈNE III

Appartement dans le palais du duc d'Albanie.

### GONERILLE, OSWALD.

GONERILLE.—Est-il vrai que mon père ait frappé mon écuyer parce qu'il réprimandait son fou?

OSWALD.—Oui, madame.

GONERILLE.—Par le jour et la nuit! c'est m'insulter. A chaque instant, il s'emporte de façon ou d'autre à quelque énorme sottise qui nous met tous en désarroi : je ne l'endurerai pas. Ses chevaliers deviennent tapageurs, et lui-même il se fâche contre nous pour la moindre chose. —Il va revenir de la chasse; je ne veux pas lui parler. Vous lui direz que je suis malade, et vous ferez bien de vous ralentir dans votre service auprès de lui : j'en prends sur moi la faute.

OSWALD.—Le voilà qui vient, madame; je l'entends.

(On entend le son des cors.)

GONERILLE.—Mettez dans votre service tout autant d'indifférence et de lassitude qu'il vous plaira, vous et vos camarades. Je voudrais qu'il s'en plaignît. S'il le trouve mauvais, qu'il aille chez ma sœur, son intention, je le sais, et la mienne, s'accordant parfaitement en ce point que nous ne voulons pas être maîtrisées. Un vieillard inutile qui voudrait encore exercer tous ces pouvoirs qu'il a abandonnés!—Sur ma vie, ces vieux radoteurs redeviennent des enfants, et il faut les mener par la rigueur : quand ils se voient caressés ils en abusent[1]. Souvenez-vous de ce que je vous ai dit.

OSWALD.—Très-bien, madame.

GONERILLE. — Et traitez ses chevaliers avec plus de froideur : ne vous inquiétez pas de ce qui pourra en arriver. Prévenez vos camarades d'en agir de même. Je voudrais trouver en ceci, et j'en viendrai bien à bout, une occasion de m'expliquer. Je vais tout à l'heure écrire à ma sœur, et lui recommander la même conduite.—Qu'on serve le diner.

(Ils sortent.)

## SCÈNE IV

*Une salle du palais.*

*Entre* KENT *déguisé.*

KENT.—Si je puis seulement réussir à emprunter des accents qui déguisent ma voix, il se peut faire que les bonnes intentions qui m'ont engagé à déguiser mes traits obtiennent leur plein effet. Maintenant, Kent le banni, si tu peux te rendre utile dans ces lieux où tu vis condamné, (et puisse-t-il en être ainsi!) ton maître chéri te retrouvera plein de zèle.

(Cors de chasse. Lear paraît avec ses chevaliers et sa suite.)

---

[1] *As flatteries — when they are seen abused.*
Les commentateurs n'ont pu s'accorder sur ce passage, et aucun ne paraît l'avoir entendu dans son vrai sens, que je crois être mot à mot celui-ci : *puisque les flatteries ou les caresses, quand ils les voient ils en abusent.* Cette version serait incontestable s'il y avait un second tiret entre *seen* et *abused* : —*when they are seen*— se trouverait ainsi entre deux tirets formant parenthèse; mais le mot *are*, qui s'applique en même temps à *seen* et à *abused*, n'aura probablement pas permis d'isoler ainsi cette partie de la phrase où il se trouve contenu. Le vague des constructions et des expressions dans le *Roi Lear* oblige souvent de décider sur le sens d'après les vraisemblances morales, plutôt que d'après aucune règle ou même aucune habitude grammaticale.

LEAR. — Qu'on ne me fasse pas attendre le dîner une seule minute : allez, servez-le. (*Sort un domestique.*) — Ah! ah! qui es-tu, toi?

KENT. — Un homme, seigneur.

LEAR. — Qu'est-ce que tu sais faire? Que veux-tu de nous?

KENT. — Je sais n'être pas au-dessous de ce que je parais; servir fidèlement celui qui aura confiance en moi; aimer celui qui est honnête; converser avec celui qui est sage et qui parle peu; redouter les jugements; me battre quand je ne peux pas faire autrement; et ne pas manger de poisson[1].

LEAR. — Qui es-tu?

KENT. — Un très-honnête garçon, aussi pauvre que le roi.

LEAR. — Si tu es aussi pauvre pour un sujet qu'il l'est pour un roi, tu es assez pauvre. Que veux-tu?

KENT. — Du service.

LEAR. — Qui voudrais-tu servir?

KENT. — Vous.

LEAR. — Me connais-tu, maraud?

KENT. — Non, seigneur; mais vous avez dans votre physionomie quelque chose qui fait que j'aimerais à vous dire : *Mon maître*.

LEAR. — Qu'est-ce que c'est?

KENT. — De l'autorité.

LEAR. — De quel service es-tu capable?

KENT. — Je puis garder d'honnêtes secrets; courir à cheval, à pied; gâter une histoire intéressante en la

---

[1] *And to eat no fish.* Manger du poisson était en Angleterre, du temps d'Élisabeth, un signe de catholicisme, et par conséquent réprouvé par l'opinion. La phrase populaire pour désigner un vrai patriote était : *C'est un honnête homme, il ne mange pas de poisson.* Il fallut, pour soutenir les pêcheries, qu'un acte du parlement ordonnât pendant quelques mois l'usage du poisson : cela s'appela le *carême de Cécil* (*Cecil's fast*).

Dans l'*Énéide travestie*, la sibylle dit à Caron, pour l'engager à passer Énée, qu'il est

Point Mazarin, fort honnête homme.

racontant, et rendre platement un simple message. Je suis propre à tout ce que peut faire le commun des hommes. Ce que j'ai de mieux, c'est l'activité.

LEAR.—Quel âge as-tu?

KENT.—Je ne suis pas assez jeune, seigneur, pour m'amouracher d'une femme à l'entendre chanter, ni assez vieux pour en raffoler n'importe pour quelle raison. J'ai sur les épaules quelque quarante-huit ans.

LEAR.—Suis-moi, tu vas me servir : si après le dîner tu ne me déplais pas plus qu'à présent, je ne te congédierai pas de sitôt.—Le dîner, holà! le dîner.—Où est mon petit drôle, mon fou? Allez me chercher mon fou. (*Entre Oswald.*)—Eh! vous, l'ami, où est ma fille?

OSWALD.—Avec votre permission...

(Il sort.)

LEAR.—Qu'est-ce qu'il a dit là? Rappelez-moi ce manant.—Où est mon fou? Holà! je crois que tout dort ici.—Eh bien! où est-il donc ce métis?

UN CHEVALIER.—Il dit, seigneur, que votre fille ne se porte pas bien.

LEAR.—Pourquoi ce gredin-là n'est-il pas revenu sur ses pas quand je l'ai appelé?

LE CHEVALIER.—Seigneur, il m'a déclaré tout bonnement qu'il ne le voulait pas.

LEAR.—Qu'il ne le voulait pas!

LE CHEVALIER.—Seigneur, je ne sais pas quelle en est la raison; mais, à mon avis, Votre Grandeur n'est pas accueillie avec cette affection respectueuse qu'on avait coutume de vous montrer. J'aperçois une grande diminution de bienveillance chez tous les gens de la maison, aussi bien que chez le duc lui-même et chez votre fille.

LEAR.—Vraiment! le penses-tu?

LE CHEVALIER.—Je vous prie de me pardonner, seigneur, si je me suis trompé; mais mon devoir ne peut se taire quand je crois Votre Majesté offensée.

LEAR.—Tu ne fais que me rappeler mes propres idées. Je me suis bien aperçu depuis peu de beaucoup de négligence; mais j'étais disposé plutôt à m'accuser moi-même d'une exigence trop soupçonneuse, qu'à y voir une conduite et une intention désobligeantes. J'y regarderai de plus près.—Mais où est mon fou ? Je ne l'ai pas vu depuis deux jours.

LE CHEVALIER.—Depuis que ma jeune maîtresse est partie pour la France, seigneur, votre fou a bien dépéri.

LEAR.—En voilà assez là-dessus. Je l'ai bien remarqué. Allez, et dites à ma fille que je veux lui parler. (*Sort un chevalier.*)— Vous, allez me chercher mon fou. (*Sort un chevalier; rentre Oswald.*)— Eh ! vous, l'ami ! l'ami ! approchez. Qui suis-je, s'il vous plaît ?

OSWALD.—Le père de ma maîtresse.

LEAR.—Le père de ma maîtresse ! et vous le valet de votre maître. Chien de bâtard ! esclave ! mâtin !

OSWALD.—Je ne suis rien de tout cela : je vous demande pardon, seigneur.

LEAR.—Je crois que tu t'avises de me regarder en face, insolent !

(Il le frappe.)

OSWALD.—Je ne veux pas être battu, seigneur.

KENT.—Ni donner du nez en terre non plus, mauvais joueur de ballon[1].

(Il le prend par les jambes et le renverse.)

LEAR.—Je te remercie, ami ; tu me rends service, et je t'aimerai.

KENT.—Allons, relevez-vous, mon maître, et dehors. Je vous apprendrai votre place. Hors d'ici ! hors d'ici ! Si vous voulez prendre encore la mesure d'un lourdaud, restez ici. Mais, dehors ! allons, y pensez-vous ? Dehors !

(Il pousse Oswald dehors.)

LEAR.—Tu es un garçon dévoué ; je te remercie. Voilà les arrhes de ton service.

(Il lui donne de l'argent.)

(Entre le fou.)

LE FOU, *à Lear*.—Laisse-moi le prendre aussi à mes gages.—Tiens, voici ma cape[2].

(Il donne à Kent son bonnet.

---

[1] *Base foot— ball player.* Allusion aux mauvais joueurs de ballon, à qui le pied manque en courant.

[2] *Coxcomb*, nom du bonnet que portaient les fous, parce qu'il était surmonté d'une crête de coq, *cock's comb*.

LEAR.—Eh bien! pauvre petit, comment vas-tu?

LE FOU, *à Kent.*—Tu ferais bien de prendre ma cape.

KENT.—Pourquoi, fou?

LE FOU.—Pourquoi? parce que tu prends le parti de celui qui est dans la disgrâce. Vraiment, si tu ne sais pas sourire du côté où le vent souffle, tu auras bientôt pris froid. Allons, mets ma cape.—Eh! oui, cet homme a éloigné de lui deux de ses filles, et a rendu la troisième heureuse bien malgré lui. Si tu t'attaches à lui, il faut de toute nécessité que tu portes ma cape.—(*A Lear.*) Ma foi, noncle[1], je voudrais avoir deux capes et deux filles.

LEAR.—Pourquoi, mon garçon?

LE FOU.—Si je leur donnais tout mon bien, je garderais pour moi mes deux capes. Mais tiens, voilà la mienne; demandes-en une autre à tes filles.

LEAR.—Prends garde au fouet, petit drôle.

LE FOU.—La vérité est le dogue qui doit se tenir au chenil, et qu'on chasse à coups de fouet; pendant que *Lady*, la chienne braque, peut venir nous empester au coin du feu.

LEAR.—C'est une peste pour moi que ce coquin-là.

LE FOU.—Mon cher, je veux t'enseigner une sentence.

LEAR.—Voyons.

LE FOU.—Écoute bien, noncle.

> Aie plus que tu ne montres;
> Parle moins que tu ne sais;
> Prête moins que tu n'as;
> Va plus à cheval qu'à pied;
> Apprends plus de choses que tu n'en crois;
> Parie pour un point plus bas que celui qui te vient;
> Quitte ton verre et ta maîtresse,
> Et tiens-toi coi dans ta maison;
> Et tu auras alors
> Plus de deux dizaines à la vingtaine.

LEAR.—Cela ne signifie rien, fou.

LE FOU.—C'est, en ce cas, comme la harangue d'un

---

[1] *Nuncle*, par contraction pour *mine uncle*, oncle à moi.

avocat sans salaire : vous ne m'avez rien donné pour cela. Est-ce que vous ne savez pas tirer parti de rien, noncle?

LEAR.—Non, en vérité, mon enfant ; on ne peut rien faire de rien.

LE FOU, *à Kent.*—Je t'en prie, dis-lui que c'est à cela que se monte le revenu de ses terres ; il n'en voudrait pas croire un fou.

LEAR.—Tu es un fou bien mordant.

LE FOU.—Sais-tu, mon garçon, la différence qu'il y a entre un fou mordant et un fou débonnaire ?

LEAR.—Non, petit ; apprends-le moi.

LE FOU.

Ce lord qui t'a conseillé
De te dépouiller de tes domaines,
Viens, place-le ici près de moi ;
Ou bien toi, prends sa place.
Le fou débonnaire et le fou mordant
Seront aussitôt en présence :
L'un ici en habit bigarré,
Et on trouvera l'autre là.

LEAR.—Est-ce que tu m'appelles fou, petit ?

LE FOU.—Tu as cédé tous les autres titres que tu avais apportés en naissant.

KENT.—Ceci n'est pas tout à fait de la folie, seigneur.

LE FOU.—Non, en vérité ; les lords et les grands personnages ne veulent rien me concéder. Si j'avais un monopole, il leur en faudrait leur part, et aux dames aussi : elles ne me laisseront pas les sottises à moi tout seul, elles en tireront leur lopin.—Donne-moi un œuf, noncle, et je te donnerai deux couronnes.

LEAR.—Qu'est-ce que ce sera que ces deux couronnes?

LE FOU.—Voilà, quand j'aurai coupé l'œuf par le milieu et mangé tout ce qui est dedans, je te donnerai les deux couronnes de l'œuf[1]. Lorsque tu as fendu ta cou-

---

[1] Les extrémités de la coquille de l'œuf se nomment, en anglais, *the crowns of the egg*, les couronnes de l'œuf.

ronne par le milieu, et que tu as donné à droite et à gauche les deux moitiés, tu as porté ton âne sur ton dos, au milieu de la fange. Tu n'avais guère de cervelle dans la *couronne* chauve de ton crâne, lorsque tu as laissé aller ta couronne d'or. Si je parle ici comme un fou que je suis, que le premier qui le trouvera soit fouetté.

(Il chante.)

Jamais les fous n'ont eu moins de vogue que cette année;
Car les sages sont devenus des écervelés;
Ils ne savent que faire de leur bon sens,
Tant leur conduite est baroque.

LEAR.—Et depuis quand, je vous en prie, êtes-vous si bien fourni de chansons, maraud?

LE FOU.—C'est mon usage, noncle, depuis que par ta grâce tes filles sont devenues ta mère, quand tu leur as donné les verges et que tu as mis bas tes culottes.

(Il chante.)

Alors, saisies de joie, elles ont pleuré ;
Et moi, j'ai chanté dans mon chagrin
De ce qu'un roi tel que toi jouait à cligne-musette,
Et s'allait mettre avec les fous.

Je t'en prie, noncle, prends un maître qui puisse enseigner à ton fou à mentir : je voudrais bien apprendre à mentir.

LEAR.—Si vous mentez, vaurien, vous serez fouetté.

LE FOU.—Je me demande quelle parenté tu as avec tes filles. Elles veulent qu'on me fouette quand je dis la vérité, et toi tu veux me faire fouetter si je mens; et quelquefois encore je suis fouetté pour n'avoir rien dit. J'aimerais mieux être tout autre chose qu'un fou, et cependant je ne voudrais pas être toi, noncle : tu as rogné ton bon sens des deux côtés, sans rien laisser au milieu.—Tiens, voilà une des rognures.

(Entre Gonerille.)

LEAR.—Eh bien ! ma fille, pourquoi as-tu mis ton bonnet de travers¹? Depuis quelques jours, je vous trouve un peu trop refrognée.

LE FOU. — Tu étais un joli garçon, quand tu n'avais pas besoin de t'inquiéter si elle fronçait le sourcil; mais aujourd'hui te voilà un zéro en chiffres : je vaux mieux que toi maintenant; je suis un fou, et toi tu n'es rien. — Allons, par ma foi, je vais tenir ma langue. (*A Gonerille.*) Car votre figure me l'ordonne, quoique vous ne disiez rien, chut! chut!

Celui qui ne garde ni mie ni croûte,
Las de tout se trouvera pourtant manquer de quelque chose.

(*Montrant Lear.*) C'est une gousse de pois écossés.

GONERILLE. — Seigneur, ce n'est pas seulement votre fou à qui tout est permis, mais d'autres encore de votre insolente suite, qui censurent et se plaignent à toute heure, élevant sans cesse d'indécents tumultes qui ne sauraient se supporter. J'avais pensé que le plus sûr remède était de vous faire bien connaître ce qui se passe; mais je commence à craindre, d'après ce que vous avez tout récemment dit et fait vous-même, que vous ne protégiez cette conduite, et que vous ne l'encouragiez par votre approbation : si cela était, un pareil tort ne pourrait échapper à la censure, ni laisser dormir les moyens de répression. Peut-être dans l'emploi qu'on en ferait pour le rétablissement d'un ordre salutaire, vous arriverait-il de recevoir quelque offense dont on aurait honte dans tout autre cas, mais qu'on serait alors forcé de regarder comme une mesure de prudence.

LE FOU. — Car vous savez, noncle,

Que le moineau nourrit si longtemps le coucou,
Qu'il eut la tête enlevée par les petits.

Ainsi la chandelle s'est éteinte, et nous sommes restés dans l'obscurité.

---

¹ *What makes frontlet on?* Que fait là ce bandeau sur ton front? *Frontlet* servait, à ce qu'il paraît, métaphoriquement pour exprimer l'air de mauvaise humeur.

LEAR, *à Gonerille.*—Êtes-vous notre fille?

GONERILLE.—Allons, seigneur, je voudrais vous voir user de cette raison solide dont je sais que vous êtes pourvu, et vous défaire de ces humeurs qui depuis quelque temps vous rendent tout autre que ce que vous êtes naturellement.

LE FOU.—Un âne ne peut-il pas savoir quand c'est la charrette qui traîne le cheval?—Dia, hue! cela va bien.

LEAR.—Quelqu'un me connaît-il ici? Ce n'est point là Lear. Lear marche-t-il ainsi? parle-t-il ainsi? Que sont devenus ses yeux? Ou son intelligence est affaiblie, ou son discernement est en léthargie.—Suis-je endormi ou éveillé?—Ah! sûrement il n'en est pas ainsi.—Qui pourra me dire qui je suis?—L'ombre de Lear? Je voudrais le savoir, car ces marques de souveraineté, ma mémoire, ma raison, pourraient à tort me persuader que j'ai eu des filles.

LE FOU.—Qui feront de vous un père obéissant.

LEAR.—Votre nom, ma belle dame?

GONERILLE.—Allons, seigneur, cet étonnement est tout à fait du genre de vos autres nouvelles facéties. Je vous conjure, prenez mes intentions en bonne part : vieux et respectable comme vous l'êtes, vous devriez être sage. Vous gardez ici cent chevaliers et écuyers, tous gens si désordonnés, si débauchés et si audacieux, que notre cour, corrompue par leur conduite, ressemble à une auberge de tapageurs : leurs excès et leur libertinage lui donnent l'air d'une taverne ou d'un mauvais lieu[1], beaucoup plus que du palais royal. La décence elle-même demande un prompt remède : laissez-vous donc prier, par une personne qui pourrait bien autrement prendre ce qu'elle demande, de consentir à diminuer un peu votre suite; et que ceux qui continueront à demeurer à votre service soient des gens qui conviennent à votre âge, et qui sachent se conduire et vous respecter.

LEAR.—Ténèbres et démons!—Sellez mes chevaux.

---

[1] *A brothel.*

Appelez ma suite.—Bâtarde dégénérée, je ne te causerai plus d'embarras.—Il me reste encore une fille.

GONERILLE.—Vous frappez mes gens, et votre canaille désordonnée veut se faire servir par ceux qui valent mieux qu'elle.

(Entre Albanie.)

LEAR.—Malheur à celui qui se repent trop tard! (*A Albanie.*)—Ah! vous voilà, monsieur! Sont-ce là vos intentions? parlez, monsieur.—Qu'on prépare mes chevaux.—Ingratitude! démon au cœur de marbre, plus hideuse quand tu te montres dans un enfant que ne l'est le monstre de la mer[1]!

ALBANIE.—De grâce, seigneur, modérez-vous.

LEAR, *à Gonerille.*—Vautour détesté, tu mens : les gens de ma suite sont des hommes choisis et du plus rare mérite, soigneusement instruits de leurs devoirs, et de la dernière exactitude à soutenir la dignité de leur nom.—Oh! combien tu me parus laide à voir, faute légère de Cordélia, qui, semblable à la géhenne[2], fis tout sortir dans la structure de mon être de la place qui lui était assignée, retiras tout amour de mon cœur, et vins grossir en moi le fiel. O Lear, Lear, Lear! (*Se frappant le front.*) Frappe à cette porte, qui a laissé échapper la raison et entrer la folie.—Partons, partons, mes amis.

ALBANIE.—Seigneur, je suis aussi innocent qu'ignorant de ce qui vous a mis en colère.

LEAR. — Cela se peut, seigneur. — Entends-moi, ô nature! entends-moi, divinité chérie, entends-moi! Suspens tes desseins, si tu te proposais de rendre cette créature féconde : porte dans son sein la stérilité, dessèche en elle les organes de la reproduction, et qu'il ne naisse jamais de son corps dégénéré un enfant pour lui faire honneur!—Ou s'il faut qu'elle produise, fais naître d'elle un enfant de tristesse; qu'il vive pervers et dénaturé pour être son tourment; qu'il imprime dès la jeunesse

---

[1] *Sea monster,* hippopotame.

[2] *Like an engine. Engine* (engin, machine) était le nom de l'instrument ordinaire de la torture. *Géhenne* vient de la même source.

des rides sur son front; que les larmes qu'il lui fera répandre creusent leurs canaux sur ses joues ; que toutes les douleurs de sa mère, tous ses bienfaits, soient tournés par lui en dérision et en mépris, afin qu'elle puisse sentir combien la dent du serpent est moins cruelle que la douleur d'avoir un enfant ingrat!—Allons, partons, partons.

(Il sort.)

ALBANIE.—Mais, au nom des dieux que nous adorons, d'où vient donc tout ceci?

GONERILLE.—Ne vous tourmentez pas à en savoir la cause, et laissez-le radoter en pleine liberté au gré de son humeur.

(Rentre Lear.)

LEAR.—Comment! cinquante de mes chevaliers d'un seul coup, et cela au bout de quinze jours?

ALBANIE.—De quoi s'agit-il, seigneur?

LEAR.—Je te le dirai.—Mort et vie! (*A Gonerille.*) Je rougis que tu puisses à ce point ébranler ma force d'homme, et que tu sois digne encore de ces larmes brûlantes qui m'échappent malgré moi. Que les tourbillons et les brouillards t'enveloppent! que les incurables blessures de la malédiction d'un père frappent tous tes sens! Yeux d'un vieillard trop prompt à s'attendrir, encore des pleurs pour un pareil sujet, je vous arrache, et vous irez avec les larmes que vous laissez échapper amollir la dureté de la terre.—Ah! en sommes-nous venus là? —Eh bien! soit; il me reste encore une fille qui, j'en suis sûr, est tendre et secourable : quand elle apprendra ce que tu as fait, de ses ongles elle déchirera ton visage de louve; tu me verras reparaître sous cette forme dont tu crois que je me suis dépouillé pour jamais; tu le verras, je t'en réponds.

(Sortent Lear, Kent et la suite.)

GONERILLE.—Remarquez-vous ceci, seigneur?

ALBANIE.—Gonerille, tout l'amour que j'ai pour vous ne peut me rendre assez partial...

GONERILLE. — De grâce, soyez tranquille. — Holà,

Oswald! (*Au fou.*)—Vous, l'ami, plus coquin que fou, suivez votre maître.

LE FOU.—Noncle Lear, noncle Lear, attends-moi, et emmène ton fou avec toi.

> Un renard qu'on a pris
> Et une fille de cette espèce
> Seraient bientôt dépêchés,
> Si de ma cape je pouvais acheter une corde.
> C'est ainsi que le fou vous quitte le dernier.
>
> (Il sort.)

GONERILLE.—Cet homme a été bien conseillé. Cent chevaliers! il serait en effet politique et prudent de lui laisser sous la main cent chevaliers tout prêts; oui, afin qu'à la moindre chimère, pour un mot, une fantaisie, au plus léger sujet de plainte ou de dégoût, il puisse, protégeant son radotage par ces forces, tenir nos vies à sa merci. Oswald, m'a-t-on entendu?

ALBANIE.—Vous pourriez pousser trop loin vos craintes.

GONERILLE.—Cela est plus sûr que de s'y fier. Laissez-moi continuer à tenir éloignés les maux que je crains, plutôt que de craindre toujours d'en être surprise. Je connais son cœur. Tout ce qu'il a dit là, je l'ai mandé à ma sœur. Si elle veut le soutenir lui et cent chevaliers, maintenant que je lui en ai montré tous les inconvéniens... (*Entre Oswald.*)—Eh bien! Oswald, avez-vous écrit cette lettre pour ma sœur?

OSWALD.—Oui, madame.

GONERILLE.—Prenez avec vous quelque suite, et montez promptement à cheval. Instruisez ma sœur tout au long de mes craintes particulières, et ajoutez-y les raisons que vous jugerez convenables pour leur donner plus de consistance. Allons, partez, et pressez votre retour. (*Oswald sort.*)—(*A Albanie.*) Non, non, seigneur, cette pacifique douceur et conduite que vous tenez, bien que je ne la blâme pas, vous attire plus souvent, souffrez que je vous le dise, le reproche de manquer de sagesse, qu'elle ne vaut d'éloges à votre dangereuse bonté.

ALBANIE.—Jusqu'où s'étend la portée de votre vue, c'est ce que j'ignore. En nous agitant pour trouver le mieux, nous gâtons souvent le bien.

GONERILLE.—Mais en ce cas...

ALBANIE.—Bien, bien; on verra l'événement.

(Ils sortent.)

## SCÈNE V

Une cour devant le palais d'Albanie.

*Entrent* LEAR, KENT, LE FOU.

LEAR, *à Kent.*—Prenez les devants, et rendez-vous à Glocester avec cette lettre. N'informez ma fille de ce que vous pouvez savoir qu'autant qu'elle vous questionnera sur ma lettre. Si vous ne faites pas la plus grande diligence, j'y arriverai avant vous.

KENT.—Je ne dormirai point, seigneur, que je n'aie remis votre lettre.

(Il sort.)

LE FOU.— Si la cervelle d'un homme était dans ses talons, ne courrait-elle pas risque de gagner des engelures?

LEAR.—Oui, mon enfant.

LE FOU.—Alors tiens-toi en gaieté, je te conseille, car ton esprit n'ira pas en pantoufles.

LEAR.—Ha, ha, ha!

LE FOU.—Tu verras comme ton autre fille se conduira tendrement avec toi, car, bien qu'elle ressemble autant à celle-ci qu'une pomme sauvage à une reinette, cependant je puis dire ce que je puis dire.

LEAR.—Qu'as-tu à dire, mon enfant?

LE FOU.—Il n'y aura pas dans ce cas-ci plus de différence de goût entre elles deux qu'entre une pomme sauvage et une pomme sauvage. Saurais-tu me dire pourquoi on a le nez au milieu du visage?

LEAR.—Non.

LE FOU.—Eh! vraiment, c'est pour qu'il y ait un œil

de chaque côté du nez, afin que ce qu'un homme ne peut pas flairer, il puisse le regarder.

LEAR.—C'est moi qui l'ai mise dans son tort[1].

LE FOU.—Peux-tu me dire comment une huître fait son écaille?

LEAR.—Non.

LE FOU.—Ni moi non plus, mais je te dirai pourquoi un limaçon a une maison.

LEAR.—Pourquoi, mon enfant?

LE FOU.—Eh bien! c'est pour y mettre sa tête, et non pas pour l'abandonner à ses filles et laisser ses cornes sans abri.

LEAR.—J'oublierai ma bonté naturelle.—Un si bon père!—Mes chevaux sont-ils prêts?

LE FOU.— Tes ânes se sont mis après.— La raison qui fait que les sept étoiles ne sont pas plus de sept est une bien bonne raison!

LEAR.—Parce qu'elles ne sont pas huit?

LE FOU.—Précisément. Tu serais un très-bon fou.

---

[1] *I did her wrong.* Les commentateurs veulent comprendre ces mots dans le sens de *je lui ai fait tort*, et supposent que Lear, en ce moment, songe à Cordélia ; mais rien dans le reste de la scène n'annonce que cette idée se présente à son esprit; elle ne se retrouve même pas une seule fois ensuite, jusqu'au moment où il se réunit à Cordélia : en ce moment, tout occupé de ce qui lui arrive personnellement, il est plus naturel que Lear s'accuse du tort qu'il a eu de tout donner à Gonerille, que de celui d'avoir tout retiré à Cordélia : cette pensée est même en rapport avec ce qu'il vient de lui dire, et si les paroles du fou ne servent pas à diriger les pensées de Lear, du moins peut-on supposer que, dans l'intention du poëte, elles sont quelquefois destinées à les expliquer. Les sentiments et les projets qu'il va exprimer ensuite ne sont qu'une continuation naturelle de cette marche de ses idées; le souvenir de Cordélia n'en serait qu'une interruption, et l'esprit de Lear n'a pas encore donné et ne donnera encore de quelque temps aucun indice du désordre que commencerait à annoncer une pareille incohérence. L'explication donnée par les commentateurs n'aurait qu'une présomption en sa faveur : Shakspeare aurait-il voulu, par ce mot jeté en passant, préparer les remords de Lear quand il retrouvera Cordélia? Le reste de la scène ne rend pas la chose probable. Nous croyons donc donner à ces mots : *I did her wrong*, un nouveau sens : *c'est moi qui l'ai mise dans son tort.*

LEAR.—Le reprendre de force[1]!—Monstrueuse ingratitude!

LE FOU.—Si tu étais mon fou, noncle, je t'aurais fait battre pour être devenu vieux avant le temps.

LEAR.—Comment cela?

LE FOU.—Tu n'aurais pas dû être vieux avant d'être sage.

LEAR.—Oh! que je ne devienne pas fou! que je ne sois pas fou! Ciel miséricordieux, conserve-moi de la modération. Je ne voudrais pas devenir fou. (*Entre un gentilhomme.*)—Eh bien! mes chevaux sont-ils prêts?

LE GENTILHOMME.—Tout prêts, mon seigneur.

LEAR.—Viens, mon enfant[2].

---

[1] *To take it again perforce!* Johnson pense que Lear s'occupe ici du projet de reprendre ce qu'il a donné; les autres commentateurs appliquent ces paroles aux cinquante chevaliers supprimés par Gonerille; mais il me paraît clair que cela se rapporte à la menace qu'elle lui a faite *de prendre d'autorité ce qu'elle demande par prières*.

[2] FOOL. *She that is maid now and laughs at my departure*
    *Shall not be a maid long, unless things be cut shorter.*


**FIN DU PREMIER ACTE.**

# ACTE DEUXIÈME

## SCÈNE I

Une cour dans le château du duc de Glocester.

*Entrent* EDMOND ET CURAN, *par differents côtés.*

EDMOND.—Dieu te garde, Curan.
CURAN.—Et vous aussi, monsieur. J'ai vu votre père, et je lui ai annoncé que le duc de Cornouailles et Régane son épouse arriveront ici ce soir.
EDMOND.—Et pourquoi cela?
CURAN.—Vraiment, je n'en sais rien. Vous avez su les nouvelles qui circulent, j'entends celles qu'on dit tout bas, car ce ne sont encore que des propos à l'oreille.
EDMOND.—Non : dites-moi, je vous prie, quelles sont ces nouvelles?
CURAN.—Vous est-il parvenu quelque chose de ces bruits étranges d'une guerre prochaine entre le duc d'Albanie et le duc de Cornouailles?
EDMOND.—Pas un mot.
CURAN. — Vous en entendrez parler avec le temps. Adieu, monsieur.

(Il sort.)

EDMOND.—Le duc ici ce soir!—Très-bien, c'est au mieux, voilà qui entre de toute nécessité dans l'enchaînement de mes projets. Mon père a placé des gardes pour arrêter mon frère.—J'ai à exécuter ici quelque chose d'assez délicat. Célérité, fortune, à l'ouvrage!—Mon frère; un mot, mon frère; descendez, vous dis-je. (*Entre Edgar.*)—Mon père vous fait observer, ô seigneur : fuyez de ce château; on lui a découvert le lieu où vous êtes caché. Dans ce moment vous pouvez profiter de la nuit.—N'avez-vous point parlé contre le duc de Cornouailles? Il arrive dès ce soir, en grande diligence, et Régane avec lui. N'avez-vous rien dit de ses préparatifs contre le duc d'Albanie? Pensez-y bien.

EDGAR.—Pas un mot, j'en suis sûr.

EDMOND.—J'entends venir mon père. Pardonnez; pour mieux dissimuler il faut que je tire l'épée contre vous; tirez, ayez l'air de vous défendre.—Allons, battez-vous bien.—Rendez-vous! venez devant mon père!—Holà! des lumières ici.—Fuyez, mon frère.—Des torches, des torches! (*Edgar s'enfuit.*)—Bon, adieu.—Un peu de sang tiré donnerait bonne idée de la terrible défense que j'ai faite. (*Il se blesse au bras.*) J'ai vu des ivrognes en faire davantage pour plaisanter.—Mon père! mon père!— Arrête! arrête! Quoi! point de secours!

(Entrent Glocester et des domestiques avec des torches.)

GLOCESTER.—Eh bien! Edmond, où est ce scélérat?

EDMOND.—Il était ici caché dans les ténèbres, son épée bien affilée hors du fourreau, murmurant de méchants charmes, et conjurant la lune de lui être favorable, comme sa divinité.

GLOCESTER.—Mais où est-il?

EDMOND.—Voyez, seigneur, mon sang coule.

GLOCESTER.—Où est ce misérable, Edmond?

EDMOND.—Il s'est enfui de ce côté, voyant qu'il ne pouvait par aucun moyen...

GLOCESTER.—Qu'on le poursuive. Holà! courez après lui. (*Sort un domestique.*)—Qu'il ne pouvait... quoi?

EDMOND.—Me persuader d'assassiner Votre Seigneurie; mais que je lui parlais des dieux vengeurs qui dirigent tous leurs foudres contre les parricides; que je lui disais de combien de nœuds puissants et redoublés les enfants sont liés envers leur père; en un mot, seigneur, voyant avec quelle aversion je combattais ses projets dénaturés, dans un féroce transport il m'a attaqué avec l'épée qu'il tenait à la main, et, avant que j'eusse eu le temps de me mettre en garde, il m'a percé le bras. Mais lorsqu'il m'a vu reprendre mes esprits, et qu'encouragé par la justice de ma cause j'avançais sur lui, peut-être aussi effrayé par le bruit que j'ai fait, il a pris tout soudainement la fuite.

GLOCESTER.—Qu'il fuie tant qu'il voudra, il ne pourra dans ce pays se dérober à la poursuite; et une fois pris, ce sera vite fait. Le noble duc mon maître, mon digne chef et patron, vient ici ce soir : sous son autorité je ferai publier que celui qui pourra découvrir ce lâche assassin et l'amener à la potence peut compter sur ma reconnaissance; et pour celui qui le cachera, la mort.

EDMOND.—Lorsque j'ai cherché à le dissuader de son dessein, le trouvant résolu à l'exécuter, je l'ai menacé, avec des malédictions, de tout découvrir. Il m'a répondu :
« Toi, un bâtard, qui n'as rien au monde, penses-tu, si je
« voulais te démentir, qu'aucune opinion qu'on eût pu
« se former de ta probité, de ta vertu, de ton mérite, pût
« suffire pour donner confiance en tes paroles ? Eh! non,
« ce que je voudrais nier (et je nierais ceci, dusses-tu
« me montrer précisément tel que je suis) tournerait à
« mon gré contre toi; j'imputerais tout à tes sugges-
« tions, à tes complots, à tes damnables artifices : il fau-
« drait que tu parvinsses à rendre les gens imbéciles,
« pour les empêcher de penser que les avantages que tu
« dois tirer de ma mort ont été un aiguillon actif et
« puissant pour t'engager à la chercher. »

GLOCESTER. — Scélérat endurci et consommé! Désavouerait-il son écriture?—Je ne l'ai jamais engendré.—Écoutez, voici la trompette du duc : j'ignore pourquoi il vient.—Je vais faire fermer tous les ports.—Le scélérat n'échappera pas : il faut bien que le duc m'accorde cette grâce.—D'ailleurs je vais envoyer son signalement au loin et au près, afin que dans tout le royaume on puisse le reconnaître.—Et toi, mon loyal et véritable fils, je vais m'occuper de te rendre apte à posséder mes biens.

(Entrent Cornouailles, Régane, suite.)

CORNOUAILLES.—Eh bien! mon noble ami, depuis un instant seulement que je suis arrivé ici, j'ai appris d'étranges nouvelles.

RÉGANE.—Si elles sont vraies, de toutes les vengeances

qui peuvent atteindre le coupable, il n'en est point qui égale son crime. Mais comment vous trouvez-vous, seigneur?

GLOCESTER.—Oh! madame, mon vieux cœur est brisé, il est brisé!

RÉGANE.—Quoi! le filleul de mon père attenter à vos jours! celui que mon père a nommé! votre Edgar!

GLOCESTER.—Oh! madame, madame, ma honte voudrait le cacher.

RÉGANE.—Ne vivait-il pas en compagnie de ces libertins de chevaliers qui composent la suite de mon père?

GLOCESTER.—Je n'en sais rien, madame. C'est trop mal, trop mal, trop mauvais!

EDMOND.—Oui, madame, il était avec eux.

RÉGANE.—Je ne m'étonne plus de ses méchantes inclinations. C'est eux qui l'auront engagé à se défaire de ce vieillard, pour avoir à dépenser et à dissiper ses revenus. Ce soir j'ai été bien instruite sur leur compte par ma sœur, et j'ai pris mes mesures. S'ils viennent pour séjourner dans ma maison, ils ne m'y trouveront point.

CORNOUAILLES.—Ni moi non plus, Régane, je t'assure. Edmond, j'apprends que vous avez rempli envers votre père le rôle d'un fils.

EDMOND.—C'était mon devoir, seigneur.

GLOCESTER.—Il a mis au jour les projets de ce misérable; il a même reçu la blessure que vous voyez, en cherchant à se saisir de lui.

CORNOUAILLES.—Le poursuit-on?

GLOCESTER.—Oui, mon bon seigneur.

CORNOUAILLES.—S'il est arrêté, il n'y a plus à craindre aucun mal de sa part. Faites-en ce que vous voudrez, et employez-y mon autorité comme il vous plaira.—Quant à vous, Edmond, qui venez de faire éclater si hautement votre vertu et votre obéissance, vous serez à nous. Nous avons grand besoin de caractères sur qui l'on puisse reposer une entière confiance; et d'abord nous nous emparons de vous.

EDMOND.—Je vous servirai fidèlement, seigneur, quoi qu'il arrive[1].

GLOCESTER.—Je remercie pour lui Votre Grâce.

CORNOUAILLES. — Vous ne savez pas pourquoi nous sommes venus vous voir?

RÉGANE. — A cette heure extraordinaire, cherchant notre chemin sous l'œil ténébreux de la nuit?—Noble Glocester, ce sont des affaires de quelque importance, et sur lesquelles nous pouvons avoir besoin de vous consulter. Notre père nous a écrit, et notre sœur aussi, sur quelques différends, et j'ai pensé qu'il valait mieux répondre de tout autre lieu que de notre maison. Leurs divers messagers attendent ailleurs nos dépêches. Mon bon vieux ami, reprenez courage, et donnez-nous vos utiles conseils dans l'affaire qui nous occupe et qui demande d'être promptement décidée.

GLOCESTER.—Madame, disposez de moi : Vos Seigneuries sont les très-bienvenues.

(Ils sortent.)

## SCÈNE II

#### Devant le château de Glocester.

*Entrent* KENT ET OSWALD, *de différents côtés.*

OSWALD.—Je te souhaite le bonjour[2], l'ami. Es-tu de la maison?

KENT.—Oui.

OSWALD.—Où pourrons-nous mettre nos chevaux?

KENT.—Dans le bourbier.

OSWALD.—Je t'en prie, si tu m'aimes, dis-le-moi.

KENT.—Je ne t'aime pas.

OSWALD.—A la bonne heure, je ne m'en soucie guère.

KENT.—Si je te tenais dans le parc de Lipsbury[3], je t'obligerais bien à t'en soucier.

[1] *However else.*

[2] *Good dawning.* (bon point du jour.) Il y a en anglais des souhaits pour toutes les heures du jour.

[3] Les commentateurs ignorent ce qu'était ce parc de Lipsbury.

oswald. — Et pourquoi me traites-tu ainsi? Je ne te connais pas.

kent. — Et moi, compagnon, je te connais.

oswald. — Et pour qui me connais-tu?

kent. — Pour un fripon, un bélitre, un mangeur de restes, un vil et orgueilleux faquin, un mendiant, habillé gratis[1], à cent livres de gages; un drôle aux sales chausses de laine, un poltron, une espèce qui porte ses querelles devant le juge; un délié fripon de bâtard[2], officieux, soigneux; un coquin qui hérite d'un coffre, un gredin qui serait entremetteur par manière de bon service, qui n'a en lui que de quoi faire un maraud, un pleutre, un lâche, un pendard[3]; le fils et héritier d'une chienne dégénérée, et que je ferai geindre à coups de fouet si tu t'avises de nier la moindre syllabe de ce que j'ajoute à ton nom.

oswald. — Quelle étrange espèce d'homme es-tu donc, de venir accabler d'injures quelqu'un qui ne te connaît pas et que tu ne connais pas?

kent. — Et toi, quel effronté valet es-tu donc, de dire que tu ne me connais pas? Est-ce qu'il s'est passé deux jours depuis que je t'ai pris aux jambes et que je t'ai battu en présence du roi? — L'épée à la main, fripon. Il est nuit, mais la lune brille : je vais te tailler en soupe au clair de la lune. L'épée à la main, indigne canaille de bâtard[4]; l'épée à la main.            (Il tire son épée.)

oswald. — Laisse-moi, je n'ai rien à démêler avec toi.

kent. — Tirez donc, gredin. Vous venez apporter des lettres contre le roi, et prenez le parti de mademoiselle *Vanité*[5] contre son royal père. L'épée à la main, drôle,

---

[1] *Three suited* (qui a trois habits complets). Tout porte à croire que cette expression, presque toujours injurieuse, s'applique aux gens de livrée, à qui l'usage, dans les grandes maisons, pouvait être de donner trois habillements complets par an. Edgar, dans sa feinte folie, se vante d'avoir été un homme de service, *serving man*, et d'avoir possédé *three suits*.

[2] *Whoreson*.

[3] *A pandar*, un entremetteur.

[4] *Whoreson cullionly barbermonger*.

[5] Allusion à certains personnages des *moralités* où les vices et les vertus étaient personnifiées.

ou je vais taillader vos mollets de telle façon... L'épée à la main, gredin ; à la besogne.

OSWALD.—Au secours ! au meurtre ! au secours !

KENT, *en le frappant.* — Pousse donc, lâche ; tiens ferme, gredin, tiens ferme, franc misérable ; frappe donc.

OSWALD.—Au secours ! au meurtre ! à l'assassin !

(Entrent Edmond, Cornouailles, Régane, Glocester et des domestiques.)

EDMOND. — Eh bien ! qu'est-ce ? Séparez-vous !

KENT.—Avec vous, mon petit bonhomme, si cela vous convient ; je vous en montrerai. Avancez, mon jeune maître.

GLOCESTER.—Des épées, des armes ? De quoi s'agit-il ?

CORNOUAILLES.—Arrêtez, sur votre vie.—Si quelqu'un frappe un coup de plus, il est mort.—De quoi s'agit-il ?

RÉGANE.—C'est le messager de notre sœur et celui du roi.

CORNOUAILLES.—Quelle est la cause de votre querelle ? Parlez.

OSWALD.—Je puis à peine respirer, seigneur.

KENT.—Cela n'a rien d'étonnant ; votre valeur a tellement fait rage ! Lâche coquin, la nature te renie, c'est un tailleur qui t'a fait !

CORNOUAILLES.—Tu es un singulier corps. Un tailleur faire un homme !

KENT.—Oui, seigneur, un tailleur : un tailleur de pierres ou un peintre ne l'aurait pas si mal fait, n'eût-il mis que deux heures à l'ouvrage.

CORNOUAILLES.—Mais répondez donc : comment s'est élevée cette querelle ?

OSWALD.—Seigneur, ce vieux brutal dont j'ai ménagé la vie par considération pour sa barbe grise...

KENT. — Toi, bâtard ! Z dans l'alphabet[1] ! zéro en

---

[1] *Thou whoreson zed! Thou unneccessary letter!* Le z, qu'en anglais on avait supprimé en beaucoup d'endroits, était devenu un symbole d'inutilité.

chiffre!—Monseigneur, laissez-moi faire; je vais piler en mortier ce sale vilain, et j'en replâtrerai les murs d'un cabinet.—*Épargner ma barbe grise!* toi, espèce de pierrot?

CORNOUAILLES.—Paix, insolent. Brutal coquin, ne savez-vous pas le respect...

KENT.—Si fait, seigneur; mais la colère a ses priviléges.

CORNOUAILLES.—Et pourquoi es-tu en colère?

KENT.—De ce qu'un misérable comme celui-là a une épée quand il n'a pas d'honneur. Ces drôles à la face riante, semblables aux rats, rongent les saints nœuds qui sont serrés pour les pouvoir délier; ils caressent toutes les passions révoltées dans le cœur de leurs maîtres; ils apportent au feu de l'huile, de la neige aux froideurs glacées; ils renient, affirment, et tournent leur bec d'alcyon à tous les vents et à toutes les variations de l'humeur de leurs maîtres, n'ayant, comme le chien, d'autre instinct que de suivre.—La peste sur ton visage d'épileptique! Penses-tu rire de mes discours comme de ceux d'un fou? Oison que tu es, si je te tenais dans la plaine de Sarum, je te ramènerais devant moi en criant jusqu'aux marais de Camelot.

CORNOUAILLES.—Eh quoi! es-tu fou, vieux bonhomme?

GLOCESTER. — Comment s'est élevée cette querelle? Explique-toi?

KENT.—Il n'y a pas plus d'antipathie entre les contraires qu'entre moi et ce coquin.

CORNOUAILLES.—Pourquoi l'appelles-tu coquin? quel est son crime?

KENT.—Sa figure ne me plaît pas.

CORNOUAILLES.—Ni la mienne peut-être, ni celle de Glocester et de Régane?

KENT.—Seigneur, je fais profession d'être un homme tout uni : j'ai vu dans mon temps de meilleures figures que je n'en vois sur les épaules actuellement devant mes yeux.

CORNOUAILLES.—Ce sera quelque gaillard qui, loué une fois pour la rondeur de ses manières, a depuis affecté une insolente rudesse, et qui se force à un personnage tout à fait différent de ses façons naturelles.—« Il ne sait pas flatter, lui; c'est un honnête homme, tout franc; il faut qu'il dise la vérité : si elle est bien reçue, tant mieux; si elle déplaît, c'est un homme tout uni... »—Oh! je connais ces drôles-là : sous leur rondeur ils cachent plus de ruses et des desseins plus pervers que vingt sots faiseurs de révérences attentifs à déployer l'exactitude de leur civilité.

KENT.—Seigneur, en bonne foi, dans la pure vérité, avec la permission de votre présence auguste, dont l'influence, comme les feux rayonnants dont se couvre le front flamboyant de Phébus...

CORNOUAILLES.—Que veux-tu dire par là?

KENT.—C'est pour changer de style, puisque le mien vous déplaît si fort.—Je sais, seigneur, que je ne suis pas un flatteur; celui qui vous a trompé avec l'accent de la franchise était un franc fripon, et c'est pour ma part ce que je ne ferai point, dussé-je y être convié par la crainte d'encourir votre ressentiment.

CORNOUAILLES.—En quoi l'avez-vous offensé?

OSWALD.—Jamais en rien. Dernièrement il plut au roi son maître de me frapper sur un malentendu : alors celui-ci se mit de la partie, et, flattant sa colère, me prit aux jambes par derrière, et lorsque je fus à terre, m'insulta, m'injuria, et se donna tellement les airs d'un homme de courage, qu'il se fit honneur et s'attira les éloges du roi, pour s'être attaqué à un homme qui cédait lui-même; et, tout fier de ce redoutable exploit, il est venu tirer l'épée contre moi!

KENT.—Il n'y a pas un seul de ces fripons, de ces poltrons-là, près de qui Ajax ne soit un imbécile.

CORNOUAILLES.—Qu'on apporte les ceps. Vieux coquin d'entêté, vénérable vantard, nous vous apprendrons...

KENT.—Seigneur, je suis trop vieux pour apprendre. Ne faites pas apporter des ceps pour moi; je sers le roi; c'est lui qui m'a envoyé vers vous; et c'est rendre peu de respect et montrer une trop audacieuse malveillance à la personne auguste de mon maître, que de mettre son envoyé dans les ceps.

CORNOUAILLES.—Qu'on apporte les ceps.—Comme j'ai vie et honneur, il y restera jusqu'à midi.

RÉGANE.—Jusqu'à midi? Jusqu'à la nuit, seigneur, et toute la nuit aussi.

KENT.—Eh quoi! madame, si j'étais le chien de votre père, vous ne me traiteriez pas ainsi.

RÉGANE.—Mais pour son coquin, mon cher, je n'y manquerai pas.

CORNOUAILLES.—C'est tout à fait un drôle de l'espèce de ceux dont nous parle notre sœur.—Allons, qu'on apporte les ceps.

(On apporte des ceps.)

GLOCESTER.—Permettez-moi de prier Votre Altesse de n'en pas agir ainsi. Sa faute est grande, et le bon roi son maître saura l'en punir; mais la peine que vous voulez lui faire subir ne s'applique qu'aux petits larcins et aux délits vulgaires des misérables les plus vils et les plus méprisés. Le roi prendrait sûrement en mauvaise part que vous l'eussiez assez peu considéré dans la personne de son messager pour mettre celui-ci dans les ceps.

CORNOUAILLES.—Je le prends sur moi.

RÉGANE.—Et ma sœur pourrait trouver bien plus mauvais qu'un de ses gentilhommes eût été insulté, attaqué, parce qu'il exécutait les ordres dont elle l'a chargé.—Allons, entravez-lui les jambes. (*Au duc.*)—Venez, mon bon seigneur, allons.

(On met Kent dans les ceps.—Régane et Cornouailles sortent.)

GLOCESTER.—J'en suis bien fâché pour toi, mon ami : c'est la volonté du duc, et tout le monde sait qu'il ne faut pas chercher à l'adoucir ni à le retenir. Mais j'intercéderai pour toi.

KENT.—N'en faites rien, seigneur, je vous prie. J'ai veillé, j'ai beaucoup marché; je vais dormir quelque temps, et puis je sifflerai : la fortune d'un honnête homme peut sortir de ses talons. Je vous souhaite le bonjour.

GLOCESTER.—Le duc est à blâmer en ceci : on prendra mal la chose.
(Il sort.)

KENT.—Bon roi, tu vas, suivant le proverbe populaire, quitter la bénédiction du ciel pour la chaleur du soleil[1].—Approche-toi, flambeau de ce globe inférieur, afin qu'à tes rayons vivifiants je puisse lire cette lettre.—Les miracles n'apparaissent presque jamais qu'aux malheureux. Je le vois, c'est de Cordélia : elle a été fort heureusement instruite de ma marche mystérieuse.—Elle trouvera moyen d'intervenir dans ces monstrueux désordres, et s'occupe à remédier aux pertes qui ont été faites.—Je me sens excédé de fatigues et de veilles : profitez-en, mes yeux appesantis, pour ne pas voir cette honteuse demeure.—Fortune, bonsoir ; souris encore une fois, et fais tourner ta roue. (Il s'endort.)

## SCÈNE III

Une partie de la bruyère.

*Entre* EDGAR.

EDGAR.—J'ai entendu qu'on proclamait mon nom, et bien heureusement le creux d'un arbre m'a dérobé à leur poursuite. Il n'y a plus un port libre, pas un lieu où l'on n'ait placé des soldats, et où la plus extraordinaire vigilance n'épie l'occasion de me saisir. Tandis que je puis encore m'échapper, je veillerai à ma conservation.—Il me vient dans l'idée de me déguiser sous la forme la plus abjecte et la plus pauvre par où la misère, au mépris de l'homme, l'ait jamais rapproché de la brute. Je souillerai mon visage de fange, je m'envelopperai les reins d'une couverture, je nouerai mes cheveux

---

[1] *Thou out of heaven's benediction comest*
*To the warm sun,*

Vieux dicton qui répond à celui-ci : « Tomber de Charybde en Scylla. »

en tampons[1], et ma nudité exposée aux regards affrontera les vents et la rage des cieux. J'ai pour exemple à me donner crédit dans la campagne ces mendiants de Bedlam[2] qui, avec des hurlements, enfoncent dans les ulcères de leurs bras nus engourdis et morts des épingles, des morceaux de bois pointus, des clous et des brins de romarin, et par ce hideux spectacle soutenu quelquefois par des blasphèmes forcenés, quelquefois par des prières, extorquent les aumônes des petites fermes, des pauvres misérables villages, des bergeries, des moulins : « le pauvre Turlupin[3], le pauvre Tom! » Encore est-ce quelque chose : en restant Edgar, je ne suis plus rien. (Il sort.)

## SCÈNE IV

Devant le château de Glocester.

KENT *dans les ceps. Entrent* LEAR, LE FOU, UN GENTILHOMME.

LEAR.—Il est bien étrange qu'ils soient partis de chez eux sans me renvoyer mon messager.

LE GENTILHOMME.—D'après ce que j'ai appris, la veille au soir, ils n'avaient aucun projet de s'éloigner.

KENT.—Salut à mon noble maître.

LEAR.—Comment! te fais-tu un divertissement de la honte où je te vois?

KENT.—Non, mon seigneur.

LE FOU.—Ah! ah! vois donc : il a là de vilaines jarretières[4]! On attache les chevaux par la tête, les chiens

---

[1] « *Elf all my hairs in knot,* » proprement j'*ensorcellerai* mes cheveux comme les fées ensorcellent les crins des chevaux.

[2] Ces sortes de mendiants, qui se disaient échappés de Bedlam, étaient connus en Angleterre sous le nom d'*Abraham men*.

[3] *Poor Turly good*. Warburton regarde ce mot comme une corruption de *Turlupin*. Les Turlupins étaient une confrérie de mendiants qui se répandirent en Europe au xiv$^e$ siècle, et que l'on a considéré tantôt comme des sectaires, tantôt comme des vagabonds.

[4] *Cruel garters*, jeu de mots entre *cruel garters* (cruelles jarretières) et *crewel garters* (jarretières de laine).

et les ours par le cou, les singes par les reins, et les hommes par les jambes : quand un homme a de trop bonnes jambes, on lui met des chausses de bois.

LEAR.—Quel est celui qui s'est assez mépris sur la place qui te convient pour te mettre ici?

KENT.—C'est lui et elle, votre fils et votre fille.

LEAR.—Non !

KENT.—Ce sont eux.

LEAR.—Non, te dis-je !

KENT.—Je vous dis que oui.

LEAR. — Non, non, ils n'en auraient pas été capables !

KENT.—Si vraiment, ils l'ont été.

LEAR.—Par Jupiter, je jure que non !

KENT.—Par Junon, je jure que oui !

LEAR.—Ils ne l'ont pas osé, ils ne l'ont pas pu, ils n'ont pas voulu le faire.—C'est plus qu'un assassinat que de faire au respect un si violent outrage.—Explique-moi promptement, mais avec modération, comment, venant de notre part, tu as pu mériter, ou comment ils ont pu t'infliger ce traitement.

KENT.—Seigneur, lorsqu'arrivé chez eux je leur eus remis les lettres de Votre Majesté, je ne m'étais pas encore relevé du lieu où mes genoux fléchis leur avaient témoigné mon respect, lorsqu'est arrivé en toute hâte un courrier suant, fumant, presque hors d'haleine, et qui leur a haleté les salutations de sa maîtresse Gonerille : sans s'embarrasser d'interrompre mon message, il leur a remis des lettres qu'ils ont lues sur-le-champ ; et, sur leur contenu, ils ont appelé leurs gens, sont promptement montés à cheval, m'ont commandé de les suivre et d'attendre qu'ils eussent loisir de me répondre : je n'ai obtenu d'eux que de froids regards. Ici j'ai rencontré l'autre envoyé dont l'arrivée plus agréable avait, je le voyais bien, empoisonné mon message : c'est ce même coquin qui dernièrement s'est montré si insolent envers Votre Altesse. Plus pourvu de courage que de raison, j'ai mis l'épée à la main. Il a alarmé toute la maison par ses lâches et bruyantes clameurs. Votre fils et votre fille ont jugé qu'une telle faute méritait la honte que vous me voyez subir.

LE FOU. — L'hiver n'est pas encore passé, si les oies sauvages volent de ce côté.

> Le père qui porte des haillons
> Rend ses enfants aveugles ;
> Mais le père qui porte la bourse
> Verra ses enfants affectionnés.
> La Fortune, cette insigne prostituée,
> Ne tourne jamais sa clef pour le pauvre.

De tout cela tu recevras de tes filles autant de douleurs[1] que tu pourrais en compter pendant une année.

LEAR. — Oh! comme la bile se gonfle et monte vers mon cœur! *Hysterica passio*[2]! amertume que je sens s'élever, redescends ; tes éléments sont plus bas. — Où est cette fille?

KENT. — Là-dedans, seigneur, avec le comte.

LEAR. — Ne me suivez pas, restez ici.

(Il sort.)

LE GENTILHOMME. — N'avez-vous point commis d'autre faute que celle dont vous venez de parler?

KENT. — Aucune. Mais pourquoi le roi vient-il avec une suite si peu nombreuse?

LE FOU. — Si l'on t'avait mis dans les ceps pour cette question, tu l'aurais bien mérité.

KENT. — Pourquoi, fou?

LE FOU. — Nous t'enverrons à l'école chez la fourmi, pour t'apprendre qu'on ne travaille pas l'hiver. — Tous ceux qui suivent la direction de leur nez sont conduits par leurs yeux, excepté les aveugles ; et il n'y a pas un nez sur vingt qui ne puisse sentir ce qui pue. — Quand

---

[1] Le même jeu de mot que dans la Tempête entre *dolours* et *dollars*.

[2] Lear se sert ici des mots *mother, hysterica passio*. La première de ces deux expressions était le nom populaire, la seconde, le nom savant de la maladie hystérique, qu'on regardait dans les deux sexes comme la source de toutes les maladies hystériques, *hysterics*, en anglais, veut encore dire *maux de nerfs*.

une grande roue descend en roulant le long de la montagne, lâche prise, de peur, en la suivant, de te rompre le cou : mais quand la grande roue remonte la montagne, laisse-toi tirer après elle. Quand un sage te donnera un meilleur conseil, rends-moi le mien : je voudrais que ce conseil ne fût suivi que des gredins, puisque c'est un fou qui le donne.

> Celui, monsieur, qui sert et cherche son intérêt
>     Et ne suit que pour la forme,
>     Pliera bagage dès qu'il commencera à pleuvoir ;
>     Et te laissera exposé à l'orage ;
>     Mais je demeurerai : le fou restera
>     Et laissera le sage s'enfuir,
>     Gredin devient le fou qui s'enfuit ;
> Mais ce n'est pas un fou que le gredin, pardieu [1].

KENT.—Où as-tu appris tout cela, fou ?
LE FOU.—Ce n'est pas dans les ceps, fou.
    (Rentre Lear avec Glocester.)

LEAR.—Refuser de me parler ! Ils sont malades, ils sont fatigués, ils ont voyagé rapidement toute la nuit... —Purs prétextes où je vois la révolte et l'abandon.— Rapportez-moi une meilleure réponse.

GLOCESTER.—Mon cher maître, vous connaissez le ca-

---

[1]     *The knave turns fool; that runs away*
    *The fool no knave, perdy.*

Le sens naturel de ces deux vers paraît contraire à celui qu'on lui a donné dans la traduction ; mais ce dernier sens a paru de beaucoup, et avec raison, le plus vraisemblable aux commentateurs ; en sorte qu'ils ont été tous d'avis qu'il devait y avoir altération du texte, et qu'il fallait au moins changer ainsi le premier vers :

    *The fool turns knave, that runs away.*

Mais peut-être l'irrégularité de langage qui se fait remarquer dans *le Roi Lear* dispense-t-elle de recourir à une altération du texte; du moins est-il certain que c'est en conservant la construction des deux vers anglais qu'on a pu leur donner un sens contraire à celui qu'ils paraissent d'abord présenter.

ractère violent du duc, combien il est inébranlable et obstiné dans ses propres idées.

LEAR.—Vengeance, peste, mort, confusion!—Violent? Qu'est-ce que c'est que cela?—Allons?—Glocester, Glocester, je voudrais parler au duc de Cornouailles et à sa femme.

GLOCESTER.—Eh! mon bon seigneur, je viens de les en informer.

LEAR.—Les en informer? Me comprends-tu, homme?

GLOCESTER.—Oui, mon bon seigneur.

LEAR.—Le roi voudrait parler à Cornouailles. Le père chéri voudrait parler à sa fille; il exige d'elle son obéissance. Sont-ils informés de cela?—Par mon sang et ma vie! violent? le duc violent? dites à ce duc si colère....— Mais non, pas encore; il se pourrait qu'il fût indisposé. La maladie a toujours négligé tous les devoirs auxquels est soumise la santé: nous ne sommes plus nous-mêmes quand la nature accablée commande à l'âme de souffrir avec le corps. Je veux me calmer, et j'ai à me reprocher, dans l'impétuosité de ma volonté, d'avoir pris un état d'indisposition et de maladie pour l'homme en santé, pour une complète santé. Malédiction sur mon état!— Mais pourquoi est-il là? (*Montrant Kent.*)—Une telle action me donne lieu de penser que ce départ du duc et d'elle est un subterfuge.—Rendez-moi mon serviteur.—Va, dis au duc et à sa femme que je veux leur parler à présent, à l'heure même.—Ordonne-leur de sortir et de venir m'entendre; ou bien je vais battre la caisse à la porte de leur chambre, jusqu'à ce qu'elle réponde : Endormis dans la mort.

GLOCESTER.—Je voudrais voir la bonne intelligence entre vous.

(Il sort.)

LEAR.—Oh!... las! ô mon cœur! comme mon cœur se soulève!... mais à bas!

LE FOU.—Il faut lui dire, noncle, comme la cuisinière[1] aux anguilles qu'elle mettait vivantes dans

---

[1] *The cockney.* Les commentateurs, on ne sait pourquoi, ont

la pâte; elle les frappait d'un bâton sur la tête, en criant : *A bas, polissonnes! à bas!* C'était le frère de celle-là qui, par grand amour pour son cheval, lui mettait du beurre dans son foin.

(Entrent Cornouailles, Régane, Glocester, des domestiques.)

LEAR.—Bonjour à tous deux.

CORNOUAILLES.—Salut à Votre Seigneurie.

RÉGANE.—Je suis joyeuse de voir Votre Altesse.

(On met Kent en liberté.)

LEAR.—Régane, je crois que vous l'êtes, et je sais la raison que j'ai de le croire. Si tu n'étais pas joyeuse de me voir, je ferais divorce avec le tombeau de ta mère, où ne reposerait plus qu'une adultère.—(*A Kent.*) Ah! vous voilà libre? Nous parlerons de cela dans quelque autre moment.—Ma bien-aimée Régane, ta sœur est une indigne : ô Régane, elle a attaché la dureté aux dents aiguës ici, comme un vautour (*montrant son cœur*); à peine puis-je te parler... Non, tu ne pourras pas le croire, de quel caractère dépravé.... O Régane!

RÉGANE.—Je vous en prie, seigneur, modérez-vous. J'espère que vous ne savez pas apprécier ce qu'elle vaut plutôt que de la croire capable de manquer à ses devoirs.

LEAR.—Comment cela?

RÉGANE.—Je ne puis penser que ma sœur eût voulu manquer le moins du monde à ce qu'elle vous doit : s'il est arrivé, seigneur, qu'elle ait mis un frein à la licence de vos chevaliers, c'est par de telles raisons et dans des vues si louables qu'elle ne mérite pour cela aucun reproche.

LEAR.—Ma malédiction sur elle!

RÉGANE.—Ah! seigneur, vous êtes vieux; la nature, en vous, touche au dernier terme de sa carrière; vous devriez vous laisser conduire et gouverner par quelque personne prudente, qui comprît votre situation mieux

---

paru très-embarrassés du sens de ce mot *cockney*, auquel on donne en général la signification du mot *badaud*; autrefois il paraît s'être pris dans le sens de *cuisinier*, *marmiton*.

que vous-même. Ainsi donc, je vous prie de retourner vers ma sœur, et de lui dire que vous avez eu tort envers elle.

LEAR.—Moi, lui demander son pardon! voyez donc comme cela conviendrait à la famille! (*Il se met à genoux.*) « Ma chère fille, j'avoue que je suis vieux; la « vieillesse est inutile; je vous demande à genoux de « vouloir bien m'accorder des vêtements, un lit et ma « nourriture. »

RÉGANE.—Cessez, mon bon seigneur; c'est là un badinage peu convenable. Retournez chez ma sœur.

LEAR *se levant.*—Jamais, Régane. Elle m'a privé de la moitié de ma suite; elle m'a regardé d'un air sombre, et de sa langue, semblable à celle du serpent, m'a blessé jusqu'au fond du cœur. Que tous les trésors de la vengeance du ciel tombent sur sa tête ingrate! Vents qui saisissez les sens, frappez de paralysie ses jeunes os.

CORNOUAILLES.—Fi! seigneur! fi!

LEAR. — Éclairs agiles, lancez pour les aveugler vos flammes dans ses yeux dédaigneux; empoisonnez sa beauté, vapeurs que du fond des marais aspire le puissant soleil, pour tomber sur elle et flétrir son orgueil!

RÉGANE.—O dieux bienheureux! vous m'en souhaiterez autant quand vos accès vous prendront.

LEAR.—Non, Régane, jamais tu n'auras ma malédiction : ton cœur palpitant de tendresse ne t'abandonnera jamais à la dureté; ses yeux sont farouches; mais les tiens consolent et ne brûlent pas. Il n'est pas dans ta nature de me reprocher mes plaisirs, de diminuer ma suite, de contester avec moi d'un ton d'emportement, de réduire ce que tu me dois, et enfin d'opposer des verrous à mon entrée. Tu connais mieux les devoirs de la nature, les obligations des enfants, les règles de la courtoisie, les droits de la reconnaissance : tu n'as pas oublié la moitié de mon royaume que je t'ai donnée.

RÉGANE.—Mon bon seigneur, au fait.

(On entend une trompette derrière le théâtre.)

LEAR. —Qui a mis mon serviteur dans les ceps?

(Entre Oswald.)

CORNOUAILLES.—Quelle est cette trompette?

RÉGANE.—Je la reconnais, c'est celle de ma sœur. Sa lettre m'apprenait en effet qu'elle serait bientôt ici.— Votre maîtresse est-elle arrivée?

LEAR, *regardant l'intendant.*—Voilà un esclave qui se revêt à peu de frais d'un orgueil fondé sur la fragile faveur de sa maîtresse.—Hors d'ici, valet, loin de ma présence.

CORNOUAILLES.—Que veut dire Votre Seigneurie?

LEAR.—Qui a mis mon serviteur dans les ceps? Régane, je me flatte que tu n'en as rien su. (*Entre Gonerille.*) —Qui vient ici?—O cieux, si vous aimez les vieillards, si votre douce autorité recommande l'obéissance, si vous-mêmes vous êtes vieux, faites de ceci votre cause; faites descendre votre puissance sur la terre, et prenez mon parti. (*A Gonerille.*)—Tu n'as pas honte de voir cette barbe?—O Régane! lui prendras-tu la main?

GONERILLE.—Eh! pourquoi ne prendrait-elle pas ma main, seigneur? Quelle offense ai-je commise? N'est pas offense tout ce que l'indiscrétion tourne de cette manière, tout ce que le radotage peut nommer ainsi.

LEAR.—O mes flancs, vous êtes trop solides! Pourquoi ne rompez-vous pas?—Comment se fait-il qu'on ait mis un de mes gens dans les ceps?

CORNOUAILLES.—C'est moi, seigneur, qui l'y ai fait mettre. Ses sottises ne méritaient pas à beaucoup près tant d'honneur.

LEAR.—C'est vous, vous qui l'avez fait?

RÉGANE.—Je vous en prie, mon père, puisque vous êtes faible, prenez-en votre parti.—Si, jusqu'à l'expiration de votre mois, vous voulez retourner chez ma sœur et demeurer avec elle, en congédiant la moitié de vos gens, venez ensuite chez moi : je n'y suis point à présent, et n'ai pas fait les préparatifs nécessaires pour vous recevoir.

LEAR.—Retourner chez elle, et cinquante de mes chevaliers congédiés! Non, j'abjure plutôt les toits, et je préfère m'exposer à la haine des vents; je deviendrai le compagnon du loup et de la chouette!—Poignantes étreintes de la nécessité!—Retourner chez elle!

Quoi ! on obtiendrait aussi bien de moi de me prosterner devant le trône de ce bouillant roi de France, qui a pris sans dot notre plus jeune fille, et de solliciter comme un écuyer une pension pour soutenir ma pauvre vie ! Retourner chez elle ! Que ne me persuades-tu plutôt d'être l'esclave, la bête de somme (*montrant Oswald*) de ce valet détesté.

GONERILLE.—A votre choix, seigneur....

LEAR.—Je t'en prie, ma fille, ne me fais pas devenir fou. Je ne veux pas te déranger, mon enfant. Adieu, nous ne nous rencontrerons plus, nous ne nous reverrons plus. Mais cependant tu es ma chair, mon sang, ma fille ; ou plutôt tu es une maladie engendrée dans ma chair, et que je suis obligé d'appeler mienne ; tu es un abcès, un ulcère douloureux, une tumeur enflammée, produit de mon sang corrompu.—Mais je ne veux pas te faire de reproches : que la honte tombe sur toi quand il lui plaira ; je ne l'appelle pas. Je n'invoque pas les coups de Celui qui porte le tonnerre ; je ne fais point de rapports contre toi à Jupiter, notre juge suprême. Corrige-toi quand tu le pourras, deviens meilleure à ton loisir ; je puis prendre patience : je puis rester chez Régane, moi et mes cent chevaliers.

RÉGANE.—Non, il n'en peut être tout à fait ainsi, seigneur. Je ne vous attendais pas encore, et je n'ai rien préparé pour vous recevoir comme il convient. Prêtez l'oreille aux propositions de ma sœur. Ceux dont la raison est capable de modérer votre passion doivent prendre leur parti de songer que vous êtes vieux, et qu'ainsi... Mais elle sait bien ce qu'elle fait.

LEAR.—Est-ce là bien parler ?

RÉGANE.—J'ose le soutenir, seigneur. Quoi ! cinquante chevaliers, n'est-ce pas assez ? Qu'avez-vous besoin d'un plus grand nombre, ou même d'en avoir autant, s'il est vrai que l'embarras, le danger, tout parle contre une suite si nombreuse ? Comment, dans une seule et même maison, tant de personnes soumises à deux maîtres peuvent-elles vivre en bonne intelligence ? Cela est bien difficile, cela est impossible.

GONERILLE.—Eh quoi! seigneur, ne pourriez-vous pas être servi par ceux qui portent le titre de ses serviteurs ou par les miens?

RÉGANE.—Eh! pourquoi pas, seigneur? S'il leur arrivait de se relâcher à votre égard, nous saurions y mettre ordre. Si vous voulez venir chez moi, car je commence à entrevoir un danger, je vous prie de n'en amener que vingt-cinq : je n'ai point de place ni d'attention à donner à un plus grand nombre.

LEAR.—Je vous ai tout donné....

RÉGANE.—Et vous l'avez donné à temps.

LEAR.—Je vous ai fait mes gardiennes, mes dépositaires, mais j'ai mis la réserve de me faire suivre par un nombre de chevaliers. Quoi! je n'en pourrais amener chez vous que vingt-cinq? Régane, est-ce vous qui l'avez dit?

RÉGANE. — Et qui le répète, seigneur : pas un de plus chez moi.

LEAR.—Les méchantes créatures se présentent encore à nous sous un aspect favorable, quand il s'en trouve de plus méchantes qu'elles : c'est avoir quelque titre aux éloges que de n'être pas ce qu'il y a de pis. (*A Gonerille.*) —J'irai chez toi. Tes cinquante sont le double de vingt-cinq : tu as le double de sa tendresse.

GONERILLE.—Écoutez-moi, mon seigneur : qu'avez-vous besoin de vingt-cinq personnes, de dix, de cinq, pour vous suivre dans une maison où deux fois autant ont ordre de vous servir?

RÉGANE.—Qu'avez-vous même besoin d'une seule?

LEAR.—Ne calcule pas le besoin : le plus vil mendiant a du superflu dans ses plus misérables jouissances. N'accorder à la nature que ce que la nature demande pour ses besoins, c'est mettre la vie de l'homme à aussi bas prix que celle des bêtes. Tu es une grande dame. Eh quoi! si la magnificence consistait seulement à se tenir chaudement, la nature a-t-elle besoin de ces vêtements magnifiques que tu portes, et qui peuvent à peine te tenir chaud? Mais quant aux vrais besoins.....—Ciel! donne-moi patience; c'est de patience que j'ai besoin.

Vous me voyez ici, ô dieux! un pauvre vieillard, aussi comblé de douleurs que d'années, misérable par tous les deux! Si c'est vous qui excitez le cœur de ces filles contre leur père, ne m'abaissez pas au point de le supporter patiemment; animez-moi d'une noble colère. Oh! ne souffrez pas que des pleurs, armes des femmes, souillent mon visage d'homme!—Non, sorcières dénaturées, je tirerai de vous une telle vengeance, que le monde entier saura.... — Je ferai de telles choses.... Ce que ce sera, je ne le sais pas encore; mais ce sera l'épouvante de la terre.—Vous croyez que je pleurerai; non, je ne pleurerai pas. J'ai bien amplement de quoi pleurer; mais ce cœur éclatera par cent mille ouvertures avant que je pleure. —O fou, je perdrai la raison !

(Sortent Lear, Glocester, Kent et le fou.)

CORNOUAILLES.—Retirons-nous; il va faire de l'orage.

(On entend dans le lointain le bruit du tonnerre.)

RÉGANE.—Cette maison est petite; le vieillard et sa suite ne peuvent s'y loger commodément.

GONERILLE.—C'est sa propre faute; il a quitté de lui-même le lieu où il pouvait être tranquille : il faut qu'il porte la peine de sa folie.

RÉGANE.—Pour lui personnellement, je le recevrai avec plaisir; mais pas un seul de ses serviteurs.

GONERILLE.—C'est aussi mon intention.—Mais où est lord Glocester ?

CORNOUAILLES.—Il a suivi le vieillard.—Mais le voilà qui revient.

(Glocester rentre.)

GLOCESTER.—Le roi est dans une violente fureur.

CORNOUAILLES.—Où va-t-il ?

GLOCESTER.—Il ordonne qu'on monte à cheval, mais il veut aller je ne sais où.

CORNOUAILLES.—Le mieux est de lui céder; il se conduira lui-même.

GONERILLE.—Milord, ne le pressez nullement de rester.

GLOCESTER.—Hélas! la nuit approche; un vent glacé agite violemment les airs, à plusieurs milles aux environs à peine se trouve-t-il un buisson.

RÉGANE.—Oh! seigneur! il faut bien que les hommes opiniâtres reçoivent quelques leçons des maux qu'ils se sont attirés à eux-mêmes. Fermez vos portes. Il a avec lui une suite de gens déterminés à tout : facile à tromper comme il l'est, la sagesse nous ordonne de redouter ce qu'ils pourraient obtenir de sa colère.

CORNOUAILLES.—Fermez vos portes, milord.—Il fera mauvais temps cette nuit; ma chère Régane est de bon conseil : mettons-nous à l'abri de l'orage.

(Ils sortent.)

FIN DU SECOND ACTE.

# ACTE TROISIÈME

## SCÈNE I

Une bruyère.—On entend le bruit d'un orage accompagné de tonnerre et d'éclairs.

**KENT** et **UN GENTILHOMME** *se rencontrant.*

KENT.—Qui est ici malgré le mauvais temps ?
LE GENTILHOMME.—Un homme dont l'âme est, comme le temps, pleine d'agitation.
KENT.—Ah ! je vous reconnais. Où est le roi ?
LE GENTILHOMME.—Luttant contre les éléments irrités, il conjure les vents de précipiter la terre dans les flots, ou de soulever les vagues gonflées au-dessus de leurs rivages, afin que les choses changent ou s'anéantissent. Il arrache ses cheveux blancs que les tourbillons impétueux, dans leur aveugle rage, saisissent et font aussitôt disparaître. De toutes les forces de cet étroit univers renfermé en lui-même, il insulte aux vents et à la pluie qui se combattent dans tous les sens. Dans cette nuit horrible où l'ourse même, épuisée de lait par ses petits, demeure dans sa tanière ; où le lion et le loup, au ventre vide, tiennent leur fourrure à sec, il court tête nue, et appelle toutes les chances de la mort.
KENT.—Mais qui est avec lui ?
LE GENTILHOMME.—Personne que son fou, qui tâche, par des bouffonneries, de distraire son cœur navré d'injures.
KENT.—Je vous connais, monsieur, et, sur la foi de mon discernement, j'ose vous confier une affaire d'un bien cher intérêt. Il y a de la mésintelligence entre les ducs d'Albanie et de Cornouailles, quoiqu'elle se cache

encore sous le voile d'une dissimulation réciproque : ils ont (et qui n'en a pas parmi ceux que la supériorité de leur étoile a placés sur le trône et dans la grandeur ?), ils ont des serviteurs non moins dissimulés qui servent à la France d'espions et de miroirs intelligents de notre situation, ce qu'on a vu des aversions ou des manœuvres secrètes des deux ducs, ou la dureté avec laquelle ils se sont gouvernés à l'égard du bon vieux roi, ou quelque chose de plus profond dont tout ceci n'est que l'apparence extérieure. Ce qu'il y a de certain, c'est qu'une armée envoyée par la France va entrer dans ce royaume divisé. Déjà les ennemis, profitant sagement de notre négligence, se sont assuré un accès secret dans quelques-uns de nos meilleurs ports, et sont sur le point de déployer ouvertement leurs bannières.—Voici maintenant ce que j'ai à vous dire : Si j'ai pu vous inspirer assez de confiance pour vous y rendre promptement ; vous trouverez une personne qui recevra avec reconnaissance le récit fidèle des outrages désespérants et dénaturés dont le roi a sujet de se plaindre. Je suis un gentilhomme bien né et bien élevé ; et c'est parce que je vous connais et me fie à vous que je vous propose cette mission.

LE GENTILHOMME.—Nous en reparlerons.

KENT.—Non, c'est assez de paroles. Afin de vous prouver que je suis beaucoup plus que je ne parais, ouvrez cette bourse et prenez ce qu'elle contient. Si vous voyez Cordélia, et soyez certain que vous la verrez, montrez-lui cet anneau ; vous saurez d'elle quel est celui que vous avez eu pour compagnon, et que vous ne connaissez pas encore.—Infâme tempête ! je vais chercher le roi.

LE GENTILHOMME. — Donnez-moi votre main. N'avez-vous plus rien à me dire ?

KENT.—Peu de mots, mais au fait plus importants que tout le reste : veuillez bien prendre ce chemin, je vais suivre celui-ci. Le premier de nous deux qui trouvera le roi en avertira l'autre par un cri.

(Ils sortent.)

## SCÈNE II

La tempête redouble.

### LEAR, LE FOU.

LEAR.—Soufflez, vents, jusqu'à ce que vos joues en crèvent. Ouragans, cataractes, versez vos torrents jusqu'à ce que vous ayez inondé nos clochers, noyé leurs coqs! Feux sulfureux, rapides comme la pensée, bruyants avant-coureurs des coups de foudre qui brisent les chênes, venez roussir mes cheveux blancs. Et toi, tonnerre, qui ébranles tout, aplatis le globe du monde, brise tous les moules de la nature, disperse d'un seul coup tous les germes qui produisent l'homme ingrat!

LE FOU.—O noncle, de l'eau bénite de cour dans une maison bien sèche vaut mieux que cette eau de pluie quand on est dehors. Bon noncle, rentrons et implorons la bonne volonté de tes filles. Voilà une nuit qui n'a pitié ni du fou, ni du sage.

LEAR.—Gronde tant que tes entrailles y pourront suffire. Éclate, feu! jaillis, pluie! la pluie, le vent, le tonnerre, les feux, ne sont point mes filles; éléments, je ne vous accuse point d'ingratitude; je ne vous ai point appelés mes enfants; vous ne me devez point de soumission : laissez donc tomber sur moi votre horrible plaisir : me voici votre esclave, un pauvre et faible vieillard infirme, méprisé. Mais non, je vous traiterai de lâches ministres, vous dont les armées sont venues des hauts lieux de leur naissance s'unir à deux filles détestables, contre une tête aussi vieille et aussi blanche que la mienne.—Oh! oh! cela est odieux!

LE FOU.—Celui qui a une maison pour y mettre sa tête a une tête bien garnie.

> Celui qui veut avoir une femme
> Avant que sa tête ait une maison,
> Perdra et tête et tout :
> Ainsi se sont mariés beaucoup de mendiants.

Celui qui fait pour son orteil
Ce qu'il devrait faire pour son cœur,
Criera bientôt misère des cors aux pieds
Et changera son sommeil en veilles.

Car il n'y a jamais eu une belle femme qui n'ait fait la grimace devant la glace.

(Entre Kent.)

LEAR, *au fou*.—Non, je veux être un modèle de toute patience ; je ne dirai plus rien.

KENT.—Qui est là ?

LE FOU.— Une seigneurie et un malotru, c'est-à-dire, un sage et un fou.

KENT.—Hélas ! seigneur, vous voilà donc ! Rien de ce qui aime la nuit n'aime de pareilles nuits. Les cieux en colère ont effrayé jusqu'aux hôtes errants des ténèbres, et les forcent à se tenir dans leurs cavernes. Depuis que je suis un homme, je ne me souviens pas d'avoir vu de telles nappes de feu, d'avoir entendu d'aussi effroyables éclats de tonnerre, de telles plaintes, de tels mugissements du vent et de la pluie. La nature de l'homme n'en saurait supporter ni les souffrances ni les terreurs.

LEAR.—Que les dieux puissants, qui font naître au-dessus de nos têtes cet épouvantable tumulte, distinguent en ce moment leurs ennemis ! Tremble, toi, misérable qui renfermes dans ton sein des crimes ignorés qui ont échappé à la verge de la justice ; cache-toi, main sanglante ; et toi, parjure ; et toi, hypocrite, qui du masque de la vertu as couvert un inceste. Tremble et meurs de peur, scélérat, qui, en secret et sous d'honorables semblants, as dressé des piéges à la vie de l'homme. Forfaits soigneusement enveloppés, déchirez le voile qui vous cache et demandez grâce à ces voix terribles qui vous appellent.—Moi, je suis un homme à qui l'on a fait plus de mal qu'il n'en a fait.

KENT.—Hélas ! tête nue ? Mon bon maître, tout près d'ici est une hutte ; elle vous prêtera quelque abri contre la tempête. Allez vous y reposer, tandis que moi je vais retourner à cette dure maison, plus dure que la pierre de ses murailles, et qui tout à l'heure, quand je vous ai demandé, m'a refusé l'entrée ; et je forcerai la main à son avare hospitalité.

LEAR.—Ma raison commence à revenir.—Viens, mon enfant; comment te trouves-tu, mon enfant? As-tu froid; j'ai froid aussi. Où est cette paille, mon ami ? Que la nécessité est étrangement habile à nous rendre précieuses les choses les plus viles ! — Montrez-moi votre hutte. — Pauvre fou, pauvre garçon, j'ai encore dans mon cœur une place qui souffre pour toi.

LE FOU.

Celui qui a un petit peu de bon sens
Doit recevoir en chantant le vent et la pluie,
Et se contenter de sa situation,
Car la pluie tombe tous les jours.

LEAR.—Oui, tu as raison, mon bon garçon. Allons, conduisez-nous à cette hutte.

(Lear et Kent sortent.)

LE FOU.—Voilà une honnête nuit pour rafraîchir une courtisane. Il faut qu'avant de m'en aller je fasse une prédiction.

Quand les prêtres auront plus de paroles que de science ;
Quand les brasseurs gâteront leur bière avec de l'eau ;
Quand les nobles donneront des idées à leurs tailleurs;
Quand les hérétiques ne seront plus brûlés, mais bien ceux
    qui suivent les filles ;
Quand tous les procès seront bien jugés;
Qu'il n'y aura pas d'écuyers endettés,
Ni de chevaliers pauvres ;
Quand les langues ne répandront plus la médisance ;
Que les coupeurs de bourses ne chercheront plus la
    foule ;
Que les usuriers compteront leur or en plein champ ;
Que les entremetteurs et les prostituées bâtiront des églises;
    Alors le royaume d'Albion
    Tombera en grande confusion,

Alors viendra le temps, qui vivra verra,
Où l'usage sera de marcher sur ses pieds.

Merlin fera un jour cette prédiction, car je vis avant lui.
(Il sort.)

## SCÈNE III

### Une salle du château de Glocester.

*Entrent* GLOCESTER, EDMOND.

GLOCESTER.—Hélas! hélas! Edmond, cette conduite dénaturée me déplaît. Quand je leur ai demandé la permission d'avoir pitié de lui, ils m'ont interdit l'usage de ma propre maison; ils m'ont défendu, sous peine de leur éternel ressentiment, de leur parler de lui, de solliciter pour lui, et de le soulager en rien.

EDMOND.—Cela est bien cruel et dénaturé!

GLOCESTER.—Allez, ne dites rien : il y a une mésintelligence entre les deux ducs; il y a pis encore. J'ai reçu cette nuit une lettre.... Il serait dangereux seulement d'en parler.... J'ai enfermé la lettre dans mon cabinet. Le roi va être vengé des injures qu'il souffre en ce moment. Déjà une armée est en partie débarquée. Il faut nous attacher au roi. Je vais le chercher et le consoler en secret. Vous, allez entretenir le duc, pour qu'il ne s'aperçoive pas de mes charitables soins. S'il me demande, je suis malade et je suis allé me coucher.— Quand j'en devrais mourir, et l'on ne m'a pas menacé de moins que cela, il faut que je secoure le roi mon vieux maître. — Il va arriver quelque chose d'extraordinaire, Edmond; je vous en prie, soyez circonspect.
(Il sort.)

EDMOND.—En dépit de toi, le duc va être instruit à l'heure même de cette courtoisie, et de cette lettre aussi. Ce sera, ce me semble, assez bien mériter de lui, et j'y dois gagner tout ce que va perdre mon père ; oui, tout, sans exception : les jeunes gens s'élèvent quand les vieux s'en vont.
(Il sort.)

## SCÈNE IV

Une partie de la bruyère où l'on voit une hutte.—L'orage continue.

*Entrent* LEAR, KENT, LE FOU.

KENT.—Voici l'endroit, mon seigneur. Mon bon seigneur, entrez : une nuit si rigoureuse passée en plein air est trop rude pour les forces de la nature.

LEAR.—Laisse-moi tranquille.

KENT.—Mon bon maître, entrez.

LEAR.—Veux-tu briser mon cœur?

KENT.—Je briserais plutôt le mien. Mon bon seigneur, entrez.

LEAR.—Tu crois que c'est grand'chose que cette tempête mutinée qui nous pénètre jusqu'aux os. C'est beaucoup pour toi; mais là où s'est fixée une plus grande douleur, une moindre se fait à peine sentir. Tu chercherais à éviter un ours; mais si ta fuite te conduisait vers la mer en furie, tu reviendrais affronter l'ours en face. Quand l'âme est libre, le corps est délicat; mais la tempête qui agite mon âme ne laisse à mes sens aucune autre impression que celles qui se combattent au dedans de moi.—L'ingratitude de nos enfants!…. n'est-ce pas comme si ma bouche déchirait ma main pour lui avoir porté la nourriture? Mais je punirai bientôt.—Non, je ne veux plus pleurer.—Par une nuit semblable, me mettre à la porte!—Verse tes torrents, je les supporterai.—Dans une nuit semblable!—O Régane! Gonerille! votre bon vieux père, dont le cœur sans méfiance vous a tout donné!—Oh! c'est de ce côté qu'est la folie; évitons-le, n'en parlons plus.

KENT.—Mon bon seigneur, entrez ici.

LEAR.—Je te prie, entre toi-même; et cherche tes aises. Cette tempête ne me laisse pas le temps de m'arrêter sur des choses qui me feraient bien plus de mal.—Cependant je vais entrer. (*Au fou.*)—Va, mon enfant, entre le premier.—Va, indigence sans asile!—Allons, entre donc. Je vais prier, et je dormirai après. (*Le fou entre.*)—Pauvres misérables privés de tout, quelque part que vous soyez, qui endurez les coups redoublés de cet orage impitoyable, comment vos têtes sans abri, vos flancs vides de nourriture, vos haillons ouverts de toutes parts, se défendront-ils contre des temps aussi cruels? Ah! je n'ai pas pris assez de soin de cela! Orgueil somptueux, viens essayer de ce remède; expose-toi à sentir ce que sentent les malheureux, afin d'apprendre à leur jeter tout ton superflu, et à nous montrer les cieux plus justes.

EDGAR, *derrière le théâtre.* — Une brasse et demie, une brasse et demie! Le pauvre Tom!

LE FOU, *sortant de la hutte avec précipitation.* — N'entrez pas, noncle; il y a là un esprit. Au secours! au secours!

KENT.—Donne-moi ta main. Qui est là!

LE FOU.—Un esprit, un esprit : il dit qu'il s'appelle le pauvre Tom.

KENT.—Qui es-tu, toi qui es là à grommeler dans la paille? Sors.

(*Entre Edgar vêtu comme un fou.*)

EDGAR.—Va-t'en; le malin esprit me suit. A travers l'aubépine piquante souffle le vent froid. Hum! va à ton lit tout froid, et réchauffe-toi.

LEAR.—As-tu donné tout à tes deux filles? en es-tu réduit là?

EDGAR.—Qui donne quelque chose au pauvre Tom, que le malin esprit a promené à travers les feux et les flammes, à travers les gués et les tourbillons, sur les marais et les étangs? Il a mis des couteaux sous son oreiller, des cordes sur son banc, et de la mort aux rats près de sa soupe. Il l'a rendu orgueilleux de monter un cheval bai qui trottait sur des ponts de quatre pouces de large, pour courir après son ombre qu'il prenait pour un traître. — Dieu te conserve tes cinq sens. — Tom a froid; oh! oh! oh! oh! euh! euh!—Que le ciel te préserve des ouragans, des astres malfaisants et des rhumatismes. —Faites quelque charité au pauvre Tom que tourmente le malin esprit. Oh! si je pouvais le tenir ici, et là,—et là,—et encore là,—et puis encore là!

(La tempête continue.)

LEAR.—Quoi! ses filles l'ont-elles réduit à cette extrémité?—N'as-tu pu rien garder? leur as-tu donné tout?

LE FOU.—Non, il s'est réservé une couverture; autrement nous aurions tous honte de le regarder.

LEAR.—Puissent tous les fléaux que, dans les airs flottants, une fatale destinée tient suspendus sur les crimes des hommes, se précipiter aujourd'hui sur tes filles!

KENT.—Il n'avait pas de filles, seigneur.

LEAR.—Par la mort! traître! rien dans le monde que des filles ingrates ne pouvait réduire la nature à ce point de dégradation. Est-ce donc la coutume aujourd'hui que les pères chassés trouvent si peu de pitié pour leur corps?—Juste châtiment! c'est ce corps qui a engendré ces filles de pélican.

EDGAR. — Pillicock[1] était sur la montagne de Pillicock. Holà! holà! hoé! hoé!

LE FOU.—Cette froide nuit fera de nous tous des fous et des frénétiques.

EDGAR.—Garde-toi du malin esprit; obéis à tes parents; garde loyalement ta foi; ne jure point; ne commets point le péché avec celle qui a promis à un autre homme la fidélité d'épouse; ne donne point de vaine parure à ta maîtresse.—Tom a froid.

LEAR.—Qui étais-tu?

EDGAR.—Un homme de service, vain de cœur et d'esprit : je frisais mes cheveux, je portais des gants à mon chapeau[2]; je servais les ardeurs de ma maîtresse, et commettais avec elle l'acte de ténèbres.—Je proférais autant de serments que de mots, et je me parjurais à la face débonnaire du ciel. J'étais un homme qui s'endor-

---

[1] Nom d'un démon. Edgar en nommera encore plusieurs autres, qu'on reconnaîtra sans qu'il soit nécessaire de l'indiquer.

[2] On portait à son chapeau ou le gant qu'on avait reçu de sa maîtresse, ou celui qu'un ennemi vous avait jeté comme un gage de combat. Probablement les domestiques des grandes maisons imitaient en cela les manières de leurs maîtres.

mait dans des projets de volupté, et se réveillait pour les exécuter. J'aimais passionnément le vin, les dés avec ardeur; et quant aux femmes, j'avais plus de maîtresses qu'un Turc : faux de cœur, l'oreille crédule, la main sanguinaire, pourceau pour la paresse, renard pour la ruse, loup pour la voracité, un chien dans ma rage, un lion pour saisir ma proie. Ne permets pas que le bruit d'un soulier ou le frôlement de la soie livre ton pauvre cœur aux femmes. Tiens ton pied éloigné des mauvais lieux, ta main des collerettes[1], ta plume des livres des prêteurs, et défie le malin esprit.—Mais toujours à travers l'aubépine souffle la bise aiguë. Elle fait *mun... zuum...* Ah! non, nenni, dauphin, mon garçon, cesse, laisse-le passer[2].

(L'orage continue.)

LEAR.—Tu serais mieux dans ton tombeau qu'ici le corps nu en butte à toutes ces violences du ciel. L'homme est-il donc si peu de chose que cela? Considérons-le bien.—Tu ne dois point de soie aux vers, de peaux aux bêtes sauvages, de parfums à la civette.—Ah! trois de nous ici sont déguisés; toi, tu es la chose comme elle est. L'homme réduit à lui-même n'est autre chose qu'un pauvre animal nu, fourchu comme toi.—Loin de moi, apparences empruntées; allons, défaites-vous.

(Il arrache ses habits.)

LE FOU.—Noncle, je te prie, calme-toi; c'est une mauvaise nuit pour y nager. Maintenant un peu de feu dans une plaine sauvage ressemblerait bien au cœur d'un

---

[1] *Plackets.*

[2] *Ah no nonny, dolphin my boy, my boy sessa; let him trot by.* Jargon mêlé d'anglais et de français : c'est le refrain d'une vieille ballade, où l'on suppose que, dans un combat entre les Anglais et les Français, le roi de France ne se souciant pas d'exposer à des hasards trop difficiles la valeur de son fils le dauphin, lui cherche un adversaire dont il puisse triompher facilement. Tous les chevaliers qui se présentent successivement sur le champ de bataille lui paraissent trop forts, et chaque fois il répète le refrain. Enfin il ne trouve pas de meilleur expédient que de faire tenir sur les pieds, à l'aide d'un arbre, un mort contre lequel il envoie le dauphin exercer sa prouesse.

vieux débauché; une légère étincelle, et le reste du corps glacé. — Regardez, regardez; voici un feu qui marche.

EDGAR.—Oh! c'est le malin esprit Flibbertigibbet; il commence sa course à l'heure du couvre-feu, et rôde jusqu'au premier chant du coq : c'est de lui que viennent la taie et la cataracte; il fait loucher les yeux et donne le bec-de-lièvre; il jette la nielle sur le froment et endommage le pauvre enfant de la terre.

> Saint Withold parcourut trois fois la plage ;
> Il rencontra le cauchemar et ses neuf lutins ;
> Il lui ordonna de rentrer en terre,
> Et lui en fit jurer sa foi.
> Et décampe, sorcière, décampe.

KENT.—Comment se trouve Votre Seigneurie?
(Entre Glocester avec un flambeau.)

LEAR.—Quel est cet homme?

KENT.—Qui est-là? que cherchez-vous?

GLOCESTER.—Qui êtes-vous? vos noms?

EDGAR.—Le pauvre Tom, qui mange la grenouille nageuse, le crapaud, le têtard, le lézard de murailles et le lézard d'eau. Quand le malin esprit fait rage, il mange, dans la furie de son cœur, la bouse de vache en guise de salade; il avale le vieux rat et le chien jeté dans le fossé; il boit le manteau verdâtre des eaux stagnantes; il est chassé à coups de fouet de district en district; il est mis dans les ceps, puni, emprisonné; lui qui a eu jadis trois habits sur son dos, six chemises à son corps, un cheval entre ses jambes et une épée à son côté.

Mais les souris et les rats, et tout ce menu gibier,
Ont été la nourriture de Tom depuis sept longues années.

Prenez garde à celui qui est auprès de moi.—Paix, Smolkin; paix, démon.

GLOCESTER.—Quoi! Votre Seigneurie n'a pas meilleure compagnie?

EDGAR.—Le prince des ténèbres est gentilhomme : on l'appelle Modo et Mahu.

GLOCESTER.—Seigneur, notre chair et notre sang se sont tellement pervertis, qu'ils prennent en haine ceux qui les ont engendrés.

EDGAR.—Pauvre Tom a froid.

GLOCESTER.—Venez avec moi; mon devoir ne peut me permettre d'obéir en tout aux ordres cruels de vos filles. Quoiqu'elles m'aient enjoint de fermer les portes de ma maison, et de vous laisser à la merci de cette cruelle nuit, je me suis pourtant hasardé à venir vous chercher, pour vous conduire dans un lieu où vous trouverez du feu et des aliments.

LEAR.—Laissez-moi d'abord m'entretenir avec ce philosophe.—Quelle est la cause du tonnerre?

KENT.—Mon bon maître, acceptez son offre, rendez-vous dans cette maison.

LEAR.—J'ai un mot à dire à ce savant Thébain.—Quelle est votre étude?

EDGAR.—D'échapper au malin esprit et de tuer la vermine.

LEAR.—Laissez-moi vous dire un mot à part.

KENT, *à Glocester*.—Pressez-le encore une fois de venir, milord; sa raison commence à se troubler.

GLOCESTER.—Peux-tu le blâmer? ses filles veulent sa mort.—Ah! ce brave Kent, il avait bien prédit qu'il en serait ainsi. Pauvre banni! Tu dis que le roi devient fou. Ami, je te dirai que je suis presque fou moi-même. J'avais un fils que j'ai proscrit de mon sang : dernièrement, tout dernièrement il a cherché à m'assassiner. Je l'aimais, mon ami : jamais un père n'aima plus chèrement son fils. Pour te dire la vérité, le chagrin a affaibli ma raison.—Quelle nuit! (*A Lear.*)—Je conjure Votre Seigneurie...

LEAR.—Oh! je vous demande pardon.—Noble philosophe, honorez-moi de votre compagnie.

EDGAR.—Tom a froid.

GLOCESTER, *à Edgar*.—Va, l'ami. A ta hutte; va t'y réchauffer.

LEAR.—Allons, entrons-y tous.

KENT.—C'est par ici, seigneur.

LEAR. — Avec lui : je veux rester avec mon philosophe.

KENT.—Mon bon seigneur, calmez-le; laissez prendre cet homme avec lui.

GLOCESTER.—Emmenez-le.

KENT, *à Edgar.*—Allons, l'ami, viens avec nous.

LEAR.—Venez, bon Athénien.

GLOCESTER.—Silence! silence! chut

### EDGAR.

Le jeune chevalier Roland vint à la tour ténébreuse;
Il disait toujours, fi ! foh ! fum !
Je sens ici le sang d'un Breton.

(Ils sortent.)

## SCÈNE V

Un appartement du château de Glocester.

*Entrent* CORNOUAILLES, EDMOND.

CORNOUAILLES.—Je serai vengé avant de quitter sa maison.

EDMOND.—Mais, seigneur, je pourrai être blâmé d'avoir ainsi fait céder la nature à la fidélité : je m'effraye un peu de cette pensée.

CORNOUAILLES.—Je vois maintenant que ce n'était pas uniquement le mauvais naturel de votre frère qui le portait à en vouloir à la vie de son père, mais que les vices de celui-ci ont provoqué la condamnable méchanceté de l'autre.

EDMOND.—Que ma destinée est cruelle, qu'il faille me repentir d'être juste!—Voici la lettre dont il m'a parlé, et qui prouve ses intelligences avec le parti qui sert les intérêts de la France. Oh! cieux! s'il avait été possible que cette trahison n'existât pas ou ne fût pas découverte par moi!

CORNOUAILLES.—Suivez-moi chez la duchesse.

EDMOND.—Si le contenu de cette lettre est véritable. vous avez de grandes affaires sur les bras.

CORNOUAILLES.—Faux ou vrai, il t'a fait comte de Glocester. Découvre où peut être ton père, afin que je n'aie qu'à le faire prendre.

EDMOND, *à part.*—Si je le trouve assistant le roi, cette circonstance augmentera encore les soupçons. (*Haut.*)—Je continuerai de vous être fidèle, quoique j'aie un rude combat à soutenir entre vous et la nature.

CORNOUAILLES.—Va, je mets toute ma confiance en toi, et mon affection te rendra un meilleur père.

(Ils sortent.)

## SCÈNE VI

Une chambre dans une ferme joignant au château.

*Entrent* GLOCESTER, LEAR, KENT, LE FOU ET EDGAR.

GLOCESTER.—Il fait meilleur ici qu'en plein air : sachez-m'en quelque gré. Je vais vous fournir autant que je pourrai les moyens de rendre ceci plus commode. Je ne vous quitte pas pour longtemps.

KENT.—Toutes les puissances de la raison ont cédé en lui à la violence du chagrin.—Que le ciel récompense votre bonté.

(Glocester sort.)

EDGAR.—Frateretto m'appelle : il me dit que Néron joue du triangle dans le lac de ténèbres[1]. Priez, innocents, et gardez-vous du malin esprit.

LE FOU.—Noncle, dis-moi, je t'en prie, un fou est-il noble ou roturier?

LEAR.—C'est un roi, c'est un roi.

LE FOU.—Non, c'est un roturier qui a pour fils un gentilhomme ; car c'est un fou que le roturier qui consent à voir devant lui son fils gentilhomme.

---

[1] Selon Rabelais, c'est du violon que Néron joue en enfer et Trajan du triangle.

LEAR.—Il m'en faut faire venir mille avec des broches rougies au feu qui siffleront contre eux.

EDGAR.—Le malin esprit me mord dans le dos.

LE FOU.—Il est fou celui qui se fie à la douceur d'un loup apprivoisé, à la santé d'un cheval, à l'amitié d'un jeune homme et au serment d'une prostituée.

LEAR.—Cela sera ; je vais les sommer de comparaître à l'instant.—(A Edgar.) Viens, assieds-toi là, très-savant justicier.—(Au fou.) Et toi, sage seigneur, assieds-toi là. —Eh bien ! traîtresses...

EDGAR.—Voyez comme il reste là, comme il fixe ses yeux ardents... Désires-tu des spectateurs à ton procès, madame ?...

Viens à moi en traversant le ruisseau, Bessy.

LE FOU.

Elle a une fente à son bateau,
Et ne peut pas dire
Pourquoi elle n'ose venir à toi.

EDGAR.—Le malin esprit poursuit le pauvre Tom avec la voix d'un rossignol. Hopdance crie dans le ventre de Tom pour avoir deux harengs blancs. Cesse de croasser, ange noir ; je n'ai rien à manger pour toi.

KENT, à Lear.—Eh bien ! comment vous trouvez-vous, seigneur? Ne demeurez pas ainsi dans la stupeur. Voulez-vous vous coucher et reposer sur ces coussins ?

LEAR.—Voyons d'abord leur procès.—Qu'on amène les témoins. (A Edgar.)—Toi, juge en robe, prends ta place ; et toi qui es accouplé avec lui au joug de l'équité, prends siége à ses côtés. (A Kent.)—Vous êtes de la commission ; assseyez-vous aussi.

EDGAR.—Procédons avec justice.

Dors-tu ou veilles-tu, gentille pastourelle?
Tes brebis sont dans le blé.
Un souffle seulement de ta petite bouche,
Et tes brebis sont préservées de mal.

Pouff! le chat est gris!

## ACTE III, SCÈNE VI.

LEAR.—Citez d'abord celle-ci ; c'est Gonerille. J'affirme ici par serment, devant cette honorable assemblée, qu'elle a chassé à coups de pied le pauvre roi son père.

LE FOU. — Avancez, maîtresse ; votre nom est-il Gonerille ?

LEAR.—Elle ne peut pas le désavouer.

LE FOU.—Je vous demande pardon ; je vous prenais pour un escabeau.

LEAR.—Tenez, en voici une autre dont les yeux hagards annoncent de quelle trempe est son cœur. Arrêtez-la ici : aux armes ! aux armes, fer, flamme !—La corruption est entrée ici.—Juge inique, pourquoi l'as-tu laissée échapper ?

EDGAR.—Dieu bénisse tes cinq sens !

KENT.—O pitié ! Seigneur, où est donc maintenant cette patience que vous vous êtes vanté si souvent de conserver ?

EDGAR, à part.—Mes larmes commencent à se mettre tellement de son parti, qu'elles vont gâter mon personnage.

LEAR.—Les petits chiens tout comme les autres : voyez, Tray, Blanche, Petit-Cœur ; les voilà qui aboient contre moi.

EDGAR.—Tom va leur jeter sa tête.—Allez-vous-en, roquets.

    Que ta gueule soit blanche ou noire,
    Que tes dents empoisonnent quand tu mords,
    Mâtin, lévrier, métis hargneux,
    Chien courant ou épagneul, braque ou limier,
    Mauvais petit chien à la queue coupée ou la 'queue en
    Tom les fera tous hurler et gémir ;     [trompette,]
    Car lorsque je leur jette ainsi ma tête,
    Les chiens sautent par-dessus la porte et tous se sauvent.

Don don don do. C'est çà. Allons aux veillées, aux foires, aux villes de marché. Pauvre Tom, ta corne est à sec.

LEAR.—Maintenant qu'on dissèque Régane.—Voyez de quoi se nourrit son cœur. Y a-t-il dans la nature quelques éléments qui puissent former des cœurs si durs? (*A Edgar*.)—Vous, mon cher, je vous prends au nombre de mes cent chevaliers : seulement la mode de votre habit ne me plaît point. Vous me direz peut-être que c'est un costume persan ; cependant changez-en.

KENT.—Maintenant, mon bon maître, couchez-vous ici, et prenez un peu de repos.

LEAR.—Point de bruit, point de bruit. Tirez les rideaux; ainsi, ainsi, ainsi, nous irons souper dans la matinée; ainsi, ainsi, ainsi.

LE FOU.—Et je me coucherai à midi.

(Entre Glocester.)

GLOCESTER.—Approche, ami. Où est le roi, mon maître?

KENT.—Le voilà, seigneur ; mais ne le troublez pas; sa raison est perdue.

GLOCESTER.—Mon bon ami, je te conjure, prends-le dans tes bras : je viens d'entendre un complot pour le mettre à mort. Il y a ici une litière toute prête : porte-le dedans, et conduis-le promptement vers Douvres, ami, où tu trouveras un bon accueil et des protecteurs. Enlève ton maître : si tu diffères seulement d'une demi-heure, lui, toi et quiconque osera prendre sa défense, êtes assurés de périr.—Prends-le, prends-le, et suis-moi. Je vais te conduire en peu d'instants au lieu où j'ai tout fait préparer.

KENT.—La nature épuisée s'est assoupie. Le sommeil aurait pu remettre quelque baume dans tes organes blessés. Si les circonstances ne le permettent pas, ta guérison sera difficile. (*Au fou*.) Allons, aide-moi à porter ton maître; il ne faut pas que tu restes en arrière.

GLOCESTER.—Allons, allons, partons.

(Sortent Kent, Glocester et le fou, emportant le roi.)

EDGAR.—Quand nous voyons nos supérieurs endurer les mêmes maux que nous, à peine conservons-nous quelque amertume sur nos misères. Celui qui souffre seul souffre surtout dans son âme, en laissant derrière lui des êtres libres et le spectacle du bonheur. Mais l'âme surmonte bien plus facilement la douleur, quand le malheur a des compagnons, et que l'on souffre en société.

Que mes peines me semblent maintenant légères et supportables, quand je vois le roi incliné sous le même poids qui me fait courber. Il a des enfants comme moi j'ai un père.—Tom, pars; sois attentif à ces grands événements, et découvre-toi quand l'opinion trompeuse qui te flétrit de ses injurieuses pensées, détruite à bon droit par tes actions, rapportera son jugement et reconnaîtra ton innocence. Arrive ce qui pourra cette nuit, si du moins le roi se sauve!—Cachons-nous, cachons-nous.

(Il sort.)

## SCÈNE VII

Un appartement du château de Glocester.

*Entrent* CORNOUAILLES, RÉGANE, GONERILLE, EDMOND, DES DOMESTIQUES.

CORNOUAILLES, *à Gonerille*.—Partez promptement; allez trouver le duc votre époux, et montrez-lui cette lettre. L'armée française est débarquée. Qu'on cherche ce traître de Glocester.

(Quelques domestiques sortent.)

RÉGANE.—Qu'on le pende à l'instant.

GONERILLE.—Qu'on lui arrache les yeux.

CORNOUAILLES. — Laissez-le à mon ressentiment. — Edmond, accompagnez notre sœur; il ne convient pas que vous soyez témoin de la vengeance que nous sommes obligés de tirer de votre perfide père. Avertissez le duc chez qui vous allez vous rendre de hâter le plus possible ses préparatifs. Nous, nous nous engageons à en faire autant : nous établirons entre nous des courriers rapides et intelligents. Adieu, chère sœur; adieu, comte de Glocester. (*Entre Oswald.*)—Eh bien! où est le roi?

OSWALD.—Le comte de Glocester vient de le faire partir d'ici; trente-cinq ou trente-six de ses chevaliers qui le cherchaient avec ardeur l'ont joint à la porte, et ils sont tous partis pour Douvres avec quelques-uns des gens du comte. Ils se vantent d'y trouver des amis bien armés.

CORNOUAILLES. — Préparez des chevaux pour votre maîtresse.

GONERILLE.—Adieu, cher lord; adieu, ma sœur.

(Gonerille et Édouard sortent.)

CORNOUAILLES.—Adieu, Edmond. — Qu'on cherche le traître Glocester. Garrottez-le comme un voleur, et amenez-le devant nous. (*Sortent encore quelques domestiques.*) —Quoique nous ne puissions pas trop disposer de sa vie sans les formes de la justice, notre pouvoir fera une grâce à notre colère. On peut nous en blâmer, mais non pas nous en empêcher. (*Rentrent les domestiques avec Glocester.*) Qui vient ici? Est-ce le traître?

RÉGANE.—C'est lui-même.—Fourbe ingrat!

CORNOUAILLES.—Serrez-bien ses bras de liége.

GLOCESTER.—Que veulent dire Vos Seigneuries? Mes bons amis, considérez que vous êtes mes hôtes; ne me faites point d'indignes traitements, amis.

CORNOUAILLES.—Liez-le, vous dis-je.

(Les domestiques le lient.)

RÉGANE.—Ferme, ferme.—O l'infâme traître!

GLOCESTER.—Impitoyable dame, je ne suis point un traître.

CORNOUAILLES.—Attachez-le à cette chaise.—Scélérat, tu verras...

(Régane lui arrache la barbe.)

GLOCESTER.—Par les dieux propices, c'est me traiter bien indignement que de m'arracher ainsi la barbe.

RÉGANE.—L'avoir si blanche, et être un pareil traître!

GLOCESTER.—Méchante dame, ces poils dont tu dépouilles mon menton s'animeront pour t'accuser. Je suis votre hôte : devriez-vous ainsi d'une main déloyale insulter à ma bienveillance hospitalière? Que prétendez-vous?

CORNOUAILLES.—Voyons, mon gentilhomme; quelles lettres avez-vous dernièrement reçues de France?

RÉGANE.—Répondez franchement, car nous savons la vérité.

CORNOUAILLES.—Quelle intelligence avez-vous avec les traîtres qui viennent de débarquer dans ce royaume?

RÉGANE.—A quelles mains envoyez-vous remettre votre lunatique de roi?

GLOCESTER.—J'ai reçu une lettre où l'on m'entretient de conjectures : elle me vient d'une personne tout à fait neutre, et non d'aucun de vos ennemis.

CORNOUAILLES.—Artifice.

RÉGANE.—Mensonge.

CORNOUAILLES.—Où as-tu envoyé le roi?

GLOCESTER.—A Douvres.

RÉGANE.—Pourquoi à Douvres? N'étais-tu pas chargé, sous peine...

CORNOUAILLES.—Pourquoi à Douvres?—Qu'il réponde d'abord à cela.

GLOCESTER.—Je suis attaché au poteau ; il me faut soutenir l'attaque.

RÉGANE.—Pourquoi à Douvres?

GLOCESTER.—Parce que je ne voulais pas voir tes ongles cruels arracher ses pauvres vieux yeux, et ta sœur féroce enfoncer dans sa chair sacrée ses défenses de sanglier. Par une tempête semblable à celle que sa tête nue a supportée pendant cette nuit noire comme l'enfer, la mer soulevée serait allée éteindre et entraîner les feux des étoiles ; et cependant son pauvre vieux cœur secondait encore la pluie du ciel.—Si dans cette rude nuit les loups avaient hurlé à ta porte, tu aurais dit : « Bon portier, tourne-leur la clef. »—Tout ce qu'il y a de cruel, excepté vous, avait cédé.—Mais je verrai les ailes de la vengeance atteindre de pareils enfants.

CORNOUAILLES.—Tu ne le verras jamais.—Vous autres, tenez bien cette chaise.—J'écraserai tes yeux sous mon pied.

(On tient Glocester retenu sur la chaise, tandis que le duc lui arrache un œil et l'écrase avec son pied.)

GLOCESTER.—Que celui qui espère parvenir à la vieillesse me donne quelque secours!—O cruels! O dieux!

RÉGANE.—Un côté se moquerait de l'autre : l'autre aussi.

CORNOUAILLES.—Si tu vois la vengeance...

UN DES DOMESTIQUES.—Arrêtez, seigneur : je vous sers

depuis mon enfance; mais je ne vous rendis jamais un plus grand service qu'en vous priant de vous arrêter...

RÉGANE. — Qu'est-ce que c'est, chien que vous êtes?

LE DOMESTIQUE. — Si vous portiez barbe au menton, je la secouerais dans cette occasion. — Que prétendez-vous?

CORNOUAILLES. — Quoi! un vilain qui est à moi!
(Il tire son épée et court sur lui.)

LE DOMESTIQUE. — Eh bien! avancez donc, et subissez les hasards de la colère.
(Ils se battent et le duc est blessé.)

RÉGANE, *à un autre domestique.* — Donne-moi ton épée. — Un paysan tenir tête ainsi!
(Elle se saisit d'une épée et le frappe par derrière.)

LE DOMESTIQUE. — Oh! je suis mort! — Milord, il vous reste encore un œil pour voir quelque malheur tomber sur lui.
(Il meurt.)

CORNOUAILLES. — De peur qu'il n'en voie davantage encore, il faut le prévenir. (*Il lui arrache l'autre œil et le jette à terre.*) — A terre, vile marmelade; où est maintenant ton éclat?

GLOCESTER. — Plus rien que ténèbres et affliction! Où est mon fils Edmond? — Edmond, allume en toi toutes les étincelles de la nature pour payer cette horrible action.

RÉGANE. — Va-t'en, traître, scélérat! Tu appelles à ton secours celui qui te hait : c'est lui-même qui nous a dévoilé tes trahisons; il est trop honnête homme pour avoir pitié de toi.

GLOCESTER. — O insensé que j'étais! j'ai donc fait injure à Edgar! Dieux cléments, pardonnez-le-moi, et le rendez heureux.

RÉGANE. — Allez, jetez-le hors des portes, et qu'il flaire son chemin d'ici à Douvres. — Qu'est-ce donc, seigneur? Qu'avez-vous?

CORNOUAILLES. — Je suis blessé. — Venez avec moi, madame. — Qu'on mette dehors ce coquin aveugle. — (*Montrant le corps du domestique.*) Jetez-moi cet esclave sur le fumier. — Régane, mon sang coule en abondance : cette

blessure est venue mal à propos. Donnez-moi votre bras.
(Il sort en s'appuyant sur le bras de Régane.)
(Les domestiques délient Glocester et le conduisent dehors.)

PREMIER DOMESTIQUE.—Si cet homme vient à bien, je ne m'embarrasse plus de toutes les méchancetés que je pourrai faire.

SECOND DOMESTIQUE.—Si elle vit longtemps et à la fin trouve une mort naturelle, toutes les femmes vont devenir des monstres.

PREMIER DOMESTIQUE. — Suivons le vieux comte, et chargeons le mendiant de Bedlam de le conduire où il voudra : la folie de ce drôle-là se prête à tout.

SECOND DOMESTIQUE.—Va, toi : je vais chercher un peu de filasse et de blanc d'œuf pour mettre sur son visage tout ensanglanté ; et puis, que le ciel ait pitié de lui
(Ils sortent chacun de leur côté.)

FIN DU TROISIÈME ACTE.

# ACTE QUATRIÈME

## SCÈNE I

*Une vast campagne.*

EDGAR, *seul.*

EDGAR.—Encore vaut-il mieux être comme je suis, et me savoir méprisé, que d'être à la fois méprisé et flatté. Quand on a vu le pire, au degré le plus abject, le plus abandonné de la fortune, la vie est toute d'espérance, exempte de crainte : un changement lamentable, c'est celui qui nous fait descendre du mieux ; une fois au pis, nous retournons vers le rire. Sois donc le bienvenu, air insaisissable; je me livre à toi : le misérable que ton souffle a jeté au plus bas ne doit plus rien à tes coups.— Mais qui vient ici? (*Entre Glocester conduit par un vieillard.*)—C'est mon père, bien misérablement accompagné. O monde, monde, monde ! si tes étranges vicissitudes ne nous forçaient pas de te haïr, la vie ne voudrait pas céder au cours des ans.

LE VIEILLARD. — O mon bon maître, je suis depuis quatre-vingts ans le vassal de votre père et le vôtre.

GLOCESTER.—Va, va-t'en, mon bon ami, retire-toi : tes secours ne peuvent me faire aucun bien et pourraient te nuire.

LE VIEILLARD.—Hélas ! seigneur, vous ne pouvez pas voir votre chemin.

GLOCESTER.—Je n'ai plus de chemin devant moi ; je n'ai pas besoin d'yeux : je suis tombé lorsque je voyais. Cela se voit souvent que notre moyenne condition fait notre sécurité, et nos privations nous deviennent des avantages.—O mon cher fils Edgar, toi que dévorait le courroux de ton père abusé, si je pouvais seulement vivre assez pour te voir encore en te touchant, je dirais que j'ai retrouvé mes yeux.

LE VIEILLARD.—Je vois quelqu'un. Qui est là?

EDGAR, *à part.*—O dieux! qui peut dire : *Je suis au pis?* Me voilà plus mal que je n'ai jamais été.

LE VIEILLARD.—C'est Tom, le pauvre fou.

EDGAR, *à part.*—Et je puis être plus mal encore.—Le pire n'est point arrivé tant qu'on peut dire : *Ceci est le pire.*

LE VIEILLARD.—Où vas-tu, l'ami?

GLOCESTER.—Est-ce un mendiant?

LE VIEILLARD.—Fou et mendiant aussi.

GLOCESTER.—Il lui reste donc un peu de raison; autrement il ne serait pas en état de mendier. Pendant la tempête de la nuit dernière, j'ai vu un de ces malheureux, et en le voyant j'ai considéré un homme comme un ver de terre. Mon fils en cet instant m'est venu dans l'esprit, et cependant mon esprit ne lui était guère favorable alors. J'ai appris bien des choses depuis! Nous sommes aux dieux ce que sont les mouches aux folâtres enfants : ils nous tuent pour s'amuser.

EDGAR, *à part.*—Comment dois-je faire? C'est un mauvais métier que de faire le fou près du chagrin, on irrite les autres et soi-même. (*Haut.*)—Dieu te garde, mon maître.

GLOCESTER.—Est-ce là ce malheureux tout nu?

LE VIEILLARD.—Oui, seigneur.

GLOCESTER.—Alors, je t'en prie, va-t'en. Si pour l'amour de moi tu peux nous rejoindre à un ou deux milles d'ici, sur le chemin de Douvres, fais-le en considération de ton ancien attachement, et apporte avec toi quelque chose pour couvrir la nudité de cette pauvre créature que j'engagerai à me conduire.

LE VIEILLARD.—Hélas! seigneur, il est fou.

GLOCESTER.—C'est le malheur du temps; les fous conduisent les aveugles. Fais ce que je te demande, ou plutôt fais ce que tu voudras; mais surtout va-t'en.

LE VIEILLARD.—Je vais lui apporter le meilleur habit que je possède, arrive ce qui pourra.
(Il sort.)

GLOCESTER.—Mon garçon, pauvre homme tout nu.

EDGAR.—Pauvre Tom a froid. (*A part.*)—Je ne saurais le tromper plus longtemps.

GLOCESTER.—Viens près de moi, ami.

EDGAR.—Et cependant il le faut encore.—Que le ciel guérisse tes chers yeux; ils saignent.

GLOCESTER.—Sais-tu le chemin de Douvres?

EDGAR.—Grille ou barrière, grand chemin ou sentier. Le pauvre Tom a été privé de son bon sens; cinq démons sont entrés à la fois dans le pauvre Tom. Que l'honnête homme soit préservé du malin esprit *Obbidicut,* le démon de la luxure; *Hobbididance,* le prince des muets; *Mahu,* le démon du vol; *Modo,* celui du meurtre; et *Flibberti-gibbet,* celui des contorsions et des grimaces, qui maintenant possède les femmes de chambre et les suivantes. Sur ce, béni sois-tu, maître.

GLOCESTER.—Tiens, prends cette bourse, toi que les fléaux du ciel ont accablé de tous leurs traits : mon infortune va te rendre plus heureux. Dieux, agissez toujours ainsi : que celui qui regorge de biens et se nourrit de voluptés, qui met vos commandements sous ses pieds, et ne voit pas parce qu'il ne sent pas, sente promptement votre puissance. Ainsi une juste distribution détruirait l'excès, et chaque homme aurait le nécessaire.—Connais-tu Douvres?

EDGAR.—Oui, maître.

GLOCESTER.—Là s'élève un rocher dont la haute tête s'avance et se regarde avec terreur dans la mer retenue à ses pieds; conduis-moi seulement à la pointe de sa cime, et j'ai sur moi quelque chose d'assez précieux pour te sortir de la misère que tu endures : une fois là, je n'aurai plus besoin de guide.

EDGAR.—Donne-moi ton bras; le pauvre Tom va te conduire.
(Ils sortent.)

## SCÈNE II

Devant le palais du duc d'Albanie.

*Entrent* GONERILLE, EDMOND, OSWALD *venant
à leur rencontre.*

GONERILLE.—Soyez le bien arrivé, seigneur. Je m'étonne que mon débonnaire époux ne soit pas venu au-devant de nous sur le chemin. (*A Oswald.*)—Où est votre maître ?

OSWALD.—Il est ici, madame ; mais jamais homme ne fut si changé. Je lui ai parlé de l'armée qui vient de débarquer ; il a souri à cette nouvelle. Je lui ai dit que vous veniez ; il m'a répondu : « Tant pis. » Je l'ai informé de la trahison de Glocester et des loyaux services de son fils ; il m'a appelé sot, et m'a dit que je prenais les choses à l'envers. Ce qui devrait lui déplaire lui devient agréable, et ce qui devrait lui faire plaisir l'offense.

GONERILLE, *à Edmond.*—En ce cas, vous n'irez pas plus loin. Il est troublé par les pusillanimes terreurs de son esprit qui n'ose rien entreprendre. Il ne voudra pas sentir les injures qui l'obligent à y répondre.—Les vœux que nous formions sur la route pourraient bien s'accomplir. Retournez, Edmond, vers mon frère ; hâtez la réunion de ses troupes, et mettez-vous à leur tête. Il faut que chez moi les armes changent de mains et que je remette la quenouille entre celles de mon mari. Ce fidèle serviteur sera notre intermédiaire. Si vous savez oser pour votre propre avantage, vous recevrez probablement sous peu les ordres d'une maîtresse. Portez ceci. (*Elle lui donne un gage d'amour.*) Épargnez les paroles ; baissez la tête.... Ce baiser, s'il osait parler, élèverait ton esprit hors de lui-même. Comprends, et prospère.

EDMOND.—Tout à vous, jusqu'au sein de la mort.

(Il sort.)

GONERILLE.—Cher, cher Glocester ! Oh ! quelle différence entre un homme et un homme ! C'est à toi qu'appartiennent les devoirs d'une femme : mon imbécile usurpe mon lit.

OSWALD.—Madame, voici mon seigneur.

(Il sort.)

(Entre Albanie.)

GONERILLE.—Je valais jadis la peine de m'appeler[1].

ALBANIE.—O Gonerille, vous ne valez pas la poussière que le vent importun chasse dans votre visage. Votre caractère m'effraye : la nature qui méprise la source d'où elle est sortie ne peut plus être contenue dans un cours réglé ; celle qui volontairement se sépare et s'arrache du tronc qui la nourrit de sa séve doit nécessairement se flétrir, et servir bientôt à des usages funestes[2].

GONERILLE.—En voilà assez : ce texte est absurde.

ALBANIE.—La sagesse et la bonté paraissent viles à l'âme vile : la corruption ne se complaît qu'en elle-même.—Qu'avez-vous fait, tigresses et non pas filles, qu'avez-vous fait? Un père, un vieillard si bon, que l'ours à la tête pendante eût léché par respect, barbares, dénaturées que vous êtes, vous l'avez rendu fou. Comment mon bon frère, un homme, un prince comblé de ses bienfaits, a-t-il pu vous le permettre ? Ah ! si les cieux ne se hâtent pas d'envoyer sur la terre des esprits visibles pour imposer à ces crimes odieux, les hommes vont bientôt s'entre-dévorer comme les monstres de l'Océan.

GONERILLE.—Homme dont le cœur contient du lait, qui as bien une joue pour recevoir les coups, une tête pour soutenir les affronts, mais point d'yeux pour discerner ton honneur de ta honte ; qui ne sais pas qu'aux imbéciles seulement il appartient de plaindre le misérable qui reçoit la punition avant d'avoir commis le crime ! Où sont tes tambours ? La France déploie ses enseignes

---

[1] *I have been worth of the whistle* : J'ai été digne du coup de sifflet, allusion au vieux proverbe : *C'est un pauvre chien que celui qui n'est pas digne du coup de sifflet.*

[2] Les plantes flétries étaient en grande réquisition pour les opérations de sorcellerie.

dans nos champs silencieux : déjà celui qui t'apporte la mort, le casque couvert de plumes, commence à te menacer ; et toi, vertueux imbécile, tu demeures tranquille à crier : *Hélas ! pourquoi se conduit-il ainsi ?*

ALBANIE.—Regarde-toi, furie ! La difformité des démons ne paraît pas aussi horrible en eux que dans une femme.

GONERILLE.—Oh ! quel fou ridicule !

ALBANIE.—Être mensonger, et qui te sers à toi-même de masque, prends garde que tes traits ne deviennent ceux d'un montre : si je voulais permettre à mes mains de suivre le mouvement de mon sang, elles ne seraient que trop disposées à briser, à déchirer ta chair et tes os ; mais, quoique tu sois un démon, la figure d'une femme te protége.

GONERILLE.—Vraiment, vous voilà du courage maintenant !

(Entre un messager.)

ALBANIE.—Quelles nouvelles ?

LE MESSAGER.—O mon bon seigneur, le duc de Cornouailles est mort : il a été tué par un de ses serviteurs au moment où il allait crever l'œil qui restait au comte de Glocester.

ALBANIE.—Les yeux de Glocester !

LE MESSAGER.—Un serviteur qu'il avait élevé, saisi de compassion, a voulu s'opposer à ce dessein en tirant l'épée contre son puissant maître, qui, furieux, s'est élancé sur lui : ils l'ont percé à mort, mais non pas avant que le duc eût reçu le coup funeste qui l'a enlevé bientôt après.

ALBANIE.—Ceci montre que vous êtes là-haut, justiciers qui vengez si promptement les crimes commis par nous sur la terre ! Mais ce pauvre Glocester, a-t-il perdu son autre œil ?

LE MESSAGER.—Tous les deux, tous les deux, mon seigneur.—Cette lettre, madame, exige une prompte réponse ; elle est de votre sœur.

GONERILLE, *à part.*—D'un côté, ceci me plaît assez.—Mais à présent que la voilà veuve, et mon Glocester auprès d'elle, tout l'édifice que j'ai bâti dans mon imagination peut se renverser sur mon odieuse vie. Sous un autre rapport, cette nouvelle n'est pas si désagréable.— Je vais lire la lettre et y répondre.

(Elle sort.)

ALBANIE.—Et où était son fils, tandis qu'ils lui arrachaient les yeux?

LE MESSAGER.—Il était venu ici avec Milady.

ALBANIE.—Mais il n'est pas ici.

LE MESSAGER.—Non, mon bon seigneur; je viens de le rencontrer comme il s'en retournait.

ALBANIE.—Sait-il cette méchanceté?

LE MESSAGER.—Oui, mon bon seigneur : c'est lui qui a dénoncé son père, et il n'a quitté le château que pour laisser un plus libre cours à la punition.

ALBANIE.—O Glocester, je vis pour te remercier de l'attachement que tu as montré au roi, et pour venger tes yeux!—Viens, ami, viens m'instruire de ce que tu peux savoir de plus.

(Ils sortent.)

## SCÈNE III

*Le camp français près de Douvres.*

*Entrent* KENT ET LE GENTILHOMME.

KENT.—Pourquoi le roi de France est-il reparti si promptement? En savez-vous la raison?

LE GENTILHOMME.—On a pensé, depuis son arrivée, à des choses qu'il avait laissées imparfaites dans ses États et qui menaçaient la France d'un si grand danger qu'elles demandaient impérieusement qu'il y retournât en personne.

KENT.—Et qui a-t-il laissé à sa place pour général?

LE GENTILHOMME.—Le maréchal de France monsieur Le Fer.

KENT.—La reine, en lisant les lettres que vous avez apportées, a-t-elle donné quelque signe de chagrin?

LE GENTILHOMME.—Oui, seigneur, elle les a prises et les a lues en ma présence, et de temps en temps une grosse larme coulait sur sa joue délicate. Cependant elle semblait demeurer maîtresse de sa douleur, qu'on voyait se révolter et vouloir prendre l'empire sur elle.

KENT.—Oh! elle a donc été émue!

LE GENTILHOMME.—Non pas jusqu'à la violence.... La patience et la douleur disputaient à qui la montrerait sous une forme plus touchante. Vous avez vu le soleil et la pluie paraître à la fois : son sourire et ses pleurs offraient l'image d'un jour plus doux encore. Le tendre sourire, errant sur ses lèvres vermeilles, semblait ignorer quels hôtes remplissaient ses yeux, d'où les larmes s'échappaient comme des perles détachées de deux diamants : en un mot, la douleur serait une beauté rare et adorée, si elle seyait aussi bien à tous les visages.

KENT.—Ne vous a-t-elle point fait de question?

LE GENTILHOMME.—Oui, une ou deux fois elle a soupiré le nom de *père* en haletant, comme si ce nom eût oppressé son cœur. Elle s'est écriée : *Mes sœurs! ô mes sœurs! quelle honte pour des femmes! Mes sœurs! Kent! mon père! Mes sœurs! Quoi! pendant l'orage, pendant la nuit! qu'on ne croie plus à la pitié!* Alors elle a secoué l'eau sainte qui remplissait ses yeux célestes; les larmes se sont mêlées à ses cris, et soudain elle s'est éloignée pour se livrer seule à sa douleur.

KENT.—Ce sont les astres, ces astres placés au-dessus de nos têtes, qui règlent nos destinées; autrement deux époux ne pourraient engendrer des enfants si divers.—Lui avez-vous parlé depuis?

LE GENTILHOMME.—Non.

KENT.—Était-ce avant le départ du roi que vous l'avez vue?

LE GENTILHOMME.—Non, c'est depuis.

KENT.—C'est bien, monsieur.—Le pauvre malheureux Lear est dans la ville : quelquefois, dans ses meilleurs moments, il se rappelle fort bien quel motif nous a fait venir ici, et refuse absolument de voir sa fille.

LE GENTILHOMME.—Pourquoi, mon bon monsieur?

KENT.—Une honte insurmontable l'y pousse : la dureté avec laquelle il lui a retiré sa bénédiction l'a abandonnée à la merci du sort dans une contrée étrangère, et a transporté ses droits les plus précieux à ses filles au cœur de chien ; toutes ces pensées déchirent son âme de traits si empoisonnés, qu'une brûlante confusion le tient éloigné de Cordélia.

LE GENTILHOMME.—Hélas ! pauvre gentilhomme !

KENT.—Savez-vous quelques nouvelles de l'armée des ducs d'Albanie et de Cornouailles ?

LE GENTILHOMME.—Oui, elle est en marche.

KENT.—Allons, monsieur, je vais vous conduire à notre maître Lear, et vous laisser avec lui pour l'accompagner. Un important motif me retient encore pour quelque temps sous le déguisement qui me cache. Quand je me ferai connaître, vous ne vous repentirez pas des renseignements que vous m'avez donnés. Je vous prie, venez avec moi.

(Ils sortent.)

## SCÈNE IV

Toujours dans le camp.—Une tente.

*Entrent* CORDÉLIA, UN MÉDECIN, *des Soldats.*

CORDÉLIA.—Hélas ! c'est lui-même : on vient de le rencontrer furieux comme la mer agitée, chantant de toute sa force, couronné de fumeterre rampante et d'herbes des champs, de bardane, de ciguë, d'ortie, de coquelicot, d'ivraie, et de toutes les herbes inutiles croissant dans le blé qui nous sert d'aliment. Envoyez une compagnie [1] ; qu'on parcoure chaque acre dans ces champs couverts d'épis, et qu'on l'amène devant nos yeux. (*Un officier sort.*)—Que peut la sagesse humaine pour rétablir en lui la raison dont il est privé ? Que celui qui pourra le secourir prenne tout ce que je possède.

LE MÉDECIN.—Madame, il y a des moyens. Le sommei

---

[1] *A century*

est le père nourricier de la nature; c'est de sommeil qu'il a besoin : pour le provoquer en lui, nous avons des simples dont la vertu puissante parviendra à fermer les yeux de la douleur.

CORDÉLIA.—Secrets bienfaisants, vertus cachées dans le sein de la terre, sortez-en arrosées par mes larmes; secondez-nous, portez remède aux souffrances de ce bon vieillard. Cherchez, cherchez, cherchez-le, de peur que sa fureur, abandonnée à elle-même, ne brise les liens d'une vie qui n'a plus les moyens de se diriger.

(Entre un messager.)

LE MESSAGER. — Des nouvelles, madame : l'armée anglaise s'avance.

CORDÉLIA.—On le savait déjà; nos préparatifs sont faits pour la recevoir.—O père chéri, c'est pour toi seul que je travaille : le puissant roi de France a eu pitié de ma douleur et de mes larmes importunes. Ce n'est point enflés par l'ambition que nous avons été excités à prendre nos armes; c'est l'amour, le tendre amour et les droits de notre vieux père... Puissé-je bientôt avoir de ses nouvelles et le voir!

## SCÈNE V

*Un appartement dans le château de Glocester.*

### RÉGANE ET OSWALD.

RÉGANE. — Mais l'armée de mon frère est-elle en marche?

OSWALD.—Oui, madame.

RÉGANE.—Y est-il en personne?

OSWALD.—Oui, madame, à grand'peine : votre sœur est le meilleur soldat des deux.

RÉGANE.—Lord Edmond n'a-t-il pas vu votre maître chez lui?

OSWALD.—Non, madame.

RÉGANE.—Et que peut contenir la lettre que lui écrit ma sœur?

OSWALD.—Je l'ignore, madame.

RÉGANE.—Au fait, c'est pour des soins bien importants qu'il est parti d'ici en diligence. Ç'a été une grande imprévoyance, après avoir arraché les yeux à Glocester, de le laisser en vie : partout où il arrive, il soulève tous les cœurs contre nous. Edmond est parti, je pense, pour l'aller, par pitié, délivrer des misères de la vie plongée dans les ténèbres : il doit aussi reconnaître les forces de l'ennemi.

OSWALD.—Il faut que je le suive, madame, avec ma lettre.

RÉGANE.—Nos troupes se mettent en marche demain : restez ici; les chemins ne sont pas sûrs.

OSWALD.—Je ne le puis, madame, ma maîtresse m'a imposé le devoir d'exécuter cet ordre.

RÉGANE.—Mais pourquoi écrit-elle à Edmond? Ne pouvait-elle vous charger verbalement de ses ordres? Peut-être…—Je ne sais quoi…—Je t'aimerai de tout mon cœur…—Laisse-moi décacheter cette lettre.

OSWALD.—Madame, j'aimerais mieux…

RÉGANE.—Je sais que votre maîtresse n'aime point son mari; j'en suis sûre : la dernière fois qu'elle vint ici, elle lançait au noble Edmond d'étranges œillades et des regards bien significatifs. Je sais que vous êtes dans son intime confiance.

OSWALD.—Moi, madame?

RÉGANE.—Oui, je sais ce que je dis; vous y êtes, je le sais : ainsi je vous en avertis, faites bien attention à ceci.—Mon époux est mort : Edmond et moi nous nous sommes parlé; il est beaucoup plus à ma convenance qu'à celle de votre maîtresse. Vous pouvez comprendre le reste. Si vous le trouvez, donnez-lui ceci, je vous prie; et quand vous rendrez compte de tout ce que je vous dis à votre maîtresse, conseillez-lui, s'il vous plaît, de rappeler à elle sa raison. Maintenant adieu.—Si vous entendez par hasard parler de cet aveugle traître, la faveur sera pour celui qui nous en défera.

OSWALD.—Je voudrais pouvoir le rencontrer, madame, et je vous prouverais à quel point je suis dévoué.

RÉGANE.—Je te souhaite le bonjour.

## SCÈNE VI

Dans la campagne près de Douvres.

GLOCESTER, EDGAR, *vêtus en paysans.*

GLOCESTER.—Quand arriverons-nous donc au sommet de cette montagne que tu sais?

EDGAR.—Vous commencez à la gravir à présent : voyez combien nous fatiguons.

GLOCESTER.—Il me semble que le terrain est uni.

EDGAR.—Oh! l'horrible côte! Écoutez; n'entendez-vous pas la mer?

GLOCESTER.—Non, en vérité.

EDGAR.—Il faut donc que la douleur de vos yeux ait affaibli en vous les autres sens.

GLOCESTER.—Cela pourrait être. Il me semble que ta voix est changée : tu parles aussi en meilleurs termes et d'une manière plus raisonnable que tu ne faisais.

EDGAR.—Vous vous trompez tout à fait; il n'y a de changé en moi que l'habit.

GLOCESTER.—Il me semble bien que vous parlez mieux.

EDGAR.—Avancez, seigneur; voici l'endroit; ne bougez pas.—Oh! comme cela fait tourner la tête! comme cela est effrayant de regarder ainsi là-bas! La corneille et le choucas qui volent dans les airs, vers le milieu de la montagne, paraissent à peine de la grosseur des cigales. —Sur le penchant, à mi-côte, est suspendu un homme qui cueille du fenouil marin. Le dangereux métier! Il me semble qu'il ne paraît pas plus gros que sa tête.— Ces pêcheurs qui marchent sur la grève ressemblent à des souris.—Ce grand vaisseau là-bas à l'ancre paraît petit comme sa chaloupe, et sa chaloupe comme une bouée que la vue peut à peine distinguer.—On ne saurait entendre de si haut le murmure des vagues qui se brisent en écumant sur les innombrables et stériles cailloux du rivage.—Je ne veux plus regarder de peur que le vertige me prenne et que ma vue se trouble, je tomberais la tête la première.

GLOCESTER.—Placez-moi à l'endroit où vous êtes.

EDGAR.—Donnez-moi votre main : vous voilà maintenant à un pied du bord. Pour tout ce qu'il y a sous la lune, je ne voudrais pas seulement sauter sur place.

GLOCESTER.—Lâche ma main. Tiens, mon ami, voilà une autre bourse; il y a dedans un joyau qui vaut bien la peine d'être accepté par un homme pauvre : que les fées et les dieux le fassent prospérer entre tes mains. Éloigne-toi, dis-moi adieu; que je t'entende partir.

EDGAR, *feignant de se retirer*.—Adieu donc, mon bon seigneur.

GLOCESTER —De tout mon cœur.

EDGAR.—Si je me joue ainsi de son désespoir, c'est pour l'en guérir.

GLOCESTER.—O vous, dieux puissants, je renonce au monde, et sous votre regard je vais sans murmure me délivrer de ma profonde affliction. Si je pouvais la supporter plus longtemps sans me révolter contre votre suprême et insurmontable volonté, cette mèche usée, cette portion méprisée de mon être, irait brûlant jusqu'au bout.—Si Edgar vit encore, ô bénissez-le.—Maintenant, ami, adieu.

(Il saute et tombe de sa hauteur sur la plaine.)

EDGAR.—C'est donc fini, seigneur, adieu ! Et cependant je ne conçois pas comment la volonté peut parvenir à dérober le trésor de la vie, lorsque la vie elle-même cède et se laisse dérober. S'il avait été où il le pensait, en ce moment toute pensée serait finie.—Êtes-vous vivant ou mort?... Hé! monsieur!... l'ami! m'entendez-vous?... parlez.—Serait-il possible qu'il eût passé de cette manière? Mais non, il revient à lui.—Qui êtes-vous, monsieur?

GLOCESTER.—Va-t'en, et laisse-moi mourir.

EDGAR.—Si tu avais été autre chose qu'un fil de la Vierge[1], une plume ou un souffle d'air, en te précipitant d'une hauteur de tant de brasses, tu te serais écrasé comme un œuf. Cependant tu respires, tu as un corps

---

[1] *Gossamer*. Ce sont ces fils blancs que l'on voit voltiger en automne.

pesant, et ton sang ne coule point! et tu parles! et tu n'es pas blessé! Dix mâts l'un au bout de l'autre n'atteindraient pas à cette hauteur d'où tu viens de tomber perpendiculairement. Ta vie est un miracle; parle donc encore.

GLOCESTER.—Mais suis-je tombé ou non?

EDGAR.—De l'effroyable cime de cette montagne de craie.—Regarde cette hauteur d'où l'alouette à la voix perçante ne pourrait être ni vue ni entendue.—Regarde seulement en l'air.

GLOCESTER.—Hélas! je n'ai plus d'yeux.—Le malheur est-il donc privé du bienfait de pouvoir par la mort se délivrer de lui-même? Il restait encore quelque consolation quand la misère pouvait tromper la rage d'un tyran et se soustraire à ses orgueilleuses volontés.

EDGAR.—Donnez-moi votre bras; allons, levez-vous.—Bon.—Comment êtes-vous? Sentez-vous vos jambes, pouvez-vous vous tenir debout?

GLOCESTER.—Trop bien, trop bien.

EDGAR.—C'est la chose la plus miraculeuse!—Qu'est-ce donc que j'ai vu s'éloigner de vous au sommet de la montagne?

GLOCESTER.—Un pauvre malheureux mendiant.

EDGAR.—Ici, d'en bas où j'étais ses yeux m'ont paru comme deux pleines lunes, il avait un millier de nez, des cornes contournées, et ondulait comme la mer en furie: c'était quelque esprit.—Ainsi, heureux vieillard, tu dois penser que les dieux très-grands, qui font leur gloire de ce qui est impossible aux hommes, ont voulu te sauver.

GLOCESTER.—Je me rappelle maintenant. Désormais je supporterai l'affliction jusqu'à ce qu'elle crie d'elle-même: Assez, assez, meurs.—Celui dont tu me parles, je l'ai pris pour un homme; il ne cessait de répéter: L'esprit, l'esprit! C'est lui qui m'avait conduit à cet endroit.

EDGAR.—Cherche la liberté d'esprit et la patience. (*Entre Lear, bizarrement paré de fleurs.*)—Qui vient ici? Une tête en bon état n'arrangerait jamais ainsi celui qui la porte.

LEAR.—Non, ils ne peuvent me rien faire pour avoir battu monnaie : je suis le roi en personne.

EDGAR.—O spectacle qui me perce le cœur!

LEAR.—En cela la nature est supérieure à l'art.—Venez, voilà l'argent de votre engagement. Ce drôle tient son arc comme un épouvantail à corbeaux.—Lancez-moi là une flèche d'une aune.... Regardez, regardez, une souris! paix, paix; ce morceau de fromage grillé fera l'affaire.... Voilà mon gantelet; j'en veux faire l'essai sur un géant.—Apportez les haches d'armes.... Il vole bien l'oiseau. Dans le but! dans le but!—Holà! le mot d'ordre.

EDGAR.—Marjolaine.

LEAR.—Passe.

GLOCESTER.—Je connais cette voix.

LEAR.—Ah! Gonerille!—Avec une barbe blanche!—Ils me flattaient comme un chien; ils me disaient que j'avais des poils blancs dans ma barbe, avant seulement que les noirs eussent poussé.... Répondre ainsi oui et non à tout ce que je disais!—Oui, et non aussi, cela n'était pas d'une bonne théologie.... Quand un jour la pluie est venue me tremper, et le vent faire claquer mes dents; quand le tonnerre n'a pas voulu se taire à mon ordre, c'est alors que je les ai connus, que j'ai senti ce qu'ils étaient. Allez, allez, ce ne sont pas des hommes de parole. Ils me disaient que j'étais tout ce que je voulais être : c'est un mensonge.... je ne suis pas à l'épreuve de la fièvre.

GLOCESTER.—L'accent de cette voix m'est bien connu. N'est-ce pas le roi?

LEAR.—Oui, des pieds à la tête un roi. — Quand je prends un air sévère, vois comme mes sujets tremblent. —Je fais grâce à cet homme de la vie.—Quel était son crime? l'adultère? Tu ne mourras point. Mourir pour un adultère? Non, non; le roitelet et la petite mouche dorée vont libertinant sous mes yeux. Encouragez les accouplements. Le fils bâtard de Glocester a été plus tendre pour son père que ne l'ont été pour moi mes filles, engendrées entre les draps d'un lit légitime. A la

besogne, luxure, pêle-mêle ; j'ai besoin de soldats.—
Voyez cette dame au sourire ingénu, dont la physionomie vous ferait supposer qu'elle cache la neige sous sa robe, qui raffine sur la vertu, et hoche la tête au seul nom de plaisir : le chat sauvage et l'étalon enfermé dans l'écurie n'y courent pas avec un appétit plus désordonné. A partir de la taille ce sont des centaures, quoique tout le haut soit d'une femme ; les dieux ne possèdent que jusqu'à la ceinture, tout ce qui est au-dessous appartient aux démons; là est l'enfer, l'abîme sulfureux, brûlant, bouillant ; infection, corruption !... Fi ! fi ! fi ! pouah ! pouah !—Honnête apothicaire, donne-moi une once de musc pour purifier mon imagination. Voilà de l'argent pour toi.

GLOCESTER.—Oh ! laissez-moi baiser cette main.

LEAR.—Que je l'essuie d'abord, elle sent la mortalité.

GLOCESTER.—O ruines de l'œuvre de la nature ! Ce grand univers aussi finira par se réduire au néant.—Me reconnais-tu ?

LEAR.—Je me rappelle assez bien tes yeux. Je crois que tu me regardes de travers. Fais du pis que tu pourras, aveugle Cupidon ; non, je n'aimerai plus.—Lis ce cartel ; remarques-en seulement les caractères.

GLOCESTER.—Quand toutes les lettres seraient autant de soleils, je n'en pourrais pas voir une seule.

EDGAR.—Je n'avais pu y croire sur le récit d'autrui cela est bien vrai, et cela me brise le cœur.

LEAR.—Lis donc.

GLOCESTER.—Comment, avec l'orbite de l'œil ?

LEAR.—Oh ! oh ! est-ce bien vous qui êtes ici avec moi ? et point d'yeux à votre tête, point d'argent dans votre bourse ?—Vos yeux sont dans un cas très-grave, et l'état de votre bourse est léger[1] ; et cependant vous voyez comme va le monde.

GLOCESTER.—Je le vois parce que je le sens.

---

[1] *Your eyes are in a heavy case, your purse in a light.*
Il y a ici un triple jeu de mots sur *case* (cas, boîte, case) et sur *light* (léger, lumière). Cela était impossible à rendre.

LEAR.—Quoi! es-tu fou? Un homme n'a pas besoin de ses yeux pour voir comment va le monde : regarde avec tes oreilles. Vois ce juge qui gourmande si sévèrement ce simple voleur. Un mot à l'oreille : change-les de place, et dis à pair ou non : « Qui est le juge? qui est le voleur? » As-tu vu le chien d'un fermier aboyer après un mendiant?

GLOCESTER.—Oui, seigneur.

LEAR.—Et la pauvre créature fuir devant le mâtin? Eh bien! tu as vu l'image parlante de l'autorité : on obéit à un chien quand il est en fonction. Coquin de sergent, retiens ta main sanguinaire. Pourquoi frappes-tu à coups de fouet cette fille de joie? Dépouille donc tes propres épaules, car tu brûles de commettre avec elle le péché pour lequel tu la châties. L'usurier fait pendre l'escroc. Les petits vices paraissent à travers les haillons de la misère; mais la robe, la simarre fourrée cachent tout. Couvre le péché d'une armure d'or, et la lance vigoureuse de la justice viendra s'y briser sans l'entamer : mais qu'il n'ait pour se défendre que des haillons, un pygmée va le percer d'une paille.—Personne ne fait de mal, personne, je dis personne : je les soutiendrai. Ami, tiens cela de moi, qui ai le pouvoir de fermer la bouche de l'accusateur.—Prends des lunettes, et, comme un malin politique, fais semblant de voir ce que tu ne vois pas.—Allons, allons, vite, vite, ôtez-moi mes bottes. Ferme, ferme; bon.

EDGAR.—Mélange de bon sens et d'extravagance! De la raison au milieu de la folie!

LEAR.—Si tu veux pleurer mes malheurs, prends mes yeux. Je te connais bien ; tu te nommes Glocester. Il faut que tu prennes patience. Nous sommes venus dans ce monde en pleurant; tu le sais bien, la première fois que nous aspirons l'air, nous crions, nous pleurons. Je vais te prêcher, écoute-moi bien.

GLOCESTER.—Hélas! hélas!

LEAR.—Lorsque nous naissons, nous pleurons d'être arrivés sur ce grand théâtre de fous.—Voilà un bon chapeau. Ce serait un stratagème ingénieux que de ferrer un escadron de cavalerie avec du feutre. J'en ferai l'essai ; et quand j'aurai ainsi surpris ces gendres, alors tue, tue, tue, tue, tue, tue !

(Entre un gentilhomme avec des valets.)

LE GENTILHOMME.—Oh ! le voilà ! Mettez la main sur lui. —Seigneur, votre chère fille....

LEAR.—Quoi, point de secours ? Comment ! moi prisonnier ? je suis donc né pour être toujours le jouet de la fortune !—Traitez-moi bien, je vous payerai une rançon. Qu'on me donne des chirurgiens ; j'ai la cervelle blessée.

LE GENTILHOMME.—Vous aurez tout ce qu'il vous plaira.

LEAR.—Quoi ! personne qui me seconde ? On me laisse à moi seul ? Eh quoi ! cela rendrait un homme, un homme de sel, capable de faire de ses yeux des arrosoirs, et d'en abattre la poussière d'automne.

LE GENTILHOMME. — Mon bon seigneur...

LEAR.—Je mourrai bravement comme un époux à la noce. Allons !—Je serai jovial ; venez, venez : je suis un roi, savez-vous cela, mes maîtres ?

GLOCESTER.—Vous êtes une personne royale, et nous sommes tous à vos ordres.

LEAR.—Alors il y a encore quelque chose à faire. Mais si vous l'attrapez, ce ne sera qu'à la course. Zest, zest.

(Il sort en courant.—Les valets le poursuivent.)

LE GENTILHOMME.—Spectacle digne de compassion dans le plus pauvre des misérables ; au delà de toute expression dans un roi.—Tu as une fille qui sauve la nature de la malédiction générale que les deux autres ont attirée sur elle.

EDGAR.—Salut, mon bon monsieur.

LE GENTILHOMME.—Hâtez-vous ; que voulez-vous ?

EDGAR.—Avez-vous entendu dire, seigneur, qu'une bataille se prépare ?

LE GENTILHOMME.—Certainement, c'est public : il ne faut qu'avoir des oreilles pour en être informé.

EDGAR.—Mais faites-moi le plaisir de me dire si l'autre armée est bien éloignée.

LE GENTILHOMME.—Non, elle s'avance en diligence ; on

s'attend à chaque instant à voir paraître le corps d'armée.

EDGAR.—Je vous remercie, monsieur; c'est tout.

LE GENTILHOMME.—Bien que des raisons particulières arrêtent ici la reine, son armée est en mouvement.

EDGAR.—Je vous remercie, monsieur.

(Le gentilhomme sort.)

GLOCESTER.—Vous, ô dieux toujours cléments, retirez-moi la vie, et ne permettez pas que mon mauvais génie vienne encore me tenter de mourir avant que ce soit votre bon plaisir.

EDGAR.—Vous priez bien, mon père!

GLOCESTER.—Mais vous, mon bon monsieur, qui êtes-vous?

EDGAR.—Le plus pauvre des hommes, dompté par les coups de la fortune, et que l'apprentissage des chagrins qu'il a connus et ressentis a rendu susceptible d'une douce pitié. Donnez-moi votre main; je vous conduirai vers quelque asile.

GLOCESTER.—Je te remercie du fond du cœur : puissent la bonté et la bénédiction du ciel te le rendre.

(Entre Oswald.)

OSWALD.—Ah! voici une heureuse capture! Il a été mis à prix.—La chair et les os de ta tête aveugle ont été fabriqués, je crois, pour faire ma fortune. — Vieux, malheureux traître, recueille-toi bien vite; l'épée qui doit te détruire est levée.

GLOCESTER.—Que ta main secourable lui prête pour cela la force nécessaire.

(Edgar se met entre eux deux.)

OSWALD.—Pourquoi, rustre audacieux, oses-tu soutenir un traître mis à prix? Ote-toi de là, de peur que la contagion de sa destinée ne s'empare également de toi. Quitte son bras.

EDGAR, *en langage gallois.* — Che n'le quitterai pas, monchieur, sans en savouer des meilleures résons.

OSWALD.—Quitte-le, misérable, ou tu es mort.

EDGAR.—Mon pon chentilhomme, âllez vout' chémin, et laissez pâsser le pouv' monde. Si ch' âvais été pour céder côm' ça ma vie à ces ceux-là qui font tu pruit, a-s' rait téjà moins lonque qu'a ne l'a été de quince chours. Allons, n'approuche pas dé ce vieux hômme : ein peu loin, che vous avertis, ou nous verrons ce qui y â de pu dur de vout' caboche ou t' mon gourdin. Che vous parle tout bonnement, oui.

OSWALD.—Retire-toi, ordure.

EDGAR. — Che vous câsserai vos dents, monchieur; avancez.—Ch' m'embarrasse bien de vos pottes.

(Ils se battent. Edgar abat Oswald d'un coup de bâton.)

OSWALD.—Esclave, tu m'as tué. Prends ma bourse, vilain : si tu veux prospérer en ce monde, enterre mon corps, et remets la lettre que tu trouveras sur moi à Edmond, comte de Glocester : cherche-le dans l'armée anglaise.—O mort malencontreuse !

(Il meurt.)

EDGAR.—Oh ! je te connais bien, officieux vilain, aussi dévoué aux vices de ta maîtresse que le pouvait désirer sa méchanceté.

GLOCESTER.—Quoi ! est-il mort?

EDGAR. — Asseyez-vous, vieux père, reposez-vous.—Cherchons dans ses poches : ces lettres dont il parle peuvent m'être très-utiles.... Il est mort : je suis seulement fâché qu'il n'ait pas eu un autre bourreau que moi.—Voyons.... Permets, cire complaisante, et vous, bonnes manières, ne nous blâmez pas : pour savoir le secret de nos ennemis, nous leur ouvririons bien le cœur; ouvrir leurs papiers est plus légitime.

(Il lit la lettre.)

« Rappelez-vous nos serments mutuels ; vous avez
« mille occasions de vous en défaire. Si la volonté ne
« vous manque pas, le temps et le lieu vous offriront
« des occasions dont vous saurez profiter. Il n'y a rien
« de fait s'il revient vainqueur : alors je serai sa cap-
« tive, et son lit sera ma prison. Délivrez-moi du dégoût
« que j'y éprouve [1], et, pour votre salaire, prenez-y
« place. Votre épouse (voudrais-je dire) et affectionnée
« servante.

« GONERILLE. »

[1] *From the loathed warmth.*

Oh! combien insensible est l'espace qui sépare les diverses volontés d'une femme! — Un complot contre les jours de son vertueux époux, et mon frère pris en échange!... Là, je vais te cacher dans le sable, message impie de deux impudiques assassins. — Quand il en sera temps, ce fâcheux papier frappera les yeux du duc dont on machine la perte. Il est heureux pour lui que je puisse lui apprendre à la fois et ta mort et l'affaire dont tu étais chargé.

(Edgar sort traînant dehors le corps d'Oswald.)

GLOCESTER. — Le roi est fou. Oh! combien est donc tenace mon odieuse raison, puisque je résiste et que j'ai le sentiment bien net de mes énormes chagrins! Il vaudrait bien mieux avoir perdu l'esprit : mes pensées alors seraient séparées de mes peines; et les erreurs de l'imagination ôtent aux douleurs la connaissance d'elles-mêmes.

(Rentre Edgar.)

EDGAR. — Donnez-moi votre main : il me semble entendre au loin le bruit des tambours. — Venez, vieux père, je vais vous confier à un ami.

## SCENE VII

Une tente dans le camp des Français. — Lear est endormi sur un lit; près de lui sont un médecin, le gentilhomme et plusieurs autres personnes.

*Entrent* CORDÉLIA ET KENT.

CORDÉLIA. — O toi, bon Kent, comment ma vie et mes efforts pourront-ils suffire à m'acquitter de tes bienfaits? Ma vie sera trop courte, et tous mes moyens sont faibles pour y atteindre.

KENT. — Voir mes soins reconnus, madame, c'est en être trop payé. Tous mes récits sont d'accord avec la simple vérité : je n'ai rien ajouté, rien retranché; je vous ai dit les choses comme elles sont.

CORDÉDIA. — Prenez de meilleurs vêtements; ces habits me rappellent trop des heures cruelles. Je t'en prie, quitte-les.

KENT.—Excusez-moi, ma chère dame : être reconnu m'arrêterait dans les projets que j'ai formés.—Accordez-moi cette grâce de ne me point reconnaître jusqu'à ce que le temps et moi nous le trouvions bon.

CORDÉLIA.—Qu'il en soit donc ainsi, mon bon seigneur. (*Au médecin.*) Comment va le roi ?

LE MÉDECIN.—Madame, il dort toujours.

CORDÉLIA.—Dieux bienfaisants, réparez cette grande plaie que lui ont faite les injures qu'il a souffertes ; rétablissez les idées dérangées et discordantes de ce père métamorphosé par ses enfants.

LE MÉDECIN.—Votre Majesté permet-elle qu'on éveille le roi ? Il y a longtemps qu'il repose.

CORDÉLIA.—Suivez ce que vous prescrit votre science, et faites ce que vous croyez à propos de faire.—Est-il habillé ?

LE GENTILHOMME.—Oui, madame ; à la faveur d'un sommeil profond, nous l'avons changé de vêtements.

LE MÉDECIN.—Ma bonne dame, soyez auprès de lui quand nous l'éveillerons : je ne doute pas qu'il ne soit calme

CORDÉLIA.—Très-bien !

LE MÉDECIN.—Veuillez bien vous approcher.—Plus fort la musique.

CORDÉLIA.—O mon cher père ! Guérison, suspends tes remèdes à mes lèvres, et que ce baiser répare le mal violent que mes deux sœurs ont fait tomber sur ta tête vénérable !

KENT.—Bonne et chère princesse !

CORDÉLIA.—Quand vous n'auriez pas été leur père, ces mèches blanches réclamaient leur pitié. Était-ce là un visage qui dût être exposé à la fureur des vents, supporter les profonds roulements du tonnerre aux coups redoutables, et les traits perçants et terribles des rapides éclairs qui se croisaient dans tous les sens ? Te fallait-il affronter la nuit, pauvre aventurier[1], couvert d'une si légère armure ?—Le chien de mon ennemi, m'eût-il mordue, aurait passé cette nuit-là auprès de mon feu ;

---

[1] *Poor perdu* (enfant perdu) ; on sait que l'on donnait ce nom à des soldats plus aventureux ou plus exposés que les autres.

et toi, mon pauvre père, tu devais être forcé à chercher un abri parmi les pourceaux, les misérables abandonnés du ciel, sur la paille brisée et fangeuse !—Hélas ! hélas ! c'est un miracle que tout n'ait pas fini à la fois, ta raison et ta vie.—Il s'éveille ; parlez-lui.

LE MÉDECIN.—Parlez, madame, cela vaut mieux.

CORDÉLIA.—Comment se trouve mon royal seigneur ? comment se porte Votre Majesté ?

LEAR.—Vous me faites bien du tort de me tirer du tombeau.... Toi, tu es une âme bienheureuse ; mais je suis attaché sur une roue de feu, mes larmes brûlent comme du plomb fondu..

CORDÉLIA.—Me reconnaissez-vous, seigneur ?

LEAR.—Vous êtes un esprit, je le sais : quand êtes-vous morte ?

CORDÉLIA.—Toujours, toujours aussi égaré.

LE MÉDECIN.—Il est à peine éveillé ; laissons-le un instant tranquille.

LEAR.—Où ai-je été ? où suis-je ?... Est-ce la belle lumière du jour ?—Je suis cruellement maltraité : je mourrais vraiment de pitié de voir un autre souffrir ainsi.—Je ne sais que dire.... Je ne jurerais pas que ce soient là mes mains.—Voyons, je sens cette épingle me piquer. —Je voudrais bien être certain de mon état

CORDÉLIA.—Oh ! regardez-moi, seigneur : étendez sur moi vos mains pour me bénir.—Non, seigneur, il ne faut pas vous mettre à genoux.

LEAR.—Je vous en prie, ne vous moquez pas de moi. Je suis un pauvre bon radoteur de vieillard ; j'ai plus de quatre-vingts ans, et, pour parler sincèrement, je crains de n'être pas tout à fait dans mon bon sens.... Il me semble que je devrais vous connaître, et connaître cet homme.—Cependant je doute ; car je ne sais pas du tout ce que c'est que ce lieu-ci, et j'ai beau faire, je ne me rappelle pas ces vêtements ; je ne sais pas non plus où j'ai logé la nuit dernière.... Ne vous moquez pas de moi ; car, aussi vrai que je suis un homme, je crois que cette dame est ma fille Cordélia.

CORDÉLIA.—C'est moi ! c'est moi !

LEAR.—Vos larmes mouillent-elles? Oui, en vérité.—Je vous en prie, ne pleurez pas. Si vous avez du poison pour moi, je le prendrai. Je sais bien que vous ne m'aimez pas ; car vos sœurs, autant que je me le rappelle, m'ont fait du mal. Vous avez des raisons de ne pas m'aimer ; elles n'en avaient pas.

CORDÉLIA.—Pas une raison, pas une seule.

LEAR.—Suis-je en France?

KENT.—Vous êtes dans votre royaume, seigneur.

LEAR.—Ne me trompez point.

LE MÉDECIN.—Consolez-vous, ma bonne dame : les accès de fureur, vous le voyez, sont passés ; cependant il y aurait encore du danger à le ramener sur les temps dont il a perdu la mémoire. Engagez-le à rentrer ; ne l'agitons plus jusqu'à ce que ses organes soient raffermis.

CORDÉLIA.—Plairait-il à Votre Altesse de marcher?

LEAR.— Il faut que vous me souteniez.— Je vous prie, maintenant oubliez et pardonnez ; je suis vieux, et ma raison est affaiblie.

(Sortent Lear, Cordélia, le médecin et la suite.)

LE GENTILHOMME.—Est-il vrai, monsieur, que le duc de Cornouailles ait été tué de cette manière?

KENT.—Très-vrai, monsieur.

LE GENTILHOMME.—Et qui commande ses gens?

KENT.—On dit que c'est le fils bâtard de Glocester.

LE GENTILHOMME.—On assure qu'Edgar, le fils que le comte a chassé, est en Germanie avec le comte de Kent.

KENT.—Les ouï-dire sont variables. Il est temps de regarder autour de soi : les armées du royaume approchent à grands pas.

LE GENTILHOMME.—Il y a lieu de croire que l'affaire qui va se décider sera sanglante. Adieu, monsieur.

(Il sort.)

KENT.—Mon entreprise et mes travaux vont avoir leur fin, bonne ou mauvaise selon l'issue de cette bataille.

(Il sort.)

FIN DU QUATRIÈME ACTE.

# ACTE CINQUIÈME

## SCÈNE I

Le camp des Anglais, près de Douvres.

*Entrent, avec tambours et enseignes,* EDMOND, RÉGANE, DES OFFICIERS, *des soldats et autres.*

EDMOND, *à un officier.*—Sachez si le duc persiste dans son dernier projet, ou si quelque nouvelle idée l'a fait changer de plan. Il est plein d'irrésolutions et sans cesse en contradictions avec lui-même. Allez, et nous rapportez sa résolution décisive.

RÉGANE. — Le mari de notre sœur a certainement tourné tout à fait.

EDMOND.—Il n'y a pas à en douter, madame.

RÉGANE.—Maintenant, mon doux seigneur, vous savez tout le bien que je vous veux : dites-moi, mais franchement, mais bien en vérité, n'aimez-vous point ma sœur?

EDMOND.—D'une affection respectueuse.

RÉGANE.—Mais n'avez-vous point trouvé la route des lieux défendus à tout autre qu'à mon frère[1] ?

EDMOND.—Cette pensée vous abuse.

RÉGANE.—J'ai peur que vous n'ayez été uni bien étroitement avec elle, et autant que cela puisse être.

EDMOND.—Non, sur mon honneur, madame.

RÉGANE.—Je ne pourrai plus la souffrir.—Mon cher lord, point de familiarités avec elle.

EDMOND.—Soyez tranquille.—Mais la voici avec le duc son époux.

(Entrent Albanie, Gonerille, soldats.)

---

[1] *My brother's way to the forefended place.*

## ACTE V, SCÈNE I.

GONERILLE, *à part.*—J'aimerais mieux perdre la bataille que de supporter que ma sœur nous désunît, lui et moi.

ALBANIE.—Ma très-chère sœur, soyez la bien rencontrée.—Monsieur, je viens d'apprendre que le roi est allé rejoindre sa fille avec plusieurs personnes que la rigueur de notre gouvernement force d'appeler au secours.—Je n'ai jamais encore été brave, lorsque je n'ai pu l'être en conscience. Cette guerre nous regarde parce que le roi de France envahit nos États, et non parce qu'il soutient le roi et les autres personnes armées contre nous, je le crains, par de bien justes et de bien puissants motifs.

EDMOND.—C'est parler noblement, seigneur.

RÉGANE.—Et à quoi bon ce raisonnement?

GONERILLE. — Réunissons-nous contre l'ennemi : ce n'est pas le moment de s'occuper de ces querelles domestiques et personnelles.

ALBANIE.—Allons arrêter avec les plus anciens guerriers les mesures que nous devons prendre.

EDMOND.—Je vais vous rejoindre dans l'instant à votre tente.

RÉGANE.—Ma sœur, vous venez avec nous?

GONERILLE.—Non.

RÉGANE.—Cela vaut mieux : je vous en prie, venez avec nous.

GONERILLE, *à part.*—Oh! oh! je devine l'énigme...—Je viens.

(Au moment où ils sont prêts à sortir, entre Edgar déguisé.)

EDGAR.—Si jamais Votre Seigneurie s'est entretenue avec un homme aussi pauvre que moi, écoutez seulement un mot.

ALBANIE.—Je vous rejoins.—Parle.

(Sortent Edmond, Régane, Gonerille, les officiers, les soldats et la suite.)

EDGAR.—Avant de livrer la bataille, ouvrez cette lettre. Si vous remportez la victoire, faites appeler à son de trompe celui qui vous l'a remise. Quelque misérable que je paraisse, je puis produire un champion qui soutiendra ce qu'elle contient; si l'événement tourne contre vous, votre affaire est faite dans ce monde, et tout complot cesse.—Que la fortune vous soit amie!

ALBANIE.—Attends que j'aie lu cette lettre.

EDGAR.—On me l'a défendu. Quand il en sera temps, que le héraut m'appelle, et je reparaîtrai.

ALBANIE.—Soit, adieu, je lirai ce papier.

(Edgar sort.)

(Rentre Edmond.)

EDMOND.—L'ennemi est en vue; préparez vos forces. Voici un aperçu pris avec soin du nombre et des moyens de nos ennemis : mais on vous demande de vous hâter.

ALBANIE.—Nous serons prêts à temps.

(Il sort.)

EDMOND.—J'ai juré à ces deux sœurs que je les aimais : elles sont en méfiance l'une avec l'autre, comme l'est de la vipère celui qu'elle a mordu. Laquelle des deux prendrai-je? Toutes les deux? l'une des deux? Ni l'une ni l'autre?—Tant qu'elles seront toutes les deux en vie, je ne puis posséder ni l'une ni l'autre.—Prendre la veuve, c'est rendre furieuse sa sœur Gonerille; et le mari de celle-ci vivant, j'aurai de la peine à me maintenir. Commençons toujours par nous servir de son appui dans le combat; et, après, que celle qui a tant d'envie de se débarrasser de lui trouve les moyens de l'expédier promptement. — Quant à ses projets de clémence pour Lear et Cordélia, la bataille finie.... et eux entre nos mains, ils ne verront pas son pardon : mon rôle à moi est de me tenir sur la défensive, et non de discuter.

(Il sort.)

## SCÈNE II

Un espace entre les deux camps.

(Bruits de combat.—Lear et Cordélia et leurs troupes entrent et sortent avec enseignes et tambours.)

*Entrent* EDGAR ET GLOCESTER.

EDGAR.—Vieux père, prenez ici l'hospitalité que vous offre l'ombrage de cet arbre; priez le ciel que la bonne cause l'emporte. Si jamais je reviens encore vers vous, je vous apporterai des nouvelles consolantes.

(Il sort.)

GLOCESTER.—La grâce du ciel vous accompagne, ami!

(Bruits de combat, puis une retraite.)

(Rentre Edgar.)

EDGAR.—Fuis, vieillard; donne-moi ta main : fuyons, le roi Lear a perdu la bataille; lui et sa fille sont prisonniers : donne-moi la main, marchons.

GLOCESTER.—Non, pas plus loin, mon cher : un homme peut pourrir même ici.

EDGAR.—Quoi! encore de mauvaises pensées! Il faut que les hommes subissent en ce monde l'ordre du départ comme celui de l'arrivée. Il ne s'agit que d'être prêt; venez.

GLOCESTER.—Vous avez raison.

(Ils sortent.)

## SCÈNE III

Le camp anglais, près de Douvres.

*Entrent* EDMOND *triomphant, avec des enseignes et des tambours;* LEAR ET CORDÉLIA *prisonniers*, DES OFFICIERS, *des Soldats, etc.*

EDMOND, *à des officiers.*—Que quelques officiers se chargent de les emmener : bonne garde jusqu'au moment où ceux à qui il appartient de disposer de leur sort auront fait connaître leurs volontés.

CORDÉLIA.—Nous ne sommes pas les premiers qui, avec la meilleure intention, ont eu le plus mauvais sort. Je suis abattue pour toi, roi opprimé : il me serait autrement bien aisé de rendre à la fortune infidèle mépris pour mépris.—Ne verrons-nous point ces filles, ces sœurs?

LEAR.—Non, non, non, non, viens : allons à la prison; seuls ensemble, nous deux, nous y chanterons comme des oiseaux en cage. Quand tu me demanderas ma bénédiction, je me mettrai à genoux et je te demanderai pardon : nous vivrons ainsi en priant, en chantant; nous conterons de vieilles histoires, nous rirons des papillons dorés, et aussi d'entendre de pauvres diables s'entretenir des nouvelles de la cour; nous en causerons avec eux; nous dirons celui qui gagne, celui qui perd; qui entre, qui sort; nous expliquerons le secret des choses comme si nous étions les espions des dieux; et, de dedans les murs d'une prison, nous verrons passer les ligues et les partis des grands personnages qui fluent et refluent au gré de la lune.

EDMOND.—Emmenez-les.

LEAR.—Sur de tels sacrifices, ma Cordélia, les dieux eux-mêmes viennent jeter l'encens. T'ai-je donc retrouvée? Celui qui voudra nous séparer, il faudra qu'il apporte une des torches du ciel, et nous chasse d'ici par le feu comme des renards. Essuie tes yeux; la peste [1] les dévorera tous, chair et peau, avant qu'ils nous fassent verser une larme; nous les verrons auparavant mourir de faim : viens.

(Lear et Cordélia sortent, accompagnés de gardes.)

EDMOND.—Ici, capitaine, un mot. Prends ce papier. (*Il lui donne un papier.*) Suis-les à la prison. Je t'ai avancé d'un grade : si tu obéis aux instructions contenues là-dedans, tu t'ouvres le chemin à une brillante fortune. Sache bien que les hommes sont ce que les fait la circonstance : un cœur tendre ne va pas avec une épée; cette grande mission ne souffre pas de discussion. Ou dis que tu le feras, ou cherche d'autres moyens de fortune

L'OFFICIER.—Je le ferai, seigneur.

EDMOND.—A l'œuvre alors, et tiens-toi pour heureux du moment que tu l'auras accomplie. Mais fais-y bien attention : c'est dans l'instant même, et il faut exécuter la chose comme je l'ai écrit.

L'OFFICIER.—Je ne peux pas traîner une charrette, ni manger l'avoine; si c'est l'ouvrage d'un homme, je le ferai.
(Il sort.)

Fanfares.—Entrent Albanie, Gonerille, Régane, officiers, suite.)

---

[1] *The goujeers*, maladie honteuse suivant les uns, la peste suivant d'autres.

albanie.—Seigneur, vous avez montré aujourd'hui votre courage, et la fortune vous a bien servi. Vous tenez captifs ceux qui nous ont combattus dans cette journée : nous vous requérons de nous les remettre, pour disposer d'eux selon qu'en ordonneront à la fois notre sûreté et la justice qui leur est due.

edmond.—Seigneur, j'ai cru à propos d'envoyer ce vieux et misérable roi dans un endroit sûr où je le fais garder. Son âge, et plus encore son titre, ont un charme pour attirer vers lui le cœur des peuples, et pour tourner les lances que nous avons levées pour notre service contre les yeux de ceux qui les commandent. J'ai envoyé la reine avec lui pour les mêmes raisons : ils seront prêts à comparaître demain ou plus tard aux lieux où vous tiendrez votre cour de justice. En ce moment nous sommes couverts de sueur et de sang; l'ami a perdu son ami; et les guerres les plus justes sont, dans la chaleur du moment, maudites par ceux qui en ressentent les maux... La décision du sort de Cordélia et de son père demande un lieu plus convenable.

albanie.—Avec votre permission, monsieur, je vous regarde ici comme un soldat à mes ordres, et non pas comme un frère.

régane.—C'est précisément le titre dont il nous plaît de le gratifier : il me semble qu'avant de vous avancer si loin vous auriez pu vous informer de notre bon plaisir. Il a conduit nos troupes, il a été revêtu de mon autorité, il a représenté ma personne, ce qui lui permet bien de prétendre à l'égalité et de s'appeler votre frère.

gonerille.—Ne vous échauffez pas tant. C'est par ses talents qu'il s'est élevé, beaucoup plus que par vos faveurs.

régane.—Investi par moi de mes droits, il va de pair avec les meilleurs.

gonerille.—Ce serait tout au plus s'il devenait votre mari.

régane.—Badinage est souvent prophétie.

gonerille.—Holà! holà! l'œil qui vous a fait voir cela voyait un peu louche.

RÉGANE.—Madame, je ne me sens pas bien; autrement je vous dirais tout ce que j'ai sur le cœur. (*A Edmond*.) —Général, prends mes soldats, mes prisonniers, mon patrimoine; dispose d'eux, de moi-même; la place t'est rendue. Je prends ici le monde à témoin que je te fais mon seigneur et maître.

GONERILLE, *à Régane*.—Prétendez-vous le posséder?

ALBANIE.—Une telle décision ne dépend pas de votre bon plaisir.

EDMOND.—Ni du tien, seigneur.

ALBANIE.—Certes si, vil métis.

RÉGANE, *à Edmond*.—Fais battre le tambour, et prouve que mes droits sont les tiens.

ALBANIE.—Attendez encore; écoutez la raison.—Edmond, je t'accuse ici de haute trahison, et dans l'accusation je comprends ce serpent doré (*montrant Gonerille*). —Quant à vos prétentions, mon aimable sœur, je m'y oppose dans l'intérêt de ma femme : elle a sous-traité avec ce seigneur, et moi, comme son mari, je mets opposition à vos bans : si vous voulez vous marier, c'est à moi qu'il vous faut faire l'amour; madame lui est promise.

GONERILLE.—C'est une comédie!

ALBANIE.—Tu es armé, Glocester; que la trompette sonne; et si personne ne paraît pour prouver contre toi tes trahisons odieuses, manifestes, accumulées, voilà mon gage. (*Il jette son gant*.) Avant que j'aie mangé un morceau de pain, je prouverai dans ton cœur que tu es tout ce que je viens de te proclamer.

RÉGANE.—Oh! je me sens mal, très-mal.

GONERILLE, *à part*.—Si tu ne l'étais pas, je ne me fierais jamais plus au poison.

EDMOND, *jetant son gant*.—Voilà mon gant en échange. Qui que ce soit au monde qui me nomme traître, il en a menti comme un vilain. Fais appeler à son de trompe, et si quelqu'un ose s'approcher : contre lui, contre toi, contre tout venant, je maintiendrai fermement ma loyauté et mon honneur.

ALBANIE.—Holà! un héraut!

ACTE V, SCÈNE III. 117

EDMOND.—Un héraut! holà! un héraut!

ALBANIE.—N'attends rien que de ta seule valeur, car tes soldats, levés en mon nom, ont en mon nom reçu leur congé.

RÉGANE.—La souffrance triomphe de moi.

ALBANIE.—Elle n'est pas bien; conduisez-la dans ma tente. (*Régane sort accompagnée. Entre un héraut.*)—Approche, héraut : que la trompette sonne, et lis ceci à haute voix.

UN OFFICIER.—Sonnez, trompette.

LE HÉRAUT *lit*.—« S'il est dans l'armée quelque homme
« de rang et de qualité convenable qui veuille soutenir
« contre Edmond, soi-disant comte de Glocester, qu'il
« est plusieurs fois traître, qu'il paraisse au troisième
« son de la trompette : Edmond soutient hardiment le
« contraire. »

EDMOND.—Sonnez.

(*Premier ban de la trompe.*)

LE HÉRAUT.—Encore.

(*Deuxième ban.*)

—Encore.

(*Troisième ban.— Un moment après une autre trompette répond du dehors.*)

(*Edgar entre armé, précédé d'un trompette.*)

ALBANIE, *au héraut*.—Demande-lui quel est son dessein, et pourquoi il paraît à l'appel de la trompette.

LE HÉRAUT.—Qui êtes-vous? votre nom, votre qualité, et pourquoi répondez-vous à cette sommation?

EDGAR.—Sachez que j'ai perdu mon nom, mordu d'un cancre et rongé par la dent aiguë de la trahison : cependant je suis noble tout autant que l'adversaire que je viens combattre.

ALBANIE.—Quel est cet adversaire?

EDGAR.—Quel est-il celui qui parle pour Edmond, comte de Glocester?

EDMOND.—Lui-même! Qu'as-tu à lui dire?

EDGAR.—Tire ton épée, afin que si mon langage offense un noble cœur, ton bras puisse te faire justice. Voici la mienne. C'est le privilége de mon rang, de mon serment et de ma profession. Je proteste, malgré ta force, ta jeunesse, ton rang, ta situation, en dépit de ton épée victorieuse, de ta nouvelle fortune toute chaude encore, de ton courage et de ton cœur, que tu n'es qu'un traître, déloyal envers tes dieux, ton frère, ton père; que tu conspires contre les jours de ce haut et puissant prince, et que tu es depuis le sommet de ta tête, dans tout ton corps, et jusqu'à la poussière qui est sous tes pieds, un traître souillé comme un crapaud. Si tu dis non, cette épée, ce bras, et tout ce que j'ai de courage, sont disposés à prouver dans ton cœur, auquel je parle, que tu en as menti.

EDMOND.—En bonne prudence, je devrais te demander ton nom. Mais comme tu te montres sous les apparences d'un franc et brave chevalier, que tes discours ont quelque saveur de bonne éducation, je dédaigne et repousse ces formalités de précaution que, dans les règles et par les lois de la chevalerie, j'aurais le droit d'exiger. Je te rejette à la tête ces trahisons, j'écrase ton cœur sous ton odieux mensonge infernal; et comme tes injures ne font que passer à côté de ton corps sans le briser, mon épée va leur ouvrir la route du lieu où elles disparaîtront pour toujours.—Sonnez, trompettes.

(Ils se battent.—Edmond tombe.)

ALBANIE.—O épargnez-le, épargnez-le.

GONERILLE.—C'est une trahison.—Glocester, par la loi des armes, tu n'étais pas obligé de répondre à un adversaire inconnu : tu n'es pas vaincu; tu es trompé, pris dans un piége.

ALBANIE.—Fermez la bouche, Madame, ou je vais la clore avec ce papier.—Tenez, monsieur. (*Il donne le papier à Edmond.*)—Et toi, pire que tous les noms qu'on pourrait te donner, lis tes propres crimes.... Ne le déchirez pas, madame : je vois que vous le connaissez.

GONERILLE.—Eh bien ! dis : si je le reconnais, les lois sont à moi et non pas à toi, qui me citera en justice ?

ALBANIE.—Monstrueuse audace ! Connais-tu ce papier ?

GONERILLE.—Ne me demandez pas ce que je connais.

(Elle sort.)

ALBANIE, *à un officier.*—Suivez-la; elle est furieuse : veillez sur elle.

EDMOND.—Tout ce que vous m'avez imputé je l'ai fait, et plus, et beaucoup plus encore.—Le temps mettra tout à découvert.—Tout cela est passé.... et moi aussi!—Mais qui es-tu, toi, qui as eu le bonheur de l'emporter sur moi? Si tu es noble, je te le pardonne.

EDGAR.—Faisons échange de miséricorde. Mon sang n'est pas moins noble que le tien, Edmond; et s'il l'est davantage, tu n'en as que plus de tort envers moi. Mon nom est Edgar; je suis le fils de ton père. Les dieux sont justes; ils font de nos vices chéris la verge dont ils nous châtient; le lieu de ténèbres et de vices où il t'a engendré lui a coûté les yeux.

EDMOND.—Tu as raison, c'est vrai : la roue a achevé son tour, et me voici!

ALBANIE.—Il m'avait bien semblé que ton maintien annonçait un sang royal.—Il faut que je t'embrasse! Que le chagrin brise mon cœur si j'ai jamais haï ni toi ni ton père.

EDGAR.—Digne prince, je le sais bien.

ALBANIE.—Où vous êtes-vous caché? Comment avez-vous connu les malheurs de votre père?

EDGAR.—En le secourant, seigneur. Écoutez un court récit; et quand j'aurai fini, oh! si mon cœur pouvait alors se rompre!....—Pour échapper à la sanglante proscription qui menaçait ma tête de si près (ô douceur de la vie! qui nous fait préférer de mourir à chaque instant des angoisses de la mort, plutôt que de mourir une fois!) j'ai imaginé de me déguiser sous les haillons d'un mendiant insensé, et de me revêtir d'une apparence que les chiens eux-mêmes méprisaient. C'est dans ce travestissement que j'ai rencontré mon père, les anneaux de ses yeux tout saignants; il venait d'en perdre les précieuses pierres. Je suis devenu son guide, je l'ai soutenu, j'ai mendié pour lui, je l'ai sauvé du désespoir. Jamais, oh! quelle faute! je ne me suis découvert à lui, jusqu'à cette dernière demi-heure, lorsque tout armé, et non pas sûr du succès, bien que plein d'espoir, je lui ai demandé sa bénédiction, et depuis le commencement jusqu'à la fin je lui ai raconté mon pèlerinage. Mais, brisé entre deux passions contraires, l'excès de la joie et celui de la douleur, son cœur, hélas! trop faible pour supporter ce combat, s'est rompu avec un sourire.

EDMOND.—Votre récit m'a touché, et peut-être produira-t-il quelque bien. Parlez encore ; vous avez l'air d'avoir quelque chose de plus à dire.

ALBANIE.—Oh! s'il y a quelque chose de plus déplorable encore, gardez-le ; je me sens déjà mourir pour en avoir tant entendu.

EDGAR.—A celui qui craint l'affliction, ceci en aurait pu paraître le terme ; mais un autre trouvera encore de quoi l'augmenter et arriver à son dernier degré.—Tandis que j'éclatais en cris douloureux, survient un homme qui, m'ayant vu jadis dans la plus mauvaise situation, fuyait mon odieuse société ; mais, reconnaissant alors quel était celui qui avait tant souffert, il se jette à mon cou, me serre dans ses bras vigoureux, et semblant de ses hurlements vouloir percer les cieux, il se précipite sur le corps de mon père, et me fait sur lui et sur Lear le plus déplorable récit que l'oreille ait jamais entendu. A mesure qu'il racontait, sa douleur devenait plus puissante, les fils de la vie commençaient à se rompre....— La trompette a sonné pour la seconde fois : je l'ai laissé évanoui.

ALBANIE.—Et qui était cet homme?

EDGAR.—Kent, seigneur ; Kent banni, et qui, déguisé, avait suivi le roi son ennemi, et lui avait rendu des services qui n'eussent pas convenu à un esclave.

(Entre précipitamment un gentilhomme, un poignard sanglant à la main.)

LE GENTILHOMME.—Au secours ! au secours ! Oh ! du secours !

EDGAR.—Quel genre de secours?

ALBANIE.—Homme, parle.

EDGAR.—Que veut dire ce poignard sanglant?

LE GENTILHOMME.—Il est chaud encore, il est fumant ; il sort du cœur....

ALBANIE.—De qui? parle.

LE GENTILHOMME.—De votre épouse, seigneur, de votre

épouse; et sa sœur a été empoisonnée par elle : elle l'a avoué.

EDMOND.—J'étais engagé à l'une et à l'autre; et dans un même instant nous voilà mariés tous trois!

ALBANIE.—Qu'on apporte leurs corps, vivants ou morts. —Ce jugement du ciel nous épouvante, mais ne nous touche d'aucune pitié.

(Le gentilhomme sort.)
(Entre Kent.)

EDGAR.—Voilà Kent qui vient, seigneur.

ALBANIE.—Oh! est-ce lui?—Les circonstances ne permettent pas ici les formes que demanderait la politesse.

KENT.—Je suis venu souhaiter le bonsoir pour toujours à mon maître et à mon roi. N'est-il point ici?

ALBANIE.—Quel soin important nous avions oublié!— Parle, Edmond : où est le roi? où est Cordélia?—Vois-tu ce spectacle, Kent?

(On apporte les corps de Régane et de Gonerille.)

KENT.—Hélas! et pourquoi?

EDMOND.— Eh bien! pourtant Edmond était aimé! L'une a empoisonné l'autre par amour pour moi, et s'est poignardée après.

ALBANIE.—C'est la vérité.—Couvrez leurs visages.

EDMOND.—La respiration me manque, je me meurs.... Je veux faire un peu de bien en dépit de ma propre nature.... Envoyez promptement.... hâtez-vous.... au château : mon ordre écrit met en ce moment en danger la vie de Lear et de Cordélia.... Ah! envoyez à temps.

ALBANIE.—Courez, courez; oh! courez.

EDGAR.—Vers qui, monseigneur? qui en est chargé?— Envoie donc ton gage de sursis.

EDMOND.—Tu as raison. Prends mon épée; remets-la au capitaine.

ALBANIE.—Hâte-toi, sur ta vie!

(Edgar sort.)

EDMOND.—Il a été chargé par ta femme et par moi d'étrangler Cordélia dans la prison, et d'accuser de sa mort son propre désespoir.

ALBANIE.—Que les dieux la défendent!—Emportez-le à quelque distance.

(On emporte Edmond.)

(Entrent Lear, tenant Cordélia morte dans ses bras, Edgar, l'officier et d'autres.)

LEAR.—Hurlez, hurlez, hurlez, hurlez! Oh! vous êtes des hommes de pierre. Si j'avais vos voix et vos yeux, je m'en servirais à fendre la voûte du firmament. Oh! elle est partie pour jamais.—Je vois bien si quelqu'un est vivant ou s'il est mort. — Elle est morte comme la terre.—Prêtez-moi un miroir : si son haleine en obscurcit ou en ternit la surface, alors elle vivrait encore

KENT.—Est-ce donc la fin du monde?

EDGAR.—Ou l'image de l'abomination de la désolation?

ALBANIE.—Que tout tombe et s'arrête!

LEAR.—La plume remue : elle vit.—Oh! si elle vit, c'est un bonheur qui rachète tous les chagrins que j'aie jamais sentis.

KENT, *se mettant à genoux.*—O mon bon maître!

LEAR.—Laisse-moi, je te prie.

EDGAR.—C'est le noble Kent, votre ami.

LEAR.—Malédiction sur vous tous, assassins, traîtres que vous êtes. Je l'aurais pu sauver; maintenant elle est partie pour toujours.—Cordélia, Cordélia, attends un moment.—Ah! que dis-tu?—Sa voix était toujours douce, pure et calme, chose excellente chez une femme.—J'ai tué l'esclave qui l'étranglait.

LE GENTILHOMME.—Cela est vrai, milords, il l'a fait,

LEAR.—N'est-ce pas, ami?—J'ai vu le jour où, avec ma bonne épée tranchante, je les aurais tous fait danser. Je suis vieux à présent, et toutes ces épreuves m'achèvent. (*A Kent.*)—Qui êtes-vous? Mes yeux ne sont pas des meilleurs : je vais vous le dire tout à l'heure.

KENT.—S'il est deux hommes que la fortune se vante d'avoir aimés et haïs, chacun de nous en voit un.

LEAR.—Ma vue est bien mauvaise.—N'êtes-vous pas Kent?

KENT.—Lui-même, Kent votre serviteur. Où est votre serviteur Caïus?

LEAR.—C'est un bon garçon, je peux vous l'assurer : il sait frapper, et preste encore. Il est mort et pourri.

KENT.—Non, mon bon maître : c'est moi-même.

LEAR.—Je vais voir cela tout à l'heure.

KENT.—C'est moi qui, depuis le commencement de vos vicissitudes et de vos pertes, ai suivi vos tristes pas.

LEAR.—Vous êtes ici le bienvenu.

KENT.—Ni moi, ni personne : tout est ici triste, sombre et dans le deuil. Vos filles aînées ont prévenu leur arrêt, et ont péri d'une mort désespérée.

LEAR.—Oui, je le crois bien.

ALBANIE.—Il ne sait pas ce qu'il dit, et c'est en vain que nous nous offrons à ses yeux.

EDGAR.—Oh! très-inutilement.

(Entre un officier.)

L'OFFICIER.—Seigneur, Edmond est mort.

ALBANIE.—Ce n'est qu'une bagatelle ici.—Vous, seigneurs et nobles amis, écoutez nos intentions. Tout ce qui sera en notre pouvoir pour réparer ce grand désastre, nous le ferons. Pour nous, durant la vie du vieux roi, nous lui remettons l'absolu pouvoir. (*A Edgar et à Kent.*)—Nous vous rétablissons dans tous vos droits, en y ajoutant de nouveaux honneurs que votre noble conduite a plus que mérités. Tous nos amis recevront la récompense de leurs vertus, et nos ennemis boiront dans la coupe amère qui leur est due.—Oh! voyez! voyez!

LEAR.—Et ils ont étranglé mon pauvre fou[1]! Non, non,

---

[1] *And my poor fool is hanged!*

On n'a jamais pu s'accorder en Angleterre sur le sens de ces paroles de Lear : les uns ont voulu supposer qu'on avait aussi étranglé le fou, ce que rien n'indique dans la pièce, et ce que rien ne permet de supposer ; d'autres ont cru que *my poor fool*, expression de tendresse quelquefois employée, s'adresse ici à Cordélia ; mais Lear ne s'en est pas servi une seule fois envers elle, et les expressions de son amour pour elle ont, en général, quelque chose de plus exalté : cependant il est évident que c'est d'elle qu'il s'occupe. N'est-il pas vraisemblable que dans son égarement ses idées se confondent, et que la perte de son fou, qu'il a aimé, qu'il a plaint dans sa folie, vient se mêler à celle de Cordé-

non, plus de vie. Quoi! un chien, un chat, un rat ont de la vie; et toi pas la moindre haleine! Oh! tu ne reviendras plus, jamais, jamais, jamais, jamais!—Défaites ce bouton, je vous en prie.—Je vous remercie, monsieur.—Voyez-vous cela?.... regardez-la.... regardez.... ses lèvres.... regardez.... regardez....

(Il meurt.)

EDGAR.—Il perd connaissance.... Seigneur, seigneur!

KENT.—Brise-toi, mon cœur; je t'en prie, brise-toi.

EDGAR.—Seigneur, ouvrez les yeux.

KENT.—Ne tourmentez pas son âme; laissez-le s'en aller. C'est le haïr que de vouloir l'étendre plus longtemps sur le chevalet de cette rude vie.

EDGAR.—Oh! il est mort en effet.

KENT.—Ce qui m'étonne, c'est qu'il ait pu souffrir si longtemps : il usurpait la vie.

ALBANIE.—Emportez ces corps : le malheur commun est l'objet qui réclame nos soins. (*A Kent et à Edgar.*)—Vous, amis de mon cœur, commandez tous deux dans ce royaume, et rendez des forces à l'État ensanglanté.

KENT.—J'ai bientôt un voyage à faire, seigneur : mon maître m'appelle, et je ne puis lui dire non.

ALBANIE.—Il faut subir le poids de ces temps d'affliction, dire ce que nous sentons, et non tout ce qu'il y aurait à dire. Le plus vieux est celui qui a le plus souffert. Nous qui sommes jeunes, nous ne verrons jamais ni tant de maux, ni tant de jours.

(Ils sortent au son d'une musique funèbre.)

lia qu'il pleure? Du reste, cette explication est arbitraire comme la plupart de celles qu'on peut vouloir essayer de donner sur les obscurités de cette pièce; c'est ce qui fait qu'on n'a pas cru devoir multiplier les notes.

FIN DU CINQUIÈME ET DERNIER ACTE.

# CYMBELINE

**TRAGÉDIE**

# NOTICE SUR CYMBELINE

Une nouvelle du Décaméron de Boccace et une chronique d'Holinshed sont les deux sources où Shakspeare a puisé cette tragédie. Le roi qui lui donne son nom régnait du temps de César Auguste, selon Holinshed, ce qui n'a pas empêché Shakspeare de peupler Rome d'Italiens modernes, Iachimo, Philario, etc. Malgré cette confusion de temps, de noms et de mœurs; malgré l'invraisemblance de la fable et l'absurdité du plan, Cymbeline est une des tragédies les plus admirées de Shakspeare. Le personnage d'Imogène a fait réellement des passions. Que les critiques comparent, s'ils le veulent, cette pièce à un édifice irrégulier et informe, mais qu'ils conviennent qu'Imogène est une divinité digne d'orner un temple de la plus noble architecture. Quoique Posthumus semble le héros de la pièce, c'est Imogène qui y répand le charme de sa pureté conjugale, de sa douceur céleste, de son dévouement et de sa constance.

Sans artifice, comme l'innocence, elle a peine à croire à l'infidélité de Posthumus; indulgente comme la vertu, elle pardonne à Iachimo ses premières calomnies sans affecter une haine d'ostentation contre le vice. Faussement accusée, elle ne sait se justifier qu'en disant combien elle aime; modeste et timide sous son déguisement, elle apparaît dans la grotte de Bélarius comme l'ange de la grâce, elle est belle dans le désert comme à la cour, et ajoute encore à la beauté du paysage dans lequel Shakspeare a placé les deux jeunes princes.

Les autres caractères de la pièce ne manquent pas de vérité. Posthumus ne serait-il que l'époux adoré d'Imogène, il nous intéresserait; mais il y a en lui le courage et la noblesse des héros. Philario est un de ces serviteurs fidèles que Shakspeare a souvent pris plaisir à représenter, et Iachimo un des plus adroits menteurs que l'Italie ait produits; son effronterie a quelque chose d'amusant; Bélarius, opiniâtre dans son plan de vengeance, offre un de ces caractères fermes qu'on voit avec plaisir transplantés du milieu des montagnes et mis tout à coup en présence d'un courtisan. Ses deux élèves ont déjà l'instinct des grandes âmes : et leur amitié fraternelle est touchante.

La méchanceté de la reine et la crédulité conjugale du roi prêtent aussi à l'analyse et forment un contraste piquant. Cloten, le seul personnage comique de la pièce, peut être jugé de plus d'une manière : on voit en lui la sottise et l'orgueil d'un prince privé d'éducation; mais il semble que Shakspeare ait oublié qu'il nous l'a donné d'abord pour une âme lâche et sans énergie, lorsque, dans le conseil royal, il lui fait adresser à l'ambassadeur romain une réponse pleine de dignité; soit qu'il ait cru que, vis-à-vis de l'étranger, l'honneur national peut enflammer les âmes les plus communes; soit que le poëte ait voulu insinuer que le rôle des princes leur est souvent tracé d'avance dans les grandes occasions.

En général, l'intérêt qu'inspire la tragédie de *Cymbeline*, est d'une nature douce et mélancolique plutôt que tragique. On s'échappe volontiers de la cour avec Imogène, et l'on se sent disposé à rêver dans l'asile romantique où elle retrouve ses frères sans les connaître.

Des sentiments noblement exprimés, quelques dialogues naturels et des scènes charmantes rachètent les nombreux défauts de cette composition.

*Cymbeline* est l'une des dix-sept pièces qui ont été publiées pour la première fois dans l'édition in-folio de 1623. Il est impossible de déterminer avec précision le moment où elle fut écrite; mais il paraît probable que ce fut vers 1610 ou 1611. On a en effet de bonnes raisons de croire que la *Tempête* et le *Conte d'hiver* furent composés à cette époque, et l'on retrouve, entre ces deux pièces et *Cymbeline*, des analogies de style, de pensée et d'allure qui semblent indiquer qu'elles sont toutes trois sorties de la même veine d'esprit.

# CYMBELINE

## TRAGÉDIE

## PERSONNAGES

CYMBELINE, roi de la Grande-Bretagne.
CLOTEN, fils de la reine, du premier lit.
LEONATUS POSTHUMUS, chevalier, marié secrètement à la princesse Imogène.
BELARIUS, seigneur, exilé par Cymbeline, et déguisé sous le nom de Morgan.
GUIDÉRIUS,  } fils de Cymbeline, et
ARVIRAGUS, } crus fils de Bélarius sous les noms de Polydore et de Cadwal.
PHILARIO, ami de Posthumus, }
IACHIMO, ami de Philario, } Italiens
UN FRANÇAIS, ami de Philario.
CAIUS-LUCIUS, général de l'armée romaine.
UN OFFICIER ROMAIN.
PISANIO, attaché au service de Posthumus.
CORNELIUS, médecin.
DEUX GENTILSHOMMES.
DEUX GEOLIERS.
DEUX OFFICIERS ANGLAIS.
LA REINE, femme de Cymbeline.
IMOGÈNE, fille de Cymbeline, de son premier mariage.
HÉLÈNE, suivante d'Imogène.
LORDS, LADYS, SÉNATEURS, ROMAINS, TRIBUNS, APPARITIONS, UN DEVIN, UN GENTILHOMME HOLLANDAIS, UN GENTILHOMME ESPAGNOL, MUSICIENS, OFFICIERS, CAPITAINES, SOLDATS, MESSAGERS.

La scène est tantôt dans la Grande-Bretagne, tantôt en Italie.

---

# ACTE PREMIER

## SCÈNE I

*La Grande-Bretagne. — Jardin derrière le palais de Cymbeline.*

*Entrent* DEUX GENTILSHOMMES.

LE PREMIER GENTILHOMME. — Vous ne rencontrez ici personne qui ne fronce le sourcil. Nos visages n'obéissent pas plus que nos courtisans aux lois du ciel. Tous retracent la tristesse peinte sur le visage du roi.

LE SECOND. — Mais quel est le sujet?...

LE PREMIER. — L'héritière de son royaume, sa fille

qu'il destinait au fils unique de sa femme (une veuve qu'il vient d'épouser), s'est donnée à un pauvre, mais digne gentilhomme : elle est mariée;—son époux est banni, elle emprisonnée. Tout présente les dehors de la tristesse; pour le roi, je le crois, il est affligé jusqu'au fond du cœur.

LE SECOND.—Personne autre que le roi?

LE PREMIER.—Celui aussi qui a perdu la princesse; la reine aussi, qui souhaitait le plus cette alliance; mais il n'est pas un des courtisans, quoiqu'ils portent des visages composés sur celui du roi, qui n'ait le cœur joyeux de ce dont ils affectent de paraître mécontents.

LE SECOND.—Et pourquoi cela?

LE PREMIER.—L'homme à qui la princesse échappe est un être trop mauvais pour une mauvaise réputation; mais celui qui la possède (je veux dire celui qui l'a épousée, ah! l'honnête homme! et qu'on bannit pour cela), c'est une créature si accomplie qu'on aurait beau chercher son pareil dans toutes les régions du monde, il manquerait toujours quelque chose à celui qu'on voudrait lui comparer. Je ne pense pas qu'un extérieur aussi beau et une âme aussi noble se trouvent réunis dans un autre homme.

LE SECOND.—Vous le vantez beaucoup.

LE PREMIER.—Je ne le vante, seigneur, que d'après l'étendue de son mérite; je le rapetisse plutôt que je ne le déroule tout entier.

LE SECOND.—Quel est son nom, sa naissance?

LE PREMIER.—Je ne puis remonter jusqu'à sa première origine. Sicilius était le nom de son père, qui s'unit avec honneur à Cassibelan contre les Romains. Mais il reçut ses titres d'honneur de Ténantius, qu'il servit avec gloire et avec un succès admiré, et il obtint le surnom de Léonatus. Il eut, outre le chevalier en question, deux autres fils qui, dans les guerres de ce temps, moururent l'épée à la main. Leur père, vieux alors et aimant ses enfants, en conçut tant de chagrin qu'il quitta la vie : son aimable épouse, alors enceinte du gentilhomme dont nous parlons, mourut en lui donnant le jour. Le roi prit l'enfant sous sa protection, lui donna le nom de Posthumus, l'éleva, et l'attacha à sa chambre : il l'instruisit dans toutes les sciences dont son âge pouvait être susceptible; et il les reçut comme nous recevons l'air aussitôt qu'elles lui furent offertes; dès son printemps, il porta une moisson : il vécut à la cour loué et aimé (chose rare), modèle des jeunes gens, miroir redouté des hommes d'un âge mûr; et pour les vieillards, un enfant qui guidait les radoteurs. Quant à sa maîtresse, pour laquelle il est banni aujourd'hui, ce qu'elle lui a donné proclame le cas qu'elle faisait de sa personne et de ses vertus. On peut lire dans son choix, et juger au vrai quel homme est Posthumus.

LE SECOND.—Je l'honore sur votre seul récit. Mais, dites-moi, je vous prie, la princesse est-elle le seul enfant du roi ?

LE PREMIER.—Son seul enfant. Il avait deux fils; et si ce détail vous intéresse, écoutez-moi. Tous deux furent dérobés de leur chambre; l'aîné à l'âge de trois ans, et l'autre encore au maillot; jusqu'à cette heure, pas la moindre conjecture sur ce qu'ils sont devenus.

LE SECOND.—Combien y a-t-il de cela?

LE PREMIER.—Vingt ans environ.

LE SECOND.—Qu'on enlève ainsi les enfants d'un roi! qu'ils fussent si négligemment gardés, et qu'on ait été si lent dans les recherches qu'on n'ait pu retrouver leur trace!

LE PREMIER.—Quelque étrange que cela vous semble, et quoique cette négligence soit vraiment ridicule, le fait est vrai, seigneur.

LE SECOND.—Je vous crois.

LE PREMIER.—Il faut nous taire, voici Posthumus, la reine et la princesse.

(Ils sortent.)

(La reine, Posthumus, Imogène entrent avec leur suite.)

LA REINE.—Non; soyez-en sûre, ma fille, vous ne trouverez jamais en moi, comme on le reproche à la plupart des marâtres, un œil malveillant pour vous. Vous êtes ma captive; mais votre geôlière vous confiera les clefs qui ferment votre prison. Pour vous, Posthumus, aussitôt que je pourrai fléchir le courroux du roi, on me verra plaider votre cause; mais le feu de la colère est encore en lui; et il serait à propos de vous soumettre à son arrêt, avec toute la patience que votre prudence pourra vous inspirer.

POSTHUMUS.—Si Votre Majesté le trouve bon, je partirai d'ici aujourd'hui.

LA REINE.—Vous connaissez le danger.—Je vais faire un tour dans les jardins, compatissant aux angoisses des amours qu'on traverse, quoique le roi ait ordonné de ne pas vous laisser ensemble.

(Elle sort.)

IMOGÈNE. — O feinte complaisance! Comme ce tyran sait caresser au moment où elle blesse! Mon cher époux, je crains un peu la colère de mon père, mais, soit dit sans blesser mes devoirs sacrés envers lui, je ne redoute rien des effets de sa colère sur moi. Il vous faut partir; et moi je soutiendrai ici à toute heure le trait de ses regards irrités, n'ayant rien qui me console de vivre, si ce n'est la pensée qu'il existe dans le monde un trésor que je puis revoir encore.

POSTHUMUS.—Ma reine! mon amante! Ah! madame, ne pleurez plus; si vous ne voulez m'exposer à me faire soupçonner de plus de faiblesse qu'il ne convient à un homme. Je veux être l'époux le plus fidèle, qui jamais ait engagé sa foi. Ma résidence sera à Rome, chez un nommé Philario, qui fut l'ami de mon père; moi, je ne le connais que par lettres. Écrivez-moi là, ô ma reine! mes yeux en dévoreront les mots que vous enverrez, dût l'encre être de fiel.

(La reine entre.)

LA REINE.—Abrégez, je vous prie. Si le roi survenait, je ne sais pas où s'arrêterait sa colère contre moi. (A part.) Cependant je saurai diriger ici sa promenade; je ne l'offense jamais qu'il ne paye mes offenses pour nous réconcilier; il achète chèrement tous mes torts.

(Elle sort.)

POSTHUMUS.—Quand nous passerions à nous dire adieu

tout le temps qui nous reste encore à vivre, la douleur de nous séparer ne ferait qu'augmenter... Adieu.

IMOGÈNE.—Ah! demeure un moment. Quand tu monterais à cheval uniquement pour aller prendre l'air, cet adieu serait encore trop court.—Vois, mon ami, ce diamant était à ma mère; prends-le, mon bien-aimé, mais garde-le jusqu'à ce que tu épouses une autre femme quand Imogène sera morte.

POSTHUMUS.—Quoi! quoi! une autre femme? Dieux bienfaisants, accordez-moi seulement de posséder celle qui est à moi; que les liens de la mort me préviennent dans mes embrassements si j'en cherche une autre. (*Il met le diamant à son doigt.*) Reste, reste à cette place tant que le sentiment pourra t'y conserver. (*A Imogène.*) Et vous, la plus tendre, la plus belle, qui, à votre perte infinie, n'avez reçu que moi en échange de vous; je gagne encore sur vous quand il s'agit de ces bagatelles; pour l'amour de moi, portez ceci; c'est une chaîne; je veux la mettre moi-même à ce beau prisonnier d'amour.

(*Il lui attache un bracelet.*)

IMOGÈNE.—O dieux! quand nous reverrons-nous?
(*Entrent Cymbeline et les seigneurs de la cour.*)

POSTHUMUS.—Hélas! le roi!...

CYMBELINE.—Vil objet, va-t'en; disparais de ma vue. Si, après cet ordre encore, tu fatigues la cour de ton indigne présence, tu meurs. Fuis, ta vue empoisonne mon sang.

POSTHUMUS.—Que les dieux vous protégent et bénissent les hommes de bien que je laisse à votre cour; je m'en vais.

(*Il sort.*)

IMOGÈNE.—La mort n'a point d'angoisses plus douloureuses que celles-ci.

CYMBELINE.—Fille déloyale, toi qui devrais rajeunir ma vieillesse, tu accumules un siècle sur ma tête.

IMOGÈNE.—Seigneur, je vous en conjure, ne vous faites point de mal par ces emportements; car je suis insensible à votre courroux: un sentiment plus rare étouffe en moi toute peine, toute crainte.

CYMBELINE. — Au delà de toute grâce! de toute obéissance!

IMOGÈNE. — Au delà de l'espérance! au désespoir!... Dans ce sens, au delà de toute grâce!

CYMBELINE. — Tu pouvais épouser le fils unique de la reine.

IMOGÈNE. — Oh! bienheureuse de ne pas le pouvoir : j'ai choisi un aigle, et j'ai évité un faucon dégénéré.

CYMBELINE. — Tu as choisi un misérable; tu voulais asseoir l'ignominie sur mon trône.

IMOGÈNE. — Dites que j'en ai relevé l'éclat.

CYMBELINE. — O âme vile!

IMOGÈNE. — Seigneur, c'est votre faute si j'ai aimé Posthumus; vous l'avez élevé comme le compagnon de mes jeux : il n'est point de femme dont il ne soit digne; il m'achète plus que je ne vaux, presque de tout le prix que je lui coûte.

CYMBELINE. — Quoi! as-tu perdu la raison?

IMOGÈNE. — Peu s'en faut, seigneur : veuille le ciel me guérir! Oh! que je voudrais être fille d'un paysan, et que Posthumus fût le fils du berger voisin!

(La reine paraît.)

CYMBELINE. — Femme imprudente, je les ai trouvés encore ensemble; vous n'avez pas suivi mes ordres, retirez-vous avec elle, et l'enfermez.

LA REINE, *à Cymbeline*. — J'implore votre patience. (*A Imogène.*) Silence, ma chère fille, silence. — Bon souverain, laissez-nous seules, et cherchez dans votre raison quelque consolation pour vous-même.

CYMBELINE. — Qu'elle languisse en perdant chaque jour une goutte de sang, et que vieille avant le temps elle meure de sa folie!

(Il sort.)

LA REINE, *à Imogène*. — Allons, il faut que vous laissiez passer... (*Pisanio entre.*) Voici votre serviteur. Eh bien! Pisanio, quelles nouvelles?

PISANIO. — Le prince, votre fils, a tiré l'épée contre mon maître.

LA REINE. — Ah! j'espère qu'il n'y a pas de mal?

PISANIO.—Il aurait pu y en avoir; mais mon maître n'a fait que jouer plutôt que de combattre, et il n'était pas soutenu par la colère; des gentilshommes qui se sont trouvés là les ont séparés.

LA REINE.—J'en suis bien aise.

IMOGÈNE.—Votre fils est l'ami de mon père; il prend son parti! Tirer l'épée sur un proscrit! ô le brave prince! —Je voudrais les voir tous deux dans les déserts de l'Afrique, et moi près d'eux, avec une aiguille, pour en piquer le premier qui reculerait.—Pourquoi avez-vous quitté votre maître?

PISANIO.—Par son ordre. Il n'a pas voulu que je l'accompagne jusqu'au port; il m'a laissé une note des ordres que j'aurai à remplir quand il vous plaira d'accepter mon service.

LA REINE.—Cet homme, jusqu'ici, a été pour vous un serviteur fidèle. J'ose garantir, sur mon honneur, qu'il le sera toujours.

PISANIO.—Je remercie humblement Votre Majesté.

LA REINE, *à Imogène*.—Je vous prie, promenons-nous un moment ensemble.

(Elles sortent.)

## SCÈNE II

#### Une place publique.

#### *Entre* CLOTEN, DEUX SEIGNEURS.

IMOGÈNE, *à Pisanio*.—Avant une demi-heure, je vous prie, revenez me parler : du moins vous irez voir mon époux à bord. Pour le moment, laissez-moi.

(La reine et Imogène sortent ensemble, Pisanio sort par un autre côté.)

PREMIER SEIGNEUR. — Je vous conseille, seigneur, de changer de chemise. La chaleur de l'action vous a fait fumer comme la victime d'un sacrifice. Quand un air sort, un air entre; et il n'en est point au dehors qui soit aussi sain que celui qui sort de vous.

CLOTEN.—Si ma chemise était ensanglantée, alors j'en changerais... L'ai-je blessé?

SECOND SEIGNEUR, *à part.*—Non, d'honneur, pas même sa patience.

PREMIER SEIGNEUR.—Blessé? Ah! s'il ne l'est pas, il faut qu'il ait un corps perméable; c'est un grand chemin pour l'acier s'il n'est pas blessé.

SECOND SEIGNEUR, *à part.*—Son acier avait des dettes; il est sorti par les derrières de la ville.

CLOTEN.—Le lâche n'osait pas m'attendre.

SECOND SEIGNEUR, *à part.*—Non, il allait toujours; mais en avant, vers ta face.

PREMIER SEIGNEUR.—Vous attendre? vous avez assez de terres à vous; mais il a ajouté à vos domaines, il vous a cédé du terrain.

SECOND SEIGNEUR, *à part.*—Autant de pouces de terre que tu as d'océans! Les fats!

CLOTEN.—Que je voudrais qu'on ne se fût pas mis entre nous!

SECOND SEIGNEUR, *à part.*—Et moi aussi, jusqu'à ce que tu eusses pris par terre la mesure d'un imbécile.

CLOTEN.—Mais comment peut-elle aimer ce misérable, et me rebuter, moi?

SECOND SEIGNEUR, *à part.*—Oh! si c'est un péché de bien choisir, elle est damnée.

PREMIER SEIGNEUR.—Seigneur, comme je vous l'ai toujours dit, son esprit et sa beauté ne vont pas ensemble: c'est une belle enseigne; mais je n'ai vu en elle qu'un esprit peu lumineux.

SECOND SEIGNEUR, *à part.*—Elle ne luit pas pour les imbéciles de peur que la réflexion ne lui fasse tort.

CLOTEN.—Venez, je vais dans ma chambre: je voudrais bien qu'il y eût un peu de mal.

SECOND SEIGNEUR, *à part.*—Je ne fais pas le même vœu, à moins que ce n'eût été la chute d'un âne, ce qui ne serait pas un grand mal.

CLOTEN.—Voulez-vous nous suivre?

PREMIER SEIGNEUR.—J'accompagnerai Votre Altesse.

CLOTEN.—Oui, venez: allons ensemble.

SECOND SEIGNEUR.—Volontiers, prince.

(Ils sortent.)

## SCÈNE III

L'appartement d'Imogène.

### IMOGÈNE, PISANIO.

IMOGÈNE.—Je voudrais que tu te tinsses sur le port pour interroger toutes les voiles.—S'il m'écrivait, et que sa lettre ne me parvînt pas, ce serait une aussi grande perte que si c'était des lettres de grâce. Qu'est-ce qu'il t'a dit en dernier lieu?

PISANIO.—*Ma reine! ma reine!*

IMOGÈNE.—Et alors il agitait son mouchoir.

PISANIO.—Et il le baisait, madame.

IMOGÈNE.—Insensible tissu, tu étais plus heureux que moi!—Et ce fut tout?

PISANIO.—Non, madame; car aussi longtemps qu'il a pu se faire distinguer des autres, à mes yeux ou à mes oreilles, il est resté sur le pont, et me faisant des signes de son gant, de son chapeau, de son mouchoir, il exprimait de son mieux, par les transports et les mouvements de son cœur, combien son âme était lente et le vaisseau prompt à s'éloigner de vous.

IMOGÈNE.—Tu aurais dû le suivre de l'œil, et ne le quitter que lorsqu'il t'aurait paru petit comme une corneille, ou moins encore.

PISANIO.—C'est ce que j'ai fait, madame.

IMOGÈNE.—J'aurais brisé les fibres de mes yeux seulement pour le voir, jusqu'à ce qu'il fût devenu, par l'éloignement, mince comme mon aiguille. Oui, mes regards l'auraient suivi, jusqu'à ce que de la grosseur d'un moucheron, il se fût tout à fait évanoui dans l'air; et alors j'aurais détourné mes yeux et pleuré...—Mais bon Pisanio, quand recevrons-nous de ses nouvelles?

PISANIO.—Soyez-en sûre, madame, à la première occasion qu'il pourra trouver.

IMOGÈNE.—Je ne lui ai point fait mes adieux. J'avais tant de choses tendres à lui dire! Avant que j'aie pu lui dire comment je songerai à lui à certaines heures ; quelles seront mes pensées ; avant que j'aie pu lui faire jurer qu'aucune femme d'Italie ne lui ferait trahir mon amour et son honneur ; lui recommander de s'unir à moi en prières, à six heures du matin, à midi, à minuit (car alors je suis dans les cieux pour lui) ; avant que j'aie pu lui donner ce baiser d'adieu, que j'aurais placé entre deux mots charmants ; mon père arrive, et, semblable au souffle tyrannique du nord, il fait tomber tous nos boutons et les empêche de pousser.

(Une dame de la reine entre.)

LA DAME.—La reine, madame, désire que Votre Altesse se rende auprès d'elle.

IMOGÈNE, à *Pisanio*.—Allez exécuter les ordres dont je vous ai chargé, je vais rejoindre la reine.

PISANIO.—Je vous obéirai, madame.

(Ils sortent.)

## SCÈNE IV

Rome.—Appartement de la maison de Philario.

*Entrent* PHILARIO, IACHIMO, UN FRANÇAIS, UN HOLLANDAIS et UN ESPAGNOL.

IACHIMO.—Croyez-moi, seigneur ; je l'ai vu en Angleterre, sa réputation allait croissant, on s'attendait à lui voir prouver le mérite qu'on lui reconnaît aujourd'hui ; mais je pouvais alors le regarder encore sans admiration, quand le catalogue de ses qualités eût été inscrit à son côté et que j'eusse parcouru article par article.

PHILARIO.—Vous parlez d'un temps où il n'était pas encore, comme aujourd'hui, revêtu de tout ce qui en fait un homme accompli, au dedans et au dehors.

LE FRANÇAIS.—Je l'ai vû en France ; et nous avions là bien des gens qui pouvaient fixer le soleil d'un œil aussi ferme que lui.

IACHIMO.—Cette affaire, d'avoir épousé la fille de son roi, le fait valoir, je n'en doute point, fort au delà de son mérite; on l'apprécie d'après la valeur de son amante, bien plus que d'après la sienne.

LE FRANÇAIS.—Et puis son bannissement...

IACHIMO.—Oui, oui ; les suffrages de ceux qui, sous la bannière de la princesse, pleurent ce douloureux divorce; tout cela sert merveilleusement à exalter Posthumus. Ne fût-ce que pour prouver le bon jugement d'Imogène, qu'il serait autrement aisé de nier si elle avait pris pour époux un mendiant sans autres qualités. Mais comment arrive-t-il, Philario, qu'il vienne s'établir chez vous? Où votre liaison s'est-elle formée?

PHILARIO.—Son père et moi nous avons fait la guerre ensemble, et je ne dois pas moins que la vie à son père, qui me l'a sauvée plus d'une fois. Voici l'Anglais. (*Posthumus paraît.*) Qu'il soit traité parmi vous avec les égards que des gentilshommes comme vous doivent à un étranger de sa qualité. Je vous exhorte tous à lier une plus étroite connaissance avec ce cavalier, je vous le recommande comme mon digne ami. Je veux lui donner le temps de montrer son mérite, plutôt que de faire son éloge en sa présence.

LE FRANÇAIS, *à Posthumus.* — Seigneur, nous nous sommes connus à Orléans.

POSTHUMUS.—Et depuis lors je vous suis resté redevable d'une foule d'attentions dont je resterai toujours votre débiteur tout en m'acquittant sans cesse.

LE FRANÇAIS.—Seigneur, vous estimez trop haut un faible service. Je me félicitai de vous avoir réconcilié avec mon compatriote; c'eût été une pitié que de vous laisser rencontrer avec les intentions meurtrières que vous aviez alors tous deux pour une affaire aussi légère, une bagatelle.

POSTHUMUS. — Permettez, seigneur; j'étais alors un jeune voyageur : j'évitais de m'en rapporter à mes propres lumières, aimant mieux me laisser guider par l'expérience des autres; mais depuis que mon jugement s'est formé, si je puis dire, sans offenser personne, qu'il s'est formé, je ne trouve pas que la querelle fût si frivole.

LE FRANÇAIS.—D'honneur, elle l'était trop pour mériter d'être décidée par le fer, surtout entre deux hommes dont l'un aurait très-probablement immolé l'autre, ou qui seraient restés tous deux sur la place.

IACHIMO.—Pouvons-nous, sans indiscrétion, vous demander quel était le sujet de ce différend?

LE FRANÇAIS.—Sans difficulté, je le pense; la querelle fut publique, et dès lors on peut, sans blesser personne, en faire le récit. C'était à peu près la même thèse qui fut agitée entre nous l'autre soir, lorsque chacun de nous fit l'éloge des dames de son pays. Ce gentilhomme soutenait en ce temps-là, et offrait de le soutenir aux dépens de son sang, que la sienne était plus belle, plus vertueuse, plus spirituelle, plus chaste, plus constante et moins abordable qu'aucune des dames les plus accomplies de France.

IACHIMO.—Cette dame ne vit plus aujourd'hui, ou bien l'opinion qu'en avait ce gentilhomme doit être usée à présent.

POSTHUMUS.—Elle conserve toujours sa vertu, et moi mon opinion.

IACHIMO.—Il ne faut pas que vous lui donniez si fort la préférence sur nos dames d'Italie.

POSTHUMUS.—Quand je serais poussé au point où je le fus en France, je ne rabattrais rien de son prix, quoique je me déclare ici non son ami, mais son adorateur.

IACHIMO.—Aussi belle et aussi vertueuse puisque c'est une espèce de comparaison qui se tient par la main, c'est trop beau et trop bon pour quelque dame de Bretagne que ce soit. Si elle surpassait d'autres femmes que j'ai connues, comme le diamant que vous portez là dépasse en éclat beaucoup de diamants que j'ai vus, je croirais volontiers qu'elle surpasse beaucoup de femmes; mais je n'ai pas vu le plus beau diamant, ni vous la plus belle femme qui soit au monde.

POSTHUMUS.—Je l'ai louée d'après le cas que j'en fais, comme ce diamant.

IACHIMO.—Et combien estimez-vous cette pierre?

POSTHUMUS.—Plus que les trésors du monde entier.

IACHIMO.—Ou votre incomparable maîtresse est morte, ou la voilà au-dessous du prix d'une bagatelle.

POSTHUMUS.—Vous êtes dans l'erreur : l'une peut s'acheter ou se donner, s'il se trouve assez de richesses pour la payer, ou de mérite pour l'obtenir en don. L'autre n'est pas une chose qui se vende, et les dieux seuls peuvent en faire don.

IACHIMO.—Et ce don, les dieux vous l'ont fait?

POSTHUMUS.—Oui, et avec leur secours je le conserverai.

IACHIMO.—Vous pouvez le posséder en titre. Mais, vous le savez, des oiseaux étrangers viennent souvent s'abattre sur nos étangs voisins.... Votre bague aussi, on peut vous la voler : ainsi, de cette paire de trésors inappréciables que vous possédez, l'un est bien fragile, et l'autre est casuel. Un adroit filou et un cavalier accompli pourraient tenter de vous les enlever tous deux.

POSTHUMUS.—Votre Italie n'a point de cavalier assez accompli pour triompher de l'honneur de ma maîtresse, si c'est de la garde ou de la perte de l'honneur que vous prétendez parler, en disant qu'elle est fragile. Je ne doute pas que vous n'ayez des filous en abondance, et pourtant je ne crains rien pour mon anneau.

PHILARIO.—Restons-en là, messieurs.

POSTHUMUS.—Très-volontiers. Ce noble seigneur, et je l'en remercie, ne me traite point en étranger : nous voilà familiers dès l'abord.

IACHIMO.—En cinq entretiens, pas plus longs que le nôtre, je voudrais m'établir dans le cœur de votre belle maîtresse, et voir sa vertu fléchir et prête à céder, si j'avais seulement accès près d'elle et l'occasion de lui faire ma cour.

POSTHUMUS.—Non, non.

IACHIMO.—J'ose parier là-dessus la moitié de ma fortune contre votre diamant, qui, à mon avis, vaut quelque chose de moins. Mais je fais ma gageure plutôt contre votre confiance que contre sa réputation ; et de peur que vous vous en offensiez, j'ajoute que j'oserais le tenter avec quelque femme au monde que ce fût !

POSTHUMUS.—Vous êtes étrangement abusé par vos idées téméraires : et je ne doute pas qu'il ne nous arrivât ce que vous méritez dans votre tentative.

IACHIMO.—Et quoi?

POSTHUMUS.—D'être repoussé, quoique votre tentative, comme vous l'appelez, méritât quelque chose de plus, un châtiment peut-être.

PHILARIO.—Messieurs, en voilà assez là-dessus : cette vaine dispute s'est élevée trop tôt; qu'elle meure comme elle est née; je vous prie, faites plus ample connaissance.

IACHIMO.—Je voudrais avoir engagé ma fortune et celle de mon voisin au soutien de ce que j'ai avancé.

POSTHUMUS.—Quelle dame choisiriez-vous pour l'assaillir?

IACHIMO.—La vôtre, que vous croyez si bien affermie dans sa constance. Voulez-vous seulement me recommander à la cour où est votre dame? je gagerai dix mille ducats contre votre diamant, que, sans autres avantages que deux entretiens avec elle, je rapporterai de là cet honneur que vous croyez si bien défendu.

POSTHUMUS.—Je consens à parier de l'or, contre votre or. Pour mon anneau, il m'est aussi cher que mon doigt; il en fait partie.

IACHIMO.—Vous êtes amant, et de là vient votre prudence.—Quand vous auriez acheté le corps d'une femme un million la drachme, vous ne pourriez l'empêcher de se corrompre. Mais, je le vois, vous avez dans l'âme quelques scrupules puisque vous avez peur.

POSTHUMUS.—Tout ceci n'est qu'un jargon d'habitude; vous portez, j'espère, des sentiments plus réfléchis.

IACHIMO.—Je suis maître de mes paroles; et je jure que je veux tenter l'épreuve dont j'ai parlé.

POSTHUMUS.—Vous le voulez?—Je ne fais que prêter mon diamant jusqu'à votre retour.—Qu'on dresse entre nous des conventions. Ma maîtresse surpasse en vertu toute l'étendue de vos indignes pensées. Je vous défie dans cette gageure; voilà ma bague.

PHILARIO.—Je ne souffrirai point qu'elle serve de gage.

IACHIMO.—Par les dieux, c'en est un. Si je ne vous

rapporte pas des preuves suffisantes que j'ai joui des plus chers appas de votre maîtresse, mes dix mille ducats sont à vous, et votre diamant aussi ; si je la quitte en laissant sans atteinte cet honneur auquel vous vous fiez, elle qui est votre joyau, le joyau que voilà et mon or, tout est à vous ; mais il me faut votre recommandation, afin de me procurer un plus libre accès.

POSTHUMUS.—J'accepte ces conditions. Faisons des conventions entre nous. Voici seulement ce dont vous me répondrez. Si vous faites ce voyage pour la séduire, et que vous me démontriez clairement que vous avez triomphé, je ne suis plus votre ennemi, et elle ne mérite pas notre dispute. Mais si elle reste fidèle, et que vous ne puissiez me prouver le contraire, vous me répondrez l'épée à la main, et de votre mauvaise opinion, et de l'attaque que vous aurez livrée à sa pudeur.

IACHIMO.—Votre main ; l'accord est fait. Nous allons faire régler tout cela dans les formes, et je pars sur-le-champ pour la Grande-Bretagne, de peur que notre marché ne prît froid et ne se rompît. Je vais chercher mon or et faire inscrire le pari.

POSTHUMUS.—Convenu.

(Posthumus et Iachimo sortent.)

LE FRANÇAIS.—Le pari tiendra-t-il ? Croyez-vous ?

PHILARIO.—Le seigneur Iachimo ne reculera pas. Je vous prie, suivons-les.

(Ils sortent.)

## SCÈNE V

Grande-Bretagne.—Appartement dans le palais de Cymbeline.

LA REINE *paraît avec ses* DAMES ET CORNÉLIUS *tenant une fiole.*

LA REINE, *à ses femmes.*—Tandis que la rosée est encore sur la terre, allez cueillir ces fleurs ; hâtez-vous. Qui de vous en a la liste ?

UNE DES FEMMES.—Moi, madame.

LA REINE.—Allez. (*Les dames sortent.*) Maintenant, monsieur le docteur, avez-vous apporté ces drogues?

CORNÉLIUS. — Sous le bon plaisir de Votre Majesté, les voici. (*Il présente une petite boîte.*) Mais si Votre Majesté me le permet, et j'espère qu'elle ne s'en offensera pas, ma conscience me force à vous demander pour quel usage vous avez exigé de moi ces potions empoisonnées, qui amènent une mort languissante, et sont mortelles quoique lentes.

LA REINE.—Je m'étonne, docteur, que vous me fassiez une pareille question. N'ai-je pas été longtemps votre disciple? Ne m'avez-vous pas enseigné l'art de composer des parfums, de distiller, de conserver les fruits? Si bien que notre grand roi lui-même me fait souvent la cour pour mes confitures? En étant arrivée là, serez-vous étonné, à moins que vous ne me supposiez une âme infernale, que je cherche à perfectionner ma science par de nouvelles expériences? Je veux faire l'essai de ces compositions sur de vils animaux qui ne valent pas la peine d'être pendus; jamais sur aucune créature humaine, afin de connaître leur force, d'opposer des antidotes à leur activité, et par là d'apprendre leurs diverses vertus et leurs effets.

CORNÉLIUS. — Votre Majesté, par ces expériences, ne fera que s'endurcir le cœur; d'ailleurs on ne voit point ces résultats sans dégoût ni sans danger.

LA REINE.—Oh! soyez tranquille.—(*Entre Pisanio.*) (*A part.*) Voici un flatteur de valet; c'est sur lui que je ferai mon premier essai; il appartient à son maître, et est l'ennemi de mon fils.... Eh bien! Pisanio? (*A Cornélius.*) Docteur, votre office auprès de moi est fini pour le moment; allez votre chemin.

CORNÉLIUS, *s'éloignant et à part.*—Vous m'êtes suspecte, madame; mais vous ne ferez aucun mal.

LA REINE, *à Pisanio.*—Écoute, un mot.

CORNÉLIUS, *à part.*—Je n'aime point cette femme.... Elle croit tenir des poisons lents et étranges; je connais bien son âme, je ne confierai pas à une personne aussi perverse des ingrédients d'une nature aussi infernale;

ceux qu'elle possède assoupiront et alourdiront un moment les sens; peut-être ses essais commenceront-ils par des chiens et des chats, pour monter ensuite plus haut; mais il n'y a aucun danger dans la mort apparente qu'elle donnera; elle ne fera que suspendre pour un temps les esprits, qui renaîtront plus actifs. Elle est trompée par ces faux effets; et moi, en la trompant ainsi, je n'en suis que plus fidèle.

LA REINE.—Docteur, je n'ai plus besoin de votre présence jusqu'à ce que je vous fasse rappeler.

CORNÉLIUS.—Je prends humblement congé de vous.

(Il se retire.)

LA REINE.—Elle pleure donc toujours, dis-tu? Penses-tu qu'avec le temps ses larmes ne s'arrêteront pas, pour laisser entrer les conseils de la raison là où règne maintenant la folie? Travaille à cela : et quand tu viendras me dire qu'elle aime mon fils, je te dirai à l'instant même qu tu es aussi grand que ton maître; plus grand que lui; car sa fortune est gisante et sans voix, et sa renommée est à l'agonie : il ne peut revenir ici, ni demeurer où il est.... En changeant d'existence, il ne fera que changer de misère; et chaque jour en arrivant vient ruiner un jour de sa vie. Quel est ton espoir, en t'appuyant sur une colonne qui penche et qu'il sera impossible de relever?—sur un homme qui n'a pas même assez d'amis pour l'étayer? (*La reine laisse tomber une boîte : Pisanio la ramasse.*) Tu ne connais pas ce que tu tiens là; reçois-le de moi pour tes services, c'est un élixir de ma composition : il a déjà arraché cinq fois le roi à la mort : je ne connais pas de cordial plus efficace. Non, je te prie, prends-le, comme un gage des faveurs plus grandes que je te destine :—fais sentir à ta maîtresse quelle est sa position; fais-le comme de toi-même : songe quelle chance t'offre la fortune, songe seulement que tu conserves toujours ta maîtresse, et de plus tu gagnes mon fils, qui se souviendra de toi.... J'intéresserai le roi à ton avancement, quoi que tu puisses désirer; et moi-même alors, moi surtout qui t'aurai mis sur la voie de mériter les grâces, je m'engage à récompenser richement ton mérite. Appelle mes femmes : songe à mes paroles. (*Pisanio sort.*) Un valet fin et fidèle qu'on ne peut ébranler : l'agent de son maître auprès d'elle, et qui lui rappelle sans cesse de conserver sa main et sa foi à son seigneur. Je lui ai fait là un don qui, s'il en fait usage, enlèvera à la belle son émissaire auprès de son doux ami; et elle-même, dans la suite, si elle ne plie pas son humeur, peut être sûre d'en goûter aussi. (*Pisanio reparaît avec les dames, qui rapportent des paniers de fleurs.*) Fort bien, fort bien : portez dans mon cabinet ces violettes, ces primevères, ces pervenches : adieu, Pisanio; songe à ce que je t'ai dit.

(La reine sort suivie de ses femmes.)

PISANIO *seul.*—J'y songerai; mais quand je deviendrai infidèle à mon bon maître, je m'étoufferai de mes propres mains : c'est là tout ce que je ferai pour toi.

(Il sort.)

## SCÈNE VI

Un autre appartement du palais.

### IMOGÈNE *seule.*

IMOGÈNE. — Un père cruel, une belle-mère perfide, un stupide soupirant près d'une femme mariée, dont l'époux est banni : oh! mon époux! le comble et la couronne de tous mes chagrins! et des vexations qui se renouvellent à chaque instant!—Si j'avais été dérobée par des voleurs, comme mes deux frères, je serais heureuse : mais malheureux ceux que leurs désirs élèvent trop haut! Heureux, quelque humble que soit leur état, ceux qui voient accomplir leurs modestes vœux que chaque saison satisfait.... Quel peut être cet homme? Fi donc!

(Iachimo entre précédé par Pisanio.)

PISANIO.—Madame, un noble gentilhomme de Rome vous apporte des lettres de mon maître.

IACHIMO. — Vous changez de couleur, madame? Le

noble Léonatus est en sûreté : il salue tendrement Votre Altesse.

(Il lui présente une lettre.)

IMOGÈNE.—Je vous remercie, bon seigneur : vous êtes le très-bienvenu.

IACHIMO, *à part.*—Tout ce qu'elle laisse voir est parfait : si elle est munie d'une âme aussi rare, c'est ici le phénix de l'Arabie, et j'ai perdu la gageure. Hardiesse, sois mon amie ; audace, arme-moi de pied en cap, ou bien, comme le Parthe, je ne combattrai qu'en fuyant, ou plutôt je fuirai sans avoir combattu.

IMOGÈNE, *lisant tout haut la lettre.*—*C'est un cavalier de la plus haute distinction, et auquel de bons offices m'ont infiniment attaché. Traitez-le en conséquence comme vous estimez votre fidèle* LÉONATUS.

Je ne lis que cela tout haut ; mais mon cœur est réchauffé jusqu'au fond par le reste de la lettre : il est tout ému de reconnaissance.—Vous êtes le bienvenu, digne seigneur, autant que peuvent l'exprimer mes paroles ; et vous l'éprouverez dans tout ce que je pourrai faire pour vous.

IACHIMO.—Je vous rends grâces, belle dame.—Eh quoi ! les hommes sont-ils insensés ? La nature leur aura donné des yeux pour voir l'arche voûtée des cieux et les richesses de la terre et des mers, pour distinguer les globes enflammés sur nos têtes, et les pierres semées sur les rivages ; et avec des organes si précieux, nous ne pourrons pas faire la différence de la laideur et de la beauté !

IMOGÈNE.—D'où vient votre étonnement ?

IACHIMO.—Cela ne peut être la faute des yeux : des singes et des guenons placés entre deux créatures semblables bavarderaient de ce côté, et repousseraient l'autre par des grimaces. Ce n'est pas la faute du jugement : l'idiot devant cette beauté saurait faire son choix. Ce n'est pas la passion ; car la laideur, mise à côté de cette beauté parfaite, exciterait le désir à vomir à vide au lieu de le pousser à se satisfaire.

IMOGÈNE.—Quelle est donc la cause....?

IACHIMO.—Le vice blasé, ce désir rassasié mais non satisfait (comme un vase plein et qui fuit), dévore d'abord l'agneau, et puis est avide de charogne.

IMOGÈNE.—Quelle est donc, digne seigneur, la cause de votre agitation? Êtes-vous bien?

IACHIMO.—Bien, merci, madame. (*A Pisanio.*) Ami, je vous prie, ordonnez à mon serviteur de m'attendre là où je l'ai laissé : il est étranger et susceptible.

PISANIO.—J'allais sortir, seigneur, pour lui faire accueil.

(Il sort.)

IMOGÈNE.—La santé de mon seigneur continue-t-elle à être bonne? De grâce, dites-le-moi.

IACHIMO.—Bonne, madame.

IMOGÈNE.—Est-il disposé à la gaieté? J'espère qu'il l'est.

IACHIMO.—Excessivement gai : Rome n'a point d'étranger aussi jovial, aussi folâtre : on l'appelle le *joyeux Anglais*.

IMOGÈNE.—Lorsqu'il était ici, il était enclin à la mélancolie, et souvent sans savoir pourquoi.

IACHIMO.—Jamais je ne l'ai vu triste. Il y a un Français, son compagnon, un *monsieur* d'un rang éminent, qui aime fort à ce qu'il paraît une jeune Française restée dans son pays; il pousse de profonds soupirs, comme la flamme d'une fournaise ; pendant que le joyeux Anglais (votre époux, veux-je dire) rit aux éclats et s'écrie : « Comment mes côtes y résisteront-elles, lorsqu'on songe que l'homme, qui sait par l'histoire, par tous les récits, par sa propre expérience, ce qu'est la femme et ce qu'il lui est impossible de ne pas être, va languir en livrant ses heures de liberté à un esclavage volontaire ! »

IMOGÈNE.—Est-ce que mon époux dit cela?

IACHIMO.—Oui, madame, en riant jusqu'aux larmes. C'est un amusement que de se trouver là, et de le voir se moquer du Français. Mais le ciel sait qu'il est des hommes qui sont bien blâmables.

IMOGÈNE.—Ce n'est pas lui, j'espère?

IACHIMO.—Lui? Non. Cependant il devrait recevoir

avec plus de reconnaissance les bontés du ciel envers lui : il y a en lui et en vous,—que je regarde comme son bien au-dessus de toutes les richesses ;—oui, il y a pour moi des motifs d'admirer et en même temps de plaindre.

IMOGÈNE.—Et qui plaignez-vous, seigneur?

IACHIMO.—Deux créatures du fond du cœur.

IMOGÈNE.—Suis-je une des deux, seigneur? Vous me regardez; quel ravage discernez-vous en moi qui mérite votre pitié?

IACHIMO.—C'est lamentable! Quoi? Fuir le soleil radieux et se plaire dans un cachot auprès d'une chandelle!

IMOGÈNE.—Je vous prie, seigneur, énoncez plus clairement vos réponses à mes questions? Pourquoi me plaignez-vous?

IACHIMO.—Parce que d'autres, j'allais le dire, jouissent de votre...; mais c'est l'office des dieux d'en tirer vengeance, et ce n'est pas le mien de parler.

IMOGÈNE. —Vous paraissez savoir quelque chose qui me concerne ou qui m'intéresse. Je vous prie, parlez : puisque soupçonner que les choses vont mal fait souvent plus souffrir que la certitude qu'il en est ainsi; les faits certains sont au-dessus des remèdes, ou bien connus à temps on peut y appliquer le remède. Ah! découvrez-moi ce secret qui vous pousse à parler et que vous retenez.

IACHIMO.—Si j'avais cette joue pour y reposer mes lèvres ; cette main dont le toucher, le seul toucher devrait forcer un homme au serment de fidélité; si je possédais cet objet qui captive les regards errants de mes yeux et les tient attachés sur lui seul; irais-je souiller ma bouche, comme un réprouvé, sur des lèvres aussi publiques que les degrés qui conduisent au Capitole; presserais-je de mes mains des mains flétries par le travail, et plus encore par des parjures journaliers; si j'allais fixer mes regards sur des yeux, sur des yeux abjects et ternes comme la lueur opaque de ces flambeaux que nourrit un suif fétide, ne serait-il pas bien juste que tous les fléaux de l'enfer punissent une fois une telle trahison?

IMOGÈNE.—Mon seigneur, je le crains, a oublié la Bretagne.

IACHIMO.—Et lui-même. Ce n'est pas mon penchant qui me porte à vous éclairer, à révéler la bassesse de son changement, ce sont vos grâces qui, du fond de ma conscience muette, attirent malgré moi sur mes lèvres cet aveu.

IMOGÈNE.—Je ne veux pas en entendre davantage.

IACHIMO.—O chère âme, votre sort touche mon cœur d'une pitié qui me fait mal. Une princesse aussi belle et née dans la puissance, qui doublerait la grandeur du plus grand roi, être ainsi associée avec de viles créatures louées avec l'argent même que fournissent vos coffres; avec d'infâmes aventurières, qui, pour de l'or, jouent avec tous les maux dont la corruption souille la nature; pestes contagieuses, qui pourraient empoisonner le poison; vengez-vous, ou celle qui vous porta n'était pas reine, et vous dégénérez de votre illustre origine.

IMOGÈNE.—Me venger! et comment me venger? Si ce récit est vrai, car je porte un cœur qui doit craindre de se laisser trop vite abuser par mes deux oreilles; si ce récit est vrai, comment pourrais-je me venger?

IACHIMO.—Quoi! vous ferait-il vivre comme une vestale de Diane entre des draps glacés, tandis qu'il se livre à de capricieuses prostituées, au mépris de votre personne, aux dépens de votre bourse? Vengez-vous. Je me consacre à votre bon plaisir. Amant plus noble que ce déserteur de votre lit, je resterai fidèle à votre tendresse, toujours discret et toujours constant.

IMOGÈNE.—Holà! Pisanio!

IACHIMO.—Souffrez que je jure sur vos lèvres mon dévouement.

IMOGÈNE.—Va-t'en!—J'en veux à mes oreilles de t'avoir écouté si longtemps. Si tu avais de l'honneur, tu m'aurais fait ce récit par vertu, et non pour la fin que tu te proposes, aussi basse qu'étrange! Tu outrages un gentilhomme qui est aussi loin de ta calomnie que tu l'es de l'honneur, et tu tentes de séduire ici une femme qui te méprise comme le démon. Holà! Pisanio!.... Le roi mon père sera instruit de ton audace; s'il trouve bon qu'un étranger téméraire marchande à sa cour comme dans une mauvaise maison de Rome, et nous dévoile ses brutales pensées, il a une cour dont il ne se soucie guère, et une fille qu'il estime bien peu. Holà! Pisanio!

IACHIMO.—O heureux Léonatus! je puis bien le dire, la confiance que ta dame a en toi mérite bien la tienne, et ta parfaite vertu mérite bien aussi sa tranquille confiance! Vivez longtemps heureuse, vous la dame du plus digne chevalier dont jamais se soit vanté un pays; vous, sa maîtresse digne seulement du plus noble cœur. Accordez-moi mon pardon; je n'ai parlé ainsi que pour éprouver si votre fidélité était bien enracinée; je vais rendre votre époux ce qu'il est déjà, l'homme le plus aimable et le plus fidèle; il possède la charmante sorcellerie de charmer toutes les sociétés; la moitié du cœur de tous les hommes est à lui.

IMOGÈNE.—Vous réparez vos fautes.

IACHIMO.—Il est assis au milieu des hommes comme un dieu descendu du ciel, il est paré d'une sorte d'honneur qui surpasse sa beauté mortelle; ne soyez pas offensée, auguste princesse, si j'ai osé éprouver quel accueil vous feriez à un faux rapport. Il n'a servi qu'à confirmer honorablement votre bon jugement dans le choix que vous avez fait d'un époux si rare, que vous saviez ne pouvoir faillir. C'est l'amitié que j'ai pour lui qui m'a porté à vous éprouver; mais les dieux vous ont formée différente de toutes les autres femmes, exempte de faiblesse; je vous prie, pardonnez-moi.

IMOGÈNE.—Tout est réparé, seigneur. Disposez de mon pouvoir dans cette cour.

IACHIMO.—Recevez mes humbles actions de grâces.— J'avais presque oublié de faire à Votre Altesse une petite prière, et qui pourtant est importante, car elle intéresse votre époux; plusieurs amis et moi avons part aussi à cette affaire.

IMOGÈNE.—Je vous prie, de quoi s'agit-il?

IACHIMO.—Une douzaine de nos Romains et votre époux

(la meilleure plume de notre aile), nous avons tous contribué pour une somme destinée à acheter un présent pour l'empereur ; agent des autres, j'en ai fait l'emplette en France. C'est de la vaisselle d'un rare dessin, et des bijoux d'une forme exquise et riche ; leur valeur est considérable ; étranger comme je suis, je serais désireux de les voir en lieu sûr ; vous plairait-il de les prendre sous votre protection ?

IMOGÈNE.—Volontiers, et j'engage mon honneur à leur sûreté, puisque mon seigneur y est intéressé ; je veux les garder dans ma chambre à coucher.

IACHIMO.—Ils sont renfermés dans un coffre escorté par mes gens. Je prendrai la liberté de vous les envoyer, seulement pour cette nuit. Demain je dois me rembarquer.

IMOGÈNE.—Oh ! non, non.

IACHIMO.—Il le faut, daignez me le permettre, ou je manquerais à ma parole en différant mon retour. J'ai traversé les mers en venant de France, pour tenir ma promesse de voir Votre Altesse.

IMOGÈNE.—Je vous remercie de votre peine ; mais vous ne partirez pas dès demain ?

IACHIMO.—Oh ! il le faut, madame. Ainsi, si vous voulez saluer votre époux dans une lettre, je vous supplie, écrivez-la ce soir ; j'ai déjà passé le terme marqué pour mon séjour, et le temps presse pour offrir notre présent.

IMOGÈNE.—J'écrirai ; envoyez-moi votre coffre, il sera gardé avec soin et fidèlement rendu. Vous êtes le bienvenu.

FIN DU PREMIER ACTE.

# ACTE DEUXIÈME

## SCÈNE I

*Une cour devant le palais de Cymbeline.*

*Entre* CLOTEN *avec* DEUX SEIGNEURS.

CLOTEN.—Jamais homme a-t-il autant joué de malheur ? Je frise le but[1], et puis je me vois rouler au loin ! J'avais sur le coup cent livres de pari, et il faudra encore qu'un impertinent faquin vienne m'entreprendre pour avoir juré, comme si je lui empruntais mes serments ; et que je ne fusse pas le maître de les prodiguer à mon gré !

PREMIER SEIGNEUR.—Qu'a-t-il gagné à cela ? Vous lui avez cassé la tête avec votre boule.

SECOND SEIGNEUR, *à part*.—S'il n'eût pas eu plus de cervelle que celui qui lui a cassé la tête, il ne lui en serait pas resté.

CLOTEN.—Lorsqu'un gentilhomme est en humeur de jurer, il n'appartient pas à aucun des spectateurs de venir interrompre[2] ses jurements, je crois ?

SECOND SEIGNEUR.—Non, seigneur, (*à part*) ni de leur couper les oreilles[3].

CLOTEN.—Ce chien de bâtard !—Moi ! lui donner satisfaction ? Que n'est-il quelqu'un de mon rang !

SECOND SEIGNEUR, *à part*.—Il serait au rang des fous[4] !

[1] *I kissed the jack*, cochonnet, but.

[2] *To curtail his oath*, mot à mot, couper la queue à ses jurements, les mutiler.

[3] L'autre répond : Ni de leur couper les oreilles, *nor crop the ears of them.*

[4] Jeu de mots sur *rank*, rang et rance ; le second seigneur répond : Sentir le fou.

CLOTEN.—Rien au monde ne m'impatiente autant. Peste soit de la grandeur! je voudrais n'être pas noble comme je suis. On n'ose pas se battre avec moi, à cause de la reine ma mère : le dernier petit bourgeois s'en donne son soûl de se battre, et moi, il faut que j'aille et vienne comme un coq dont on ne peut trouver le pair.

SECOND SEIGNEUR, *à part.*— Vous êtes à la fois un coq et un chapon, et vous chantez, coq, avec votre crête.

CLOTEN.—Vous dites?

PREMIER SEIGNEUR.—Qu'il n'est pas convenable que Votre Altesse se mesure avec le premier venu qu'il lui aura plu d'insulter.

CLOTEN.—Non : je sais cela, mais il est convenable que j'offense mes inférieurs.

SECOND SEIGNEUR.—Oui, cela ne convient qu'à Votre Altesse.

CLOTEN.—C'est ce que je dis.

PREMIER SEIGNEUR. — Avez-vous entendu parler d'un étranger qui est arrivé ce soir à la cour?

CLOTEN.—Un étranger! et je n'en sais rien!

SECOND SEIGNEUR, *à part.*—Ah! tu es toi-même un étrange sot[1], et tu n'en sais rien non plus.

PREMIER SEIGNEUR.—Oui, il y a un Italien d'arrivé; on le croit un des amis de Léonatus.

CLOTEN.—De Léonatus, ce coquin de banni! Son ami en est un autre, quel qu'il soit.—Qui vous a appris l'arrivée de cet étranger?

PREMIER SEIGNEUR.—Un des pages de Votre Altesse.

CLOTEN.—Me convient-il d'aller le regarder? Le puis-je sans déroger?

SECOND SEIGNEUR.—Vous ne pouvez déroger, seigneur.

CLOTEN.—Cela ne m'est pas aisé, je crois.

SECOND SEIGNEUR, *à part.*—Vous êtes un imbécile avoué : et tout ce qui vient de vous étant d'un imbécile, ne vous fait pas déroger.

CLOTEN.—Venez, je veux voir cet Italien : ce que j'ai

---

[1] Jeu de mots sur *strange*, étrange et étranger.

perdu aujourd'hui aux boules, je le regagnerai le soir avec lui. Venez, allons.

second seigneur.—Je suis Votre Altesse. (*Cloten sort avec le premier seigneur.*)—Comment une diablesse aussi rusée a-t-elle pu mettre au monde cet âne? Une femme qui renverse tout avec sa tête; et voilà son fils à qui on ne ferait pas comprendre qu'en ôtant deux de vingt, il reste dix-huit.—Hélas! pauvre princesse, divine Imogène! que ne souffres-tu pas, entre un père que gouverne ta marâtre, une mère qui trame à tout moment des complots, et un amant plus odieux pour toi que l'horrible exil de ton cher époux;—plus odieux que cet horrible divorce qu'il désire!—Que le ciel soutienne les remparts de ta chère vertu; qu'il affermisse le temple de ta belle âme, afin que tu puisses un jour résister et posséder et ton époux banni et ce vaste royaume!

(Il sort.)

## SCÈNE II

*Une chambre à coucher, et dans un coin un coffre.*

IMOGÈNE, *lisant dans son lit, une dame lui tient compagnie.*

imogène.—Qui est là? Est-ce vous, Hélène?
hélène.—Que désirez-vous, madame?
imogène.—Quelle heure est-il?
hélène.—Près de minuit, madame.
imogène.—Alors j'ai lu trois heures; mes yeux sont fatigués.—Pliez le feuillet où j'en suis restée, et allez vous mettre au lit. N'emportez point le flambeau, laissez-le brûler : et si vous pouvez vous réveiller à quatre heures, appelez, je vous prie.—Le sommeil me gagne complétement. (*Hélène sort.*) Dieux, je me mets sous votre garde : protégez-moi, je vous en supplie, contre les fées et les esprits malfaisants de la nuit.

(Imogène s'endort.)

iachimo, *sortant du coffre.*—Les grillons chantent : les sens de l'homme, épuisés par le travail, se réparent dans le repos. Ainsi jadis notre Tarquin foulait doucement les joncs[1] avant d'éveiller la chasteté qu'il viola. Cythérée, comme tu es belle dans ton lit! pur lis! plus blanc que les draps! oh! si je pouvais te toucher, te donner un baiser, un seul baiser! Rubis incomparable de ses lèvres, que vous le rendez précieux! C'est son haleine qui embaume ainsi l'appartement : la flamme du flambeau s'incline vers elle, et voudrait pénétrer sous ses paupières pour y voir les lumières qu'elles cachent maintenant sous leur rideau : globes d'un blanc mêlé d'azur, de l'azur même des cieux.—Mais mon projet est d'observer la chambre ; je vais tout écrire. — Ici des tableaux.—Là une fenêtre.—Tels sont les ornements de son lit.—Les tapisseries, les personnages sont ainsi, et ainsi est le contenu du livre.—Mais quelques signes naturels observés sur son corps seraient un témoignage plus important que la description de dix mille meubles, et ils enrichiraient mon inventaire. O sommeil, image de la mort, appesantis-toi sur elle, et rends-la insensible comme un monument placé dans une chapelle. (*Prenant le bracelet d'Imogène.*) Viens à moi, viens : tu es aussi aisé à défaire que le nœud gordien était serré.—Il est à moi, et ce bracelet sera un témoin extérieur aussi fort que la conscience à l'intérieur pour désespérer son époux.— Son sein gauche porte un signe à cinq rayons comme les gouttes de pourpre qui brillent dans le calice d'une primevère[1]. Voilà une preuve plus forte que toutes celles que peuvent donner les lois. Ces signes cachés le forceront de croire que j'ai crocheté la serrure et ravi le trésor de son honneur. Que me faut-il de plus?—Qu'ai-je besoin d'écrire ce qui est écrit, imprimé dans ma mémoire? (*Prenant le livre.*)—Elle a lu bien tard l'histoire de Térée ; la feuille est pliée à l'endroit où Philomèle se rendit.— J'en ai assez : rentrons dans ce coffre et refermons-en le

---

[1] On étendait des joncs sur le parquet des appartements, comme nous y mettons aujourd'hui des tapis.

[2] Shakspeare avait observé la nature, mais il ne la peint pas ici exactement : ces gouttes de la primevère sont jaunes et non pourpres.

ressort.—Vite, hâtez-vous, dragons de la nuit : que l'aurore vienne ouvrir l'œil du corbeau.—Je vis dans la crainte ; l'enfer est ici pour moi, quoiqu'un ange céleste y repose. (*L'horloge sonne.*) Une, deux, trois : il est temps, il est temps.

(Il rentre dans le coffre ; la scène se ferme.)

## SCÈNE III

Une antichambre dans l'appartement d'Imogène.

*Entre* CLOTEN ET *les* DEUX SEIGNEURS.

PREMIER SEIGNEUR.—Votre Altesse est l'homme le plus patient dans la perte, le joueur le plus froid qui ait jamais retourné un as.

CLOTEN.—Il n'y a pas d'homme que la perte ne rende froid.

PREMIER SEIGNEUR.—Mais tout le monde ne montre pas une patience aussi noble que Votre Altesse : vous êtes très-ardent, très-emporté lorsque vous gagnez.

CLOTEN.—Le gain donne du courage à tout le monde. Ah ! si je pouvais gagner cette entêtée d'Imogène, je serais assez riche. Le matin approche, n'est-ce pas ?

PREMIER SEIGNEUR.—Il est jour, seigneur.

CLOTEN.—Je voudrais bien voir arriver ces musiciens. On me conseille de lui donner de la musique le matin ; on m'a dit que cela pénétrerait. (*Les musiciens entrent.*) Venez, accordez vos instruments ; si vous pouvez la pénétrer avec ce jeu de vos doigts, tant mieux ; nous essayerons aussi notre langue ; si rien ne réussit, qu'elle reste ce qu'elle est ; mais jamais je ne la céderai.—Imaginez d'abord quelque chose de piquant et d'exquis, exécutez ensuite un air d'une merveilleuse douceur, accompagné d'admirables et éloquentes paroles ; et puis laissons-la à ses réflexions.

(Les musiciens chantent et s'accompagnent.)

AIR.

Écoute, écoute, l'alouette chante à la porte des cieux.
 Et Phébus va se lever
Pour abreuver ses coursiers à cette source qui repose
       [dans le calice des fleurs;
 Les marguerites clignotantes
 Commencent à entr'ouvrir leurs yeux d'or.
 Éveille-toi, ma douce maîtresse,
 Avec toutes ces choses jolies;
 Lève-toi, lève-toi.

CLOTEN, *aux musiciens.*—En voilà assez. Laissez-nous.— Si ceci pénètre, je ferai grand cas de votre musique, sinon alors c'est un vice de son oreille que ni les crins de cheval[1], ni les boyaux de chat, ni la voix de l'eunuque ne pourront jamais corriger.

(Les musiciens sortent.)
(La reine et Cymbeline paraissent.)

SECOND SEIGNEUR.—Voici le roi.

CLOTEN.—Je suis bien aise d'être resté debout si tard; cela fait que je suis levé de grand matin. En bon père, il ne peut qu'approuver l'hommage que je viens de rendre.—Salut à Votre Majesté et à ma noble mère.

CYMBELINE.—Vous assiégez donc la porte de cette fille sévère? Ne paraîtra-t-elle point?

CLOTEN.—J'ai attaqué son cœur par la musique; mais elle ne daigne pas y faire attention.

CYMBELINE.—L'exil de son amant est trop récent; elle ne l'a pas encore oublié; mais le temps effacera les traces de son souvenir, et alors elle est à vous.

LA REINE.—Vous devez bien des remerciements au roi: il ne laisse échapper aucune occasion de vous faire valoir auprès de sa fille. Sachez vous-même mettre de la suite dans vos démarches auprès d'elle: apprenez à saisir l'occasion favorable; que ses refus augmentent vos empressements; que les devoirs que vous lui rendez paraissent une inspiration naturelle; obéissez-lui en toutes

---

[1] *Horse hair and cat's guts*, pour dire les crins de l'archet et les cordes des instruments.

choses excepté lorsqu'elle vous ordonne de vous éloigner d'elle : sur ce seul article soyez insensible.

CLOTEN.—Insensible ? Pas du tout.

(Un messager entre.)

LE MESSAGER.—Avec votre bon plaisir, seigneur, des ambassadeurs sont arrivés de Rome ; l'un d'eux est Caïus-Lucius.

CYMBELINE.—C'est un digne Romain, quoiqu'il vienne cette fois dans des intentions hostiles, mais ce n'est pas sa faute. Je veux le recevoir avec les marques de distinction que je dois à celui qui l'envoie, et, quant à lui, nous devons nous souvenir de ses bontés passées envers nous. Mon fils, lorsque vous aurez dit bonjour à votre princesse, venez nous rejoindre ; nous aurons besoin de vous employer auprès de ce Romain.—Venez, madame.

(Cymbeline sort avec la reine, les seigneurs et le messager.)

CLOTEN.—Si elle est levée, je veux lui parler, si elle ne l'est pas, qu'elle dorme et rêve à son aise. (*Il frappe.*) Holà ! peut-on...? Je sais qu'elle est entourée de ses femmes.—Mais, si je leur dorais la main. C'est l'or qui achète l'entrée des portes. Oh ! oui ; fort souvent il corrompt jusqu'aux gardes de Diane, et leur fait livrer leurs biches dans les mains du braconnier ; c'est l'or qui fait périr l'honnête homme et sauve le fripon ; quelquefois aussi il fait pendre le fripon et l'honnête homme : que ne peut-il pas faire ou défaire ? Je veux me faire un avocat d'une des femmes d'Imogène ; car je n'entends pas encore moi-même l'affaire.—Avec votre permission.

(Il frappe encore.)

UNE SUIVANTE.—Qui est là ?—Qui frappe ?

CLOTEN.—Un gentilhomme,

LA SUIVANTE.—N'est-ce que cela ?

CLOTEN.—Et le fils d'une noble dame.

LA SUIVANTE, *ouvrant la porte.*—Bien des gens, dont les tailleurs coûtent aussi cher que le vôtre, ne pourraient pas se vanter de la même chose.—Que désire Votre Altesse ?

CLOTEN.—La personne de votre maîtresse ;—est-elle prête ?

LA SUIVANTE.—Oui, à garder sa chambre.

CLOTEN.—Cette bourse est à vous : vendez-moi une bonne réputation,

LA SUIVANTE.—Comment, ma bonne réputation ? ou s'agit-il de dire ce que je croirai être du bien de vous ?—La princesse.....

(Entre Imogène.,

CLOTEN.—Bonjour, la plus belle des sœurs, laissez-moi prendre votre douce main.

IMOGÈNE.—Bonjour, seigneur, vous prenez beaucoup trop de peine pour ne recueillir que des refus ; les remerciements que vous aurez de moi, c'est de m'entendre dire que je suis très-avare de remerciements et que je n'en ai pas de reste pour vous.

CLOTEN.—Cependant je vous aime, je vous le jure.

IMOGÈNE.—Si vous me le disiez sans me le jurer, cela aurait fait le même effet sur moi ; mais si vous vous obstinez à jurer toujours, votre récompense sera toujours de voir que je n'y fais pas la moindre attention.

CLOTEN.—Ce n'est pas là une réponse.

IMOGÈNE.—Je ne vous parlerais pas, si je ne craignais que mon silence ne vous autorisât à dire que je cède. Laissez-moi en paix, je vous prie.—A ne vous rien cacher, je répondrai sans plus de courtoisie à toutes vos plus tendres prévenances. Un homme de votre pénétration devrait apprendre la discrétion quand on la lui enseigne.

CLOTEN.—Quoi ! vous laisser dans votre folie ? ce serait un péché ; je n'en ferai rien.

IMOGÈNE.—Les sots ne sont pas des fous.

CLOTEN.—Me traitez-vous de sot, moi ?

IMOGÈNE.—Comme je suis folle, je le fais. Mais soyez patient et je ne serai plus folle ; alors nous serons guéris tous les deux.—Je suis fâchée, seigneur, que vous me forciez d'oublier les manières d'une femme bien élevée, en vous prodiguant tant de paroles. Une fois pour toutes, apprenez donc de moi, qui connais bien mon cœur, que je vous déclare, au nom de la vérité, que je ne me soucie pas de vous, et suis si près de manquer de charité que je vous hais (ce dont je m'accuse) ; j'aurais mieux aimé que vous l'eussiez senti que de me le faire dire.

CLOTEN.—Vous manquez à l'obéissance que vous devez à votre père ; car l'engagement dont vous prétendez être liée avec ce misérable élevé par charité, nourri de plats froids et des restes de la cour, n'est pas un engagement ; non, ce n'en est pas un. Il peut être permis aux gens de basse extraction (et en est-il de plus basse que la sienne?) d'enchaîner leurs âmes dans les nœuds qu'ils ont tissus eux-mêmes ; il n'y a pour toute conséquence que des marmots et la misère. Mais vous êtes privée de cette liberté par l'importance de la couronne, et vous n'avez pas le droit d'en souiller le précieux éclat avec un vil esclave digne de porter la livrée et les vieux habits d'un maître ;—avec un valet, et moins encore.

IMOGÈNE.—Profane ! fusses-tu le fils de Jupiter, si tu n'étais que ce que tu es d'ailleurs, tu serais trop vil pour être le valet de Posthumus ; tu serais assez honoré, et l'envie te trouverait trop heureux, si, pour récompenser tes vertus, on te nommait le valet du bourreau dans son royaume ; tu serais haï pour être si bien traité.

CLOTEN.—Que la peste l'étouffe [1] !

IMOGÈNE.—Il ne peut jamais éprouver de malheur plus affreux que celui d'être seulement nommé par toi.—Le plus grossier vêtement qui ait seulement couvert son corps est plus précieux pour moi que tous les cheveux de ta tête, fussent-ils changés en autant d'hommes te ressemblant.—(*Appelant.*) Pisanio !

CLOTEN.—Son vêtement ! Eh bien ! que le diable !...

(Pisanio paraît.)

IMOGÈNE.—Pisanio, allez promptement trouver ma suivante Dorothée.

CLOTEN.—Son vêtement !

IMOGÈNE.—Je suis obsédée par un insensé ; sa présence m'effraye et m'irrite encore plus.—Allez, je vous prie, et ordonnez à ma suivante de chercher un bracelet qui, par malheur, a glissé de mon bras. Il vient de votre maître ;

---

[1] *The south-fogrot him!*

et que je sois maudite si je voudrais le perdre pour toutes les richesses d'aucun roi de l'Europe. Je crois l'avoir vu ce matin ; je suis certaine qu'il était à mon bras la nuit dernière : je l'ai baisé. J'espère qu'il n'est pas allé conter à mon seigneur que je donne des baisers à un autre objet que lui.

PISANIO.—Il ne peut pas être perdu.

IMOGÈNE.—Je l'espère ; allez, et cherchez-le.

CLOTEN.—Vous m'avez outragé…—Le plus grossier vêtement !

IMOGÈNE.—Oui, je l'ai dit, seigneur ; si vous voulez m'en faire un crime, appelez des témoins.

CLOTEN.—J'en informerai votre père.

IMOGÈNE.—Votre mère aussi, elle est pleine de bonté pour moi, et j'espère qu'elle l'interprétera au pire. Je vous laisse, seigneur, à tout votre mécontentement.

(Elle sort.)

CLOTEN.—Je me vengerai.—Son plus grossier vêtement !—Fort bien.

(Il sort.)

## SCÈNE IV

Rome.—Appartement de la maison de Philario.

*Entrent* POSTHUMUS ET PHILARIO.

POSTHUMUS.—N'ayez aucune crainte, seigneur ; je voudrais être sûr de fléchir le roi comme je suis certain que l'honneur d'Imogène restera inviolable.

PHILARIO.—Quels moyens employez-vous pour fléchir le roi ?

POSTHUMUS.—Aucun ; que de me soumettre aux révolutions des temps ; de trembler pendant cet hiver, en souhaitant de voir renaître des jours plus chauds. Cette espérance que trouble la crainte est la stérile reconnaissance dont je paye votre amitié ; si elle m'abandonne, il faudra que je meure votre débiteur.

PHILARIO.—Vos vertus et votre société acquittent avec usure tout ce que je puis faire pour vous.—Maintenant votre roi a reçu des nouvelles du grand Auguste ; Caïus-Lucius remplira sa commission de point en point, et je pense que Cymbeline payera enfin le tribut avec les arrérages, avant de revoir nos Romains, dont le souvenir est encore tout frais dans la douleur de ses peuples.

POSTHUMUS.—Quoique je ne sois pas homme d'État, et qu'il n'est pas probable que je le devienne jamais, je pense que ceci finira par une guerre. Vous entendrez dire que les légions qui sont aujourd'hui dans les Gaules sont descendues dans notre courageuse Bretagne avant d'apprendre la nouvelle qu'elle ait payé un denier du même tribut. Nos peuples sont mieux disciplinés qu'au temps où César souriait de leur inexpérience, tout en trouvant que leur valeur méritait qu'il fronçât les sourcils. Aujourd'hui la discipline est alliée au courage ; ceux qui en feront l'épreuve connaîtront que les Bretons sont un peuple qui se perfectionne dans ce monde.

(Entre Iachimo.)

PHILARIO.—Eh ! voilà Iachimo.

POSTHUMUS.—Les cerfs les plus agiles vous ont porté sur terre, et les vents de tous les coins des cieux ont caressé vos voiles pour presser la course de votre vaisseau.

PHILARIO.—Soyez le bienvenu, seigneur.

POSTHUMUS.—J'espère que la brièveté de la réponse qu'on vous a faite est la cause de la célérité de votre retour.

IACHIMO.—Votre épouse est une des plus belles femmes que j'aie jamais vues.

POSTHUMUS.—Et en même temps la plus vertueuse, ou que sa beauté aille briller à une fenêtre pour attirer les cœurs perfides et les tromper elle-même.

IACHIMO.—Voici des lettres pour vous.

POSTHUMUS.—Leur contenu est bon, j'espère ?

IACHIMO.—Cela est vraisemblable.

POSTHUMUS.—Lucius est-il arrivé à la cour de Bretagne pendant que vous y étiez :

IACHIMO.—On l'attendait, mais il n'était pas encore arrivé.

posthumus, *après avoir lu la lettre.*—Jusqu'ici tout est bien.—Le diamant brille-t-il comme de coutume? Ne le trouvez-vous point trop terne, pour le porter dans vos jours de parure?

iachimo.—Si j'ai perdu le pari, je dois en payer la valeur en or.—Je ferais de grand cœur un voyage deux fois plus loin, pour passer encore une nuit aussi délicieusement courte que celle dont j'ai joui en Bretagne; car le diamant est gagné.

posthumus.—La pierre est trop dure pour céder.

iachimo.—Pas du tout, puisque votre épouse est si facile.

posthumus.—Ne faites point, seigneur, un badinage de votre perte. Vous vous souvenez, j'espère, que nous ne devons plus rester amis.

iachimo.—Nous le devons, brave seigneur, si vous tenez nos conventions. Si je ne vous rapportais pas une connaissance approfondie de votre épouse, j'avoue que notre contestation devait aller plus loin; mais je m'annonce ici comme un homme qui a gagné à la fois son honneur et votre bague; et je n'ai fait d'outrage ni à elle ni à vous, n'ayant agi que d'après votre volonté à tous deux.

posthumus.—Si vous pouvez me prouver que vous êtes entré dans sa couche, ma main et ma bague sont à vous, sinon, après l'indigne opinion que vous avez conçue de sa pure vertu, il vous faudra conquérir mon épée ou moi la vôtre; ou bien que toutes deux restent sans maître, pour le premier qui les trouvera.

iachimo.—Mes preuves étant aussi près de l'évidence que je vais vous le faire voir, seigneur, elles doivent d'abord vous persuader; je suis prêt à les confirmer par serment; mais je ne doute pas que vous ne m'en dispensiez quand vous trouverez vous-même que vous n'en avez pas besoin.

posthumus.—Poursuivez.

iachimo.—D'abord, sa chambre à coucher, où j'avoue que je n'ai point dormi en me voyant maître de ce qui méritait bien qu'on veillât; elle est tendue d'une tapisserie soie et argent; c'est l'histoire de la superbe Cléopâtre lorsqu'elle alla trouver son Romain ; on voit le Cydnus au-dessus de ses rives enflé d'orgueil ou du poids de mille vaisseaux. Cet ouvrage est à la fois si bien fini et si riche, que le travail et le prix de la matière s'y disputent l'avantage : je me suis demandé comment il pouvait être fait avec une vérité si rare et si parfaite; les personnages semblent vivants.

POSTHUMUS.—Cela est vrai, et vous pouvez l'avoir entendu dire ici par moi ou par quelque autre.

IACHIMO.—D'autres détails vous prouveront ce que je sais.

POSTHUMUS.—Il le faut bien, ou vous êtes déshonoré!

IACHIMO.—La cheminée est au midi de la chambre, le manteau de la cheminée représente la chaste Diane au bain : jamais je ne vis statue si prête à parler, le sculpteur fut une autre nature; dans sa création muette, il l'a surpassée, au mouvement et à la respiration près.

POSTHUMUS.—C'est une chose que vous pouvez encore avoir apprise par quelque récit, car ce morceau est renommé.

IACHIMO.—Le plafond de l'appartement est décoré de chérubins d'or ; les chenets, que j'oubliais, sont deux amours d'argent, au regard malin, se tenant sur un pied, et délicatement appuyés sur leurs brandons.

POSTHUMUS.—S'agit-il ici de son honneur? Je veux que vous ayez vu tous ces objets, et j'admire votre mémoire; mais la description de ce que contient sa chambre ne vous fait pas gagner la gageure.

IACHIMO, *tirant le bracelet*.—Eh bien! pâlissez si vous en êtes capable ; je ne veux que vous montrer ce bijou : voyez, et maintenant tout est fini. Il faut qu'il se marie à votre diamant que voilà, et je les garderai l'un et l'autre.

POSTHUMUS.—O Jupiter ! laissez-moi le regarder encore une fois. Est-ce bien celui que je lui laissai en partant?

IACHIMO.—Le même, seigneur, et j'en remercie votre épouse. Elle l'ôta de son bras; je la vois encore; la grâce de l'action enchérit sur son présent et me le rendit plus précieux; en me le donnant, elle me dit qu'elle y tenait naguère.

POSTHUMUS.—Peut-être elle l'aura détaché pour me l'envoyer.

IACHIMO.—Vous le mande-t-elle? En parle-t-elle dans sa lettre?

POSTHUMUS.—Oh! non, non : c'est vrai. Prenez aussi cette bague (*il lui donne la bague*); sa vue me donne la mort. C'est un basilic pour mes yeux! que l'honneur ne se trouve jamais où est la beauté, la vérité où est la vraisemblance, l'amour où se trouve un autre homme! Que les serments des femmes ne les lient pas plus à ceux qui les ont reçus, qu'elles ne tiennent elles-mêmes à leur vertu, qui n'est que néant; ô perfidie au delà de toute mesure!

PHILARIO.—Calmez-vous, seigneur, et reprenez votre diamant, il n'est pas encore gagné. Il est probable qu'elle a perdu ce bracelet; ou qui sait, s'il ne lui a pas été dérobé par quelqu'une de ses suivantes que l'on aura corrompue.

POSTHUMUS.—Vous avez raison, oui, je crois qu'il se l'est procuré ainsi : (*à Iachimo*) allons, rendez-moi ma bague.—Donnez-moi une preuve plus convaincante, quelque signe que vous ayez vu sur sa personne, car ceci a été volé.

IACHIMO.—Par Jupiter, il a passé de son bras dans mes mains.

POSTHUMUS.—L'entendez-vous? il jure, il jure par Jupiter : c'est vrai.—Allons, gardez le diamant. C'est vrai, je suis sûr qu'elle n'a pu le perdre; ses suivantes ont toutes prêté serment et sont des femmes d'honneur;—elles l'auraient volé, elles! elles se seraient laissé corrompre, et cela par un étranger! Non, elle s'est livrée à lui. (*Montrant le bracelet.*) Voilà la preuve de son déshonneur, c'est à ce prix qu'elle a acheté le nom de prostituée. (*A Iachimo.*) Tenez, prenez votre salaire, et que tous les démons de l'enfer se partagent entre elle et vous!

PHILARIO.—Seigneur, modérez-vous; ce n'est point encore là une preuve assez forte pour convaincre un homme bien persuadé de...

POSTHUMUS.—Ne m'en parlez jamais, elle s'est donnée à lui.

IACHIMO.—Si vous voulez un témoignage plus satisfaisant : au-dessous de son sein, qui mérite bien qu'on le presse amoureusement, est un signe tout fier de cette charmante demeure. Sur ma vie, je l'ai baisé ; et quoique rassasié de jouir, je sentis soudain renaître mon ardeur. Vous rappelez-vous cette tache qu'elle a sur le sein ?

POSTHUMUS.—Oui, et elle sert maintenant à me convaincre d'une autre tache, la plus vaste que puisse contenir l'enfer,—quand elle y serait toute seule...

IACHIMO.—Voulez-vous en entendre davantage ?

POSTHUMUS.—Épargnez-moi votre arithmétique ; ne comptez point vos triomphes ; un seul ou un million, qu'importe.

IACHIMO.—Je vais le jurer.

POSTHUMUS.—Point de serments : si vous le jurez, vous n'avez pas fait ce que vous dites, vous mentez ; et je vous tue si vous osez nier que vous m'ayez déshonoré.

IACHIMO.—Je ne nierai rien.

POSTHUMUS.—Oh! que ne l'ai-je ici pour la mettre en pièces ! J'irai, et je le ferai en présence de la cour et sous les yeux de son père.—Je ferai quelque chose...

(Il sort.)

PHILARIO.—Il est emporté au delà des bornes de la raison. Vous avez gagné. Suivons-le, pour détourner la fureur dont il est transporté en ce moment contre lui-même.

IACHIMO.—De tout mon cœur.

(Ils sortent.)

## SCÈNE V

Rome.—Un autre appartement dans la même maison.

### POSTHUMUS seul.

POSTHUMUS.—L'homme ne pourrait-il trouver un moyen d'être sans que la femme fût de moitié dans l'œuvre ; nous sommes tous bâtards ; et ce respectable mortel, que je nommais mon père, était je ne sais où lorsque je fus formé? Un faussaire me fabriqua et fit de moi une pièce fausse. Cependant ma mère semblait la Diane de son temps, comme ma femme est la merveille du sien.—Oh! vengeance, vengeance! Souvent elle mettait un frein à mes légitimes ardeurs; elle implorait ma réserve avec une rougeur si pudique, que sa vue seule eût réchauffé le vieux Saturne. Je la croyais chaste comme la neige qui n'a point encore senti l'atteinte du soleil. Oh! de par tous les diables! ce jaune Iachimo, en une heure! N'est-ce pas? Peut-être en moins de temps, dès l'abord? Peut-être n'a-t-il pas eu la peine de parler; et tel qu'un sanglier allemand parvenu au terme de sa croissance, il n'a fait que crier : Ho! et s'est satisfait. Il n'aura trouvé aucune résistance; pas même celle qu'il attendait pour jouir de ce qu'elle devait garder de toute atteinte. Si je pouvais découvrir en moi ce qui appartient à la femme! car l'homme n'a point en lui de penchant pour le vice qu'il ne vienne de la femme. Est-ce le mensonge? faites-y bien attention, il vient de la femme; quelque flatterie? elle est d'elle; quelque perfidie? c'est encore d'elle; volupté, mauvaises pensées, d'elle, d'elle; vengeance, d'elle; ambition, cupidité, orgueil, dédain, caprices, médisance, inconstance, enfin tous les vices qui ont un nom et que l'enfer connaît, viennent de la femme en tout ou en partie; mais plutôt en tout. Elles ne sont pas même constantes dans un vice; elles en changent sans cesse, quittant toujours un vice, ne fût-il vieux que d'une minute, pour un vice la moitié plus nouveau. Je veux écrire contre elles; je les déteste, je les maudis. Oh! il est plus adroit à une véritable haine de prier le ciel d'accomplir leur volonté; les diables eux-mêmes ne peuvent les mieux tourmenter.

(Il sort.)

FIN DU SECOND ACTE.

# ACTE TROISIÈME

## SCÈNE I

*Grande-Bretagne. — Une salle d'apparat dans le palais de Cymbeline.*

*Entrent* CYMBELINE, LA REINE, CLOTEN et *les seigneurs de la cour.* CAIUS-LUCIUS *et sa suite entrent du côté opposé.*

CYMBELINE, à *Lucius.*—Parle maintenant : que demande César Auguste?

LUCIUS.—Lorsque Jules César, dont la mémoire vit encore aux yeux des hommes, et qui servira éternellement de thème aux langues pour raconter, et aux oreilles pour entendre, était dans cette Bretagne, et qu'il la conquit, Cassibelan [1], ton oncle, aussi célèbre par les éloges qu'il reçut de César que par les exploits qui les méritèrent, se soumit, lui et ses successeurs, à payer à Rome un tribut annuel de trois mille pièces d'or : ce tribut, tu as dernièrement négligé de le payer.

LA REINE.—Et pour anéantir ce prodige, il en sera toujours de même.

CLOTEN.—Il passera bien des Césars avant qu'il revienne un autre Jules. La Bretagne forme à elle seule un monde, et nous ne voulons rien payer pour le droit de porter nos nez au milieu du visage.

LA REINE.—L'occasion que les Romains eurent alors pour nous ravir notre bien, nous l'avons aujourd'hui pour le reprendre. Souvenez-vous, seigneur, des rois

---

[1] Cassibelan, grand-oncle de Cymbeline, qui était lui-même fils de Tenantius, neveu de ce Cassibelan.

vos ancêtres, et de la valeur naturelle aux peuples de notre île, qui flotte comme la face de Neptune, flanquée de rocs inaccessibles, ceinte d'écueils et de mers menaçantes, qui ne porteront jamais les vaisseaux de vos ennemis, mais les engloutiront jusqu'à la cime des mâts. César fit bien ici une espèce de conquête : mais ce n'est pas ici qu'il exécuta sa bravade : *Je suis venu, j'ai vu, j'ai vaincu.* Il connut pour la première fois la honte ; il se vit repoussé de nos côtes et deux fois battu; ses vaisseaux, pauvres novices, jouets de nos terribles mers, ballottés sur leurs flots comme des coquilles d'œuf, se brisaient de même contre nos rochers. Dans sa joie, le célèbre Cassibelan qui se vit un moment sur le point, ô trompeuse fortune ! de s'emparer de l'épée de César, fit briller la ville de Lud[1] de feux d'allégresse, et enfla de courage le cœur des Bretons.

CLOTEN.—Allons, il n'y a plus ici de tribut à payer. Notre royaume est plus puissant qu'il ne l'était alors; et, comme je l'ai dit, il n'y a plus de pareils Césars; d'autres pourront avoir le nez crochu, mais le bras aussi droit, personne.

CYMBELINE.—Mon fils, laissez conclure votre mère.

CLOTEN. —Nous avons chez nous bien des gens qui peuvent serrer aussi fort que Cassibelan : je ne dis pas que je sois de ce nombre, moi : mais j'ai aussi un bras.— Vraiment, un tribut? Et pourquoi payerions-nous un tribut? Si César peut nous cacher le soleil avec une couverture, ou mettre la lune dans sa poche, alors nous lui payerons un tribut pour revoir la lumière : autrement, seigneur, ne parlons plus de tribut, je vous en prie.

CYMBELINE.—Vous devez savoir qu'avant que les injustes Romains eussent extorqué de nous ce tribut, nous étions libres. L'ambition de César, qui s'enflait sans cesse, au point d'embrasser presque les deux flancs de l'univers, nous imposa ce joug sans aucun droit : le secouer est le devoir d'un peuple belliqueux; ce que nous nous vantons d'être. Nous disons donc que nous eûmes

---

[1] Londres.

pour ancêtres ce Mulmutius qui fonda nos lois : l'épée de César les a trop mutilées. Rendre à ces lois leur vigueur et leur libre cours sera la bonne œuvre de l'autorité que nous tenons en main, quoique Rome s'en irrite. Oui : Mulmutius fut le premier des Bretons qui ceignit son front d'une couronne d'or, le premier qui se nomma roi.

LUCIUS.—Je suis fâché, Cymbeline, d'avoir à te déclarer pour ennemi César Auguste, qui compte plus de rois à ses ordres que tu n'as d'officiers à ta cour. Au nom de César, je t'annonce la guerre et la ruine : prévois un orage auquel rien ne pourra résister. Après ce défi, je te remercie en mon propre nom.

CYMBELINE.—Tu es le bienvenu, Caïus, ton César m'a fait chevalier ; j'ai passé près de lui une grande partie de ma jeunesse ; j'ai recueilli près de lui cet honneur qu'il cherche aujourd'hui à me ravir ; je suis contraint de le défendre à toute extrémité.—Je suis bien informé que les Pannoniens et les Dalmatiens, pour maintenir leurs franchises, sont maintenant en armes. Si, dans cet exemple, les Bretons ne lisaient pas leur devoir, ils se montreraient insensibles ; c'est ce que César ne les trouvera pas.

LUCIUS.—Laissez parler les preuves.

CLOTEN.—Sa Majesté vous souhaite la bienvenue : passez gaiement avec nous un jour ou deux, ou plus encore. Après, si vous revenez nous chercher dans d'autres intentions, vous nous trouverez dans notre ceinture d'eau salée. Si vous nous en chassez, elle est à vous ; si vous échouez dans l'entreprise, nos corbeaux en feront meilleure chère à vos dépens, et tout finit là.

LUCIUS.—Comme vous dites, seigneur.

CYMBELINE.—Je connais les volontés de votre maître ; lui, les miennes. Il ne me reste plus qu'à vous dire : soyez le bienvenu.

(Ils sortent.)

## SCÈNE II

Un autre appartement dans le même palais.

PISANIO *entre, des lettres à la main.*

PISANIO.—Quoi! d'adultère? Pourquoi ne me nommes-tu pas le monstre qui l'accuse? O Posthumus! ô mon maître! quel venin étranger s'est glissé dans ton oreille! Quel Italien perfide, le poison à la langue comme à la main [1], a triomphé de ta crédulité trop prompte!—Infidèle? Non, elle est victime de sa fidélité; et elle soutient plutôt comme une déesse que comme une épouse des assauts qui triompheraient de mainte vertu. O mon maître! ton âme devant la sienne est maintenant tombée aussi bas que l'était ta fortune. Qui? moi, que je la poignarde! *Au nom de l'affection, de la foi que je t'ai jurée, de mon dévouement à tes ordres :* Moi! elle! son sang! Si c'est là te rendre un service, que jamais on ne me tienne pour un homme à services. Quel air ai-je donc pour paraître dépouillé d'humanité au degré que supposerait cette action? (*Lisant.*) *Obéis : la lettre que je t'envoie pour elle te fournira l'occasion de le faire par ses ordres.* Papier infernal, aussi noir que l'encre qui te couvre, matière insensible, es-tu complice de cet acte, en conservant à l'extérieur ta blancheur virginale?—La voici. (*Entre Imogène.*) Je ne sais plus ce qui m'est commandé.

IMOGÈNE.—Eh bien! Pisanio, quelles nouvelles?

PISANIO.—Madame, voici une lettre de mon maître.

IMOGÈNE.—Qui? ton maître? C'est le mien, Léonatus. Oh! il serait bien savant, l'astronome qui connaîtrait les étoiles comme je connais ses caractères! le livre de l'avenir lui serait ouvert.—Dieux propices, faites que tout ce qui est contenu ici ne respire que l'amour, ne parle que de la santé de mon époux, de son contentement,—non pas pourtant de ce que nous sommes séparés l'un de l'autre; que plutôt cela l'afflige. Il est des cha-

---

[1] Déjà les empoisonnements étaient fréquents en Italie.

grins salutaires ; celui-là est du nombre ; c'est un remède qui fortifie l'amour... Mais, à part cela, qu'il soit content. Bonne cire, permets... soyez bénies, vous abeilles, qui formez ces sceaux des secrets. (Les amants et les hommes liés par des pactes dangereux ne font pas les mêmes vœux.) Tu jettes les faussaires dans les prisons ; mais tu scelles aussi les tablettes de l'amour !... De bonnes nouvelles, grands dieux ! (*Elle lit.*)

« La justice et le courroux de votre père, s'il venait à
« me surprendre dans ses États, ne seront jamais si
« mortels pour moi que vous ne puissiez, ô la plus ché-
« rie des créatures, me ranimer d'un regard de vos yeux.
« Apprenez que je suis en Cambrie, au havre de Milford ;
« suivez, sur cet avis, la marche que vous inspirera
« votre amour. Votre bonheur en tout est le vœu de celui
« qui reste fidèle à ses serments, et dont l'amour va
« croissant tous les jours.

« Léonatus Posthumus. »

Oh ! un cheval avec des ailes ! L'entends-tu, Pisanio ? Il est au havre de Milford. Lis et dis-moi à quelle distance c'est d'ici. Si un homme qui n'est appelé que par de minces affaires peut à l'aise y arriver en une semaine, ne pourrais-je, moi, y voler en un jour ! Allons, fidèle Pisanio, toi qui languis ainsi que moi du désir de voir ton maître : oh ! laisse-m'en rabattre ! tu languis, mais non comme moi ; tu languis aussi de le voir, mais plus faiblement... Oh ! non, pas comme moi ; car mon désir est au dessus, au-dessus... réponds et presse tes paroles : un confident d'amour doit les précipiter, les entasser dans l'oreille.—Combien y a-t-il d'ici à ce bienheureux Milford ? et sur la route tu me raconteras par quel bonheur le pays de Galles possède ce port.—Mais avant tout, comment nous dérober de ces lieux ? Et puis l'espace de temps qui va s'écouler entre le départ et notre retour, comment l'excuser ?... Mais d'abord comment sortir d'ici pourquoi fait-on naître ou engendre-t-on des excuses ? nous en parlerons plus tard. De grâce, réponds : combien de vingtaines de milles pourrons-nous parcourir dans une heure ?

PISANIO.—Une vingtaine, madame, entre deux soleils, c'est assez pour vous ; (*à part*) et trop aussi !

IMOGÈNE.—Mais, ami, un malheureux qui irait à son supplice ne s'y traînerait pas si lentement. J'ai ouï parler de ces paris de courses où les chevaux étaient plus légers que le grain de sable qui glisse dans nos horloges ; mais ce sont de vains propos.—Va, dis à ma suivante qu'elle feigne une indisposition, qu'elle dise vouloir se rendre auprès de son père ; et prépare-moi à l'instant un habit de cheval aussi simple que celui que porterait la ménagère d'un franklin [1].

PISANIO.—Madame, vous devriez considérer....

IMOGÈNE.—Je vois la route qui est devant moi, Pisanio ; et rien ici, ni là, ni rien de ce qui peut arriver. Tout le reste est enveloppé d'un brouillard que je ne puis pénétrer. Hâtons-nous, je te prie ; fais ce que je t'ordonne ; nous n'avons plus rien à dire. Il ne s'agit plus que de la route qui mène à Milford.

(Ils sortent.)

## SCÈNE III

Le pays de Galles.—Contrée montagneuse, avec une caverne.

BÉLARIUS *sort de la caverne avec* GUIDÉRIUS
ET ARVIRAGUS.

BÉLARIUS.—Un trop beau jour pour qu'on le passe à la maison sous un toit aussi bas que le nôtre. Courbez-vous, jeunes gens ! cette porte vous apprend à adorer le ciel et vous fait incliner pour la sainte prière du matin. Les portes des monarques ont des voûtes si élevées, que des géants impies peuvent y passer avec leurs turbans, sans saluer le soleil. Salut, beau ciel ! Nous habitons le rocher, mais nous ne sommes pas aussi ingrats envers toi que des gens d'une vie plus recherchée.

[1] Homme libre, propriétaire ; ni vilain, ni vassal.

## ACTE III, SCÈNE III. 175

GUIDÉRIUS.—Je te salue, ciel!

ARVIRAGUS.—Ciel, je te salue.

BÉLARIUS.—Maintenant, à nos exercices de montagnes; montez cette colline. Vos jambes sont jeunes; moi, je foulerai ces plaines, et lorsque de cette hauteur vous m'apercevrez petit comme un corbeau, remarquez bien que c'est la place qui rapetisse ou qui agrandit. Vous pourrez alors repasser dans votre mémoire tout ce que que je vous ai raconté des cours, des princes et des intrigues qui se trament à la guerre; c'est là que le service, quoique rendu, n'est pas service; il ne l'est que lorsqu'il est reconnu tel. C'est en observant ainsi, que nous retirons du profit de toutes les choses que nous voyons. Et souvent, à notre consolation, nous trouverons que l'escarbot, avec ses ailes dans un étui [1], vit dans un poste plus sûr que l'aigle aux vastes ailes. Oh! la vie que nous menons ici est plus noble que celle qui se passe à attendre des refus; elle est plus riche que celle qu'on passe à ne rien faire pour un petit enfant [2], plus fière que celle de l'homme qui se carre dans un habit de soie qu'il n'a pas payé. Il reçoit le salut de celui qui lui fournit sa parure, et dont le livre n'est pas barré. Ce n'est pas une vie comparable à la nôtre.

GUIDÉRIUS.—Vous parlez d'après votre expérience: nous, pauvres oiseaux sans plumes, nous n'avons encore jamais volé hors de la vue du nid, nous ignorons quel air on respire loin de notre asile. Peut-être que cette vie est la plus heureuse, si la vie tranquille est la plus heureuse; elle vous semble plus douce, à vous qui en avez connu une plus dure; elle convient mieux à la pesanteur de votre âge, mais pour nous c'est une cellule d'ignorance, un voyage dans un lit, la prison d'un débiteur qui n'ose pas faire un pas hors des limites.

ARVIRAGUS.—De quoi pourrons-nous parler, lorsque

---

[1] Coléoptère, dont les ailes sont en effet renfermées dans une espèce d'étui.

[2] Les grands seigneurs demandaient la tutelle des grands héritiers, dont ils négligeaient l'éducation et dépensaient les revenus.

nous serons vieux comme vous? Lorsque nous entendrons la pluie et les vents battre le triste Décembre, comment, dans cette froide caverne, charmerons-nous, en discourant ensemble, les heures glacées? Nous n'avons rien vu ; nous vivons à la façon des animaux ; subtils comme le renard pour saisir notre proie, courageux comme le loup pour conquérir ce que nous mangeons, notre valeur se borne à poursuivre ce qui fuit, nous faisons un chœur de notre cage, comme l'oiseau emprisonné, et nous chantons notre captivité avec l'accent de la liberté.

BÉLARIUS.—Comme vous parlez ! Ah ! si vous connaissiez seulement les usures de la capitale, et que vous en eussiez fait la dure expérience ; si vous connaissiez les artifices de la cour, qu'il est aussi difficile de quitter qu'il l'est de s'y maintenir, où l'instant qui vous amène au faîte est celui d'une chute certaine, ou bien la pente est si glissante que la crainte de choir est aussi funeste que la chute même ! Si vous connaissiez les fatigues de la guerre, ce pénible métier qui semble chercher seulement le danger au nom de la réputation et de l'honneur, qui expire dans la recherche et reçoit aussi souvent sur son tombeau une épitaphe calomnieuse, qu'un éloge des belles actions ; hélas ! combien de fois est-on puni d'avoir fait le bien ? Et ce qui est pis encore, on est forcé de sourire au blâme. O mes enfants ! cette histoire que je vous raconte, le monde peut la lire sur moi-même : mon corps est couvert des marques des épées romaines, et ma réputation prenait rang jadis parmi les noms des plus célèbres capitaines. Cymbeline m'aimait, et dès qu'on parlait d'un guerrier, mon nom ne tardait guère à être cité ; j'étais alors comme un arbre dont les rameaux sont courbés sous le poids des fruits ; mais dans une nuit, un orage ou un voleur, appelez-le comme vous voudrez, secoua sur la terre mes rameaux pendants, et me dépouilla de mes fruits et même de mes feuilles, pour me laisser exposé nu aux injures de l'air.

GUIDÉRIUS.—Instabilité de la faveur !

BÉLARIUS.—Et ma faute ne fut, comme je vous l'ai dit

souvent, que le crime de deux scélérats dont les faux serments prévalurent sur mon honneur sans tache. Ils jurèrent à Cymbeline que j'étais ligué avec les Romains. De là mon bannissement ; et, depuis vingt années, ce rocher et ces bois ont été mon univers. J'y ai vécu dans une honnête liberté ; j'y ai payé au ciel plus de pieux hommages que dans tout le cours précédent de ma vie. —Mais ce ne sont pas là des discours de chasseurs. Courons gravir ces montagnes ; celui qui frappera le premier la proie sera le roi de la fête ; il sera servi par les deux autres, et nous ne craindrons aucun de ces poisons qu'on rencontre dans des lieux de plus grande apparence. Je vous rejoindrai dans les vallons. (*Guidérius et Arviragus disparaissent.*) Combien il est malaisé d'étouffer les étincelles de la nature ! Ces enfants ne se doutent pas qu'ils sont les fils du roi, et Cymbeline ne songe guère qu'ils sont vivants. Ils se croient mes enfants, et quoique élevés si simplement dans l'obscurité de cette caverne où il faut se courber pour entrer, déjà leurs pensées atteignent la hauteur de la voûte des palais. Dans les actions les plus simples et les plus vulgaires, la nature leur donne un air princier qui surpasse de bien loin tout l'art des autres hommes. Ce Polydore, l'héritier de Cymbeline et de la Bretagne, que le roi son père nommait Guidérius, ô Jupiter ! lorsqu'assis sur mon escabeau à trois pieds je raconte mes exploits à la guerre, toute son âme s'élance vers mon récit ; lorsque je dis : « Ainsi « tomba mon ennemi ; ce fut ainsi que je posai mon « pied sur sa gorge, » alors son sang royal colore ses joues, il est en nage, il roidit ses muscles et se met en posture pour représenter l'action que je raconte. Et son jeune frère Cadwal, autrefois Arviragus, dans une attitude semblable, anime, échauffe mon récit, et montre que son imagination va bien plus loin.—Écoutons : ils ont fait lever le gibier. O Cymbeline ! le ciel et ma conscience savent que tu m'as injustement banni ; en revanche, je t'ai volé ces deux enfants à l'âge de trois et de deux ans, voulant te priver de tes héritiers comme tu m'avais dépouillé de mon héritage. Euriphile, tu fus leur nourrice ! ils la prenaient pour leur mère, et chaque jour ils vont honorer son tombeau : et moi, Bélarius, qui me nommes aujourd'hui Morgan, ils me croient leur véritable père.—La chasse est en train.

(Il sort.)

## SCÈNE IV

Les environs du havre de Milford.

**PISANIO** et **IMOGÈNE**.

IMOGÈNE.—Tu me disais, quand nous sommes descendus de cheval, que nous étions tout près du port. Le désir qu'avait ma mère de me voir pour la première fois n'était pas aussi violent que celui que j'éprouve. — Pisanio ! mon ami, ou est Posthumus !—A quoi penses-tu pour tressaillir ainsi ? Pourquoi ce soupir échappé du fond de ton cœur ? Un visage en peinture qui te ressemblerait annoncerait un homme en proie à une perplexité au delà de toute imagination ! Donne à ta physionomie une expression moins effrayante, avant que le trouble gagne mes sens plus rassis. Qu'y a-t-il ? Pourquoi me présentes-tu cet écrit avec un regard aussi sinistre ? S'il m'apporte des nouvelles agréables [1], annonce-les moi par un sourire; si elles sont funestes, tu n'as qu'à garder cette expression. (*Elle prend la lettre.*) L'écriture de mon mari ! Cette détestable Italie, décriée par ses poisons, l'aura trompé; sans doute, il est dans quelque fâcheuse extrémité. Homme [2], parle; tes paroles peuvent adoucir quelque extrémité qui me tuerait si je la lisais.

PISANIO.—Je vous prie, lisez. Et vous allez voir en moi un homme bien malheureux, bien méprisé par le sort !

---

[1] *Summer's news*, nouvelles d'été, nouvelles de beau temps, bonnes nouvelles.

[2] *Man*. Les Espagnols disent aussi *hombre*, en s'adressant à un inférieur qu'on ne connaît pas; et, dans le style ordinaire, on dit en France : Hé! l'homme!

IMOGÈNE, *lisant.*—« Ta maîtresse, Pisanio, s'est prosti-
« tuée dans mon lit. Les preuves en reposent au fond de
« mon cœur sanglant. Je ne parle pas sur de faibles soup-
« çons ; mais d'après des preuves aussi fortes que ma
« douleur, et aussi certaines que l'espoir de ma ven-
« geance. Cette vengeance, Pisanio, tu dois t'en charger
« pour moi. Si son manque de foi n'a pas corrompu la
« tienne, que tes mains lui ôtent la vie. Je t'en fournirai
« l'occasion au port de Milford. Je lui écris de s'y ren-
« dre : arrivés là, si tu crains de frapper et de me don-
« ner la preuve certaine que c'est fait, tu es l'agent
« de son déhonneur, et je te tiens pour aussi déloyal
« qu'elle. »

PISANIO.—Quel besoin aurais-je de tirer l'épée ? Ce papier lui a déjà coupé la gorge ; non, c'est la calomnie, dont le tranchant est plus aigu que le poignard ; dont la langue a plus de venin que tous les serpents du Nil ; sa voix vole sur les vents et va séduire tous les coins du monde. Rois, reines, empires, vierges, matrones, cette vipère empoisonne tout ; elle se glisse jusque dans le secret des tombeaux.—Madame, comment vous trouvez-vous ?

IMOGÈNE.—Infidèle à sa couche ! Qu'est-ce qu'être infidèle ?—Est-ce d'y veiller les nuits en songeant à lui ? d'y pleurer d'heure en heure ? et si le sommeil saisit la nature accablée, l'interrompre aussitôt par un rêve effrayant dont il est l'objet, et me réveiller en pleurant : est-ce là être infidèle à sa couche? est-ce cela ?

PISANIO.—Hélas ! vertueuse dame !

IMOGÈNE.—Moi, infidèle ? Ta conscience,—Iachimo, est témoin... Tu l'accusas d'infidélité, et dès lors tu parus à mes yeux un misérable ; aujourd'hui ton visage me semble assez agréable. Quelque geai [1] d'Italie, qui a eu le fard pour mère, l'aura trahi ; et moi, malheureuse, je suis passée de mode, un vêtement suranné, trop riche pour être suspendu aux murailles, et qu'il vaut mieux

---

[1] Quelque geai, quelque femme parée non par la nature, mais par le fard.

découdre, mettre en pièces. Oh ! les serments des hommes sont des traîtres qui perdent les femmes ! ton inconstance, ô mon époux, va faire croire que toute apparence vertueuse couvre une trahison, qu'elle est étrangère au visage qui l'emprunte, et que c'est un piége tendu aux femmes.

PISANIO.—Ma chère maîtresse, écoutez-moi.

IMOGÈNE.—Jadis, après la trahison d'Énée, tous les hommes fidèles et honnêtes furent crus perfides comme lui ; les pleurs du fourbe Sinon décrièrent bien des larmes sincères et privèrent de pitié le véritable malheur. Ainsi, toi, Posthumus, ton exemple fera calomnier tous les hommes vertueux ; des amants généreux et fidèles seront tenus pour traîtres et parjures, d'après ton crime.— Viens, Pisanio ; sois fidèle, exécute les ordres de ton maître ; et quand tu le reverras, raconte-lui un peu mon obéissance. Vois, c'est moi qui tire ton épée moi-même, prends-la, ouvre mon cœur, asile innocent de mon amour. Ne crains rien ; il n'y reste plus autre chose que le désespoir ; ton maître n'y est plus, lui qui en était le trésor ! Fais ce qu'il t'ordonne : frappe... Peut-être serais-tu brave dans une cause plus juste ; mais en ce moment tu parais lâche.

PISANIO.—Loin de moi, vil instrument. Tu ne damneras pas ma main.

IMOGÈNE.—Mais il faut que je meure, et si je ne meurs pas de ta main, tu n'obéis pas à ton maître. Il est contre le suicide une défense divine qui intimide mon faible bras.—Viens, voilà mon cœur ; il y a quelque chose devant... attends, attends ; je ne veux aucune défense, je suis prête, comme le fourreau, à recevoir l'épée. Qu'y a-t-il là ? les lettres de Posthumus fidèle toutes changées en parjures. Loin de moi, corruptrices de ma foi, vous ne reposerez plus sur mon cœur. C'est donc ainsi que de pauvres insensées croient de perfides maîtres ! Mais si la malheureuse qui est trahie souffre cruellement de la trahison, le traître en est puni par des maux plus grands encore. Et toi, Posthumus, qui as soulevé ma désobéissance contre le roi, et qui m'as fait repousser des princes mes égaux, tu reconnaîtras un jour que ce n'était pas, de ma part, un fait ordinaire, mais un sacrifice rare ; et je m'afflige, en songeant combien un jour, lorsque tu seras dégoûté de celle qu'aujourd'hui tu caresses, combien alors mon souvenir tourmentera ta mémoire.— Je t'en conjure, hâte-toi, l'agneau implore le boucher. Où est ton poignard? Tu es trop lent à obéir à ton maître, lorsque je désire la même chose.

PISANIO.—O gracieuse dame ! depuis que j'ai reçu l'ordre d'exécuter cette action, je n'ai pas fermé l'œil.

IMOGÈNE.—Exécute-la, et va te coucher après.

PISANIO.—Je veillerais plutôt jusqu'à en perdre la vue.

IMOGÈNE. — Pourquoi donc t'en charger? Pourquoi m'avoir fait parcourir en vain tant de milles sous un faux prétexte? Le lieu, ma fuite, ton voyage et la fatigue du cheval, tout l'invite ; le trouble aussi où mon absence aura jeté toute la cour ; je n'y retournerai jamais, mon parti est pris. Pourquoi t'es-tu engagé si avant, pour détendre ton arc lorsque tu es en posture, et que la biche désignée est devant toi ?

PISANIO.—Pour gagner le temps d'éluder un si funeste emploi, et, durant cet intervalle, j'ai cherché un expédient. Ma chère maîtresse, écoutez-moi avec patience.

IMOGÈNE.—Parle jusqu'à lasser ta langue ; parle : je me suis entendu nommer une prostituée ; mon oreille, frappée à faux, ne peut plus recevoir ni blessure plus cruelle, ni baume qui guérisse celle-là. Parle.

PISANIO.—Eh bien, madame, je pensais que vous ne retourneriez point sur vos pas.

IMOGÈNE.—C'était probable, puisque tu m'amenais ici pour me tuer.

PISANIO.—Non, non ; mais si j'étais aussi sage qu'honnête, mon expédient tournerait bien.—Il est impossible que mon maître ne soit pas trompé ; quelque scélérat, consommé dans son art, vous a fait à tous deux cette maudite injure.

IMOGÈNE.—Quelque courtisane romaine...

PISANIO.—Non, sur ma vie, je lui manderai seulement que vous êtes morte, et je lui en enverrai quelque indice sanglant; car tel est l'ordre qu'il m'a donné; votre absence de la cour confirmera mon récit.

IMOGÈNE.—Mais, honnête Pisanio, que ferai-je pendant ce temps-là ? Où habiterai-je ? Comment vivrai-je, ou quelle consolation aurai-je dans la vie, après que je serai morte pour mon époux ?

PISANIO.—Si vous retournez à la cour...

IMOGÈNE.—Plus de cour, plus de père; je ne veux plus de démêlés avec cet insupportable seigneur, cet être nul, ce Cloten dont la poursuite était pour moi plus effrayante qu'un siége.

PISANIO.—Et si vous renoncez à la cour, vous ne pourrez pas alors rester en Bretagne.

IMOGÈNE.—Où irais-je, alors ? Le soleil ne luit-il que sur la Bretagne seule ? N'est-ce que dans la Bretagne qu'il y a des jours et des nuits ? Dans le grand livre du monde, notre Bretagne paraît en faire partie, sans y être comprise; c'est un nid de cygne sur un grand étang. Crois, je te prie, qu'il existe des hommes hors de la Bretagne.

PISANIO.—Je suis bien aise que vous songiez à quelque autre lieu. Lucius, l'ambassadeur romain, arrive demain au havre de Milford; si vous pouviez conformer votre extérieur à l'état de votre fortune, et cacher sous le déguisement cette grandeur qui ne peut se montrer sans péril, vous marcheriez dans une route agréable où vous pourriez voir bien des choses... Peut-être seriez-vous tout près des lieux où habite Posthumus; ou si vous ne pouviez voir de vos yeux ses actions, assez près du moins pour que la renommée apportât d'heure en heure, à votre oreille, le récit fidèle de toutes ses démarches.

IMOGÈNE.—Oh! pour arriver là, malgré les dangers que peut courir ma modestie, ce n'est pas sa mort, et je hasarderai tout.

PISANIO.—Eh bien! alors, voici mon expédient. Il vous faut oublier que vous êtes une femme, passer du commandement à l'obéissance, dépouiller cette crainte et cette délicatesse, attributs de toutes les femmes, ou qui sont, à vrai dire, la femme elle-même, et affecter un courage badin, être vif à la répartie, impertinent et querelleur comme une belette [1] ; oui, il vous faut oublier aussi ce trésor précieux de vos joues et les exposer... (O cœur barbare ! mais hélas ! point de remède) aux ardeurs empressées de Titan, qui prodigue à tous ses baisers ; il vous faut renoncer à vos atours élégants et étudiés, qui rendaient la grande Junon jalouse.

IMOGÈNE.—Ah ! sois bref, je vois ton but, et déjà je me sens presque un homme.

PISANIO.—Commencez d'abord par le paraître. Prévoyant ceci, j'avais préparé un pourpoint, un chapeau, un haut-de-chausses et tout ce qui s'en suit ; nous trouverons cela dans mon sac de voyage. Voulez-vous, dans ce travestissement et empruntant de votre mieux tous les dehors d'un jeune homme de votre âge, vous présenter devant le noble Lucius, lui demander de l'emploi, lui dire quels sont vos talents : il les connaîtra bientôt si son oreille est sensible aux charmes de la musique. Je n'en doute point, il vous adoptera avec joie ; car il est honorable, et, qui plus est, très-saint. Quant à vos ressources à l'étranger, vous me savez riche ; je ne manquerai jamais à vos besoins présents ni à ceux de l'avenir.

IMOGÈNE.—Tu es toute la consolation que les dieux me laissent. De grâce, éloigne-toi, il y aurait encore bien des choses à considérer ; mais nous ferons tout ce que le temps nous permettra. Je m'enrôle dans cette entreprise et je la soutiendrai avec le courage d'un prince. Séparons-nous, je te prie.

PISANIO.—Allons, madame, il faut nous faire de courts adieux, de peur, si on remarquait mon absence, que je ne fusse soupçonné d'avoir aidé votre évasion de la cour. —Ma noble maîtresse, prenez cette boîte, je l'ai reçue de la reine, elle renferme un suc précieux ; si vous êtes malade en mer ou que vous ayez mal à l'estomac sur terre, une gorgée de cette liqueur dissipera votre indisposition. Cherchez quelque ombrage et allez vous revêtir

---

[1] On a vu des belettes devenir domestiques comme les chats, et faire la guerre aux rats et à la vermine.

de vos habits d'homme. Puissent les dieux vous inspirer la meilleure conduite !

IMOGÈNE.—Ainsi soit-il. Je te remercie.

(Ils sortent.)

## SCÈNE V

Appartement dans le palais de Cymbeline.

*Entrent* CYMBELINE, LUCIUS, LA REINE, CLOTEN, ET *les seigneurs de la cour.*

CYMBELINE.—Je te quitte ici et te fais mon adieu.

LUCIUS.—Noble roi, je te rends grâces ; j'ai reçu les ordres de mon empereur ; il faut que je parte de ces lieux, et je suis bien fâché d'être obligé de t'annoncer à Rome pour l'ennemi de mon maître.

CYMBELINE.—Mes sujets, seigneur, ne veulent plus endurer son joug, et il serait indigne d'un roi de se montrer moins jaloux qu'eux de sa dignité.

LUCIUS.—Ainsi, seigneur, je vous demande une escorte qui me conduise jusqu'au havre de Milford. — Madame, que toutes les félicités accompagnent Votre Majesté et les siens.

CYMBELINE.—Seigneurs, j'ai fait choix de vous pour cet office. N'omettez aucun des honneurs qui lui sont dus. Adieu, noble Lucius.

LUCIUS.—Votre main, seigneur.

CLOTEN.—Reçois-la comme celle d'un ami; mais à partir de ce moment je la tiens pour celle de ton ennemi.

LUCIUS.—L'événement n'a pas encore nommé le vainqueur, seigneur. Adieu.

CYMBELINE.—Mes bons seigneurs, ne quittez point le brave Lucius qu'il n'ait passé la Severn. Soyez heureux !

(Lucius part.)

LA REINE.—Il s'en va en fronçant le sourcil : mais c'est un honneur pour nous de lui en avoir donné sujet.

CLOTEN.—Tout est au mieux : la guerre est le vœu général de vos vaillants Bretons.

CYMBELINE.—Lucius a déjà mandé à l'empereur ce qui se passe ici. Il nous importe par conséquent que nos chars et notre cavalerie soient promptement sur pied. Les forces qu'il a déjà dans la Gaule seront bientôt rassemblées en corps d'armée, et de là il portera la guerre en Bretagne.

LA REINE.—Ce n'est pas une affaire sur laquelle il faille s'endormir : il faut s'en occuper avec diligence et vigueur.

CYMBELINE.—Comme je m'attendais à ce que les choses se passassent ainsi, je suis en mesure. Mais, ma douce reine, où est notre fille ? Elle n'a point paru devant le Romain ; elle ne nous a point rendu ses devoirs journaliers. Il y a en elle plus de mauvaise volonté que de tendresse filiale. Je m'en suis aperçu. Faites-la venir devant nous : nous avons supporté trop facilement sa désobéissance.

(Un serviteur sort.)

LA REINE.—Sire, depuis l'exil de Posthumus elle mène une vie très-retirée ; il n'y a que le temps qui puisse la guérir. Je conjure Votre Majesté de lui épargner les paroles sévères : c'est une âme si tendre aux reproches, que les paroles sont des coups pour elle, et les coups lui donneraient la mort.

(Le serviteur revient.)

CYMBELINE.—Eh bien ! vient-elle ? Comment va-t-elle justifier ses mépris ?

LE SERVITEUR.—Sauf votre bon plaisir, seigneur : ses appartements sont tous fermés, et on n'a point répondu à tout le bruit que nous avons pu faire.

LA REINE.—Seigneur, la dernière fois que j'ai été la voir, elle m'a prié d'excuser sa profonde retraite, y étant forcée par sa mauvaise santé, et elle m'a prévenue qu'elle suspendrait les devoirs qu'elle était obligée de vous rendre chaque jour. Elle m'avait prié de vous en prévenir ; mais les soins de notre cour ont mis ma mémoire dans son tort.

CYMBELINE.—Ses portes fermées, sans qu'on l'ait vue

dernièrement! Ciel! accorde-moi que mes craintes soient fausses!

(Il sort.)

LA REINE, *à Cloten*.—Mon fils, je vous l'ordonne, suivez le roi.

CLOTEN.—Cet homme qui lui est attaché, Pisanio, ce vieux serviteur, je ne l'ai pas vu non plus depuis deux jours.

LA REINE.—Allez, suivez ses traces. (*Cloten sort.*) Ce Pisanio, si dévoué à Posthumus, tient de moi une drogue... Je prie le ciel que son absence vienne de ce qu'il l'a avalée; car il est persuadé que c'est un élixir précieux. — Mais elle, où est-elle allée? Peut-être le désespoir l'aura saisie; ou bien, entraînée par l'ardeur de son amour elle aura fui vers son cher Posthumus. Sûrement, elle marche à la mort, ou au déshonneur; et je puis faire bon usage pour mes fins de l'une ou de l'autre. Elle écartée, c'est moi qui dispose à mon gré de la couronne de Bretagne. (*Cloten rentre.*) Eh bien! mon fils?

CLOTEN.—Son évasion est certaine. Allez apaiser le roi: il est en fureur: personne n'ose l'approcher.

LA REINE.—Tant mieux. Puisse cette nuit le priver d'un lendemain!

(Elle sort.)

CLOTEN.—Je l'aime et je la hais.—Elle est belle, et princesse : elle possède toutes les brillantes qualités de la cour : elle en a plus à elle seule qu'aucune dame, que toutes les dames, que toutes les femmes. Elle a de chacune d'elles ce qu'elle a de mieux, et, formée de cet ensemble, elle les surpasse toutes; voilà pourquoi je l'aime : mais d'un autre côté ses dédains pour moi, tandis qu'elle prodigue ses faveurs à ce vil Posthumus, font si grand tort à son jugement que toutes ses rares perfections en sont étouffées : aussi cela me détermine à la haïr, bien plus à me venger d'elle.... car les dupes.... (*Entre Pisanio.*) Qui va là? Quoi! tu t'esquives? Approche ici : ah! c'est toi, vil entremetteur : misérable, où est ta maîtresse? Réponds en un mot, ou bien tu vas tout droit voir les démons.

PISANIO.—O mon bon prince !

CLOTEN.—Où est ta maîtresse ? Par Jupiter, je ne te le demanderai pas une fois de plus. Discret scélérat, je tirerai ce secret de ton cœur, ou je t'ouvre le cœur pour l'y trouver. Est-elle avec ce Posthumus, duquel on ne pourrait tirer une seule drachme de mérite au milieu d'un grand poids de bassesse ?

PISANIO.—Hélas ! seigneur ! comment serait-elle avec lui ? Quand a-t-elle disparu ? Posthumus est à Rome.

CLOTEN.—Où est-elle ? Allons, approche encore : point de vaines défaites : satisfais-moi sans détour ; qu'est-elle devenue ?

PISANIO.—O mon digne prince !

CLOTEN.—O mon digne scélérat ! découvre-moi où est ta maîtresse. Au fait, en un seul mot.—Plus de digne prince !—Parle, ou ton silence te vaut à l'instant ton arrêt et ta mort.

PISANIO *lui présente un écrit.*—Eh bien ! seigneur, ce papier renferme l'histoire de tout ce que je sais sur son évasion.

CLOTEN.—Voyons-le ; je la poursuivrai jusqu'au trône d'Auguste. Donne, ou tu meurs.

PISANIO, *à part.*—Elle est assez loin : tout ce qu'il apprend par cet écrit peut le faire voyager ; mais sans danger pour elle.

CLOTEN, *lisant.*—Hum !

PISANIO, *à part.*—Je manderai à mon maître qu'elle est morte. O Imogène ! puisses-tu errer en sûreté, et revenir un jour en sûreté !

CLOTEN.—Coquin : cette lettre est-elle véritable ?

PISANIO.—Oui, prince, à ce que je crois.

CLOTEN.—C'est l'écriture de Posthumus ; je la connais —Drôle ! si tu voulais ne pas être un misérable, mais me servir fidèlement, employer sérieusement ton industrie dans tous les offices dont j'aurais occasion de te charger ; j'entends que quelque fourberie que je te commande, tu voulusses l'exécuter à la lettre et loyalement, alors je te croirais un honnête homme, et tu ne manquerais ni de moyens de subsistance, ni de ma protection pour avancer ta fortune.

PISANIO.—Eh bien ! mon bon seigneur ?

CLOTEN.—Veux-tu me servir ? Puisqu'avec tant de constance, tant de patience, tu restes attaché à la stérile fortune de ce misérable Posthumus, tu dois, à plus forte raison, par reconnaissance, t'attacher à la mienne en zélé serviteur. Veux-tu me servir ?

PISANIO.—Seigneur, je le veux bien.

CLOTEN.—Donne-moi ta main : voici ma bourse. N'as-tu pas en ta possession quelque habit de ton ancien maître ?

PISANIO.—Seigneur, j'ai à mon logement l'habit même qu'il portait lorsqu'il a pris congé de ma dame et maîtresse.

CLOTEN.—Ton premier service, c'est de m'aller chercher cet habit : que ce soit ton premier service ; va.

PISANIO.—J'y vais, seigneur. *(Il sort.)*

CLOTEN.—*Te joindre au havre de Milford ?*—J'ai oublié de lui demander une chose ; mais je m'en souviendrai tout à l'heure.—Là même, misérable Posthumus, je veux te tuer.—Je voudrais que cet habit fût déjà venu. Elle disait un jour (l'amertume de ces paroles me soulève le cœur) qu'elle faisait plus de cas de l'habit de Posthumus que de ma noble personne, ornée de toutes mes qualités. Je veux, revêtu de cet habit, abuser d'elle ; et d'abord le tuer, lui, sous les yeux de sa belle : elle verra alors ma valeur, et après ces mépris ce sera pour elle un tourment. Lui à terre, après ma harangue d'insulte finie sur son cadavre, lorsque ma passion sera rassasiée, ce que je veux, comme je le dis, accomplir pour la vexer, dans les mêmes habits dont elle faisait tant de cas, alors je la fais revenir à la cour et la fais marcher à pied devant moi. Elle s'égayait à me mépriser, je m'égayerai aussi moi à me venger. *(Pisanio revient avec l'habit.)* Sont-ce là ces habits ?

PISANIO.—Oui, mon noble seigneur.

CLOTEN.—Combien y a-t-il qu'elle est partie pour le havre de Milford ?

PISANIO.—A peine peut-elle y être arrivée à présent.

CLOTEN.—Porte ces vêtements dans ma chambre ; c'est la seconde chose que je t'ai commandée. La troisième est que tu deviennes volontairement muet sur mes desseins. Songe à m'obéir, et la fortune viendra d'elle-même s'offrir à toi.—C'est à Milford qu'est maintenant ma vengeance ! Que n'ai-je des ailes pour l'y atteindre. —Va, sois-moi fidèle.

(Il sort revêtu de l'habit de Posthumus.)

PISANIO.—Tu me commandes ma perte ; car t'être fidèle, c'est devenir ce que je ne serai jamais, traître à l'homme le plus fidèle.—Va, cours à Milford, pour n'y pas trouver celle que tu poursuis.—Ciel ! verse, verse sur elle tes bénédictions ! Que les obstacles traversent l'empressement de cet insensé, et qu'un vain labeur soit son salaire !

(Pisanio sort.)

## SCÈNE VI

Devant la caverne de Bélarius.

*Entre* IMOGÈNE *en habit d'homme.*

IMOGÈNE.—Je vois que la vie d'un homme est pénible ; je me suis fatiguée, et ces deux nuits la terre m'a servi de lit. Je serais malade si ma résolution ne me soutenait. O Milford ! lorsque du sommet de la montagne Pisanio te montrait à moi, tu étais à la portée de ma vue ! ô Jupiter ! je crois que les murs fuient devant les malheureux ; ceux du moins, où ils trouveraient des secours. Deux mendiants m'ont dit que je ne pouvais pas me tromper de chemin. Les pauvres gens, accablés de misère, peuvent-ils mentir sachant que leurs maux sont un châtiment ou une épreuve ? Oui, il n'y aurait rien d'étonnant, puisque les riches mêmes disent à peine la vérité. Tromper dans l'abondance est un plus grand crime que de mentir pressé par la misère ; et la fausseté chez les rois est bien plus criminelle que chez les mendiants. Mon cher seigneur, et toi aussi tu es du nombre des hommes perfides!.... Maintenant que je songe à toi, ma faim est passée; il y a un moment, j'étais prête à défaillir d'épuisement. Mais que vois-je?—Un sentier mène à cette caverne!—C'est quelque repaire sauvage.—Je ferais mieux de ne pas appeler. Je n'ose appeler.—Pourtant la faim, tant qu'elle n'a pas triomphé de la nature, rend intrépide. La paix et l'abondance engendrent les lâches; la nécessité fut toujours la mère de l'audace. Holà, qui est ici? S'il y a quelque être civilisé, parlez; si vous êtes sauvages, prenez ou rendez-moi la vie. Holà?.... Nulle réponse.—Alors, je vais entrer. Il vaut mieux tirer mon épée; si mon ennemi craint le fer autant que moi, à peine osera-t-il l'envisager. Accorde-moi pareil ennemi, ciel propice!

(Elle entre dans la caverne.)

BÉLARIUS, *revenant de la chasse.*—C'est toi, Polydore, qui as été le meilleur chasseur, et tu es le roi de la fête. Cadwal et moi nous serons ton cuisinier et ton domestique, c'est ce qui est convenu. L'industrie cesserait bientôt de prodiguer ses sueurs et périrait sans le salaire pour lequel elle travaille. Entrons; notre appétit donnera de la saveur à ces aliments grossiers. La lassitude dort profondément sur les cailloux, tandis que la mollesse inquiète trouve dur un oreiller de duvet. Que la paix habite ici, pauvre logis qui te gardes toi-même!

GUIDÉRIUS.—Je suis excédé de lassitude.

ARVIRAGUS.—Je suis affaibli par la fatigue, mais l'appétit est vigoureux.

GUIDÉRIUS.—Il nous reste dans la caverne de la viande froide; nous nous en repaîtrons en attendant que notre chasse soit cuite.

BÉLARIUS, *regardant dans la caverne.*—Arrêtez, n'entrez pas.... Si je ne le voyais pas manger nos provisions, je croirais que c'est une fée.

GUIDÉRIUS.—Qu'y a-t-il donc, seigneur?

BÉLARIUS.—Par Jupiter, un ange! ou si ce n'est pas un ange, c'est le modèle des beautés de la terre! Voyez la divinité, sous les traits d'un jeune adolescent

(Imogène s'avance à l'entrée de la caverne.)

IMOGÈNE, *suppliante.*—Bons chasseurs, ne me faites point de mal. Avant d'entrer ici, j'ai appelé, et mon intention était de demander ou d'acheter ce que j'ai pris. En vérité, je n'ai rien dérobé, et je n'aurais rien pris, quand j'aurais l'or semé par terre. Voilà de l'argent pour ce que j'ai mangé : j'aurais laissé cet argent sur la table, aussitôt que j'aurais eu fini mon repas, et je serais parti en priant le ciel pour l'hôte qui m'avait nourri.

GUIDÉRIUS.—De l'argent, jeune homme?

ARVIRAGUS.—Que tout l'argent et l'or deviennent de la fange : il ne vaut pas mieux, excepté pour ceux qui adorent des dieux de fange.

IMOGÈNE.—Je le vois, vous êtes fâché. Apprenez que si vous me tuez pour ma faute, je serais mort si je ne l'avais pas commise.

BÉLARIUS.—Où allez-vous?

IMOGÈNE.—Au havre de Milford.

BÉLARIUS.—Quel est votre nom?

IMOGÈNE.—Fidèle, seigneur.—J'ai un parent qui part pour l'Italie : il s'embarque à Milford : j'allais le rejoindre lorsque, épuisé par la faim, je suis tombé dans cette faute.

BÉLARIUS.—Je te prie, beau jeune homme, ne nous crois pas des rustres, et ne juge pas de la bonté de nos âmes sur l'aspect de l'antre où nous vivons. La rencontre est heureuse. Il est presque nuit; tu feras meilleure chère avant ton départ, et nous te remercierons d'être resté pour la partager.—Mes enfants, souhaitez-lui la bienvenue.

GUIDÉRIUS.—Jeune homme, si tu étais une femme, je te ferais la cour sans relâche, jusqu'à ce que je fusse ton époux. Franchement, je dis ce que je ferais.

ARVIRAGUS.—Moi, je suis satisfait de ce qu'il est un homme. Je l'aimerai comme un frère, et, l'accueil que je ferais à mon frère après une longue absence, tu le recevras de moi. Sois le bienvenu. Sois joyeux; car tu rencontres ici des amis.

IMOGÈNE, *à part.*—Des amis! Ah! si c'étaient mes

frères ! que le ciel n'a-t-il permis qu'ils fussent les enfants de mon père ! alors le prix de ma personne eût été moins grand, et par là plus en rapport avec toi, Posthumus.

BÉLARIUS.—Il souffre de quelque chagrin.

GUIDÉRIUS.—Que je voudrais l'en affranchir !

ARVIRAGUS.—Et moi aussi, quel qu'il fût, et quoi qu'il m'en coûtât de peines et de dangers ! Dieux !

BÉLARIUS.—Écoutez-moi, mes enfants.
(Il leur parle à l'oreille et s'éloigne d'eux.)

IMOGÈNE.—Des grands de la cour qui n'auraient pour palais que cette étroite caverne, qui se serviraient eux-mêmes, et qui, renonçant à ces frivoles tributs de l'inconstante multitude, posséderaient la vertu que leur assurerait leur propre conscience, ne pourraient surpasser ces deux jeunes gens. Pardonnez, grands dieux ! mais je voudrais changer de sexe, pour vivre ici avec eux, puisque Posthumus est perfide.

BÉLARIUS.—Il en sera ainsi.—Allons apprêter notre gibier.—(*Il se rapproche avec eux d'Imogène.*) Beau jeune homme, entrons. La conversation fatigue lorsqu'on est à jeun : après le souper, nous te demanderons poliment ton histoire, et tu nous en diras ce qu'il te plaira.

GUIDÉRIUS.—Je te prie, entre avec nous.

ARVIRAGUS.—La nuit est moins bienvenue pour le hibou, et le matin pour l'alouette.

IMOGÈNE.—Je vous rends grâces.

ARVIRAGUS.—Je t'en prie, approche.
(Tous trois entrent dans la caverne.)

## SCÈNE VII

Rome.

*Entrent* DEUX SÉNATEURS ET *des* TRIBUNS.

PREMIER SÉNATEUR.—Voici la teneur des ordres de l'empereur : Puisque les soldats ordinaires sont maintenant occupés contre les Pannoniens et les Dalmates, et que les légions des Gaules sont trop faibles pour entreprendre la guerre contre les Bretons rebelles, nous devons exciter la noblesse à y prendre part. Il crée Lucius proconsul, et il vous donne à vous, tribuns, ses pleins pouvoirs pour faire cette levée.—*Vive César!*

LES TRIBUNS.—Lucius est-il général de l'armée?

SECOND SÉNATEUR.—Oui, tribuns. Il est pour le moment en Gaule.

PREMIER SÉNATEUR. — Avec les légions dont je vous parlais et que vos recrues doivent renforcer. Votre commission vous marque le nombre d'hommes et le moment de leur départ.

LES TRIBUNS.—Nous ferons notre devoir.

(Ils sortent.)

FIN DU TROISIÈME ACTE.

# ACTE QUATRIÈME

## SCÈNE I

Forêt près de la caverne.

*Entre* CLOTEN.

CLOTEN.—Me voici tout près des lieux où ils doivent se rejoindre, si Pisanio m'en a donné la carte fidèle. Que ses habits me vont bien ! Pourquoi sa maîtresse ne m'irait-elle pas aussi bien, elle fut faite par celui qui a fait le tailleur (révérence parler), et d'autant plus que la femme, dit-on, va bien ou mal par caprice. Il faut que sous ce déguisement j'en fasse l'épreuve. — J'ose me l'avouer tout haut à moi-même (car il n'y a pas de vanité à parler à son miroir, seul dans sa chambre), mon corps est aussi bien dessiné que celui de ce Posthumus : je suis aussi jeune, plus robuste ; je ne lui cède point en fortune ; j'ai l'avantage sur lui par les circonstances ; je le surpasse en naissance ; je le vaux bien dans les occasions générales, et je me montre mieux que lui dans les combats particuliers ; cependant cette petite entêtée l'aime au mépris de moi !

Ce que c'est que la vie de l'homme ! Posthumus, ta tête, qui maintenant s'élève sur tes épaules, dans une heure sera abattue ; ta maîtresse violée et tes habits déchirés en pièces sous tes yeux ; et, tout cela fait, je la traîne à son père ; il pourra d'abord m'en vouloir un peu d'avoir traité si rudement sa fille ; mais ma mère régente son humeur ; elle saura bien tourner le tout à mon éloge. —Mon cheval est bien attaché.—Allons, sors mon épée et dans un but sanguinaire. Fortune, amène-les sous ma main.—Oui, je reconnais ici la description que Pisanio m'a faite du lieu de leur rendez-vous, et ce misérable n'oserait me tromper.

(Il sort.)

## SCÈNE II

### A l'entrée de la caverne.

**BÉLARIUS, GUIDARIUS, ARVIRAGUS** et **IMOGÈNE**
*sortent de la caverne.*

BÉLARIUS, *à Imogène.* — Tu n'es pas bien, demeure ici, dans la caverne ; après notre chasse nous viendrons te retrouver.

ARVIRAGUS.—Reste ici, mon frère ; ne sommes-nous pas frères ?

IMOGÈNE.—L'homme et l'homme devraient l'être ; cependant nous voyons que l'argile et l'argile diffèrent en dignité, quoique leur poussière soit la même.—Je suis bien malade.

GUIDÉRIUS.—Allez à la chasse, moi, je veux rester avec lui.

IMOGÈNE.—Je ne suis pas si malade, quoique je ne me sente pas bien ; mais je ne suis pas de ces citadins efféminés qui paraissent morts avant même d'être malades. Je vous prie, laissez-moi, allez à vos affaires de tous les jours : interrompre ses habitudes, c'est interrompre tout. Je suis malade, mais votre présence ne me guérirait pas. La société n'est pas une consolation pour ceux qui ne sont pas sociables. Je ne suis pas très-malade, puisque je peux encore en raisonner. Je vous prie. laissez-moi seul ici, je ne priverai de moi que moi-même, et laissez-moi mourir puisqu'on y perdra si peu de chose.

GUIDÉRIUS, *à Imogène.*—Je t'aime, je te l'ai dit, et le poids et l'étendue de mon amour égalent celui dont j'aime mon père.

BÉLARIUS.—Comment ? que dis-tu ?

ARVIRAGUS.—Si c'est un péché de le dire, seigneur, je prends sur moi la moitié de la faute de mon bon frère.— Je ne sais pourquoi j'aime ce jeune homme ; mais je vous ai ouï dire que la raison n'entrait pour rien dans les raisons de l'amour. Le cercueil serait à la porte, et on me demanderait qui doit mourir, je dirais : Mon père, plutôt que ce jeune homme !

BÉLARIUS, *à part.*—O noble élan ! ô dignité naturelle ! inspiration de grandeur ! Les lâches sont pères de lâches, et les êtres vulgaires n'engendrent que des fils vulgaires ; la nature a de la farine et du son, de la grâce et du rebut ; je ne suis point leur père ; mais qui est donc celui qu'ils aiment ainsi plus que moi par une espèce de prodige ?—Il est neuf heures du matin.

ARVIRAGUS.—Mon frère, adieu.

IMOGÈNE. — Je vous souhaite bonne chasse.

ARVIRAGUS.—Et moi une bonne santé. (*A Bélarius.*) Allons, seigneur.

IMOGÈNE, *à part.*—Ce sont là de bonnes créatures ! Dieux, que de mensonges j'ai entendus ! Nos courtisans disaient que hors de la cour tout était sauvage. Expérience, comme tu démens leurs rapports ! La mer, dans son empire, engendre des monstres, et, pour la table, une pauvre rivière tributaire fournit des poissons aussi exquis. Je souffre toujours, je souffre au cœur.—Pisanio, je veux essayer de ta drogue,

BÉLARIUS.—Je n'osais pas le presser ; il m'a dit qu'il était bien né, mais tombé dans l'infortune ; qu'il était persécuté malhonnêtement, mais honnête.

GUIDÉRIUS.—Il m'a répondu de même, mais il m'a dit que dans la suite je pourrais en apprendre davantage.

BÉLARIUS.—Allons, à la plaine, à la plaine. (*A Imogène.*) —Nous allons te quitter pour ce moment ; rentre et repose-toi.

ARVIRAGUS —Nous ne serons pas longtemps dehors.

BÉLARIUS.—De grâce, ne sois pas malade, car il faut que tu sois l'économe de notre ménage.

IMOGÈNE.—Malade ou bien portant, je vous reste attaché.

(Imogène rentre dans la caverne.)

BÉLARIUS.—Et tu le seras toujours.—Ce jeune homme, quoique dans le malheur, paraît issu de nobles ancêtres.

ARVIRAGUS.—Comme sa voix est angélique!

GUIDÉRIUS.—Et comme il fait bien la cuisine! Il a élégamment découpé nos racines et assaisonné nos bouillons comme si Junon malade avait réclamé ses soins.

ARVIRAGUS.—Avec quelle noblesse le sourire se mêle à ses soupirs! Comme si le soupir n'était ce qu'il est que par le regret de n'être pas sourire; comme si le sourire raillait le soupir de s'éloigner d'un temple aussi divin pour se mêler aux vents qui sont maudits des matelots.

GUIDÉRIUS.—Je remarque que la douleur et la patience, enracinées en lui, entrelacent leurs racines.

ARVIRAGUS.—Patience, deviens la plus forte, et que la douleur, ce sureau infect, cesse d'enlacer sa racine mourante à celle de la vigne prospère.

BÉLARIUS.—Il est grand jour, allons, partons.—Qui va là?

(Entre Cloten.)

CLOTEN.—Je ne puis découvrir ces fuyards; ce misérable m'a joué.—Je succombe.

BÉLARIUS.—Ces fuyards? Est-ce de nous qu'il parle? Je le reconnais à demi. Oui, c'est Cloten, c'est le fils de la reine. Je crains quelque embûche; je ne l'ai pas revu depuis tant d'années, et pourtant je suis certain que c'est lui: on nous tient pour proscrits, éloignons-nous.

GUIDÉRIUS.—Il est tout seul; vous et mon frère, cherchez à découvrir si quelqu'un l'accompagne; de grâce, allez, et laissez-moi seul avec lui.

(Bélarius et Arviragus sortent.)

CLOTEN.—Arrêtez. Qui êtes-vous, vous qui fuyez? Sans doute quelques vils montagnards: j'ai ouï parler de ces gens-là. (*A Guidérius.*)—Qui es-tu, esclave?

GUIDÉRIUS.—Je n'ai jamais fait d'acte plus servile que celui de répondre au nom d'*esclave* sans t'assommer.

CLOTEN.—Tu es un brigand, un infracteur des lois, un misérable... Rends-toi, voleur.

GUIDÉRIUS.—A qui? à toi? Qui es-tu? N'ai-je pas un bras aussi robuste que le tien,—un cœur aussi fier? Ton langage, je l'avoue, est plus arrogant ; moi, je ne porte point mon poignard dans ma langue. Parle, qui es-tu donc pour que je doive te céder ?

CLOTEN.—Vil insolent, ne me reconnais-tu pas à mes habits ?

GUIDÉRIUS.—Non, coquin, ni ton tailleur, qui fut ton grand-père, car il a fait ces habits qui te font ce que tu es, à ce qu'il me semble.

CLOTEN.—Adroit varlet, ce n'est pas mon tailleur qui les a faits.

GUIDÉRIUS.—Va donc remercier l'homme qui t'en a fait don.—Tu m'as l'air de quelque fou ; il me répugne de te battre.

CLOTEN.—Insolent voleur, apprends mon nom et tremble.

GUIDÉRIUS.—Quel est ton nom ?

CLOTEN.—Cloten, coquin !

GUIDÉRIUS.—Eh bien ! que Cloten soit ton nom, double coquin, il ne peut me faire trembler ; je serais plus ému si tu étais un crapaud, une vipère ou une araignée.

CLOTEN.—Pour te confondre de terreur et de honte, apprends que je suis le fils de la reine.

GUIDÉRIUS.—J'en suis fâché ; tu ne parais pas digne de ta naissance.

CLOTEN.—Tu n'as pas peur ?

GUIDÉRIUS.—Je ne crains que ceux que je respecte, les sages ; je me ris des fous, je ne les crains pas.

CLOTEN.—Meurs donc.... Quand je t'aurai tué de ma propre main, j'irai poursuivre ceux qui viennent de fuir devant moi, et je planterai vos têtes sur les portes de la cité de Lud. Rends-toi, grossier montagnard.

(Ils s'éloignent en combattant.)
(Bélarius et Arviragus rentrent.)

BÉLARIUS.—Il n'y a personne dans la campagne.

ARVIRAGUS.—Personne au monde ; vous vous serez mépris, sûrement.

BÉLARIUS.—Je ne sais ; il y a bien des années que je ne l'ai vu, mais le temps n'a rien effacé des traits que son visage avait jadis ; les saccades de sa voix et la précipitation de ses paroles...—Je suis certain que c'était Cloten.

ARVIRAGUS.—Nous les avions laissés ici ; je souhaite que mon frère vienne à bout de lui ; vous dites qu'il est si féroce.

BÉLARIUS.—Je veux dire qu'à peine devenu un homme fait il ne craignait pas des dangers menaçants ; car souvent les effets du jugement sont la cause de la peur. Mais voilà ton frère.

(Guidérius paraît de loin tenant la tête de Cloten.)

GUIDÉRIUS.—Ce Cloten était un imbécile, une bourse vide ; il n'y avait point d'argent dedans ; Hercule lui-même n'aurait pu lui faire sauter la cervelle, il n'en avait point. Et cependant, si j'en avais moins fait, cet imbécile eût porté ma tête comme je porte la sienne.

BÉLARIUS.—Qu'as-tu fait ?

GUIDÉRIUS.—Je le sais à merveille, ce que j'ai fait. J'ai coupé la tête à un Cloten, qui se disait fils de la reine, qui m'appelait traître, montagnard, et qui jurait que de sa main il nous saisirait tous et ferait sauter nos têtes de la place où, grâce aux dieux, elles sont encore, pour les planter sur les murs de la cité de Lud.

BÉLARIUS.—Nous sommes tous perdus !

GUIDÉRIUS.—Eh ! mais, mon père, qu'avons-nous donc à perdre que ce qu'il jurait de nous ôter, la vie ? La loi ne nous protége pas ; pourquoi donc aurions-nous la faiblesse de souffrir qu'un insolent morceau de chair nous menace d'être à la fois juge et bourreau, et d'exécuter lui seul tout ce que nous pourrions craindre des lois ?— Mais quelle suite avez-vous découvert dans les bois ?

BÉLARIUS.—Nous n'avons pas pu apercevoir une âme ; mais, en saine raison, il est impossible qu'il n'ait pas quelque escorte. Quoique son caractère ne fût que changement continuel, et toujours du mauvais au pire, cependant la folie, la déraison la plus complète eût pu seule l'amener ici sans suite. Il se pourrait qu'on eût dit à la cour que les hommes qui habitaient ici dans une caverne, et vivaient ici de leur chasse, étaient des proscrits qui pourraient un jour former un parti redoutable ; lui, à ce récit, aura pu éclater, car c'est là son caractère.

et jurer qu'il viendrait nous chercher. Mais pourtant il n'est pas probable qu'il y soit venu seul, qu'il ait osé l'entreprendre, et qu'on l'ait souffert. Nous avons donc de bonnes raisons de craindre que ce corps n'ait une queue plus dangereuse que sa tête.

ARVIRAGUS.—Que l'événement arrive tel que le prévoient les dieux ; quel qu'il soit, mon frère a bien fait.

BÉLARIUS.—Je n'avais pas envie de chasser aujourd'hui, la maladie du jeune Fidèle m'a fait trouver le chemin bien long.

GUIDÉRIUS. — Avec sa propre épée, qu'il brandissait autour de ma gorge, je lui ai enlevé la tête ; je vais la jeter dans l'anse qui est derrière notre rocher ; qu'elle aille à la mer dire aux poissons qu'elle appartient à Cloten, le fils de la reine. C'est là tout le cas que j'en fais.

(Il sort.)

BÉLARIUS.—Je crains que sa mort ne soit vengée. Polydore, je voudrais que tu n'eusses pas fait ce coup, quoique la valeur t'aille à merveille.

ARVIRAGUS.—Moi, je voudrais l'avoir fait, dût la vengeance tomber sur moi seul!—Polydore, je t'aime en frère, mais je suis jaloux de cet exploit : tu me l'as volé. Je voudrais que toute la vengeance à laquelle la force humaine peut résister fondît sur nous et nous mît à l'épreuve.

BÉLARIUS.—Allons, c'est une chose faite.—Nous ne chasserons plus aujourd'hui : ne cherchons point des dangers là où il n'y a pas de profit. (A Arviragus.)—Je te prie, retourne à notre rocher ; Fidèle et toi, vous serez les cuisiniers ; moi je vais rester ici et attendre que cet impétueux Polydore revienne, et je l'amène à l'instant pour dîner.

ARVIRAGUS.—Pauvre Fidèle, que nous avons laissé malade, je vais le retrouver avec plaisir ! Pour lui rendre ses couleurs, je verserais le sang d'une paroisse de Clotens, et croirais mériter des éloges comme pour un acte de charité.

(Il sort.)

BÉLARIUS.—O déesse, divine nature, comme tu te manifestes dans ces deux fils de roi ! Ils sont doux comme les zéphyrs, lorsqu'ils murmurent sous la violette sans même agiter sa tête flexible ; mais quand leur sang royal s'allume, ils deviennent aussi fougueux que le plus impétueux des vents, qui saisit par la cime le pin de la montagne et le courbe jusqu'au fond du vallon. C'est un prodige qu'un instinct secret les forme ainsi sans leçons à la royauté, à l'honneur, dont ils n'ont point reçu de préceptes, à la politesse, dont ils n'ont point vu d'exemple, à la valeur, qui croît en eux comme une plante sauvage, et qui a déjà produit une aussi riche moisson que si on l'avait semée. Cependant, je voudrais bien savoir ce que nous présage la présence de Cloten ici, et ce que nous amènera sa mort. *(Guidérius rentre.)*

GUIDÉRIUS.—Où est mon frère ? Je viens de plonger dans le torrent cette lourde tête de Cloten, et de l'envoyer en ambassade à sa mère, comme otage, en attendant le retour de son corps.

*(Musique solennelle.)*

BÉLARIUS.—Qu'entends-je ! mon instrument ! Écoutons, Polydore ! il résonne... Mais à quelle occasion Cadwal... Écoutons.

GUIDÉRIUS.—Mon frère est-il au logis ?

BÉLARIUS.—Il vient de s'y rendre.

GUIDÉRIUS.—Que veut-il dire ? Depuis la mort de ma mère bien-aimée, cet instrument n'a pas parlé... Pour ces sons solennels, il faudrait un événement solennel... De quoi s'agit-il ? des airs de triomphes pour des riens, et des lamentations pour des caprices ! C'est la joie des singes et le chagrin des enfants. Cadwal est-il fou ?

## SCÈNE III

**ARVIRAGUS** *entre soutenant dans ses bras* **IMOGÈNE**
*qu'il croit morte.*

BÉLARIUS.—Regarde, le voilà qui vient ! et dans ses bras il porte le triste objet de ces accents que nous blâmions tout à l'heure.

ARVIRAGUS.—Il est mort l'oiseau dont nous faisions tant de cas! J'aurais mieux aimé, passant d'un saut de seize ans à soixante, avoir changé mon temps de bondir contre une béquille, que de voir cela.

GUIDÉRIUS.—O le plus beau, le plus doux des lis! penché sur les bras de mon frère, tu n'as pas la moitié des grâces que tu avais, lorsque tu te soutenais toi-même.

BÉLARIUS.—O mélancolie! qui a jamais pu sonder ton abîme? qui a jamais pu jeter la sonde pour trouver la côte où ta barque pesante pourrait aborder? Objet bien-aimé! Jupiter sait quel homme tu aurais pu devenir; mais moi je sais que tu étais un enfant rare, et que tu es mort de mélancolie.—En quel état l'as-tu trouvé?

ARVIRAGUS.—Roide, comme vous le voyez; ce sourire sur les lèvres, comme s'il eût senti en riant non le trait de la mort, mais la piqûre d'un insecte qui chatouillait son sommeil; sa joue droite reposait sur un coussin.

GUIDÉRIUS.—En quel endroit?

ARVIRAGUS.—Par terre, ses bras ainsi entrelacés. J'ai cru qu'il dormait, et j'ai quitté mes souliers ferrés qui retentissaient trop sous mes pas.

GUIDÉRIUS.—En effet, sa mort n'est qu'un sommeil, et sa tombe sera un lit. Les fées viendront la visiter souvent, et jamais les vers n'oseront l'approcher.

ARVIRAGUS.—Tant que l'été durera, tant que je vivrai dans ces lieux, Fidèle, je parerai ton triste tombeau des plus belles fleurs. Jamais tu ne manqueras de primevères, elles ont la douce pâleur de ton visage; ni de la jacinthe, azurée comme tes veines; ni de la feuille de l'églantine, dont le parfum, sans lui faire tort, n'était pas plus doux que ton haleine; le rouge-gorge lui-même, dont le bec charitable fait affront à ces riches héritiers qui laissent leurs pères gisant sans monument, viendrait t'apporter ces fleurs, et lorsqu'il n'y a plus de fleurs, il protégerait tes restes contre le froid par un vêtement de mousse.

GUIDÉRIUS.—Cesse, mon frère, je te prie : et ne joue pas avec ce langage efféminé sur un sujet aussi sérieux. Ensevelissons-le, et ne différons plus, par admiration, d'acquitter une dette légitime. — Allons au tombeau.

ARVIRAGUS. — Dis-moi, où le placerons-nous?

GUIDÉRIUS. — A côté de notre bonne mère Euriphile.

ARVIRAGUS. — Oui, Polydore; et nous, quoique nos voix aient acquis un accent plus mâle, nous chanterons, en le conduisant à la terre, comme pour notre mère : répétons le même air, les mêmes paroles, et ne changeons que le nom d'Euriphile en celui de Fidèle.

GUIDÉRIUS. — Cadwal, je ne puis chanter; je pleurerai, et je répéterai les paroles avec toi; car des chants de douleur, qui ne sont pas d'accord, sont pires que des temples et des prêtres imposteurs.

ARVIRAGUS. — Eh bien! nous ne ferons que les réciter.

BÉLARIUS. — Les grandes douleurs, je le vois, guérissent les petites. Voilà Cloten entièrement oublié. Mes enfants, il était le fils d'une reine, et s'il est venu en ennemi, souvenez-vous qu'il en a été puni. Quoique le faible et le puissant pourrissent ensemble, et ne rendent que la même poussière, cependant le respect, cet ange du monde, établit une distance entre les grands et les petits. Notre ennemi était un prince. Comme ennemi vous lui avez ôté la vie; mais vous devez l'ensevelir comme il convient à un prince.

GUIDÉRIUS, *à Bélarius*. — Je vous prie, allez chercher son corps. Le corps de Thersite vaut celui d'Ajax, lorsque ni l'un ni l'autre ne sont en vie.

ARVIRAGUS, *à Bélarius*. — Si vous voulez l'aller chercher, pendant ce temps-là nous réciterons notre hymne. Mon frère, commence. (Bélarius sort.)

GUIDÉRIUS. — Cadwal, il faut que nous placions sa tête vers l'orient : mon père a des raisons pour cela.

ARVIRAGUS. — Il est vrai.

GUIDÉRIUS. — Allons, viens, emportons-le.

ARVIRAGUS. — A présent, commence.

CHANT FUNÈBRE.

GUIDÉRIUS.

Ne crains plus les ardeurs du soleil,
Ni les outrages de l'hiver furieux;

Tu as fini ta tâche dans la vie ;
Tu as reçu ton salaire et regagné ta demeure.
Les jeunes garçons et les jeunes filles vêtues d'or
Doivent devenir poussière comme les ramoneurs.

ARVIRAGUS.

Ne crains plus le courroux des grands ;
Tu es au delà de la portée du trait des tyrans.
Ne t'inquiète plus de manger ni de te vêtir.
Pour toi, le roseau est égal au chêne,
Et le sceptre, et la science, et la médecine,
Tout doit suivre et rentrer dans la poussière.

GUIDÉRIUS.

Ne crains plus l'éblouissant éclair,

ARVIRAGUS.

Ni le trait de la foudre redoutée.

GUIDÉRIUS.

Ne crains plus la calomnie et la censure téméraire.

ARVIRAGUS.

La joie et les larmes sont finies pour toi.

TOUS DEUX ENSEMBLE.

Tous les jeunes amants, oui, tous les amants
Subiront la même destinée que toi, et rentreront dans la
[poussière.

GUIDÉRIUS.

Que nul enchanteur ne te fasse de mal.

ARVIRAGUS.

Que nul maléfice ne t'approche dans ton asile.

GUIDÉRIUS.

Que les fantômes non ensevelis te respectent.

ARVIRAGUS.

Que rien de funeste n'approche de toi.

## ACTE IV, SCÈNE III.

TOUS LES DEUX.

Goûte un paisible repos,
Et que ta tombe soit renommée.
(Bélarius revient, chargé du corps de Cloten.)

GUIDÉRIUS.—Nous avons fini les obsèques de Fidèle : venez, déposez-le.

BÉLARIUS.—Voici quelques fleurs : vers minuit nous en apporterons davantage; les herbes que baigne la froide rosée de la nuit sont plus propres à joncher les tombeaux.—Jetez ces fleurs sur leurs visages.—Vous étiez comme ces fleurs, vous qui êtes maintenant flétris : elles vont se faner comme vous, ces fleurs que nous jetons sur vous. Venez, allons-nous-en; mettons-nous à genoux à l'écart.—La terre qui les donna les a repris. Leurs plaisirs sont passés, et leurs peines aussi.
(Bélarius, Guidérius et Arviragus sortent.)

IMOGÈNE, *se réveillant*.—Oui, mon ami, je vais au havre de Milford; quel est le chemin?—Je vous remercie.— Par ce détour là-bas?—Je vous prie, y a-t-il loin encore? —Quoi! encore six milles! Que Dieu ait pitié de moi!— J'ai marché toute la nuit.—Allons, je vais me reposer ici et dormir. Mais doucement, point de compagnon de lit... (*Elle voit le corps de Cloten.*) Dieux et déesses! ces fleurs sont comme les plaisirs du monde; ce cadavre sanglant est le souci qu'ils cachent. J'espère que je rêve. Oui, dans mon sommeil, je m'imaginais être la gardienne d'une caverne, pour faire la cuisine à d'honnêtes créatures. Mais il n'en est rien; ce n'était qu'une ombre, une vaine image formée des vapeurs du cerveau. Nos yeux quelquefois sont, comme notre jugement, bien aveugles!— En vérité, je tremble toujours de peur; ah! s'il reste encore dans le ciel une goutte de pitié aussi petite que la prunelle d'un roitelet, redoutables dieux, une petite part pour moi!—Le songe est encore là; même à présent que je me réveille, il est autour de moi et comme en moi.— Mais je n'imagine point, je sens. Un homme sans tête! les habits de Posthumus! Je reconnais la forme de sa jambe; c'est sa main, son pied de Mercure, ses jarrets de Mars, ses muscles d'Hercule. Mais où est son visage de Jupiter? —Un meurtre dans le ciel!—Quoi! c'en est donc fait!— Pisanio, que toutes les malédictions dont Hécube en délire chargea les Grecs, et les miennes par-dessus le marché, fondent sur ta tête! C'est toi, oui, c'est toi, qui, avec Cloten, ce démon effréné, as égorgé ici mon époux! —Qu'écrire et lire soient désormais une trahison! Le maudit Pisanio avec ses lettres supposées,—le maudit Pisanio,—il a abattu le haut du grand mât de ce vaisseau le plus noble du monde! O Posthumus! Hélas! où est ta tête? où est-elle? Hélas! qu'est-ce donc? Pisanio pouvait aussi bien te percer le cœur et te laisser la tête. Mais, Pisanio, comment as-tu pu?...—Ah! c'est lui avec Cloten. La scélératesse et la cupidité ont commis ce forfait... Oh! le crime est évident, évident! Ce breuvage qu'il me donna, en me le vantant comme un cordial salutaire, n'ai-je pas éprouvé qu'il est meurtrier pour les sens? Cela confirme mes soupçons; oui, c'est l'œuvre de Pisanio et de Cloten. Oh! laisse, laisse-moi rougir dans ton sang mon pâle visage, afin que nous paraissions plus affreux à ceux qui pourront nous trouver. O mon seigneur, mon seigneur!

(Elle retombe évanouie à côté du corps.)
(Lucius s'avance, entouré d'officiers romains, un devin l'accompagne.)

UN CAPITAINE.—Oui, les légions cantonnées dans les Gaules ont sur tes ordres passé la mer; elles t'attendent ici avec tes vaisseaux au havre de Milford; elles sont ici prêtes à agir.

LUCIUS.—Mais que mande-t-on de Rome?

L'OFFICIER.—Que le sénat a enrôlé la noblesse d'Italie et des frontières, volontaires courageux qui promettent de généreux services; ils viennent sous la conduite du vaillant Iachimo, le frère du prince de Sienne.

LUCIUS.—Quand les attendez-vous?

L'OFFICIER.—Au premier vent favorable.

LUCIUS.—Cette ardeur nous promet de belles espérances; ordonnez la revue des forces que nous avons ici, et chargez les officiers d'y veiller.—Eh bien! seigneur, qu'avez-vous rêvé dernièrement sur l'entreprise de cette guerre ?

LE DEVIN.—La nuit dernière, les dieux eux-mêmes m'ont envoyé une vision ; j'avais jeûné et prié pour obtenir leurs lumières. J'ai vu l'oiseau de Jupiter, l'aigle romaine, volant de l'orageux midi vers cette partie de l'occident, se perdre dans les rayons du soleil ; ce songe, si mes péchés ne troublent pas ma prescience, annonce le succès de l'armée romaine.

LUCIUS.—Ayez souvent de pareils songes, et qu'ils ne soient jamais trompeurs.—Arrêtez ; ah ! quel est ce tronc sans tête ? Les ruines annoncent que l'édifice était beau naguère. Quoi ! un page aussi, ou mort, ou assoupi sur ce corps ! Mais il est mort plutôt, car la nature a horreur de partager la couche d'un défunt et de dormir près d'un mort. Voyons le visage de ce jeune homme.

L'OFFICIER, *qui s'approche et le considère.*—Il est vivant, seigneur.

LUCIUS.—Il va donc nous éclairer sur ce cadavre.—Jeune homme, instruis-nous de ton sort ; il me semble qu'il est de nature à exciter la curiosité. Quel est ce corps dont tu fais ton oreiller sanglant ? Qui est celui qui, autrement que ne le voulait la noble nature, a défiguré ce bel ouvrage ? Quel intérêt as-tu dans ce triste désastre ? Dis, comment est-il arrivé,—qui est-ce ? Toi-même, qui es-tu ?

IMOGÈNE.—Je ne suis rien,—ou du moins mieux vaudrait pour moi ne rien être... Celui-ci était mon maître, un digne et vaillant Breton, massacré ici par les montagnards. Hélas ! il n'y a plus de pareils maîtres. Je puis errer de l'orient au couchant, implorer du service, essayer de plusieurs maîtres, les trouver bons, les servir fidèlement, et n'en retrouver jamais un pareil.

LUCIUS. — Hélas ! bon jeune homme, tes plaintes m'émeuvent autant que la vue de ton maître tout sanglant. Dis-moi son nom, mon ami.

IMOGÈNE.—Richard du Champ. (*A part.*) Si je fais un mensonge, sans qu'il nuise à personne ; j'espère que les dieux qui m'entendent me le pardonneront. (*A Lucius.*) Vous demandez, seigneur...

LUCIUS.—Ton nom !

IMOGÈNE.—Fidèle.

LUCIUS.—Tu prouves que tu mérites ce nom qui s'accorde bien avec ta fidélité, qui convient également à ton nom. Veux-tu courir ta chance auprès de moi ? je ne te dis pas que tu retrouves un aussi bon maître, mais sois sûr de n'être pas moins chéri. Des lettres de l'empereur, qu'il m'enverrait par un consul, ne te recommanderaient pas mieux auprès de moi que ton propre mérite ; viens avec moi.

IMOGÈNE.—Je vous suiverai, seigneur. Mais auparavant, si les dieux le permettent, je veux dérober mon maître aux mouches, et le cacher dans la terre aussi avant que pourront creuser ces faibles instruments. Laissez-moi couvrir son tombeau d'herbes et de feuilles sauvages, prononcer sur lui prières sur prières, comme je pourrai les dire... et les répéter deux fois ; laissez-moi gémir et pleurer, et après avoir ainsi quitté son service, je vous suivrai, si vous daignez vous charger de moi.

LUCIUS.—Oui, bon jeune homme ; et je serai plutôt ton père que ton maître.—Mes amis, cet enfant nous a enseigné les devoirs de l'homme. Cherchons ici le gazon le plus beau et le plus émaillé de marguerites que nous pourrons, et creusons un tombeau avec nos piques et nos pertuisanes ; allons, soulevez-le dans vos bras. Jeune homme, c'est toi qui le recommandes à nos soins, il sera enterré comme des soldats le peuvent faire ; console-toi, essuie tes pleurs. Il est des chutes qui nous servent à relever plus heureux.

(*Ils sortent ; Imogène les suit tristement.*)

## SCÈNE IV

Appartement dans le palais de Cymbeline.

### CYMBELINE, SEIGNEURS et PISANIO.

CYMBELINE. — Retournez, et revenez m'informer de l'état de la reine. Une fièvre allumée par l'absence de son fils, un délire qui met sa vie en danger ! Ciel, comme tu me frappes cruellement d'un seul coup ! Imogène, ma plus grande consolation, est partie ; la reine est dans son lit, dans un état désespéré, et cela au moment où des guerres redoutables me menacent ! Son fils, qui me serait à présent si nécessaire, parti aussi ! Tant de coups m'accablent, et me laissent sans espoir... (*A Pisanio*) Mais toi, misérable, qui dois être instruit de l'évasion de ma fille, et qui feins l'ignorance, nous t'arracherons ton secret par de cruelles tortures.

PISANIO. — Seigneur, ma vie est à vous, je l'abandonne humblement à votre bon plaisir : mais, pour ma maîtresse, je ne sais rien du lieu qu'elle habite, ni pourquoi elle est partie, ni quand elle se propose de revenir. Je conjure Votre Majesté de me tenir pour son loyal serviteur.

PREMIER SEIGNEUR. — Mon bon seigneur, le jour même qu'elle disparut, cet homme était ici : j'ose répondre qu'il dit vrai, et qu'il s'acquittera fidèlement de tous les devoirs de l'obéissance. Pour Cloten, on ne manque point d'activité dans sa recherche, et sans doute on parviendra à le découvrir.

CYMBELINE. — Le moment est difficile, je veux bien te laisser en paix pour un temps, mais mes soupçons subsistent.

PREMIER SEIGNEUR. — Sous le bon plaisir de Votre Majesté, les légions romaines, toutes tirées des Gaules, ont abordé sur vos côtes avec un renfort de nobles Romains envoyés par le sénat.

CYMBELINE. — Que j'aurais besoin maintenant des conseils de mon fils et de la reine ! Je suis accablé par les affaires.

PREMIER SEIGNEUR.—Mon bon seigneur, les forces que vous avez sur pied sont en état de faire tête à toutes celles dont je vous parle : s'il en vient davantage, vous êtes prêt à leur résister ; il ne reste plus qu'à mettre en mouvement toutes ces forces, qui brûlent du désir de marcher.

CYMBELINE.—Je vous remercie... Rentrons, et faisons face aux circonstances qui se présentent. Je ne crains point les coups de l'Italie ; mais je déplore les malheurs arrivés ici.—Retirons-nous.

(Ils sortent.)

PISANIO, *seul*.—Point de lettre de mon maître depuis que je lui ai mandé qu'Imogène avait été immolée ; c'est étrange : aucunes nouvelles de ma maîtresse qui m'avait promis de m'en donner souvent ; je ne sais pas davantage ce qu'est devenu Cloten : une perplexité générale m'environne. Cependant le ciel agira. Là où je suis perfide, c'est par honnêteté ; je suis fidèle en n'étant pas fidèle ; la guerre présente fera voir aux yeux du roi même que j'aime mon pays, ou bien j'y périrai. Laissons au temps le soin d'éclaircir tous les autres doutes. La fortune conduit au port certains vaisseaux qui n'ont pas de pilote.

(Il sort.)

## SCÈNE V

### Devant la caverne.

BÉLARIUS, GUIDÉRIUS ET ARVIRAGUS *paraissent*.

GUIDÉRIUS.—Le bruit retentit autour de nous.
BÉLARIUS.—Fuyons-le.
ARVIRAGUS. — Quel plaisir, seigneur, trouvons-nous dans la vie, pour l'enfermer loin de l'action et des aventures ?

GUIDÉRIUS.—Oui, et d'ailleurs quel est notre espoir en nous cachant ? Si nous prenons ce parti, les Romains doivent ou nous tuer comme Bretons, ou nous adopter d'abord comme d'ingrats et lâches déserteurs tout le temps qu'ils auront besoin de nous, et nous égorger après.

BÉLARIUS.—Mes fils, nous monterons plus haut sur les montagnes, et là nous serons en sûreté. Le parti du roi nous est interdit. La mort trop récente de Cloten, la nouveauté de nos visages inconnus qui n'auraient point paru dans la revue des troupes, pourraient nous obliger à rendre compte du lieu où nous avons vécu ; on nous arracherait l'aveu de ce que nous avons fait, et on y répondrait par une mort prolongée par la torture.

GUIDÉRIUS.—Ce sont là des craintes, seigneur, qui, dans un temps comme celui-ci, ne sont pas dignes de vous, et qui ne nous satisfont pas.

ARVIRAGUS.—Est-il vraisemblable que les Bretons, lorsqu'ils entendront le hennissement des chevaux romains, qu'ils verront de si près les feux de leur camp, les yeux et les oreilles occupés de soins aussi importants, aillent perdre le temps à nous examiner, pour savoir d'où nous venons ?

BÉLARIUS.—Oh ! je suis connu de bien des gens dans l'armée. Tant d'années écoulées depuis que je n'avais vu Cloten, si jeune alors, n'ont pas, vous le voyez, effacé ses traits de ma mémoire.—Et d'ailleurs le roi n'a pas mérité mon service ni votre amour. Mon exil vous a privés d'éducation, vous a condamnés à cette vie dure sans nul espoir de jouir des douceurs promises par votre berceau, esclaves dévoués au hâle brûlant des étés, et à l'âpre froidure des hivers.

GUIDÉRIUS.—Plutôt cesser de vivre que de vivre ainsi : de grâce, seigneur, allons à l'armée : mon frère et moi, nous ne sommes pas connus. Et vous, qui maintenant êtes si loin de la pensée des hommes, et si changé par l'âge, il est impossible qu'on vous soupçonne.

ARVIRAGUS.—Par ce soleil qui brille, j'y vais. Quelle honte pour moi de n'avoir jamais vu d'homme mourir ! A peine ai-je vu d'autre sang couler que celui des biches timides, ou des daims, ou des chèvres effrénées ; jamais je n'ai monté de cheval, qu'un seul, qui n'avait point de fer sous ses pieds, et qui ne connut de cavalier que moi, sans aiguillon pour presser ses flancs. J'ai honte de regarder ce soleil auguste, et de jouir du bienfait de ses rayons en restant si longtemps un malheureux ignoré.

GUIDÉRIUS.—Par le ciel, j'y vais aussi. Seigneur, si vous voulez me bénir et me permettre de vous quitter, je prendrai plus de soin de ma vie; si vous n'y consentez pas, alors que l'épée des Romains fasse tomber sur ma tête le sort qui m'est dû!

ARVIRAGUS.—Je dis de même, amen!

BÉLARIUS.—Puisque vous faites si peu de cas de vos jours, moi, je n'ai point de raison de réserver pour d'autres soucis une vie déjà sur le déclin. Jeunes gens, préparez-vous. Si votre destinée est de mourir dans les guerres de votre patrie, mes enfants, mon lit y est aussi, et je m'étendrai là. Marchez devant, marchez devant : le temps me paraît long. (*A part.*) Leur sang indigné brûle de se répandre, et de montrer qu'ils sont nés princes.

(Ils sortent.)

FIN DU QUATRIÈME ACTE.

# ACTE CINQUIÈME

## SCÈNE I

Une grande plaine qui sépare le camp des Romains du camp des Bretons.

**POSTHUMUS** *entre, un mouchoir sanglant à la main.*

POSTHUMUS.—Oui, tissu sanglant, je te conserverai; car c'est moi qui ai souhaité de te voir teint de cette couleur. Vous, époux, si vous suiviez tous mon exemple, combien égorgeraient, pour une petite déviation du bon chemin, des femmes qui valent bien mieux qu'eux? Oh! Pisanio! un bon serviteur n'exécute pas tous les ordres de son maître : il n'est obligé d'obéir qu'à ceux qui sont justes.—Dieux! si vous m'aviez puni de mes fautes, je n'aurais pas vécu pour commander ce crime. Vous eussiez alors conservé la noble Imogène pour qu'elle pût se repentir, et vous m'auriez frappé, moi, malheureux, bien plus digne qu'elle de votre vengeance. Mais, hélas! il est des êtres que vous enlevez d'ici pour de légères faiblesses; c'est par amour et pour leur éviter de nouvelles chutes, tandis que vous permettez à d'autres d'entasser crime sur crime, toujours de plus en plus noirs, et vous les rendez ensuite odieux à eux-mêmes, pour le bien de leurs âmes. Mais Imogène est à vous. Accomplissez vos décrets, et accordez-moi le bonheur de m'y soumettre. —Je suis entraîné dans ce camp au milieu de la noblesse italienne, pour combattre contre le royaume de ma princesse. Bretagne, j'ai tué ta maîtresse, je ne te porterai pas d'autres coups. Écoutez donc avec patience, bons dieux, mon dessein. Je veux me dépouiller de ces habits italiens, et me vêtir comme un paysan anglais : c'est ainsi que je vais combattre contre le parti avec lequel je suis venu. Ainsi je veux mourir pour toi, Imogène, pour toi dont le souvenir, chaque fois que je respire, me rend la vie une mort : ainsi, inconnu, objet de pitié plutôt que de haine, j'affronterai les dangers en face. Je veux montrer aux hommes plus de valeur que mes habits n'en promettront. Dieux ! rassemblez en moi toute la force des Léonati pour faire honte aux usages du monde, je veux être le premier à mettre à la mode plus de mérite à l'intérieur et moins à l'extérieur; je veux être le premier à être plus grand par mon courage que par mes vêtements.

(Il sort.)

## SCÈNE II

Même lieu.

LUCIUS et IACHIMO, *d'un côté, s'avancent à la tête de l'armée romaine; l'armée anglaise se présente de l'autre pour leur disputer le passage.* POSTHUMUS *paraît le dernier, à la suite des Bretons, vêtu comme un pauvre soldat.*

(Fanfares guerrières. Les deux armées défilent et s'éloignent. Une escarmouche s'engage. Iachimo et Posthumus reparaissent : celui-ci est vainqueur; il désarme Iachimo et le laisse.)

IACHIMO.—Le poids du crime qui pèse sur ma conscience m'ôte le courage. J'ai calomnié une dame, la princesse de ce pays; l'air que j'y respire la venge en m'ôtant les forces : autrement ce vil serf, le rebut de la nature, m'aurait-il vaincu dans mon propre métier? Les honneurs et la chevalerie, quand on les porte comme moi, ne sont plus que des titres d'infamie. Bretagne, si tes nobles l'emportent autant sur ce vilain que lui l'emporte sur nos grands seigneurs, voici quelle est la différence : à peine sommes-nous des hommes, et vous êtes des dieux.

(Il s'éloigne. La bataille continue, les Bretons fuient, Cymbeline est pris; alors Bélarius, Guidérius, Arviragus accourent pour le délivrer.)

BÉLARIUS, *à haute voix.*—Halte! halte! Nous avons l'avantage du terrain... Le défilé est gardé : qui nous force à fuir, lâche peur?

GUIDÉRIUS, ARVIRAGUS, *ensemble.*—Halte! halte! et combattons.

(Posthumus reparaît et seconde les Anglais; ils délivrent Cymbeline et l'emmènent.)

(Rentre Lucius ; Imogène et Iachimo le suivent.)

LUCIUS, *à Imogène.*—Fuis, jeune homme, quitte le champ de bataille, et sauve-toi. Les amis tuent les amis : et le désordre est tel, que la guerre semble avoir un bandeau sur les yeux.

IACHIMO.—C'est un renfort de troupes fraîches.

LUCIUS.—Cette journée a étrangement changé de face : hâtons-nous d'amener du secours, ou cédons.

(Ils sortent.)

## SCÈNE III

*Un autre côté du champ de bataille.*

**POSTHUMUS** *entre avec* **UN SEIGNEUR** *anglais.*

LE SEIGNEUR.—Venez-vous de l'endroit où l'on a tenu ferme?

POSTHUMUS.—Oui, j'en viens ; mais, vous, à ce qu'il me semble, vous étiez au nombre des fuyards.

LE SEIGNEUR.—Il est vrai.

POSTHUMUS.—On ne peut vous blâmer, seigneur ; car tout était perdu si le ciel n'eût combattu pour nous. Le roi lui-même abandonné de ses deux ailes, l'armée rompue, et ne montrant plus de toutes parts que le dos des Bretons, tous fuyant par un étroit défilé ; l'ennemi fier de sa victoire, tirant la langue tant il était las de carnage, avait plus d'ouvrage à faire que de bras pour l'accomplir ; il frappait les uns à mort, blessait légèrement les autres ; le reste tombait uniquement de peur, en sorte que ce passage étroit a été bientôt comblé de morts, tous frappés par derrière ; ou de lâches qui cherchaient encore à prolonger leur honte avec la vie.

LE SEIGNEUR.—Où était ce défilé?

POSTHUMUS.—Tout près du champ de bataille, creusé et bordé de murailles de gazon ; avantages dont a profité un vieux soldat, un brave homme, j'en réponds, et qui, en rendant ce service à son pays, a bien mérité les longues années qu'annonce sa barbe blanche. Suivi de deux jeunes gens, plus faits en apparence pour des danses rustiques que pour un pareil carnage, avec des visages qu'on eût dit conservés sous le masque, bien plus frais que ceux que la pudeur ou la crainte du hâle tient couverts, il protége le passage en criant aux fuyards : « Les cerfs de notre Bretagne meurent en fuyant, et non pas nos hommes ; tombez dans les ténèbres, lâches qui reculez... Arrêtez..., ou nous serons pour vous des Romains qui vous donneront le trépas des bêtes fauves, que vous fuyez comme elles : vous êtes sauvés si vous voulez seulement vous retourner et regarder en face l'ennemi. Arrêtez, arrêtez. » Ces trois hommes, aussi fermes que trois mille ;—(ils les valaient en action, car trois combattants de front valent une armée, dans un défilé qui empêche les autres d'agir), avec ce seul mot : *Arrêtez, arrêtez* ; secondés par l'avantage du lieu, plus encore par le charme de leur noble courage, qui était capable de changer les fuseaux en lances, ils ont ramené la couleur sur tous ces pâles visages. Les uns ranimés par la honte, les autres par le courage, et ceux que l'exemple seul avait changés en lâches (oh ! c'est à la guerre le crime irrémissible chez les premiers qui commencent), tous se mettent à mesurer des yeux l'espace qu'ils ont parcouru, et à rugir comme des lions sous les piques des chasseurs. De ce moment le vainqueur cesse de poursuivre, et se retire ; bientôt après il est en déroute, et soudain une épaisse confusion. Alors les Romains fuient comme des poulets, par le même chemin où ils fondaient d'abord comme des aigles sur leur proie. Ils repassent en esclaves sur les pas qu'ils avaient faits en vainqueurs. En ce moment nos lâches nous servent, comme servent au voyageur les restes de ses provisions à la fin d'un long voyage. Trouvant ouverte la porte de derrière des cœurs sans défense, ô ciel! comme ils blessent encore des hommes déjà morts, ou achèvent les mourants! Quelques-uns même tuent leurs amis entraînés dans le premier flot des fugitifs; de dix hommes qu'auparavant un seul Romain faisait fuir, chacun maintenant immole vingt Romains; et ceux qu'on aurait vus le moment d'auparavant mourir sans résistance sont devenus tout à coup la terreur du champ de bataille.

LE SEIGNEUR. — C'est un étrange hasard. Un étroit défilé! Un vieillard et deux enfants!

POSTHUMUS. — Ne vous en étonnez pas, vous... vous êtes fait pour vous étonner des actions que vous apprenez, bien plus que pour en faire; voulez-vous rimer là-dessus et en faire une plaisanterie, voilà des rimes :

>   Deux enfants, un vieillard quasiment en enfance,
>   Dans un chemin étroit sauvèrent les Anglais.
>   De l'insolent Romain, abattant la puissance...

LE SEIGNEUR. — Oh! ne vous fâchez pas, l'ami.
POSTHUMUS. — Que voulez-vous dire?

>   Vous n'osez pas braver votre ennemi,
>   Et vous voulez de moi faire un ami?

Allons, je sais bien que si vous suivez votre penchant, vous fuirez bientôt aussi mon amitié. Vous m'avez mis en train de rimer.

LE SEIGNEUR. — Vous êtes en colère, adieu.
(Il sort.)

POSTHUMUS. — Et le voilà encore en course! — Est-ce là un noble? Oh! noble lâcheté! Être sur le champ de bataille et me demander, à moi des nouvelles! Combien de ces grands auraient aujourd'hui donné leurs titres pour sauver leurs carcasses! Combien ont confié leur salut à leurs talons, qui pourtant sont morts! Et moi, préservé par mes maux comme par un charme [1], je n'ai

---

[1] Allusions aux charmes qui rendaient invulnérables dans les combats.

pu trouver la mort où je l'entendais gémir, ni la sentir là ou elle frappait. Il est bien étrange que ce monstre horrible se cache dans les coupes fraîches, dans les lits de duvet, dans les douces paroles, et qu'il y trouve plus de ministres que parmi nous qui tenons ses poignards à la guerre! Eh bien! je saurai la rencontrer; maintenant, je ne suis plus Anglais, je redeviens un ami des Romains et me range du parti que j'avais suivi d'abord. Je ne veux plus combattre, je me livre au premier lâche qui osera me toucher l'épaule.—Le carnage qu'ont fait ici les Romains a été grand : la vengeance des Bretons doit l'être aussi. Pour moi, ma vie est ma rançon ; je suis venu l'offrir à l'un et l'autre parti. Je ne peux plus ni la garder ni la porter plus longtemps : je veux la finir par quelque moyen que ce soit, et mourir pour Imogène.

(Deux officiers bretons paraissent avec des soldats.)

PREMIER OFFICIER.—Le grand Jupiter soit loué! Lucius est pris. On croit que ce vieillard et ses deux enfants étaient des anges.

SECOND OFFICIER.—Il y en avait un quatrième qui, sous un habit grossier, a regardé avec eux l'ennemi en face.

PREMIER OFFICIER.—C'est ce qu'on dit, et l'on ne peut découvrir aucun d'eux.—Arrêtez : qui va là?

POSTHUMUS.—Un Romain... qu'on ne verrait point languissant ici, si d'autres l'avaient secondé.

SECOND OFFICIER.—Saisissez-le ; c'est un chien! Il ne retournera pas une seule de leurs jambes à Rome pour dire quels corbeaux les ont becquetées.—Il se vante de son service, comme s'il était un personnage de marque ; qu'on le mène devant le roi.

(Cymbeline s'avance, suivi de Bélarius, Guidérius, Arviragus, Pisanio. Des soldats conduisent des prisonniers romains. Les deux officiers présentent Posthumus à Cymbeline qui, d'un signe, donne ordre de le remettre à des geôliers, et sort ainsi que tous les autres [1].)

[1] C'est le seul exemple de scène muette qu'on trouve dans Shakspeare ; peut-être n'est-ce ici qu'une tradition d'acteurs.

## SCÈNE IV

L'intérieur d'une prison.

POSTHUMUS *entre deux* GEOLIERS *qui
le conduisent.*

PREMIER GEOLIER.—On ne vous volera pas maintenant, car vous avez sur vous des cadenas ; ainsi, paissez, selon que vous trouverez ici pâture.

SECOND GEOLIER.—Oui, ou de l'appétit.

(Ils sortent.)

POSTHUMUS.—Captivité, tu es la bienvenue ! car tu es je l'espère, le chemin de la liberté... Je suis même plus heureux que celui qui a la goutte, puisqu'il aimerait mieux gémir éternellement que d'être guéri par la mort, le médecin infaillible ! c'est elle qui est la clef qui doit m'ouvrir ces serrures... Oh ! ma conscience ! tu portes des fers plus pesants que ceux de mes jambes et de mes bras. Vous, dieux pleins de bonté, accordez-moi le repentir, instrument qui pourrait ouvrir ces verrous, et alors je suis libre à jamais. — Mais suffit-il d'être repentant ? C'est ainsi que les enfants apaisent leurs pères terrestres, et les dieux ont plus de clémence que les hommes. Pour me repentir, je ne puis être mieux qu'ici dans ces fers que j'ai désirés plutôt que subis par force.— Pour acquitter ma dette, je me dépouille de ma liberté ; c'est mon plus grand bien ; n'exigez pas de moi au delà de ce que je possède. Je sais que vous êtes plus pitoyables que les misérables hommes, qui souvent ne prennent à leurs débiteurs obérés qu'un tiers de leur bien, un sixième ou un dixième, et les laissent prospérer de nouveau avec la part dont ils leur font remise : ce n'est pas là mon désir. Pour la vie de ma chère Imogène, prenez la mienne. Elle n'est pas aussi précieuse, mais c'est toujours une vie qui porte votre sceau. Les hommes entre eux ne pèsent pas chaque pièce de monnaie. Si les miennes sont légères de poids, acceptez-les pour l'empreinte, vous surtout à qui elles appartiennent. Ainsi, puissances célestes, si vous l'agréez, prenez ma vie ; annulez ma dette. O Imogène ! je veux te parler dans le silence.

(Il s'endort.)

(Une musique se fait entendre. Songe visible de Posthumus[1]. Sicilius Léonatus, père de Posthumus, apparaît sous la forme d'un vieillard, vêtu en guerrier. Il tient par la main une matrone âgée, son épouse, mère de Posthumus. La musique reprend ; alors paraissent les deux Léonati, frères de Posthumus, portant les blessures dont ils périrent à la guerre ; ils font cercle autour de Posthumus endormi.)

SICILIUS. — Cesse, maître du tonnerre, de faire éclater ton courroux sur les insectes mortels.

Querelle Mars ou réprimande Junon, qui compte tes adultères et s'en venge.

Mon malheureux fils n'a-t-il pas toujours fait le bien, lui dont je n'ai jamais vu le visage ?

Je quittai la vie lorsqu'il reposait dans le sein de sa mère, attendant le terme de la nature.

Jupiter, si tu es, comme le disent les hommes, le père des orphelins, tu aurais bien dû être le sien, et le défendre contre les maux qui affligent ta terre.

LA MÈRE. — Lucine ne m'a point prêté son secours : elle m'a enlevée au milieu de mes douleurs, et Posthumus, arraché de mes entrailles, est venu en pleurant au milieu de ses ennemis. Objet digne de pitié !

SICILIUS. — La puissante nature l'a si bien formé sur le beau modèle de ses ancêtres que, digne héritier du fameux Sicilius, il a mérité les louanges de l'univers.

UN FRÈRE. — Quand il eut atteint sa maturité, quel autre, dans la Bretagne, eût pu soutenir le parallèle avec lui, et quel autre eût pu se montrer son rival aux yeux d'Imogène, qui savait, mieux que personne, apprécier son mérite ?

LA MÈRE. — Pourquoi le sort s'est-il joué de lui, en le mariant, pour l'exiler, le précipiter du siége des Léona-

---

[1] La vision et la prophétie sont regardées universellement comme une addition étrangère.

tis, et l'arracher des bras de sa chère épouse, de la douce Imogène?

sicilius.—Pourquoi as-tu souffert qu'un Iachimo, un misérable d'Italie infectât sa tête et son noble cœur d'une jalousie sans fondement, et que mon fils devînt le jouet des mépris de ce scélérat?

second frère.—C'est pour cela que nous avons quitté nos paisibles demeures, nos parents et nous, qui, en combattant pour notre patrie, avons péri en braves pour soutenir avec honneur notre fidélité et les droits de Ténantius.

premier frère.—Posthumus a montré la même bravoure pour Cymbeline. Jupiter, roi des dieux, pourquoi donc as-tu voulu que les récompenses qui étaient dues à ses services se changeassent toutes en douleurs?

sicilius.—Ouvre tes fenêtres de cristal, jette un regard sur nous, cesse d'exercer ton injuste pouvoir sur une vaillante race.

la mère.—Jupiter, puisque notre fils est vertueux, mets un terme à ses infortunes.

sicilius.—Du haut de ton palais de marbre, regarde, aide-nous, ou nous, pauvres ombres, nous en appellerons au conseil éclatant des autres dieux contre ta divinité.

second frère.—Secours-nous, Jupiter, ou nous appellerons de tes décrets, et nous nous soustrairons à ta justice.

(Tout à coup, au milieu du tonnerre et des éclairs, Jupiter descend assis sur son aigle et lançant la foudre. Les ombres tombent à genoux.)

jupiter.—Faibles esprits des régions souterraines, cessez d'offenser nos oreilles de vos plaintes : silence! Quoi, fantômes, vous osez accuser le dieu du tonnerre, dont la foudre lancée des cieux soumet, vous le savez, la terre révoltée? Pauvres ombres de l'Élysée, quittez ces lieux et retournez goûter le repos sur vos lits de fleurs qui ne se flétrissent jamais, ne vous affligez point des maux qui arrivent aux mortels : ce soin ne vous regarde pas, il nous appartient, vous le savez. J'afflige l'homme que je chéris le plus, je diffère mes bienfaits pour les rendre plus précieux à ses yeux. Soyez tranquilles, notre divine puissance relèvera votre fils abattu, ses joies vont grandir, ses épreuves sont finies.

Notre étoile souveraine a présidé à sa naissance, et c'est dans notre temple qu'il s'est marié; levez-vous et évanouissez-vous. Il sera l'époux de la princesse Imogène; et ses infortunes augmenteront son bonheur (*Il fait un signe de tête et laisse tomber une tablette d'or.*) Placez sur son sein ces tablettes où sont renfermés nos décrets et ses destins.

Disparaissez. Cessez les clameurs de votre impatience, si vous ne voulez irriter la mienne.—Aigle, remonte dans mon palais de cristal.

(Jupiter remonte dans les cieux.)

SICILIUS. — Il est descendu avec son tonnerre : son haleine céleste exhalait une odeur sulfureuse. L'aigle sacré s'abaissait, comme s'il voulait se poser sur nous. L'ascension du dieu remplissait l'air d'un parfum plus doux que celui de nos plaines bienheureuses. Son royal oiseau agitait son aile immortelle et fermait son bec, signe que son dieu était satisfait.

TOUS ENSEMBLE.—Nous te rendons grâce, ô Jupiter.

SICILIUS.—Le palais de marbre se ferme : il est entré sous ses voûtes radieuses ; retirons-nous, et, pour être heureux, exécutons avec soin ses ordres augustes.

(Posthumus s'éveille.—La vision s'évanouit.)

POSTHUMUS.—Sommeil, tu as été un grand-père pour moi, tu m'as engendré un père, tu m'as créé une mère et deux frères. Mais, ô vains prestiges, ils sont partis ! Ils sont évanouis aussitôt après leur naissance, et voilà que je me réveille.—Les pauvres infortunés qui s'appuient sur la faveur des grands rêvent comme j'ai fait : ils s'éveillent et ne trouvent rien.—Mais, hélas ! je m'égare : il en est qui, sans rêver à la fortune et sans la mériter, se voient pourtant accablés de ses faveurs : c'est ce qui m'arrive, à moi ; je me vois favorisé de ce songe doré sans savoir pourquoi. Quels génies hantent ces lieux ?—Un livre, et d'un prix rare ! (*Il s'en saisit.*) Ah ! ne sois pas, comme dans notre monde capricieux, un vêtement plus riche que ce qu'il couvre. Ne ressemble pas à nos courtisans et tiens tes promesses. (*Il l'ouvre et lit.*) « Quand un lionceau, à lui-même inconnu, trouvera, sans la chercher, une créature légère comme l'air et sera reçu dans ses bras ; lorsque les rameaux d'un cèdre auguste, coupés et morts pendant plusieurs années, renaîtront pour se réunir au vieux tronc, et pousseront avec vigueur, alors Posthumus trouvera la fin de sa misère, et la Bretagne heureuse fleurira dans la paix et l'abondance. »

C'est encore un rêve ou de ces paroles vaines que prononce la langue de la folie, sans que le cerveau y ait part : c'est l'un ou l'autre, ou ce n'est rien. Des mots vides de sens, et que la raison ne peut deviner.—C'est à quoi ressemble le mouvement de ma vie ; conservons ce livre, ne fût-ce que par sympathie.

(*Le geôlier entre.*)

LE GEOLIER.—Allons, prisonnier, êtes-vous prêt à mourir ?

POSTHUMUS.—Trop cuit, plutôt. Il y a longtemps que je suis prêt.

LE GEOLIER.—Un gibet est le mot, mon cher : si vous êtes prêt pour cela, vous êtes cuit à point.

POSTHUMUS.—Si je puis être un bon repas pour les spectateurs, le plat aura payé le coup.

LE GEOLIER.—C'est là un compte qui vous coûte cher, l'ami ; mais il y a une consolation, c'est que vous n'aurez plus de dettes à payer, plus d'écots de taverne, et ces lieux, s'ils servent d'abord à vous mettre en joie, vous attristent souvent au départ ; vous y entrez faible de besoin, vous en sortez chancelant d'avoir trop bu ; vous êtes fâché d'avoir trop payé, et fâché d'avoir trop reçu ; la bourse et le cerveau sont tous deux vides ; le cerveau trop pesant à force d'être léger, et la bourse trop légère parce qu'on l'a soulagée de son poids. Oh ! vous allez être délivré de toutes ces contradictions. La charité d'une corde de deux sous vous acquitte mille dettes en un tour de main. Vous n'aurez plus d'autre livre de compte : c'est une décharge du passé, du présent et de l'avenir, votre tête servira de plume, de registre et de jetons, et votre quittance est au bout.

POSTHUMUS.—Je suis plus joyeux de mourir que tu ne l'es de vivre.

LE GEOLIER.—En effet, seigneur, celui qui dort ne sent pas le mal de dents ; mais un homme qui doit dormir de votre sommeil changerait volontiers de place, j'imagine, avec le bourreau chargé de le mettre au lit ; il changerait même de place avec son valet. Car, voyez-vous, mon cher, vous ne savez pas le chemin que vous allez prendre.

POSTHUMUS.—Je le sais, oui, je le sais, l'ami.

LE GEOLIER.—Votre mort a donc des yeux dans la tête ? je n'en ai jamais vu dans son portrait. Ou quelqu'un qui prétend savoir le chemin doit se charger de vous conduire, ou vous vous vantez de connaître une route que, j'en suis sûr, vous ignorez ; ou bien, vous vous hasardez à l'aventure, à vos risques et périls ; et ce que vous aurez mis de temps à arriver au terme de votre voyage, je pense bien que vous ne reviendrez pas le dire.

POSTHUMUS.—Je te dis, mon garçon, que pour se guider dans la route que je vais faire, personne ne manque d'yeux que ceux qui les ferment et refusent de s'en servir.

LE GEOLIER.—Quelle plaisanterie ! qu'un homme ait l'usage de ses yeux pour voir un chemin qui les aveugle ! car je suis sûr que le gibet mène droit à les fermer.

(Entre un messager.)

LE MESSAGER, *au geôlier*.—Ote-lui ces fers : conduis ton prisonnier devant le roi.

POSTHUMUS.—Tu m'apportes d'heureuses nouvelles : tu m'appelles à la liberté.

LE GEOLIER.—Je serai donc pendu, moi ?

POSTHUMUS.—Tu seras plus libre alors que ne l'est un geôlier : il n'est point de fers pour les morts.

(Posthumus et le messager sortent.)

LE GEOLIER.—A moins de trouver un homme qui veuille épouser une potence et engendrer des petits gibets, je n'ai jamais vu un prisonnier avoir plus de penchant pour elle. Cependant, sur mon honneur, j'en ai vu de plus scélérats qui tenaient fort à la vie, tout Romain qu'il est ; mais il y en a bien aussi quelques-uns d'eux qui meurent malgré eux ; j'en ferais bien de même, si j'étais Romain. Je voudrais que nous n'eussions tous qu'une même idée, et une bonne idée. Oh ! ce serait la désolation des geôliers et des gibets : je parle là contre mon intérêt présent ; mais mon souhait comporte aussi mon avantage.

## SCÈNE V

### La tente de Cymbeline.

CYMBELINE, BÉLARIUS, GUIDÉRIUS, ARVIRAGUS, PISANIO, SEIGNEURS *anglais*, OFFICIERS ET SERVITEURS.

CYMBELINE.—Restez à mes côtés, vous que les dieux ont fait les sauveurs de mon trône. Mon cœur est affligé que ce soldat obscur, qui a si noblement combattu, ne se trouve point, lui dont les haillons faisaient honte aux armures dorées, et dont la poitrine nue s'avançait au delà des boucliers impénétrables ; il sera heureux celui qui pourra le découvrir, si son bonheur dépend de nos bienfaits.

BÉLARIUS.—Jamais je n'ai vu si noble audace dans un homme si pauvre, tant d'illustres exploits accomplis par quelqu'un dont on n'aurait attendu, à le voir, que l'air misérable et la mendicité.

CYMBELINE.—Et l'on n'a de lui aucunes nouvelles?

PISANIO.—On l'a cherché parmi les morts et parmi les vivants, sans trouver de lui aucune trace.

CYMBELINE.—A mon grand chagrin, je reste donc l'héritier de sa récompense. (*A Bélarius, Arviragus et Guidérius.*) Je veux l'ajouter à la vôtre, vous l'âme, le cœur, la tête de la Bretagne ; vous, par qui, je l'avoue, elle vit encore. Voici maintenant le moment de vous demander qui vous êtes ; déclarez-le.

BÉLARIUS.—Seigneur, nous sommes nés dans la Cambrie, et nous sommes gentilshommes. Nous vanter d'autre chose, ce serait n'être ni vrai ni modeste, à moins que je n'ajoute encore que nous sommes gens d'honneur.

CYMBELINE.—Fléchissez le genou. Relevez-vous, mes chevaliers de la bataille; je vous nomme les compagnons de notre personne, et je vous revêtirai des dignités qui conviennent à votre rang. (*Entrent Cornélius et les dames de la reine.*) Ces visages nous annoncent quelque chose.— Pourquoi saluez-vous notre victoire d'un air si triste? A vous voir, on vous prendrait pour des Romains, et non pour être de la cour de Bretagne.

CORNÉLIUS.—Salut, grand roi! je suis forcé d'empoisonner votre bonheur : il faut vous apprendre que la reine est morte.

CYMBELINE.—A qui ce message conviendrait-il moins qu'à un médecin? Mais je réfléchis que si la médecine peut prolonger la vie, la mort saisira pourtant un jour le médecin. Comment a-t-elle fini?

CORNÉLIUS.—Dans les horreurs; elle est morte dans la rage comme elle a vécu. Cruelle au monde, elle a fini par être cruelle à elle-même. Les aveux qu'elle a faits, je vous les rapporterai si vous le voulez; voilà ses femmes, elles peuvent me démentir si je m'écarte de la vérité : les joues humides, elles ont assisté à ses derniers moments.

CYMBELINE.—Je vous prie, parlez.

CORNÉLIUS. — D'abord elle a déclaré qu'elle ne vous aima jamais, qu'elle tenait à la grandeur qui venait de vous, et non à vous, qu'elle n'a épousé que votre royauté, qu'elle était la femme de votre sceptre, mais qu'elle abhorrait votre personne.

CYMBELINE.—Ce secret ne fut connu que d'elle; et si elle ne l'avait pas dit en mourant, je n'en pourrais croire l'aveu de ses lèvres. Poursuivez.

CORNÉLIUS. — Votre fille qu'elle professait d'aimer si sincèrement, elle a déclaré que c'était un scorpion à ses yeux, et qu'elle aurait tranché ses jours par le poison si sa fuite ne l'en avait empêchée.

CYMBELINE.—Oh! démon raffiné! qui peut lire dans le cœur d'une femme? A-t-elle fait encore d'autres aveux?

CORNÉLIUS.—Oui, seigneur, et de plus affreux. Elle a avoué qu'elle vous réservait un poison mortel qui, dès que vous l'auriez pris, aurait à toute minute rongé votre vie, et vous aurait consumé lentement et par degrés. Pendant ce temps elle se proposait, par ses assiduités, par ses pleurs, par ses soins, par ses baisers, de vous subjuguer; et dans un moment favorable, après qu'elle vous aurait disposé par ses ruses, de vous faire adopter son fils pour l'héritier de la couronne : mais voyant son projet anéanti par l'étrange absence de son fils, elle a dans son désespoir oublié toute honte, et révélé, en dépit du ciel et des hommes, tous ses projets, regrettant que les maux qu'elle avait conçus ne se soient pas effectués. Dans cet accès de désespoir, elle est morte.

CYMBELINE.—Vous avez entendu tout ceci, vous, ses femmes?

UNE FEMME.—Oui, seigneur; sauf le bon plaisir de Votre Majesté.

CYMBELINE.—Mes yeux ne furent pas en faute, car elle était belle; ni mes oreilles, qui entendaient ses flatteries; ni mon cœur, qui la croyait ce qu'elle semblait être. C'eût été un vice de se défier d'elle. Et toi cependant, ô ma fille, tu peux bien dire que ce fut une folie à moi, et tu en ressens les effets. Veuille le ciel tout réparer! (*Lucius, Iachimo, le devin et autres prisonniers romains avec les gardes. Posthumus suit avec Imogène.*) Tu ne viens plus aujourd'hui, Lucius, nous demander de tribut; il vient d'être aboli par les Bretons, à qui il en a coûté, il est vrai, bien des braves. Leurs familles m'ont demandé que les mânes de ces dignes guerriers soient apaisés par le sacrifice de votre vie; vous êtes leurs captifs, et nous avons souscrit à leur demande; ainsi, songez à votre sort.

LUCIUS. — Réfléchissez, seigneur, aux hasards de la guerre. C'est par accident que l'avantage de cette journée vous est resté; si elle eût été à nous, nous n'eussions pas, de sang-froid, menacé du glaive nos prisonniers. Mais, puisque les dieux veulent qu'il n'y ait pour nous d'autre rançon que notre vie, que la mort vienne. Il suffit à un Romain de savoir mourir en Romain. Auguste vit; il verra ce qu'il doit faire. C'est tout ce que j'avais à dire pour ce qui me regarde. Il ne me reste plus qu'une chose à demander, c'est que vous acceptiez une rançon pour mon page qui est né Breton. Jamais il n'y eut de page si prévenant, si soumis, si diligent, si tendre à l'occasion, si fidèle, si adroit, si soigneux. Que ses bonnes qualités servent d'appui à ma demande, que j'espère que Votre Majesté ne pourra refuser. Il n'a fait aucun mal aux Bretons, quoiqu'il fût au service d'un Romain; épargne son sang, seigneur, et verse tout le reste.

(Imogène en ce moment baisse son chaperon.)

CYMBELINE.—Sûrement je l'ai déjà vu; ses traits me sont familiers.—Jeune homme, ta physionomie seule t'a acquis mes bonnes grâces, et tu es à moi; je ne sais ni pourquoi ni comment je suis porté à te dire : vis, mon enfant, et n'en remercie pas ton maître; demande à Cymbeline telle faveur que tu voudras qui puisse dépendre de lui et qui t'intéresse, et tu l'obtiendras; oui, dusses-tu demander la vie du plus illustre des prisonniers.

IMOGÈNE.—Je remercie humblement Votre Majesté.

LUCIUS.—Bon jeune homme, je ne te prie point de demander la vie pour moi, et cependant je sais que tu vas le faire.

IMOGÈNE.—Non, non, hélas! d'autres soins m'occupent; j'aperçois ici un objet dont la vue est aussi cruelle pour moi que la mort; pour votre vie, bon maître, songez vous-même à la sauver.

LUCIUS, *surpris*.—Cet enfant me dédaigne, il m'abandonne et me rebute! Courte est la joie de ceux qui fondent sur l'attachement des jeunes filles et des enfants!... Mais d'où vient cette perplexité où je le vois?

CYMBELINE.—Que désires-tu, jeune homme? Tu me plais de plus en plus; réfléchis de plus en plus à ce qu'il te vaut mieux demander.—Connais-tu cet homme sur qui s'attachent tes regards? parle, veux-tu qu'il vive? est-il ton parent, ton ami?

IMOGÈNE.—C'est un Romain; il n'est pas plus mon parent que je ne le suis de Votre Majesté; encore moi, qui suis né votre vassal, je vous tiens de plus près.

CYMBELINE.—Pourquoi donc le regardes-tu ainsi?

IMOGÈNE.—Je vous le dirai, seigneur, en particulier, si vous daignez m'entendre.

CYMBELINE.—Oui, de tout mon cœur; et je te promets toute mon attention. Quel est ton nom?

IMOGÈNE.—Fidèle, seigneur.

CYMBELINE.—Tu es mon enfant, mon page; je veux être ton maître. Viens avec moi, et parle librement.

(Cymbeline et Imogène s'éloignent et s'entretiennent ensemble.)

BÉLARIUS.—Ce jeune homme n'est-il pas revenu du trépas à la vie?

ARVIRAGUS.—Deux grains de sable ne se ressemblent pas davantage. Oui, c'est cet aimable enfant aux joues de rose, qui est mort, et qui s'appelait Fidèle; qu'en pensez-vous?

GUIDÉRIUS.—C'est celui qui était mort, et qui est en vie.

BÉLARIUS.—Chut! chut! considérons encore. Il ne nous remarque pas, attendez : deux créatures peuvent se ressembler; si c'était lui, je suis sûr qu'il nous aurait parlé.

GUIDÉRIUS.—Mais nous l'avons vu mort.

BÉLARIUS.—Silence; observons ce qui va suivre.

PISANIO, *à part.*—C'est ma maîtresse. Puisqu'elle vit, que le temps roule et m'amène à son gré ou les biens ou les maux.

(Cymbeline et Imogène se rapprochent.)

CYMBELINE.—Viens, place-toi à côté de moi. Fais ta demande à haute voix.—Et vous, avancez. (*A Iachimo.*) Répondez à ce jeune homme et parlez sans détour : ou, j'en jure par notre grandeur et par notre honneur qui en fait l'éclat, les plus cruelles tortures démêleront la vérité du mensonge.—Interroge-le.

IMOGÈNE. — La grâce que je demande est que ce cavalier puisse m'apprendre de qui il tient cet anneau.

POSTHUMUS, *à part*.—Que lui importe?

CYMBELINE.—Eh bien! ce diamant qui est à votre doigt, répondez, comment vous est-il venu?

IACHIMO.—Tu veux me torturer, pour me faire dire ce qui une fois dit te mettra à la torture.

CYMBELINE.—Comment, moi?

IACHIMO.—Je suis bien aise qu'on me contraigne de déclarer un secret qui tourmentait mon âme. C'est par une perfidie que je me suis procuré cet anneau. C'est celui de Posthumus, que tu as banni; et ce qui va te faire éprouver peut-être les mêmes remords qui me déchirent, jamais plus noble mortel ne respira entre le ciel et la terre. Seigneur, veux-tu en apprendre davantage?

CYMBELINE.—Oui, tout ce qui a rapport à ceci.

IACHIMO.—Ta fille, ce chef-d'œuvre accompli, dont le souvenir fait saigner mon cœur et frémir mon âme perfide... Pardonnez, je me sens défaillir!

CYMBELINE.—Ma fille, que dis-tu d'elle? Ranime tes forces: ah! j'aime mieux que tu vives tant qu'il plaira à la nature, que de te voir mourir avant que j'en sache davantage. Fais un effort; allons, parle.

IACHIMO.—Certain jour (malédiction sur l'horloge qui sonna cette heure!), c'était à Rome (malédiction sur la demeure où nous étions réunis!), dans un festin (oh! que nos mets eussent été empoisonnés, du moins ceux que je portai à mes lèvres!), le vertueux Posthumus... que dirai-je? (il était trop vertueux pour se trouver au milieu des méchants, et il était le meilleur parmi les hommes d'une vertu rare) assis avec nous et l'air triste, prêtait l'oreille aux éloges que nous faisions de nos maîtresses d'Italie; nous louions leur beauté de manière à ne plus laisser de louanges pour se vanter, à celui qui pouvait le mieux parler. Nous dépouillions, pour les peindre, les statues de Vénus, de Minerve à la taille fière, formes supérieures aux ébauches de la nature[1];

---

[1] *Brief nature.* La nature trop expéditive dans la création de ses œuvres.

nous ajoutions toute une boutique des qualités qui font que l'homme aime la femme, et ce hameçon du mariage, la beauté, qui attache les yeux.

CYMBELINE. — Je suis sur les charbons ; viens au fait.

IACHIMO. — Je n'y viendrai que trop tôt, à moins que tu ne sois pressé de t'affliger. — Ce Posthumus, comme un noble seigneur amoureux et qui a pour amante une princesse, prit la parole, et, sans déprécier celles que nous avions vantées, mais demeurant calme comme la vertu, il commença le portrait de sa maîtresse. Et après ce portrait fait de sa bouche, avec l'âme dont il l'anima, il semblait que tous nos panégyriques avaient pour objets des souillons de cuisine, ou sa description prouvait que nous n'étions que des imbéciles qui ne savaient s'exprimer.

CYMBELINE. — Allons, allons, au but

IACHIMO. — La chasteté de votre fille... (C'est ici que cela commence), il la vanta comme si Diane même eût eu des singes impudiques, et que votre fille seule fût chaste. A ce propos, moi misérable, je fis l'incrédule à ses louanges, et je pariai avec lui des pièces d'or contre cette bague qu'il portait alors à sa noble main, que je réussirais à obtenir une place dans son lit nuptial, et que je gagnerais cette bague par l'adultère de son épouse avec moi. Lui, en vrai chevalier, qui avait dans l'honneur de sa femme toute la confiance qu'elle méritait en effet, dépose sa bague : il l'eût risquée de même, eût-elle été une escarboucle détachée des roues d'Apollon ; il la pouvait risquer en sûreté, eût-elle valu tout le prix de son char. Je vole en Bretagne pour exécuter mon dessein. Vous pouvez, seigneur, vous souvenir de m'avoir vu à votre cour ; c'est là que j'appris de votre chaste fille la différence qu'il y a entre le véritable amant et le vil suborneur. Mon espérance ainsi éteinte et non pas mon désir, mon cerveau italien machina, dans votre sombre Bretagne, un lâche stratagème excellent pour mon profit. Pour abréger, mon plan réussit. Je retournai en Italie avec assez de preuves simulées pour jeter dans le désespoir le noble Posthumus ; j'attaquai sa confiance dans la vertu de son épouse, par tel et tel indice que j'appuyai de détails circonstanciés sur les tentures et les tableaux de sa chambre, et puis ce bracelet que je lui montrai... Oh! par quelle ruse je sus m'en emparer! Et je lui citai même des signes cachés sur la personne d'Imogène; en sorte qu'il lui fut impossible de ne pas croire qu'elle avait rompu son engagement de chasteté, et que j'en avais recueilli les fruits.: là-dessus... Il me semble que je le vois encore...

POSTHUMUS, *se découvrant et avançant.*—Oui, tu le vois en effet, démon italien.—Et moi, insensé trop crédule, insigne meurtrier, lâche brigand, ah! je mérite les noms de tous les scélérats passés, présents et futurs.—Oh! donnez-moi une corde, un poignard ou du poison; montrez-moi quelque juge intègre! Et toi, ô roi! envoie chercher d'ingénieuses tortures. Je suis un monstre qui fait pardonner aux objets de la terre les plus détestés, en étant plus méchant qu'eux. Je suis ce Posthumus qui a égorgé ta fille; je mens en lâche; j'ai aposté un moindre scélérat, un voleur sacrilége pour le faire. Ah! elle était le temple de la vertu : oui, elle était la vertu même. Crachez-moi au visage, jetez-moi des pierres, couvrez-moi de boue, excitez les chiens de la rue à aboyer après moi : que le nom des scélérats soit désormais Posthumus Léonatus; j'ai effacé tous les crimes. Oh! Imogène, ma reine, ma vie, ma femme, Imogène, Imogène, Imogène!

IMOGÈNE, *s'élançant vers lui.*—Calmez-vous, seigneur : écoutez! écoutez!

POSTHUMUS.—Tu te fais un jeu de l'état où je suis, page insolent!

(Il la frappe ; elle tombe.)

PISANIO.—O seigneurs! secourez ma maîtresse et la vôtre. O Posthumus! ô mon maître! vous n'aviez point tué Imogène jusqu'à ce moment.—Secourez, secourez mon auguste princesse!

CYMBELINE.—Le monde tourne-t-il autour de moi?

POSTHUMUS.—Et d'où me vient ce délire?

PISANIO.—Réveillez-vous, ma maîtresse.

CYMBELINE.—S'il en est ainsi, les dieux veulent me faire mourir de joie.

PISANIO.—Eh bien! ma maîtresse?

IMOGÈNE.—Ah! ôte-toi de ma vue. Tu m'as donné du poison : loin de moi, homme dangereux ; ne respire plus là où vivent les princes.

CYMBELINE.—La voix d'Imogène!

PISANIO.—Princesse, que les dieux lancent sur moi des pierres de soufre, si je n'ai pas cru que la boîte que je vous donnais était une composition précieuse. Je la tenais de la reine.

CYMBELINE.—Encore une nouvelle affaire!

IMOGÈNE.—Elle m'a empoisonnée.

CORNÉLIUS, *à Pisanio*.—O dieux! j'avais omis un autre aveu de la reine, qui va prouver ton honnêteté. « Si Pisanio, a-t-elle dit, a donné à sa maîtresse la confiture que je lui ai donnée pour un cordial, elle est traitée comme je traiterais un rat. »

CYMBELINE.—Qu'entends-je, Cornélius?

CORNÉLIUS.—La reine, seigneur, m'importunait souvent pour lui composer des poisons, prétextant toujours le plaisir d'étendre ses connaissances en tuant de viles créatures dont on fait peu de cas, comme des chats et des chiens : moi, appréhendant que ses desseins ne fussent plus funestes, je composai pour elle certaine drogue qui suspendait pour l'instant les facultés de la vie, mais quelque temps après tous les organes de la nature reprenaient leurs fonctions. (*A Imogène.*) En avez-vous pris?

IMOGÈNE.—C'est probable, car j'ai été morte.

BÉLARIUS, *à Arviragus et Guidérius*.—Mes enfants, voilà la cause de notre méprise.

GUIDÉRIUS.—Et sûrement c'est Fidèle.

IMOGÈNE, *à Posthumus*.—Pourquoi avez-vous repoussé de votre sein votre femme? Imaginez en ce moment que vous êtes sur un rocher... (*se jetant dans ses bras*) et précipitez-moi encore.

POSTHUMUS.—Reste là, ô mon âme! suspendue comme un fruit, jusqu'à ce que l'arbre meure.

CYMBELINE. — Eh quoi ! mon sang, ma fille, fais-tu de moi un stupide spectateur au milieu de cette scène? n'as-tu donc rien à me dire?

IMOGÈNE, *se jetant à ses pieds.* — Votre bénédiction, seigneur.

BÉLARIUS, *à Arviragus et Guidérius.* — Je ne vous blâme plus d'avoir aimé cet enfant : vous aviez sujet de l'aimer.

CYMBELINE. — Que mes larmes en tombant soient une eau sacrée sur ta tête ! Imogène, ta mère est morte.

IMOGÈNE. — J'en suis fâchée, seigneur.

CYMBELINE. — Oh ! elle ne valait rien : et c'est sa faute si nous nous retrouvons ici d'une manière si étrange ; mais son fils a disparu, nous ne savons où ni comment...

PISANIO. — Seigneur, maintenant que la crainte est loin de moi, je dirai la vérité. Le prince Cloten, après l'évasion de ma maîtresse, vint à moi l'épée nue et l'écume à la bouche, et jura que si je ne lui déclarais pas la route qu'elle avait prise, j'étais à ma dernière heure. Par hasard j'avais dans ma poche une lettre de mon maître, où, sous de faux prétextes, il engageait Imogène à venir le trouver sur les montagnes près de Milford : il la lit. Aussitôt dans un accès de frénésie, et vêtu des habits de mon maître qu'il m'avait arrachés, il part et marche vers ce lieu dans un dessein licencieux, et avec serment d'attenter à l'honneur de ma maîtresse : ce qu'il est devenu depuis, je l'ignore.

GUIDÉRIUS. — C'est à moi d'achever son histoire : je l'ai tué en ce lieu.

CYMBELINE. — Ah ! les dieux nous en gardent ! Je ne voudrais pas que tes belles actions ne reçussent de ma bouche qu'un arrêt de mort : je t'en conjure, vaillant jeune homme, démens ce que tu viens de dire.

GUIDÉRIUS. — Je l'ai dit et je l'ai fait.

CYMBELINE. — Il était prince.

GUIDÉRIUS. — Un prince très-impoli : les outrages qu'il m'a faits étaient indignes d'un prince. Il m'a provoqué, et dans des termes qui me feraient affronter l'Océan même, s'il rugissait ainsi contre moi. Je lui ai tranché la tête, et je suis bien aise qu'il ne soit pas ici, à ma place, à vous raconter sur moi cette histoire.

CYMBELINE.—J'en suis fâché pour toi : ta propre bouche t'a condamné ; il te faudra subir nos lois ; tu es mort.

IMOGÈNE.—J'avais cru que cet homme sans tête était mon époux.

CYMBELINE.—Enchaînez ce coupable, et qu'on l'emmène de ma présence.

BÉLARIUS.—Sire, arrêtez. Ce jeune homme vaut mieux que celui qu'il a tué ; il est aussi bien né que vous, et il vous a rendu plus de services que jamais vous n'en auriez reçu d'une légion de Clotens. (*Au garde.*) Laissez ses bras en liberté, ils ne sont pas faits pour porter des fers.

CYMBELINE.—Vieux soldat, pourquoi veux-tu anéantir tes services dont tu n'as pas encore été payé, en t'exposant à mon courroux? D'une naissance aussi illustre que la nôtre?

ARVIRAGUS.—En cela, seigneur, il a été trop loin

CYMBELINE, *à Guidérius.*—Et toi, tu ne mourras pas.

BÉLARIUS.—Nous mourrons tous les trois ; mais je vous prouverai que deux de nous sont d'aussi bonne naissance que celle que j'ai attribuée à celui-ci. Mes fils, il faut que je développe ici un mystère dangereux pour moi, mais qui sera peut-être avantageux pour vous.

ARVIRAGUS.—Votre danger est le nôtre.

GUIDÉRIUS.—Et notre bonheur est le sien.

BÉLARIUS, *à Cymbeline.*—Ecoutez alors, avec votre permission, grand roi ; tu avais un sujet nommé Bélarius.

CYMBELINE.—Qu'en veux-tu dire? C'était un traître ; il fut banni.

BÉLARIUS.—Eh bien, c'est lui que tu vois ici, parvenu à la vieillesse ; oui cet homme fut banni, mais je ne sache pas qu'il fût un traître.

CYMBELINE, *aux gardes.*—Emmenez-le d'ici ; l'univers entier ne le sauverait pas.

BÉLARIUS.—Modère cet emportement ; commence d'abord par me payer pour avoir nourri tes enfants, et dès que j'aurai reçu ma récompense, alors confisque-la tout entière.

CYMBELINE.—Nourri mes enfants?

BÉLARIUS. —Je suis insolent et trop brusque ! Me voici à tes genoux : avant que je me relève, je veux illustrer mes enfants ; après, n'épargne point le vieux père. Puissant roi, les deux jeunes gens qui me nomment leur père et se croient mes fils ne m'appartiennent point ; ils sont issus de vos reins, seigneur, ils sont engendrés par votre sang.

CYMBELINE.—Comment? mon sang?

BÉLARIUS.—Oui, comme tu es du sang de ton père. Moi, aujourd'hui le vieux Morgan, je suis ce Bélarius que tu maudis jadis. Ton caprice fut tout mon crime, et mon bannissement toute ma trahison. Ces deux aimables princes (car ils sont princes), je les ai élevés depuis vingt ans; ils possèdent tous les talents que j'ai pu leur donner, et tu sais quelle éducation j'avais reçue. Euriphile, leur nourrice, que j'épousai pour prix de son larcin, te déroba ces enfants au moment de mon bannissement ; c'est moi qui l'y poussai. J'avais reçu d'avance dans cet exil la punition de la faute que je commis alors ; maltraité pour ma fidélité, je fus ainsi porté à la trahison. Plus leur perte devait t'être sensible, plus je goûtai le projet de te les dérober. Mais voilà tes fils, je te les rends, et je vais perdre les deux plus aimables compagnons du monde ; que les bénédictions de ce ciel qui nous couvre pleuvent comme la rosée sur leurs têtes, car ils sont dignes de parer le ciel d'étoiles!

CYMBELINE.—Tes larmes confirment tes paroles. Le service que vous m'avez rendu tous trois est plus incroyable que ce récit. J'ai perdu mes enfants...—S'ils sont là, sous mes yeux, il m'est impossible de désirer deux enfants plus accomplis.

BÉLARIUS.—Daigne m'écouter encore : celui que je nommais Polydore est, noble seigneur, ton véritable Guidérius ; l'autre, mon Cadwal, c'est Arvigarus, ton plus jeune fils ; il était enveloppé dans un riche manteau tissu des mains de la reine sa mère, et que je puis, pour t'en convaincre, te représenter aisément.

CYMBELINE. — Guidérius avait sur le cou une étoile

de couleur de sang ; c'était un signe remarquable.

BÉLARIUS.—C'est celui-ci : il porte toujours cette empreinte de naissance ; la sage nature, en lui faisant ce don, voulut sans doute qu'il servît aujourd'hui à le faire reconnaître.

CYMBELINE.—Oh ! suis-je comme une mère à laquelle il est né trois enfants ? Non, jamais mère n'eut plus de joie de sa délivrance : soyez heureux, mes enfants ; après avoir été si étrangement déplacés de votre sphère, venez-y régner maintenant. — O Imogène ! tu viens de perdre un royaume.

IMOGÈNE.—Seigneur, j'y gagne deux mondes. — O mes bons frères ! nous nous étions donc rencontrés ! — Oh ! convenez que c'est moi qui ai parlé avec le plus de vérité. Vous m'appeliez votre frère, lorsque je n'étais que votre sœur ; moi, je vous nommai mes frères, et vous l'êtes en effet.

CYMBELINE.—Est-ce que vous vous êtes jamais rencontrés ?

ARVIRAGUS.—Oui, seigneur.

GUIDÉRIUS.—Et à notre première entrevue nous nous sommes aimés, et nous avons continué, jusqu'au moment que nous crûmes qu'elle était morte.

CORNÉLIUS.—Ce fut l'effet du breuvage de la reine.

CYMBELINE.—O merveilleux instinct ! Quand entendrais-je tous ces détails ? Ce récit trop rapide a des ramifications de circonstances qui doivent être racontées tout au long. — Où étiez-vous ? Comment viviez-vous ? Par quel hasard serviez-vous notre prisonnier romain ? Comment vous êtes-vous séparée de vos frères ? Comment les avez-vous retrouvés d'abord ? Pourquoi avez-vous fui de ma cour, et où êtes-vous allée ? — Et vous, quels motifs vous ont conduit tous trois au combat ? et je ne sais combien d'autres choses, il faudra que je vous les demande, et toute cette suite d'incidents nés, l'un après l'autre, d'un enchaînement de hasards ?... Mais ce n'est pas ici l'heure ni le lieu de ces longs interrogatoires. — Voyez Posthumus attaché à Imogène ; et elle, dont l'œil, comme un innocent éclair, nous parcourt tous, son seigneur, ses frères, moi, ce Romain son maître, et caresse chacun de nous d'un regard plein de joie, auquel chacun répond à son tour. Quittons cette tente, et allons remplir les temples de la fumée de nos sacrifices. *(A Bélarius.)* — Toi, tu es mon frère, je te tiendrai toujours pour tel.

IMOGÈNE, *à Bélarius.*—Vous êtes aussi mon père ; c'est à vos secours que je dois de voir ce jour de bonheur.

CYMBELINE.—Tous heureux, excepté ces prisonniers chargés de chaînes ; qu'ils partagent aussi notre joie : je veux qu'ils se ressentent de notre bonheur.

IMOGÈNE, *à Lucius.*—Mon bon maître, je veux vous servir encore.

LUCIUS.—Vivez heureuse !

CYMBELINE.—Et ce soldat isolé, qui a si vaillamment combattu, qu'il figurerait bien ici ! sa présence ferait éclater la reconnaissance de son roi.

POSTHUMUS.—Seigneur, je suis le soldat de pauvre apparence qui accompagnait ces trois braves ; ce costume favorisait le projet que je suivais alors.—Ne suis-je pas ce soldat, Iachimo ? parle ; je t'avais terrassé, et je pouvais t'achever.

LACHIMO, *se prosternant.*—Je suis terrassé de nouveau ; mais c'est le poids de ma conscience qui force en ce moment mon genou à fléchir, comme l'y forçait naguère votre bras. Prenez, je vous en conjure, cette vie que je vous dois tant de fois ; mais auparavant reprenez votre bague, et ce bracelet de la princesse la plus fidèle qui ait jamais engagé sa foi.

POSTHUMUS.—Ne te prosterne point devant moi, l'avantage que je veux obtenir sur toi, c'est d'épargner ta vie ; le ressentiment que je veux te montrer, c'est de te pardonner. Vis, et agis mieux envers les autres.

CYMBELINE.—Noble arrêt ! notre gendre nous donnera l'exemple de la générosité. Pardon est le mot que j'adresse ici à tous.

ARVIRAGUS, *à Posthumus.*—Vous nous avez aidés, seigneur, comme si vous aviez en effet l'intention d'être notre frère ; nous sommes ravis que vous le soyez devenu.

POSTHUMUS.—Princes, je suis votre serviteur. Noble

seigneur de Rome, mandez ici votre devin. Pendant que je dormais, il m'a semblé que le grand Jupiter m'apparaissait sur son aigle, avec d'autres visions de fantômes de ma famille; en me réveillant, j'ai trouvé sur mon sein cet écrit dont le contenu est d'un sens si obscur que je n'en puis rien tirer. Qu'il prouve son habileté en l'expliquant.

LUCIUS.—Philarmonus !

LE DEVIN.—Me voici, seigneur.

LUCIUS.—Lis et explique ces paroles.

LE DEVIN, *lisant.*—« Quand un lionceau à lui-même inconnu trouvera sans la chercher une créature légère comme l'air, et sera reçu dans ses bras; lorsque les rameaux d'un cèdre auguste, coupés et morts pendant plusieurs années, renaîtront pour se réunir au vieux tronc et pousseront avec vigueur, alors Posthumus trouvera la fin de ses misères, et la Bretagne heureuse fleurira dans la paix et dans l'abondance. » Toi, Léonatus, tu es le lionceau; c'est ce qu'indique l'explication naturelle de ton nom de *Leo-natus;* la créature légère comme l'air, c'est (*au roi*) ta vertueuse fille, que nous appellerons *mollis aer;* et *mollis aer* nous l'appellerons *mulier;* et cette *mulier,* c'est cette fidèle épouse de Posthumus qui, justifiant la lettre de l'oracle, inconnu à lui-même et sans avoir cherché, s'est vu embrassé par cet air léger.

CYMBELINE.—Ceci a quelque vraisemblance.

LE DEVIN.—Ce cèdre altier, roi Cymbeline, c'est toi, et tes branches coupées sont l'emblème de tes deux fils qui, dérobés par Bélarius et crus morts pendant des années, renaissent aujourd'hui réunis au cèdre majestueux dont les rejetons promettent à la Bretagne paix et abondance.

CYMBELINE.—Eh bien ! nous commencerons par la paix. Lucius, quoique vainqueurs, nous rendons hommage à César et à l'empire romain, promettant de payer notre tribut accoutumé; ce fut notre méchante reine qui nous en dissuada; mais la justice du ciel n'a que trop appesanti, sur elle et sur les siens, son bras vengeur.

LE DEVIN. — Les puissances du ciel accordent elles-mêmes les instruments pour célébrer l'harmonie de cette paix. La vision prophétique que j'ai annoncée à Lucius avant le choc de cette bataille, à peine éteinte, s'accomplit maintenant de tout point. L'aigle romaine que j'ai vue prendre son vol dans les cieux de l'orient au couchant, diminuer par degrés à ma vue, et se perdre enfin dans les rayons du soleil, annonçait que notre aigle impérial, notre prince César, renouvellerait son alliance avec l'illustre Cymbeline, qui brille ici à l'occident.

CYMBELINE.—Rendons aux dieux des actions de grâce. Que la fumée de nos sacrifices s'élève de nos saints autels jusqu'à leurs narines! Annonçons cette paix à tous nos sujets. — Mettons-nous en marche. Qu'une enseigne romaine et une enseigne anglaise flottent unies ensemble dans les airs. Traversons ainsi la cité de Lud, et allons au temple du grand Jupiter ratifier notre paix. Scellons-la par des fêtes. Allons, marchons. Jamais guerre ne finit ainsi par une si prompte paix, avant même que les guerriers aient lavé leurs mains ensanglantées !

FIN DU CINQUIÈME ET DERNIER ACTE.

# LA
# MÉCHANTE FEMME
## MISE A LA RAISON
### COMÉDIE

# NOTICE SUR LA MÉCHANTE FEMME

## MISE A LA RAISON.

---

Nous avons ici deux pièces en une, et, malgré son titre modeste de Prologue, la première n'est pas celle qui nous plaît le moins. Christophe Sly est un des caractères les plus naturels de Shakspeare; il a toute la physionomie de Sancho Pança, et nous devons regretter qu'à partir du second acte ses commentaires sur la comédie qu'on représente devant lui ne soient pas parvenus jusqu'à nous. Chaque fois qu'une scène paraît digne de remarque, on est tenté de se demander ce que le poëte a dû faire observer à ce personnage pour qui sont tous les honneurs de la fête. Cette idée d'un paysan ivre, qu'un prince s'amuse à métamorphoser en grand seigneur, n'est plus neuve aujourd'hui; bien des conteurs et des auteurs dramatiques s'en sont emparés; mais nous ne connaissons aucune pièce qu'on puisse comparer à celle où Christophe Sly joue un rôle si comique et si vrai.

Nous ne citerons pas tous les auteurs de nouvelles, de ballades, etc., qui pourraient se disputer l'honneur d'avoir fourni cette idée à Shakspeare; l'un veut que ce soit à un conte oriental qu'il l'ait empruntée, et l'autre à une anecdote véritable racontée par Goulard dans son *Thrésor d'histoires admirables et merveilleuses*.

La pièce offre deux intrigues distinctes, mais liées et fondues ensemble avec beaucoup d'art, de manière à former un tout. L'amour de Lucentio et de Bianca se retrouve dans une comédie de l'Arioste, *Gli Suppositi*, traduite en anglais, en 1566, par Georges Gascoigne, et mise au théâtre la même année. Le jeune homme et son valet changent d'habits et de rôle pour supplanter un vieux rival, et emploient, comme Lucentio et Tranio, un étranger venu de Sienne, qu'ils déterminent à son déguisement de père, en lui faisant croire qu'il y va de la vie pour lui d'être reconnu à Ferrare. Le rôle brillant de la *Méchante Femme* est celui de Petruchio; nous ne pouvons nous empêcher de donner quelquefois tort à son obstination, à ses caprices bizarres et à l'extravagance qu'il affecte pour dompter la pauvre Catherine; car elle devient à la fin si malheureuse qu'on est tenté de la plaindre. En général, toutes les scènes entre elle et Petruchio sont divertissantes, et ne manquent pas de poésie, quoique les inventions de Petruchio aient quelquefois une espèce de grossièreté qui répugne à l'élégance de nos mœurs modernes. *La Méchante Femme mise à la raison* nous semble plutôt faite pour plaire aux maris du peuple qu'à ceux de la bonne compagnie.

La *Méchante Femme mise à la raison* (*The Taming of the Shrew*), fut imprimée pour la première fois dans la collection in-folio des pièces de Shakspeare en 1623. Dès 1594, on vendait à Londres un petit volume intitulé : *A pleasant conceited Historie called the Taming of a Shrew*. On pense généralement que cette comédie anonyme fut jouée avant *the Taming of the Shrew* de Shakspeare. Il y a entre les deux pièces bien plus qu'une analogie de titre. Malgré la supériorité de la seconde sur la première, on trouve entre elles de telles ressemblances que l'on est obligé de supposer, ou qu'elles sont toutes les deux de Shakspeare, ou qu'il s'est borné à remanier la comédie anonyme de 1594.

# LA MÉCHANTE FEMME
## MISE A LA RAISON
### COMÉDIE

---

### PERSONNAGES

UN LORD  
CHRISTOPHE SLY, chaudronnier ivre.  
UNE HOTESSE,  
UN PAGE, COMÉDIENS et autres gens de la suite du lord.  
} Personnages du prologue.

BAPTISTA, riche gentilhomme de Padoue.  
VINCENTIO, vieux gentilhomme de Pise.  
LUCENTIO, fils de Vincentio, amoureux de Bianca.  
PETRUCHIO, gentilhomme de Vérone faisant la cour à Catherine.  

GREMIO, HORTENSIO, } prétendants à la main de Bianca.  
TRANIO, BIONDELLO, } domestiques de Lucentio.  
GRUMIO, CURTIS, } domestiques de Petruchio.  
PÉDANT, vieux original déguisé pour contrefaire Vincentio.  
CATHERINE la méchante femme, BIANCA, sa sœur, } filles de Baptista.  
UNE VEUVE.  
TAILLEUR, PETIT MERCIER, DOMESTIQUES DE BAPTISTA ET DE PETRUCHIO.

La scène est tantôt à Padoue, et tantôt dans la maison de campagne de Petruchio.

---

## PROLOGUE

### SCÈNE I

*La scène est devant un cabaret, sur une bruyère.*

**L'HOTESSE ET SLY.**

SLY.—Je vous donnerai une peignée [1], sur ma foi.

L'HOTESSE.—Une paire de menottes, coquin !

SLY.—Vous êtes une drôlesse : apprenez que les *Sly* ne sont pas des coquins ; lisez plutôt les chroniques, nous sommes venus en Angleterre avec Richard le Conquérant. Ainsi, *paucas pallabris* [2], laissez glisser le monde sur ses roulettes. *Sessa* [3] !

---

[1] *I will pheese you*, littéralement « Je vous peignerai ; » expression populaire pour dire : je vous battrai.

[2] *Pocas palabras*, terme espagnol que Sly estropie, *soyez bref.*

*Sessa*, mot espagnol : *soyez tranquille.*

L'HOTESSE. — Comment! vous ne payerez pas les verres que vous avez cassés !

SLY. — Non pas un denier... — Par saint Jéronyme, va-t'en. Va te réchauffer dans ton lit froid [1].

L'HOTESSE. — Je sais un bon moyen ; je vais querir le *quartenier* [2].

SLY. — Quartenier ou tiercenier ou cintenier [3], peu m'importe ; je saurai bien lui répondre en forme ; je ne bougerai pas d'un pouce ; mon enfant, allons ; qu'il vienne et de la douceur.

(Il s'étend par terre et s'endort.)

(On entend des cors. Paraît un lord revenant de la chasse avec sa suite.)

LE LORD. — Piqueur, je te recommande d'avoir bien soin de mes chiens. — Braque *Merriman!* — le pauvre animal, il a toutes les articulations enflées! Accouple *Clowder* avec la braque à la large gueule. N'as-tu pas vu, mon garçon, comme *Silver* a bien relevé le défaut au coin de la haie? Je ne voudrais pas perdre ce chien pour vingt livres sterling.

PREMIER PIQUEUR. — *Belman* le vaut bien, milord : il aboyait sur la voie quand les autres avaient bel et bien perdu, et deux fois aujourd'hui il a retrouvé la piste la moins vive ; croyez-moi, je le regarde comme le meilleur chien.

LE LORD. — Tu es un sot : si *Écho* était aussi vite à la course, il en vaudrait douze comme *Belman*, mais donne-leur bien à souper et prends bien soin d'eux tous. Demain je veux chasser encore.

PREMIER PIQUEUR. — J'en aurai bien soin, milord.

LE LORD. — Qu'est-ce cela? Un homme mort, ou ivre ? Vois ; respire-t-il ?

SECOND PIQUEUR. — Il respire, milord ; si l'ale ne lui

---

[1] Phrases ridicules d'une vieille pièce intitulée: *Hieronymo, ou la tragédie espagnole*, dont se moquaient souvent les poëtes du temps.

[2] *Third borough*. Officier qui a les mêmes fonctions que le constable, excepté dans les endroits où le constable existe ; alors le *third borough* n'est que son coadjuteur.

[3] *Third, or fourth, or fifth borough*.

tenait pas chaud, ce serait là un lit bien froid pour y dormir si profondément.

LE LORD. —O la monstrueuse bête ! le voilà étendu comme un vrai porc ! O hideuse mort ! que ton image est affreuse et dégoûtante ! — Messieurs, je veux me divertir de cet ivrogne. —Qu'en pensez-vous ? Si on le transportait dans un lit, avec les draps les plus fins, des bagues à ses doigts, un banquet délicieux devant son lit, et de beaux domestiques prêts à le servir à son réveil ; le pauvre diable ne s'oublierait-il pas lui-même ?

PREMIER PIQUEUR. —Croyez-moi, milord ; il est impossible qu'il ne se méconnaisse pas.

SECOND PIQUEUR. —Il serait bien surpris quand il se réveillerait.

LE LORD. —Comme s'il sortait d'un songe flatteur ou d'une vaine illusion. —Allons, qu'on le relève, et arrangez bien la plaisanterie ; portez-le doucement dans mon plus bel appartement ; suspendez autour de lui tous mes tableaux les plus gracieux ; parfumez sa tête crasseuse d'eaux de senteur, et brûlez des bois odorants pour embaumer l'appartement ; préparez-moi, pour le moment de son réveil, une musique qui l'enchante des accords les plus doux et les plus célestes ; et si par hasard il parle, tenez-vous prêts, et avec le respect le plus profond et le plus soumis ; dites : *Quels sont les ordres de monseigneur ?* Qu'un de vous lui présente un bassin d'argent rempli d'eau de rose et de fleurs ; qu'un autre apporte une aiguière, un troisième un linge damassé, et dites : *Votre Grandeur voudrait-elle se rafraîchir les mains ?* Que quelqu'un se tienne prêt, avec plusieurs riches habillements, et lui demande quelle parure il préfère aujourd'hui. Qu'un autre lui parle de ses chiens et de son cheval, et lui dise que milady est très-affligée de sa maladie. Persuadez-lui qu'il a eu un accès de folie ; et lorsqu'il voudra vous dire qu'il n'est qu'un... interrompez-le en lui disant qu'il rêve, et qu'il n'est rien qu'un puissant seigneur. Faites bien cela, mes amis, et jouez naturellement votre rôle ; ce sera le plus plaisant divertissement du monde, si l'on sait se contenir.

PREMIER PIQUEUR.—Milord, je vous réponds que nous nous acquitterons bien de notre rôle, et que tout sera si bien ménagé, qu'il faudra qu'il se croie réellement ce que nous lui dirons qu'il est.

LE LORD.—Soulevez-le doucement, allez le mettre au lit, et que chacun soit à son poste lorsqu'il se réveillera. (*Quelques-uns de ses gens emportent Sly. On entend une trompette.*) Maraud, va voir quelle est cette trompette qu'on entend. (*Un valet sort.*) Apparemment quelque noble gentilhomme, qui, étant en voyage, se propose de séjourner ici. (*Le valet revient.*) Eh bien ! qu'est-ce que c'est?

LE VALET.—Sous le bon plaisir de milord, ce sont des comédiens qui offrent leurs services à Votre Seigneurie.

LE LORD.—Dis-leur de s'approcher. (*Entrent les comédiens.*) Camarades, vous êtes les bienvenus.

PREMIER COMÉDIEN.—Nous rendons grâces à Votre Honneur.

LE LORD.—Vous proposez-vous de rester avec moi ce soir ?

SECOND COMÉDIEN.—Oui, s'il plaît à Votre Seigneurie d'agréer nos services.

LE LORD.—De tout mon cœur. (*Montrant l'un des comédiens.*) Je crois me rappeler cet homme-là, et l'avoir vu une fois faire le fils aîné d'un fermier. C'était dans une pièce où vous faisiez si bien votre cour à la demoiselle... J'ai oublié votre nom ;.... mais, certainement ce rôle fut bien joué, et avec bien du naturel.

PREMIER COMÉDIEN, *montrant un de ses camarades.*—Je crois que c'est de Soto que Votre Honneur veut parler.

LE LORD.—Précisément ; tu étais excellent.—Allons, vous êtes venus ici au bon moment; d'autant plus à propos, que j'ai en tête certain divertissement où vos talents me seront d'un grand secours. Il y a ici un lord qui veut vous voir jouer ce soir ; mais je doute de votre retenue, je crains qu'en venant à remarquer son bizarre maintien vous ne vous échappiez à rire aux éclats, et que vous ne l'offensiez, car je vous déclare que s'il vous arrive de rire il se mettra en colère.

PREMIER COMÉDIEN.—N'ayez aucune crainte, milord; nous savons nous contenir, fût-il le personnage le plus risible du monde.

LE LORD.—Allons, mon garçon, conduis-les à l'office, et aie soin que chacun d'eux soit bien traité; qu'ils ne manquent de rien de ce qu'il y a dans mon château. (*Un domestique sort avec les comédiens.*) Toi, mon garçon, va trouver mon page Barthélemy, et fais-le habiller en dame des pieds à la tête : cela fait, conduis-le à la chambre où est l'ivrogne, et appelle-le *madame* avec un grand respect, dis-lui de ma part que, s'il veut gagner mes bonnes grâces, il prenne l'air et le maintien noble et décent qu'il a vu observer par les nobles dames envers leurs maris ; qu'il se comporte de même envers l'ivrogne, avec un doux accent de voix, et une humble politesse, et qu'il lui dise : « Qu'ordonne Votre Honneur? En quoi votre femme, votre humble épouse peut-elle vous montrer son zèle respectueux, et manifester son amour? » Et qu'alors, le serrant dans ses bras, le baisant amoureusement, et penchant sa tête sur son sein, qu'il verse des larmes de joie en voyant la santé rendue à son noble époux qui, depuis sept ans, croyait n'être plus qu'un dégoûtant mendiant. Et si mon page n'a pas le don des femmes pour répandre à flots des larmes de commande, un oignon en fera l'affaire; qu'il en tienne un enveloppé dans son mouchoir; il faudra bien que les pleurs coulent de ses yeux. Vois à arranger cela avec tout le soin dont tu es capable : tout à l'heure je te donnerai encore d'autres instructions. (*Le domestique sort.*) Je sais que le jeune drôle se donnera à merveille les grâces, le ton, la démarche et le maintien d'une dame de qualité; il me tarde de l'entendre appeler l'ivrogne son époux, et de voir comment feront mes gens pour s'empêcher de rire, lorsqu'ils rendront leurs hommages à ce simple paysan. Je vais entrer pour leur faire la leçon; peut-être que ma personne pourra leur imposer et tenir leur joie en respect, autrement elle éclaterait à ne pas finir.

(Il sort.)

## SCÈNE II

*Chambre à coucher dans la maison du lord.*

SLY *revêtu d'une belle robe de chambre et entouré de* VALETS, *les uns habillés richement, d'autres avec un bassin, une aiguière, etc.*

*Entre* LE LORD, *vêtu comme un domestique.*

SLY.—Au nom de Dieu, un pot de bière !

PREMIER SERVITEUR.—Plairait-il à Votre Seigneurie de boire un verre de vin des Canaries ?

SECOND SERVITEUR.—Votre Honneur voudrait-elle goûter de ces confitures ?

TROISIÈME SERVITEUR.—Quel costume Votre Honneur veut-elle mettre aujourd'hui ?

SLY.—Je suis Christophe Sly : ne m'appelez ni *Votre Honneur*, ni *Votre Seigneurie* : je n'ai jamais bu de vin des Canaries de ma vie ; et si vous voulez me donner des confitures, donnez-moi des confitures de bœuf. Ne me demandez jamais quel habit je veux mettre : je n'ai pas plus de pourpoints que de dos ; je n'ai pas plus de bas que de jambes, pas plus de souliers que de pieds, et souvent même plus de pieds que de souliers, encore mes orteils regardent-ils souvent à travers l'empeigne.

LE LORD.—Le ciel veuille guérir Votre Seigneurie de ces folles et bizarres idées ! Oh ! c'est une chose déplorable qu'un homme de votre rang, de votre naissance, possesseur de si riches domaines, et jouissant d'une si haute considération, soit imbu de sentiments si bas.

SLY.—Quoi ! voudriez-vous me faire extravaguer ? Ne suis-je pas Christophe Sly, le fils du vieux Sly de Burton-Heath, porte-balle de naissance, cardier par éducation, par métamorphose meneur d'ours, et aujourd'hui chaudronnier de mon état ? Demandez à Marianne Hacket, la grosse cabaretière de Wincot, si elle ne me connaît pas bien : si elle dit que je ne suis pas marqué sur son compte pour quatorze sous de petite bière, tenez-moi pour le plus fieffé menteur de la chrétienté. Je ne suis pas timbré...

PREMIER SERVITEUR.—Oh! voilà ce qui fait gémir sans cesse votre noble épouse.

SECOND SERVITEUR.—Voilà ce qui fait sécher vos gens de chagrin.

LE LORD.—Voilà ce qui est cause que vos parents fuient votre château ; ils en ont été chassés par les égarements étranges de votre folie. Allons, noble lord, souvenez-vous de votre naissance ; rappelez dans votre âme vos anciens sentiments que vous avez bannis, et bannissez-en ces rêves abjects. Voyez comme vos gens s'empressent autour de vous ; chacun dans son office est prêt à vous obéir au premier signal. Souhaitez-vous de la musique? Écoutez ; Apollon joue (*on entend de la musique*), et vingt rossignols chantent dans leurs cages. — Voulez-vous reposer? nous vous porterons dans une couche plus molle et plus douce que le lit voluptueux qui fut dressé exprès pour Sémiramis. — Voulez-vous vous promener? nous répandrons des fleurs sur la terre. —Ou bien, voulez-vous monter à cheval? on va apprêter vos chevaux, et les couvrir de leurs harnais tout parsemés d'or et de perles.—Aimeriez-vous mieux la chasse à l'oiseau? vous avez des faucons dont le vol s'élève bien au-dessus de l'alouette matinale. — Ou bien, voulez-vous chasser à la bête? vos chiens feront retentir la voûte des cieux et réveilleront l'aigre voix des échos dans le sein de la terre.

PREMIER SERVITEUR.—Dites seulement que vous voulez chasser à courre, vos lévriers sont aussi rapides qu'un cerf en haleine ; oui, plus légers que la chevrette.

SECOND SERVITEUR.—Aimez-vous les tableaux? Nous allons sur-le-champ vous apporter un Adonis couché près d'un ruisseau fugitif, et une Vénus cachée dans les roseaux, qui semblent s'agiter et folâtrer sous son haleine, de même que les roseaux flexibles jouent au souffle du vent.

LE LORD.—Nous vous montrerons Io, alors que vierge

encore elle fut séduite et surprise, dans un tableau d'une peinture aussi vivante que l'action même.

TROISIÈME SERVITEUR. — Ou Daphné, errant à travers un fourré d'épines qui déchirent ses jambes ; le sang et les larmes sont peints avec tant d'art qu'on jurerait que le sang coule et que le triste Apollon pleure avec naturel et vérité.

LE LORD. — Vous êtes un lord, et rien qu'un lord ; vous avez une épouse plus belle qu'aucune femme de ce siècle dégénéré.

PREMIER SERVITEUR. — Avant que les larmes qu'elle a versées pour vous eussent inondé son séduisant visage comme des torrents ennemis, c'était la plus belle créature de l'univers ; et même encore elle ne le cède en beauté à aucune de son sexe.

SLY. — Suis-je un lord ? Est-il vrai que je possède une telle femme ? ou bien est-ce un rêve que je fais ? ou ai-je rêvé jusqu'à ce jour ? Je ne dors pas ; je vois, j'entends, je parle ; je sens ces suaves odeurs, et mes mains sont sensibles à la douceur de ce toucher. — Sur ma vie, je suis un lord en effet, et non pas un chaudronnier, ni Christophe Sly. — Allons amenez-nous notre femme, que nous la voyions ; et encore un coup, un pot de petite bière.

SECOND SERVITEUR. — Plairait-il à Votre Grandeur de se laver les mains ? (*Les valets lui présentent une aiguière, un bassin et une serviette.*) Oh ! que nous sommes joyeux de voir votre raison revenue ! Oh ! puissiez-vous reconnaître de nouveau ce que vous êtes ! Voilà quinze ans que vous êtes plongé dans un songe continuel ; ou, quand vous vous éveilliez, votre veille ressemblait à votre sommeil.

SLY. — Quinze ans ! Par ma foi, c'est là une bonne méridienne. Mais, n'ai-je jamais parlé pendant tout ce temps ?

PREMIER SERVITEUR. — Oui, milord ; mais des mots vagues et dénués de sens : car, quoique vous fussiez couché ici dans ce bel appartement, vous disiez toujours qu'on vous avait mis à la porte, et vous vous querelliez avec l'hôtesse du logis ; et vous disiez que vous la citeriez à la cour de justice, parce qu'elle vous avait apporté des cruches de grès au lieu de bouteilles bouchées. Quelquefois vous appeliez Cécile Hacket.

SLY.—Oui, la servante de la cabaretière.

TROISIÈME SERVITEUR.—Allons donc, milord ; vous ne connaissez ni ce cabaret, ni cette fille, ni tous ces hommes que vous nommiez, — comme Étienne Sly, et le vieux Jean Naps de Grèce, et Pierre Turf, et Henri Pimprenel, et vingt autres noms de cette sorte qui n'ont jamais existé et qu'on n'a jamais vus.

SLY.—Allons, que Dieu soit loué de mon heureux rétablissement !

TOUS.—Ainsi soit-il !

SLY.—Je t'en remercie ; va, tu n'y perdras rien.

(Entre le page déguisé en femme avec une suite.)

LE PAGE.—Comment va mon noble lord ?

SLY.—Ma foi, je me porte à merveille, car voilà assez de bonne chère. Où est ma femme ?

LE PAGE.—Me voici, noble lord : que désirez-vous d'elle ?

SLY.—Vous êtes ma femme, et vous ne m'appelez pas... votre mari ? mes gens ont beau m'appeler *milord,* je suis votre bonhomme.

LE PAGE.—Mon mari et mon lord, mon lord et mon mari ; je suis votre épouse, prête à vous obéir en tout.

SLY.—Je le sais bien.—Comment faut-il que je l'appelle ?

LE LORD.—*Madame.*

SLY.—Madame Lison, ou madame Jeanneton ?

LE LORD.—*Madame* tout court : c'est le nom que les lords donnent à leurs épouses.

SLY.—Madame ma femme, ils disent que j'ai rêvé et dormi plus de quinze ans entiers.

LE PAGE.—Hélas ! oui, et ce temps m'a paru trente ans à moi, ayant été tout ce temps éloignée de votre lit.

SLY.—C'est beaucoup.—Mes gens, laissez-moi seul avec elle.—Madame, déshabillez-vous, et venez tout à l'heure vous coucher.

LE PAGE.—Très-noble lord, souffrez que je vous supplie

de m'excuser encore pour une ou deux nuits, ou du moins jusqu'à ce que le soleil soit couché. Vos médecins m'ont expressément recommandé de m'absenter encore de votre lit, si je ne veux m'exposer au danger de vous faire retomber dans votre maladie : j'espère que cette raison me servira d'excuse auprès de vous.

SLY.—Allons, dans l'état où je suis il me sera difficile d'attendre si longtemps, mais d'un autre côté je ne voudrais pas retomber dans mes premiers rêves : ainsi, j'attendrai donc, en dépit de la chair et du sang.

(Entre un domestique.)

LE DOMESTIQUE. — Les comédiens de Votre Honneur ayant été informés de votre rétablissement sont venus pour vous régaler d'une fort jolie comédie, car nos docteurs sont d'avis que ce divertissement est très-bon à votre santé, voyant que c'était un amas de mélancolie qui avait épaissi votre sang, et la mélancolie est mère de la frénésie : ainsi ils vous conseillent d'assister à la représentation d'une pièce, et d'accoutumer votre âme à la gaieté et au plaisir ; remède qui prévient mille maux et prolonge la vie.

SLY.—Diantre, je le veux bien ; une *comerdie* [1], n'est-ce pas une danse de Noël, ou des cabrioles ?

LE PAGE.—Non, mon bon seigneur, c'est d'une étoffe [2] plus agréable.

SLY.—Quoi ! d'une étoffe de ménage ?

LE PAGE.—C'est une espèce d'histoire.

SLY.—Allons, nous la verrons. Venez, madame ma femme ; asseyez-vous à mes côtés, et laissez rouler le monde ; nous ne serons jamais plus jeunes.

(Ils s'asseyent.)

---

[1] *Commonty*, pour *comedy*.
[2] *Stuff* est employé ici dans un sens général et indéterminé.

FIN DU PROLOGUE.

# ACTE PREMIER

## SCÈNE I

*Padoue.—Place publique.*

**LUCENTIO ET TRANIO.**

LUCENTIO.—Tranio, conduit par le violent désir que j'avais de voir la superbe Padoue, berceau des arts, me voici arrivé dans la fertile Lombardie, le riant jardin de la grande Italie ; grâce à l'affection et à la complaisance de mon père, je suis armé de son bon vouloir et de ta bonne compagnie, ô mon loyal serviteur dont l'honnêteté est à toute épreuve ; respirons donc ici, et commençons heureusement un cours de sciences et d'études littéraires. Pise, renommée par ses graves citoyens, m'a donné la naissance, et Vincentio, mon père, négociant qui fait un grand commerce dans le monde, descend des Bentivolio. Il convient que le fils de Vincentio, élevé à Florence pour remplir toutes les espérances qu'on a conçues de lui, orne sa fortune d'actions vertueuses. Ainsi, Tranio, pendant le temps que je consacrerai aux études, je veux m'appliquer à la recherche de la vertu, et de cette partie de la philosophie qui traite du bonheur que la vertu donne. Déclare-moi ta pensée, car j'ai quitté Pise, et je suis venu à Padoue comme un homme altéré qui quitte une mare peu profonde pour se plonger dans de profondes eaux et étancher sa soif.

TRANIO.—*Mi perdonate*[1], mon aimable maître ; je partage vos sentiments en tout ; je suis ravi de vous voir

---

[1] *Mi perdonate*, excusez-moi.

persévérer dans votre résolution de savourer les douceurs de la douce philosophie. Seulement, mon cher maître, tout en admirant la vertu et cette discipline morale, ne devenons pas des stoïques, ni des sots, je vous en prie ; ne soyons pas si dévoués aux durs préceptes d'Aristote, qu'Ovide soit entièrement mis de côté. Parlez logique avec les connaissances que vous avez, et pratiquez la rhétorique dans vos conversations journalières ; usez de la musique et de la poésie pour ranimer vos esprits ; livrez-vous aux mathématiques et à la métaphysique, selon ce que votre estomac pourra supporter ; il n'y a point de fruit dans l'étude où il n'y a point de plaisir ; en un mot, mon maître, suivez le genre d'étude qui vous plaira davantage.

LUCENTIO. — Grand merci, Tranio ; tes avis sont fort sages.—Ah ! Biondello, si tu étais arrivé sur ce rivage, nous pourrions faire ensemble nos préparatifs, et prendre un logement propre à recevoir les amis que le temps nous procurera dans Pise.—Mais, un moment, quelle est cette compagnie ?

TRANIO.—Mon maître, c'est sans doute quelque cérémonie pour nous recevoir dans la ville.

(Entre Baptista avec Catherine et Bianca, Gremio et Hortensio.)
(Lucentio et Tranio se tiennent à l'écart.)

BAPTISTA.—Messieurs, ne m'importunez pas davantage ; vous savez combien ma résolution est ferme et invariable : c'est de ne point donner ma cadette avant que j'aie trouvé un mari pour l'aînée. Si l'un de vous deux aime Catherine, comme je vous connais bien et que j'ai de l'amitié pour vous, je vous donne la liberté de la courtiser à votre gré.

GREMIO.—Plutôt la mettre sur une charrette [1] ;.... elle est trop rude pour moi. Eh bien ! Hortensio, voulez-vous une femme ?

CATHERINE, *à son père*.—Je vous prie, mon père, est-ce

---

[1] *To cart her rather.* Baptista vient de dire : *To court her.* Gremio joue sur le mot.

votre volonté de me jeter à la tête de ces épouseurs?

HORTENSIO.—Épouseurs, ma belle? Comment l'entendez-vous? Oh! point d'épouseurs pour vous, à moins que vous ne deveniez d'une trempe plus aimable et plus douce.

CATHERINE.—En vérité, monsieur, vous n'avez que faire de craindre : je sais bien qu'on n'est pas encore à mi-chemin du cœur de Catherine. Mais, si l'on en était là, son premier soin serait de vous peigner la tête avec un banc à trois pieds, et de vous colorer la face de façon à vous travestir en fou.

HORTENSIO.—De pareilles diablesses, bon Dieu, préserve nous!

GREMIO.—Et moi aussi, bon Dieu!

TRANIO, *à l'écart*.—Silence, mon maître : voici une scène propre à nous divertir. Cette fille est une vraie folle, ou incroyablement revêche.

LUCENTIO. — Mais je vois dans le silence de l'autre la douce réserve et la modestie d'une jeune fille. Taisons-nous, Tranio.

TRANIO. —Bien dit, mon maître ; silence, et regardez tout votre soûl.

BAPTISTA.—Messieurs, pour commencer à exécuter la parole que je vous ai donnée... Bianca, rentre dans la maison, et que cela ne te fâche pas, ma bonne Bianca; car je ne t'en aime pas moins, ma mignonne.

CATHERINE.—La jolie petite!—Vous feriez bien mieux de lui enfoncer le doigt dans l'œil ; elle saurait pourquoi.

BIANCA.—Ma sœur, contentez-vous de la peine qu'on me fait.—(*A son père*.) Mon père, je souscris humblement à votre volonté ; mes livres et mes instruments seront ma compagnie ; je les étudierai et m'exercerai seule avec eux.

LUCENTIO, *à part*.—Écoute, Tranio, on croirait entendre parler Minerve.

HORTENSIO.—Seigneur Baptista, voulez-vous donc être si bizarre? Je suis bien fâché que l'honnêteté de nos intentions soit une occasion de chagrin pour Bianca.

GREMIO.—Comment? Voulez-vous donc la tenir en

charte privée pour l'amour de cette furie d'enfer, et la punir de la méchante langue de sa sœur?

BAPTISTA.—Messieurs, arrangez-vous; ma résolution est prise.—Rentrez, Bianca. (*Bianca sort.*) Et comme je sais qu'elle prend beaucoup de plaisir à la musique, aux instruments et à la poésie, je veux faire venir chez moi des maîtres en état d'instruire sa jeunesse.—Si vous, Hortensio, ou vous, seigneur Gremio, en connaissez quelqu'un, amenez-le moi; car, j'accueillerai toujours les hommes de talent, et je ne veux rien épargner pour donner une bonne éducation à mes enfants. Adieu!—Catherine, vous pouvez rester; j'ai à causer avec Bianca.

(Il sort.)

CATHERINE.—Comment? mais je crois que je peux m'en aller aussi : ne le puis-je pas à mon gré? Quoi! on me fixera des heures? comme si, vraiment, je ne savais pas bien moi-même ce qu'il convient de prendre, ou de laisser. Ah!

(Elle sort.)

GREMIO.—Tu peux aller trouver la femme du diable; tes qualités sont si précieuses que personne ne veut de toi. L'amour qu'elles inspirent n'est pas si ardent que nous ne puissions souffler ensemble dans nos doigts, Hortensio, et le rendre nul par l'abstinence; notre gâteau est à moitié cuit des deux côtés. Adieu! Cependant, pour l'amour que je porte à ma douce Bianca, si je peux, par quelque moyen, rencontrer l'homme qui convient pour lui montrer les arts qu'elle chérit, je le recommanderai à son père.

HORTENSIO.—Et moi aussi, seigneur Gremio. Mais un mot, je vous prie. Quoique la nature de notre querelle n'ait jamais souffert les longs entretiens, apprenez aujourd'hui, sur bonne réflexion, que c'est à nous, dans la vue de pouvoir encore trouver accès auprès de notre belle maîtresse, et d'être heureux rivaux dans notre amour pour Bianca, à donner tous nos soins à une chose surtout...

GREMIO.—Qu'est-ce que c'est, je vous prie?

HORTENSIO.—Ce que c'est? C'est de trouver un mari à sa sœur aînée.

GREMIO.—Un mari? Un démon plutôt.

HORTENSIO.—Je dis, moi, un mari.

GREMIO.—Et moi, je dis un démon. Penses-tu, Hortensio, que, malgré toute l'opulence de son père, il y ait un homme assez fou pour épouser l'enfer?

HORTENSIO.—Tout beau, Gremio. Quoiqu'il soit au-dessus de votre patience et de la mienne d'endurer ses importunes clameurs, il est, ami, dans le monde, de bons compagnons, si l'on pouvait mettre la main dessus, qui la prendraient avec tous ses défauts, et assez d'argent.

GREMIO.—Je ne sais qu'en dire; mais j'aimerais mieux, moi, prendre la dot sans elle, à condition que je serais fouetté tous les matins à la grande croix du carrefour.

HORTENSIO.—Ma foi, comme vous dites; il n'y a guère à choisir entre des pommes gâtées. — Mais, allons: puisque cet obstacle commun nous rend amis, notre amitié durera jusqu'au moment où, en trouvant un mari à la fille aînée de Baptista, nous procurerons à sa jeune sœur la liberté d'en recevoir un; et alors, libre à nous de recommencer la querelle.—Chère Bianca!—Que le plus heureux l'emporte! Celui qui court le plus vite, gagne la bague : qu'en dites-vous, seigneur Gremio.

GREMIO.—J'en conviens, et je voudrais lui avoir déjà procuré le meilleur étalon de Padoue, pour venir lui faire sa cour, la conquérir, l'épouser, coucher avec elle, et en débarrasser la maison.—Allons, sortons.

(Gremio et Hortensio sortent.)
(Tranio s'avance.)

TRANIO.—Je vous en prie, monsieur, dites-moi une chose.—Est-il possible que l'amour prenne si fort en un instant?

LUCENTIO.—Oh! Tranio, jusqu'à ce que j'en eusse fait l'expérience, je ne l'avais cru ni possible, ni vraisemblable : mais vois! tandis que j'étais là oisif à regarder, l'amour m'a surpris dans mon insouciance, et maintenant j'en ferai l'aveu avec franchise, à toi, mon confident, qui m'es aussi cher et qui es aussi discret que l'était Anne pour la reine de Carthage : Tranio, je brûle, je languis, je péris, Tranio, si je ne viens pas à bout de posséder cette jeune et modeste fille. Conseille-moi, Tranio, car je sais que tu le peux : assiste-moi, Tranio, car je sais que tu le veux.

TRANIO. — Maître, il n'est plus temps maintenant de vous gronder ; on ne déracine pas l'affection du cœur : si l'amour vous a blessé, il ne reste plus que ceci : *Redime te captum quam queas minimo*[1].

LUCENTIO. — Mille grâces, mon ami, poursuis : ce que tu m'as déjà dit me satisfait : le reste ne peut que me consoler ; car tes avis sont sages.

TRANIO. — Maître, vous qui avez si longtemps considéré la jeune personne, vous n'avez peut-être pas remarqué le plus important de la chose ?

LUCENTIO. — Oh ! très-bien ; j'ai vu la beauté dans ses traits, égale à celle de la fille d'Agénor[2], qui fit humilier le grand Jupiter, lorsqu'au signe de sa main il baisa de ses genoux les rivages de Crète.

TRANIO. — N'avez-vous vu que cela ? N'avez-vous pas remarqué comme sa sœur a commencé à s'emporter, comme elle a soulevé une si violente tempête, que des oreilles humaines avaient bien de la peine à endurer son vacarme ?

LUCENTIO. — Ah ! Tranio, j'ai vu remuer ses lèvres de corail, et son haleine a parfumé l'air ; tout ce que j'ai vu dans sa personne était doux et sacré.

TRANIO. — Allons, il est temps de le tirer de son extase. — Je vous en prie, monsieur, réveillez-vous ; si vous aimez cette jeune fille, appliquez vos pensées et votre esprit aux moyens de l'obtenir. Voici l'état des choses.
— Sa sœur aînée est si maudite et si méchante que, jusqu'à ce que son père soit débarrassé d'elle, il faut, mon maître, que votre amour reste fille au logis ; aussi son père l'a resserrée étroitement, afin qu'elle ne soit pas importunée de soupirants.

LUCENTIO. — Ah ! Tranio, quel père cruel ! Mais, n'as-tu

---

[1] Rachetez-vous d'esclavage au meilleur marché possible.
[2] Europe, pour qui Jupiter se métamorphosa en taureau.

pas remarqué le soin qu'il prend pour lui procurer d'habiles maîtres, en état de l'instruire?

TRANIO.—Oui, vraiment, monsieur; et j'ai même comploté là-dessus...

LUCENTIO.—Oh! j'ai un plan aussi, Tranio.

TRANIO.—En vérité, mon maître, je jure par ma main que nos deux stratagèmes se ressemblent, et se confondent en un seul.

LUCENTIO.—Dis-moi le tien, d'abord.

TRANIO.—Vous serez le maître, et vous vous chargerez d'instruire la jeune personne: voilà quel est votre plan?

LUCENTIO.—Oui. Cela peut-il se faire?

TRANIO.—Impossible: car, qui vous remplacera, et sera ici dans Padoue le fils de Vincentio? Qui tiendra maison, étudiera ses livres, recevra ses amis, visitera ses compatriotes et leur donnera des fêtes?

LUCENTIO.—Basta[1]! tranquillise-toi, tout cela est arrangé: nous n'avons encore paru dans aucune maison: personne ne peut nous reconnaître à nos physionomies, ni distinguer le maître du valet. D'après cela, voici la suite:—Tu seras le maître, Tranio, à ma place; tu tiendras la maison, tu en prendras les airs, commanderas les domestiques, comme je ferais moi-même; moi, je serai quelqu'autre, un Florentin, un Napolitain, ou quelque jeune homme peu considérable de Pise. Le projet est éclos, et il s'exécutera.—Tranio, déshabille-toi tout de suite; prends mon manteau et mon chapeau de couleur: quand Biondello viendra, il sera à ta suite; mais je veux auparavant lui apprendre à tenir sa langue.

(Ils échangent leurs habits.)

TRANIO.—Vous auriez besoin de le faire. — Bref, mon maître, puisque c'est votre plaisir, et que je suis lié à vous obéir (car votre père me l'a recommandé au moment du départ: *rends tous les services à mon fils*, m'a-t-il dit; quoique, à mon avis, il l'entendît dans un autre sens), je veux bien être *Lucentio*, parce que j'aime tendrement Lucentio.

---

[1] *Basta*, c'est assez.

LUCENTIO.—Tranio, sois-le, parce que Lucentio aime, et laisse-moi faire le personnage d'un esclave, pour conquérir cette jeune beauté, dont la soudaine vue a enchaîné mes yeux blessés. (*Entre Biondello.*) Voici le fripon. —Eh bien ! coquin, où as-tu donc été ?

BIONDELLO.—Où j'ai été ?... Eh mais ! vous, où êtes-vous vous-même à présent ? Mon maître, est-ce que mon camarade Tranio vous aurait volé vos habits ? ou si c'est vous qui lui avez pris les siens ? ou vous êtes-vous volés réciproquement ? Je vous prie, parlez, quoi de nouveau ?

LUCENTIO.—Drôle, approche ici ; il n'est pas temps de plaisanter : ainsi songe à te conformer aux circonstances. Ton camarade que voilà, Tranio, pour me sauver la vie, prend mon rôle et mes habits ; et moi, pour échapper au malheur, je mets les siens ; car depuis que j'ai abordé ici, j'ai, dans une querelle, tué un homme, et je crains d'être découvert : mets-toi à ses ordres et à sa suite, je te l'ordonne, et sers-le comme il convient, tandis que moi je vais m'échapper pour mettre ma vie en sûreté : tu m'entends ?

BIONDELLO.—Oui, monsieur, pas le plus petit mot.

LUCENTIO. — Et pas un mot de Tranio dans ta bouche, Tranio est changé en Lucentio.

BIONDELLO.—Tant mieux pour lui ; je voudrais bien l'être aussi, moi.

TRANIO.—Et moi, foi de valet, je voudrais bien, pour former le second souhait, que Lucentio eût la plus jeune fille de Baptista. — Mais, monsieur le drôle..... pas pour moi, mais pour l'amour de votre maître, je vous avertis de vous conduire avec discrétion dans toute espèce de compagnie ; quand je serai seul, je serai Tranio pour vous ; mais partout ailleurs votre maître Lucentio.

LUCENTIO.—Tranio, allons nous-en. — Il reste encore un point que je te charge, toi, d'exécuter : — c'est de te placer au nombre des prétendants. — Si tu m'en demandes la raison.... il suffit.... Mes raisons sont bonnes et convaincantes.

(*Ils sortent.*)

(Personnages du prologue.)

premier serviteur.—« Milord, vous sommeillez, vous
« n'écoutez pas la pièce.

sly.—« Si, par sainte Anne, je l'écoute. Une bonne
« drôlerie, vraiment ! Y en a-t-il encore à venir ?

le page.—« Milord, elle ne fait que commencer.

sly.—« C'est vraiment une excellente pièce d'ouvrage,
« madame Lady ; je voudrais être à la fin. »

## SCÈNE II

Devant la maison d'Hortensio.

### PETRUCHIO, GRUMIO

petruchio.—Vérone, je prends congé de toi pour quelque temps ; je veux voir mes amis de Padoue : mais avant tout, Hortensio, le plus cher et le plus fidèle de mes amis. —Eh! je crois que voici sa maison.—Ici, drôle, allons, frappe, te dis-je.

grumio.—Frapper, monsieur ! qui frapperais-je ? quelqu'un vous a-t-il offensé ?

petruchio.—Allons, maraud, frappe-moi ici comme il faut, te dis-je.

grumio.—Vous frapper ici, monsieur ? Comment donc, monsieur ? Qui suis-je, monsieur, pour oser vous frapper ici, monsieur ?

petruchio.—Coquin, frappe-moi à cette porte, et fort, te dis-je, ou je cognerai ta tête de fripon.

grumio.—Mon maître est devenu querelleur. Je vous frapperais le premier : mais je sais qui en porterait la peine.

petruchio.—Tu t'obstines : je te jure, coquin, que si tu ne frappes pas, je frapperai, moi, et je verrai comment tu sauras dire et chanter *sol, fa...*

(Il tire les oreilles à Grumio.)

grumio.—Au secours ! au secours ! mon maître est fou !

petruchio.—Allons, frappe, quand je te l'ordonne, drôle, coquin !

(Entre Hortensio.)

HORTENSIO.—Comment donc? de quoi s'agit-il, mon vieux ami Grumio, et mon cher Petruchio ? Comment vous portez-vous tous à Vérone ?

PETRUCHIO.—Signor Hortensio, venez-vous terminer la bataille ?—*Con tutto il core bene trovato,* puis-je dire.

HORTENSIO.
   Alla nostra casa bene venuto
   Molto honorato signor mio Petruchio.

Lève-toi, Grumio, lève-toi ; nous arrangerons cette querelle.

GRUMIO.—Peu m'importe ce qu'il allègue en latin,—si ce n'est pas pour moi un motif légitime de quitter mon service. — Voyez-vous, monsieur, il me disait de le frapper et de le frotter comme il faut, monsieur ; eh bien ! était-il convenable qu'un serviteur traitât son maître ainsi, ayant sur moi d'ailleurs, autant que je puis voir, l'avantage de trente-deux contre un ! Plût à Dieu que je l'eusse frappé d'abord. Grumio n'aurait pas eu tous les coups.

PETRUCHIO.—Un stupide coquin ! — Cher Hortensio, je dis à ce drôle de frapper à votre porte, et je n'ai jamais pu obtenir cela de lui.

GRUMIO.—Frapper à la porte ?—O ciel ! ne m'avez-vous pas dit en propres termes : Coquin, frappe-moi ici, frappe-moi bien, frappe-moi comme il faut ? et vous venez maintenant me parler de frapper à la porte.

PETRUCHIO.—Drôle, va-t'en, je te le conseille.

HORTENSIO.—Patience, Petruchio ; je suis la caution de Grumio ; vraiment la chance est trop inégale entre vous et lui ; c'est votre ancien, fidèle et aimable serviteur Grumio. Allons, dites-moi donc, mon cher ami, quel heureux vent vous a conduit de l'antique Vérone ici, à Padoue ?

PETRUCHIO.—Le vent qui disperse les jeunes gens dans le monde, et les envoie tenter fortune hors de leur pays natal, où l'on n'acquiert que bien peu d'expérience. En peu de mots, seigneur Hortensio, voici mon histoire :

Antonio, mon père, est décédé, et je me suis hasardé à faire ce voyage pour me marier richement et vivre du mieux qu'il me sera possible ; j'ai des écus dans ma bourse, des terres dans mon pays, et je suis venu voir le monde.

HORTENSIO. — Petruchio, te parlerai-je sans détour et te souhaiterai-je une laide et méchante femme ? Tu ne me remercierais guère de l'avis, et cependant je te garantis qu'elle sera riche, et très-riche; mais tu es trop mon ami, et je ne te la souhaiterai pas pour épouse.

PETRUCHIO. — Seigneur Hortensio, entre amis comme nous, il n'y a que deux mots : ainsi, si tu connais une femme assez riche pour être l'épouse de Petruchio (comme la fortune est le refrain de ma chanson d'amour[1], fût-elle aussi laide que l'était l'amante de Florent[2], aussi vieille que la Sibylle, et aussi acariâtre, aussi méchante que la Xantippe de Socrate, ou pire encore, cela n'émeut, ni ne rebute mon goût, fût-elle aussi rude que les flots irrités de l'Adriatique. Je viens pour me marier richement à Padoue : si je me marie richement, je me trouverai marié heureusement à Padoue.

GRUMIO. — Vous le voyez, monsieur ; il vous dit sa pensée tout platement : oui, donnez-lui assez d'or, et mariez-le à une poupée, à une poupée, à une petite figure d'aiguillette[3], ou bien à une vieille octogénaire à qui il ne reste pas une dent dans la bouche, eût-elle autant d'infirmités que cinquante-deux chevaux, tout sera à merveille si l'argent s'y trouve.

HORTENSIO. — Petruchio, puisque nous nous sommes avancés si loin, je veux poursuivre sérieusement l'idée que je t'avais jetée d'abord par pure plaisanterie. Je suis en état, Petruchio, de te procurer une femme assez bien pourvue de la fortune, jeune et belle, élevée comme la

---

[1] *Wooing dance.*

[2] Florent est le nom du chevalier qui s'était engagé à épouser une vieille sorcière, à condition qu'elle lui donnerait la solution d'une énigme dont sa vie dépendait. (Conte de Gower.) C'est sans doute là que Voltaire a pris le sujet de ce qui *Plaît aux dames.*

[3] *Aglet gaby.* Tête de lacet de forme bizarre.

fille la mieux née ; tout son défaut, et c'est un assez grand défaut, c'est qu'elle est intolérablement méchante, acariâtre, bourrue, à un point si terrible que, ma fortune fût-elle bien plus délabrée qu'elle ne l'est, je ne voudrais pas l'épouser, moi, pour une mine d'or.

PETRUCHIO.—Silence, Hortensio : tu ne connais pas l'effet et la vertu de l'or.—Dis-moi le nom de son père, et cela suffit ; car je prétends l'attaquer, quand ses clameurs surmonteraient les éclats du tonnerre, lorsque les nuages crèvent en automne.

HORTENSIO.—Son père est Baptista Minola, gentilhomme affable et courtois, et son nom Catherine Minola, fameuse dans Padoue par sa langue grondeuse.

PETRUCHIO.—Oh ! je connais son père, quoique je ne la connaisse pas, elle ; et il connut beaucoup feu mon père.—Je ne dormirai pas, Hortensio, que je ne la voie ; ainsi, permettez que j'en use assez librement avec vous, pour vous quitter brusquement dans cette première entrevue, si vous ne voulez pas m'accompagner jusqu'à sa demeure.

GRUMIO.—Je vous en prie, monsieur, laissez-le suivre son entreprise, tandis qu'il est en humeur. Sur ma parole, si elle le connaissait aussi bien que je le connais, elle jugerait bientôt que les criailleries feraient peu de chose sur lui ; elle pourra bien, peut-être, le traiter dix fois de coquin ou autres épithètes semblables. Eh bien ! tout cela n'est rien ; s'il s'y met une fois, il s'en moquera avec ses réponses adroites. Voulez-vous que je vous dise, monsieur : pour peu qu'elle lui résiste, il lui jettera une figure[1] sur la face, et vous la défigurera si bien qu'elle n'aura pas plus d'yeux pour y voir clair qu'un chat[2] ; vous ne le connaissez pas, monsieur.

HORTENSIO.—Attendez-moi, Petruchio ; il faut que je vous accompagne ; car mon trésor est enfermé sous la clef de Baptista ; il tient entre ses mains le joyau de ma vie, sa fille cadette, la belle Bianca, et il la dérobe à mes

---

[1] Un soufflet, un moule de gant.
[2] A qui une lumière soudaine fait contracter excessivement la prunelle ; un chat ébloui.

regards et aux poursuites de plusieurs autres aspirants, qui sont mes rivaux en amour. En supposant qu'il soit impossible (à cause des défauts que je vous ai exposés) que Catherine soit jamais épousée, Baptista a résolu que jamais homme n'aurait accès auprès de Bianca, que Catherine la méchante n'eût trouvé un mari.

GRUMIO.—Catherine la méchante! c'est, pour une jeune fille, le pire de tous les titres.

HORTENSIO.—Il faut maintenant que mon ami Petruchio me rende un service; c'est de me présenter déguisé sous un costume sévère au vieux Baptista, comme un maître versé dans la musique, et en état de bien l'enseigner à Bianca, afin que, par cette ruse, je puisse au moins avoir la liberté et la commodité de lui faire ma cour, et de l'entretenir elle-même de ma tendresse, sans donner aucun ombrage.

(Entre Gremio, avec lui est Lucentio déguisé avec des livres sous le bras.)

GRUMIO.—Ce ne sont pas là des friponneries? non!— Voyez comme, pour attraper les vieillards, les jeunes gens mettent leur tête sous un bonnet! Maître! maître, regardez autour de vous, qui passe là, hein?

HORTENSIO.—Silence, Grumio, c'est mon rival.—Petruchio, tenons-nous un moment à l'écart.

GRUMIO.—Un joli jeune homme, et un bel amoureux.
(Il se retire.)

GREMIO, *répondant à Lucentio.*—Oh! très-bien : j'ai bien lu la note.—Écoutez bien, monsieur ; je les veux superbement reliés : tous livres d'amour, songez-y bien, et ne lui faites aucune autre lecture. Vous m'entendez? En outre, par-dessus les libéralités que vous fera le seigneur Baptista, j'y ajouterai encore un présent.—Prenez aussi vos papiers, et qu'ils soient bien parfumés, car celle à qui ils sont destinés est plus douce que les parfums mêmes. — Que lui lirez-vous ?

LUCENTIO.—Quelque lecture que je lui fasse, je plaiderai votre cause comme pour mon patron (soyez-en bien assuré) et avec autant de chaleur que si vous-même étiez à ma place ; oui, et peut-être avec des termes plus éloquents et plus persuasifs que vous, monsieur, à moins que vous ne fussiez un savant.

GREMIO.—Oh! cette science! ce que c'est!

GRUMIO.—Oh! cet oison, quel imbécile c'est!

PETRUCHIO.—Paix, maraud.

HORTENSIO.—Grumio, motus! — Dieu vous garde, seigneur Gremio.

GREMIO.—Ah! charmé de vous rencontrer, seigneur Hortensio. Savez-vous où je vais de ce pas?—Chez Baptista Minola! Je lui ai promis de lui chercher avec soin un maître pour la belle Bianca, et le hasard a voulu que je tombasse sur ce jeune homme ; par sa science et ses manières, il est ce qui convient à Bianca, très-instruit dans la poésie, et autres livres ; et des bons, je vous le garantis.

HORTENSIO.—C'est à merveille ; et moi j'ai rencontré un honnête homme qui m'a promis de m'en procurer un autre, un charmant musicien, pour instruire notre maîtresse : ainsi je ne demeurerai pas en arrière dans ce que je dois à la belle Bianca, qui m'est si chère, à moi.

GREMIO.—Oui, qui m'est si chère : — Et cela, ma conduite le prouvera.

GRUMIO, *à part*.—Et cela, ses sacs le prouveront.

HORTENSIO.—Gremio, ce n'est pas ici le moment d'éventer notre amour. Ecoutez-moi ; et si vous êtes honnête avec moi, je vous dirai des nouvelles assez bonnes pour tous deux. Voici un honnête homme que le hasard m'a fait rencontrer, qui, favorisé par nous dans ses goûts, entreprendra de courtiser la méchante Catherine. Oui, et même de l'épouser si sa dot lui convient.

GREMIO.—Soit dit et fait; c'est à merveille.—Hortensio, lui avez-vous révélé tous ses défauts?

PETRUCHIO.—Je sais que c'est une méchante femme qui crie et tempête sans cesse ; si c'est là tout, messieurs, je ne vois point de mal à cela.

GREMIO.—Non, dites-vous, ami?—De quel pays est ce cavalier?

PETRUCHIO.—Je suis né à Vérone, le fils du vieillard Antonio ; mon père étant mort, ma fortune commence à vivre pour moi, et j'espère voir de longs et heureux jours.

GREMIO.—Oh ! monsieur, ce serait une chose bien étrange qu'une pareille vie avec une pareille femme ! Mais si vous vous sentez ce courage, allons vite à l'œuvre, au nom de Dieu ! Vous pouvez compter sur mon secours en tout. Mais sérieusement, est-ce que vous voulez faire votre cour à ce chat sauvage ?

PETRUCHIO.—Veux-je vivre ?

GRUMIO, *à part*.—S'il veut lui faire sa cour ? oui, ou elle ira au diable.

PETRUCHIO.—Et pourquoi suis-je venu ici, si ce n'est dans cette résolution ? Croyez-vous que mes oreilles s'épouvantent de quelque bruit ? N'ai-je pas entendu dans ma vie des lions rugir ? N'ai-je pas vu la mer battue des vents courroucés comme un sanglier écumant et suant de rage ? N'ai-je pas entendu une batterie de canons dans la plaine, et l'artillerie des cieux tonner sous leur voûte ? N'ai-je pas, dans une bataille rangée, entendu les clameurs confuses, les coursiers hennissants, les trompettes éclatantes ? Et vous venez me parler de la langue d'une femme qui ne peut jamais faire dans l'oreille le bruit d'une châtaigne qui éclate dans la cheminée d'un fermier ? Bah, bah ! c'est aux enfants qu'il faut faire peur des fantômes.

GRUMIO, *à part*.—Oh ! il n'en craint aucun.

GREMIO.—Hortensio, écoutez : ce gentilhomme est heureusement arrivé, à ce que me dit mon pressentiment, pour son avantage et pour le nôtre.

HORTENSIO.—J'ai promis de l'aider de nos services et de porter une partie du fardeau de ses avances, quoi qu'il en soit.

GREMIO.—Et j'y consens aussi, moi, bien volontiers, pourvu qu'il vienne à bout de l'obtenir.

GRUMIO, *à part*. — Je voudrais être aussi sûr d'un bon dîner. (Entrent Tranio, richement vêtu, et Biondello.)

TRANIO.—Salut, messieurs. Si vous le permettez, dites-moi, je vous en conjure, quel est le chemin le plus court pour se rendre à la maison du seigneur Baptista Minola ?

GREMIO.—Celui qui a deux filles si belles ? (*A part, à Tranio*.) Est-ce lui que vous demandez ?

TRANIO.—Lui-même.—Biondello !

GREMIO.—Écoutez-moi, monsieur ; vous ne demandez pas celle...

TRANIO.—Peut-être lui et elle ; que vous importe ?

PETRUCHIO.—Non pas celle qui est si querelleuse, monsieur, je vous en prie, en aucune façon.

TRANIO.—Je n'aime pas les querelleurs, monsieur. — Biondello, marchons.

LUCENTIO, *à part*.—Fort bien débuté, Tranio.

HORTENSIO.—Monsieur, un mot avant de nous quitter. —Êtes-vous un prétendant à la fille dont vous parlez, oui ou non ?

TRANIO.—Et si cela était, monsieur, vous en offenseriez-vous ?

GREMIO.—Non, pourvu que sans une parole de plus vous prissiez le large.

TRANIO.—Comment, monsieur ! Est-ce que les rues ne sont pas ouvertes pour moi comme pour vous ?

GREMIO.—Mais non pas elle.

TRANIO.—Et pour quelle raison, je vous prie ?

GREMIO.—Pour la raison, si vous voulez le savoir, qu'elle est choisie par le seigneur Gremio.

HORTENSIO.—Et parce qu'elle est choisie par le seigneur Hortensio.

TRANIO.—Doucement, messieurs. Si vous êtes d'honnêtes gentilshommes, faites-moi la grâce de m'écouter avec patience. Baptista est un noble citoyen à qui mon père n'est pas tout à fait inconnu, et si sa fille était plus belle qu'elle n'est, elle pourrait avoir plus d'amants encore, sans que je dusse renoncer à être du nombre. La fille de la belle Léda eut mille soupirants : la charmante Bianca peut bien en avoir un de plus, et elle l'aura aussi. Lucentio se mettra sur les rangs, quand Pâris viendrait se présenter avec l'espoir d'être seul à faire sa cour.

GREMIO.—Quoi ! ce jeune homme nous fermera la bouche à tous ?

LUCENTIO.—Monsieur, lâchez-lui la bride ; je sais qu'il n'ira pas bien loin.

PETRUCHIO.—Hortensio, à quoi bon tant de paroles ?

HORTENSIO, *à Tranio*.—Monsieur, permettez-moi de vous faire une question : avez-vous jamais vu la fille de Baptista ?

TRANIO.—Non, monsieur ; mais j'apprends qu'il a deux filles : l'une fameuse par sa méchante langue, autant que l'autre l'est par sa modestie et sa beauté.

PETRUCHIO.—Monsieur, monsieur, la première est pour moi ; mettez-la de côté.

GREMIO.—Oui, laissez cette tâche au grand Hercule, et ce sera plus que ses douze travaux.

PETRUCHIO.—Monsieur, écoutez et comprenez bien ce que je vais vous dire.—La plus jeune fille, à laquelle vous prétendez, est tenue par son père loin de tout accès aux demandes ; et son père ne la promettra à personne que sa sœur aînée ne soit mariée la première. Ce ne sera qu'alors que la cadette sera libre, et non avant.

TRANIO.—Si cela est ainsi, monsieur, et que vous soyez l'homme qui deviez nous servir tous, et moi comme les autres, si vous rompez la glace, et que vous veniez à bout de cet exploit, que vous fassiez la conquête de l'aînée, et que vous nous ouvriez l'accès auprès de la cadette ; celui qui aura le bonheur de la posséder ne sera pas assez mal né pour être un ingrat.

HORTENSIO.—Monsieur, vous parlez à merveille, et vous avez bien compris. Puisque vous vous déclarez ici pour un des aspirants, vous devez, comme nous, servir ce cavalier à qui nous sommes tous redevables.

TRANIO.—Monsieur, je ne resterai point en arrière ; et pour vous le prouver, voulez-vous que nous passions l'après-dînée ensemble, que nous vidions à la ronde des rasades à la santé de notre maîtresse, et que nous agissions comme les avocats qui combattent avec chaleur au barreau, et puis mangent et boivent en bons amis.

GREMIO.—O l'excellente motion ! Amis, partons.

HORTENSIO.—La motion est bonne en effet ; accédons-y. —Petruchio, je serai votre *ben venuto*.

(Ils sortent.)

FIN DU PREMIER ACTE.

# ACTE DEUXIÈME

—

## SCÈNE I

Padoue.—Appartement dans la maison de Baptista.

### CATHERINE et BIANCA.

BIANCA.—Chère sœur, ne me faites pas l'injure, ne vous la faites pas à vous-même, de me réduire à l'état de servante et d'esclave ; cela révolte mon cœur. Mais pour ces vains ornements, ces bagatelles de parure, déliez-moi les mains, et vous me verrez m'en dépouiller moi-même : oui, de tout mon ajustement, jusqu'à ma jupe ; en un mot, je ferai tout ce que vous me commanderez, tant je suis pénétrée du respect que je dois à mon aînée !

CATHERINE.—Je t'enjoins de me déclarer ici quel est celui de tous tes galants que tu aimes le mieux ; songe bien à ne pas dissimuler la vérité.

BIANCA.—Croyez-moi, ma sœur, parmi tous les hommes qui respirent, je n'ai pas encore vu le visage qui me plairait plus que les autres.

CATHERINE.—Mignonne, vous mentez : n'est-ce pas Hortensio ?

BIANCA.—Si vous avez du goût pour lui, ma sœur, je jure ici que je parlerai moi-même pour vous, et ferai tous mes efforts pour vous le procurer.

CATHERINE.—Oh ! en ce cas, apparemment que vous préférez les richesses. Vous voulez avoir Gremio, afin d'être parée.

BIANCA.—Est-ce pour lui que vous êtes si jalouse de moi ? Allons, c'est une plaisanterie de votre part ; et je commence à m'apercevoir que vous n'avez fait que badiner jusqu'ici. Je t'en prie, ma bonne sœur, laisse mes mains libres.

CATHERINE (*Elle la frappe*). — Si ces coups sont un badinage, le reste en était un.

(Baptista survient.)

BAPTISTA. — Eh quoi! mademoiselle, d'où vient tant d'insolence?—Bianca, éloignez-vous.—La pauvre enfant! elle pleure. — Va, reprends ton ouvrage : n'aie jamais affaire avec elle. Fi! la grossière d'esprit diabolique, pourquoi la maltraites-tu, elle qui ne t'a jamais fait la moindre peine? Quand t'a-t-elle jamais contredite par le moindre mot de reproche?

CATHERINE.—Son silence m'insulte, et je m'en vengerai.

(Elle court après Bianca.)

BAPTISTA.—Quoi! sous mes yeux?—Bianca, rentre dans ta chambre.

(Bianca sort.)

CATHERINE.—Vous ne voulez donc pas me souffrir? Oh! je le vois bien, qu'elle est votre bijou, qu'elle aura un mari, que moi, il me faudra danser pieds nus au jour de ses noces, et qu'à cause de la prédilection que vous avez pour elle, il me faudra mener des singes en enfer[1]. Tenez, ne me parlez pas; je vais aller me renfermer, et pleurer de rage, jusqu'à ce que je puisse trouver l'occasion de me venger.

(Catherine sort.)

BAPTISTA.—Y eut-il jamais homme aussi affligé que moi?—Mais qui vient là?

(Entrent Gremio, Lucentio assez mal vêtu, Petruchio avec Hortensio, déguisé en musicien, Tranio et Biondello portant des livres et un luth.)

GREMIO.—Bonjour, voisin Baptista.

BAPTISTA.—Bonjour, voisin Gremio.—Dieu vous garde, messieurs.

PETRUCHIO.—Salut, monsieur; je vous prie, n'avez-

---

[1] Vieillir fille. Vieux proverbe.

vous pas une fille nommée Catherine, belle et vertueuse?

BAPTISTA. —J'ai une fille, monsieur, qui s'appelle Catherine.

GREMIO, *à Petruchio*.—Vous débutez trop brusquement; procédez par ordre.

PETRUCHIO.—Vous me faites injure, seigneur Gremio ; laissez-moi parler. (*A Baptista.*) Je suis un citoyen de Vérone, monsieur, qui, entendant vanter sa beauté, son esprit, son affabilité, sa pudeur et sa modestie, ses rares qualités enfin, et la douceur de son caractère, ai pris la liberté de m'introduire sans façon dans votre maison. pour voir par mes yeux la vérité de l'éloge que j'ai tant de fois entendu d'elle; et pour prélude à mon entrée chez vous, je vous présente (*présentant Hortensio*) un homme de mes gens très-habile en musique et dans les mathématiques, capable d'instruire à fond votre fille dans les sciences, dont je sais qu'elle a déjà une teinture; acceptez-le, je vous prie, ou vous me feriez affront : son nom est Licio ; il est de Mantoue.

BAPTISTA.—Vous êtes le bienvenu, monsieur; et lui aussi, à votre considération ; mais, pour ma fille Catherine, je sais bien une chose, c'est qu'elle n'est pas votre fait, et j'en suis bien fâché.

PETRUCHIO.—Je vois que vous ne voulez pas vous séparer d'elle, ou bien que je ne suis pas l'homme qui vous plait.

BAPTISTA.—Ne vous méprenez pas, monsieur ; je parle comme je pense.—D'où êtes-vous, monsieur ? peut-on savoir votre nom ?

PETRUCHIO. —Je m'appelle Petruchio ; je suis le fils d'Antonio, un homme bien connu dans toute l'Italie.

BAPTISTA.—Je le connais très-bien, et, à sa considération, vous pouvez compter sur mon accueil.

GREMIO.—Sans faire tort à votre récit, Petruchio, je vous prie, permettez-nous aussi de parler, à nous qui sommes de pauvres suppliants. Baccare [1]! vous êtes extraordinairement pressé.

---

[1] *Baccare*, veut dire proverbialement *en arrière!*

PETRUCHIO.—Ah ! pardon, seigneur Gremio, je serais bien aise d'achever.

GREMIO.—Je n'en doute pas, monsieur, mais vous maudirez votre demande. —(*A Baptista*.) Voisin, ce présent de monsieur vous sera fort agréable, j'en suis sûr ; pour vous montrer la même affection, moi qui vous ai plus d'obligations qu'aucun autre, je vous présente ce jeune savant qui a étudié longtemps à Reims (*lui présentant Lucentio*) ; il est aussi versé dans le grec, le latin et les autres langues, que l'autre peut l'être dans la musique et les mathématiques ; son nom est Cambio : je vous prie, agréez ses services.

BAPTISTA.—Mille remerciements, seigneur Gremio ; vous êtes le bienvenu, bon Cambio. — (*A Tranio*.) Mais vous, mon aimable seigneur, vous m'avez l'air d'un étranger : serait-il indiscret de vous demander ce qui vous amène dans notre ville ?

TRANIO.—Daignez m'excuser, monsieur ; c'est moi qui ai l'indiscrétion, étant étranger dans cette ville, de me présenter comme un adorateur de votre fille, la belle et vertueuse Bianca ; et je n'ignore pas la ferme résolution que vous avez prise de pourvoir sa sœur la première. Toute la grâce que je vous demande, c'est qu'après avoir appris quelle est ma famille, vous daigniez me souffrir parmi les rivaux qui la recherchent, et me permettre l'accès et la faveur que vous accordez à tous les autres. Et, pour l'éducation de vos filles, j'ose vous offrir ce simple instrument, et cette petite collection de livres grecs et latins : si vous voulez bien les accepter, ils deviendront d'un grand prix [1].

BAPTISTA.—Lucentio est votre nom ? De quel pays, je vous prie ?

TRANIO.—De Pise, monsieur ; je suis le fils de Vincentio.

BAPTISTA.—Un homme considérable de Pise ! je le connais très-bien de réputation. Vous êtes le bienvenu, monsieur. (*A Hortensio.*) Prenez le luth. (*A Lucentio.*)

---

[1] On sait que du temps d'Élisabeth les femmes apprenaient les langues mortes, et la reine était elle-même versée dans les études classiques.

et vous, ce paquet de livres : vous allez voir vos élèves dans l'instant. (*Il appelle.*) Holà, quelqu'un ! (*Paraît un domestique.*) Allons, drôle, conduis ces messieurs à mes filles, et dis-leur à toutes deux que ce sont leurs maîtres ; recommande-leur de les bien traiter. (*Le domestique sort, conduisant Hortensio, Lucentio et Biondello.*) Nous allons faire un tour de promenade dans le verger, et ensuite nous irons dîner.... Vous êtes les bienvenus.... de tout mon cœur... et je vous prie tous d'en être bien persuadés.

PETRUCHIO.—Seigneur Baptista, mon affaire exige de la célérité, et je ne puis venir tous les jours faire ma cour. Vous avez bien connu mon père, et en lui vous me connaissez, moi son fils, qu'il a laissé seul héritier de toutes ses terres et de tous ses biens, que j'ai plutôt améliorés que diminués ; ainsi, dites-moi, si je gagne l'amour de votre fille, quelle dot me donnerez-vous avec elle ?

BAPTISTA.—Après ma mort, la moitié de mes terres, et dès à présent, vingt mille écus.

PETRUCHIO. — Et moi, en retour de cette dot, je lui assurerai pour douaire, dans le cas où elle me survivrait, toutes mes terres et rentes quelconques. Ainsi, dressons entre nous ces articles, afin qu'on remplisse des deux parts ces engagements.

BAPTISTA.—Oui, quand le point principal sera obtenu, c'est-à-dire l'amour de ma fille : car tout dépend de là.

PETRUCHIO.—Bon ! cela n'est rien, car je vous annonce, mon père, que je suis aussi entêté qu'elle est fière et hautaine : et lorsque deux feux violents viennent à se rencontrer, ils consument l'objet qui nourrit leur furie. Bien qu'un petit feu grandisse au souffle d'un petit vent, de violentes bouffées emportent feu et flamme : c'est ce que je ferai, et il faudra bien qu'elle me cède, car je suis rude, et je ne fais pas ma cour comme un enfant.

BAPTISTA. — Puisses-tu réussir auprès d'elle ! Bonne chance ! mais sois armé contre quelques mots malheureux.

PETRUCHIO.—Je suis à l'épreuve, comme les montagnes contre les vents qui ne peuvent les ébranler malgré leur souffle continuel.

(Hortensio paraît avec une contusion sanglante à la tête.)

BAPTISTA. — Quoi donc, mon ami ? Pourquoi as-tu l'air si pâle ?

HORTENSIO. — C'est de peur, je vous le promets, si j'ai l'air pâle.

BAPTISTA. — Eh bien ! ma fille deviendra-t-elle bonne musicienne ?

HORTENSIO. — Je crois qu'elle sera plus tôt un bon soldat : le fer pourra résister avec elle, mais non pas les luths.

BAPTISTA. — Vous ne pouvez donc pas la rompre au luth ?

HORTENSIO. — Non, c'est elle qui a rompu le luth sur moi ; je n'ai fait que lui dire qu'elle se méprenait sur les touches, et prendre sa main pour lui montrer à placer ses doigts, lorsque dans un transport d'emportement diabolique : « Quoi ! s'est-elle écriée, vous appelez cela les touches ? Oh ! je vais bien les trouver, moi, les touches ; » et, à ces mots, elle m'a frappé à la tête, si bien que ma caboche a passé à travers l'instrument ; je suis resté étourdi et confondu comme un homme attaché au pilori, regardant à travers le luth, pendant qu'elle m'appelait coquin de ménétrier, mauvais râcleur, avec cent autres épithètes injurieuses, comme si elle eût pris à tâche de m'insulter ainsi.

PETRUCHIO. — Ma foi, par l'univers, c'est une robuste fille ; je l'en aime dix fois mieux que je ne faisais. Oh ! que j'aspire à avoir un petit entretien avec elle !

BAPTISTA, *à Hortensio*. — Allons, venez avec moi et ne soyez pas si déconfit. Venez continuer vos leçons à ma seconde fille ; elle a des dispositions pour apprendre, et elle est reconnaissante du bien qu'on lui fait. — Seigneur Petruchio, voulez-vous nous suivre ? ou vous enverrai-je ici ma fille Catherine vous parler ?

PETRUCHIO. — Oui, envoyez-la moi, je vous prie : je vais l'attendre ici (*Baptista sort avec Gremio, Tranio et Hortensio*), et je vais lui faire ma cour avec quelque entrain quand elle viendra. Mettons qu'elle m'injurie, je lui dirai tout simplement que son chant est aussi doux que la voix du rossignol. Mettons qu'elle fronce le sourcil, je lui dirai qu'elle est aussi riante, aussi sereine que la rose du matin rafraîchie par la rosée nouvelle. Mettons qu'elle affecte de rester muette, et s'obstine à ne pas ouvrir la bouche, je vanterai la volubilité de son éloquence persuasive. Si elle me dit de déloger de sa présence, je lui rendrai mille grâces, comme si elle me priait de rester auprès d'elle pendant une semaine. Si elle me refuse de m'épouser, je la supplierai de fixer le jour où je ferai publier les bans, et celui de notre mariage. Mais la voici. Allons, Petruchio, parle. (*Entre Catherine.*) Bonjour, Cateau; car c'est votre nom, m'a-t-on dit?

CATHERINE.—Vous avez assez bien entendu, mais pourtant pas tout à fait juste : ceux qui parlent de moi me nomment Catherine.

PETRUCHIO.—Vous en avez menti, sur ma parole, car on vous appelle Cateau tout court, et la gentille Cateau, et quelquefois aussi la maudite Cateau; mais Cateau, la plus jolie Cateau de toute la chrétienté, Cateau de Château-Cateau, ma friande Cateau, car les gâteaux [2] sont des friandises, Cateau, apprends donc, Cateau, toi ma consolation, —apprends qu'ayant entendu, dans toutes les villes, vanter ta douceur, parler de tes vertus et célébrer ta beauté (bien moins que tu ne le mérites cependant), je me suis senti mu à venir te faire la cour et demander ta main.

CATHERINE.—Mu! Fort à propos.—Que celui qui vous a mu vous remue et vous emporte. J'ai bien vu tout d'abord à votre air que vous étiez un meuble [2].

PETRUCHIO.—Qu'est-ce que c'est qu'un meuble?

CATHERINE.—C'est un escabeau [3].

PETRUCHIO.—Vous avez deviné juste : venez donc vous asseoir sur moi.

CATHERINE.—Les ânes sont faits pour porter, et vous aussi.

PETRUCHIO. — Les femmes sont faites pour porter et vous aussi.

---

[1] *Kate*, Cateau, et *cates*, friandises.
[2] *Mov'd*, remove, moveable.
[3] *Joint-Stool.* Expression proverbiale dont le sel est perdu pour nous.

CATHERINE. — Pas assez rosse pour vous, au moins, si c'est de moi que vous parlez.

PETRUCHIO. — Hélas ! bonne Cateau, je ne vous chargerais pas beaucoup ; je sais trop que vous êtes jeune et légère.

CATHERINE. — Trop légère pour être attrapée par un rustre comme vous, et cependant je pèse mon poids.

PETRUCHIO. — Votre poids ! votre bourdonnement, buzz !

CATHERINE. — Vous voilà pris comme un busard.

PETRUCHIO. — O tourterelle aux lentes ailes ! un busard te prendra donc ?

CATHERINE. — Oui, pour une tourterelle, comme il prend un busard.

PETRUCHIO. — Allons, allons ; guêpe : oh ! par ma foi, vous êtes trop colère.

CATHERINE. — Si je tiens de la guêpe, défiez-vous donc de mon aiguillon.

PETRUCHIO. — J'y sais un remède : c'est de l'arracher.

CATHERINE. — Oui, si le sot peut trouver la place où il est.

PETRUCHIO. — Qui ne sait où la guêpe a son aiguillon ? Au bout de sa queue.

CATHERINE. — Au bout de sa langue.

PETRUCHIO. — La langue de qui ?

CATHERINE. — La vôtre, si vous parlez de queues ; et là-dessus, adieu. *(Elle va pour s'éloigner.*

PETRUCHIO. — Quoi ! ma langue à votre queue ? — Allons, revenez, bonne Cateau, je suis gentilhomme.

CATHERINE, *revenant*. — C'est ce que je vais voir.
*(Elle lui donne un soufflet.)*

PETRUCHIO. — Je vous jure que je vous donnerai une taloche si vous frappez encore.

CATHERINE. — Vous pourriez y perdre vos bras : si vous me frappez, vous n'êtes point gentilhomme, et si vous n'êtes pas gentilhomme, vous n'avez pas d'armes[1].

PETRUCHIO. — Vraiment, Cateau, vous êtes savante en l'art héraldique. Oh ! je vous prie, mettez-moi dans vos livres de blason.

---

[1] *Arms.* Bras et armes.

CATHERINE.—Quel est votre cimier? une crête de coq?

PETRUCHIO.—Un coq sans crête ; et alors, Cateau sera ma poule.

CATHERINE.—Vous ne serez point mon coq; vous chantez trop sur le ton d'un poltron.

PETRUCHIO.—Allons, Cateau, allons, n'ayez pas l'air si aigre.

CATHERINE.—C'est mon habitude quand je vois un sauvageon.

PETRUCHIO.—Allons, il n'y a point ici de pomme sauvage ; ainsi, point de regard si aigre.

CATHERINE.—Oh ! il y en a, il y en a.

PETRUCHIO.—Allons, montrez-la moi.

CATHERINE. — Si j'avais un miroir, je vous le ferais voir.

PETRUCHIO.—Quoi ! voulez-vous parler de mon visage?

CATHERINE.—Oui, cela s'adresse au visage de certain jeune homme.

PETRUCHIO.—Par saint George, je suis trop jeune pour vous.

CATHERINE.—Et cependant, vous êtes bien flétri.

PETRUCHIO.—Ce sont les *soucis*.

CATHERINE.—Je ne m'en *soucie* guère, moi.

PETRUCHIO.—Écoutez, Catherine, vous ne m'échapperez point ainsi.

CATHERINE.—Je vous mettrai en colère, si je reste davantage, ainsi laissez-moi partir.

PETRUCHIO.—Non, non, pas du tout. Je vous trouve excessivement aimable. On m'avait dit que vous étiez revêche, taciturne et sombre, et je vois à présent que la renommée est une menteuse, car vous êtes agréable, enjouée, on ne peut pas plus polie, lente à parler, mais douce dans vos paroles, comme les fleurs du printemps ; vous ne pouvez pas seulement froncer le sourcil, ni regarder de travers, ni vous mordre les lèvres, comme font les filles colères, et vous n'avez aucun plaisir à contredire mal à propos; mais vous accueillez avec douceur vos amants, et vous les entretenez de doux propos, avec une politesse et une affabilité rares. Pourquoi le monde dit-il que Cateau est boiteuse? O monde calomniateur

Cateau est droite et élancée comme une tige de noisetier ; elle est d'une nuance aussi brune que l'écorce de ses noix, et plus douce que ses amandes. Oh ! que je vous voie marcher.—Vous ne boitez point.

CATHERINE.—Allez, sot, allez donner des ordres à ceux qui dépendent de vous.

PETRUCHIO.—Jamais Diane a-t-elle embelli un bocage comme Cateau embellit cet appartement de son port majestueux ? Ah ! soyez Diane, vous, et que Diane devienne Cateau ; et qu'alors Cateau soit chaste, et Diane folâtre.

CATHERINE.—Où avez-vous étudié tout ce beau discours ?

PETRUCHIO.—C'est un impromptu, formé de l'esprit de ma mère.

CATHERINE.—Une mère vraiment spirituelle ! sans elle son fils n'aurait pas le sens commun.

PETRUCHIO.—Ne suis-je pas plein de sens ?

CATHERINE.—Oui ; tenez-vous chaudement.

PETRUCHIO.—Vraiment, douce Catherine, c'est bien mon intention, dans votre lit. Et, en conséquence, laissant là tout ce vain babil, je vous déclare tout uniment que votre père a donné son consentement à ce que vous soyez ma femme : votre dot est un article arrêté, et bon gré mal gré, je vous épouserai. Oh ! Cateau, je suis le mari qu'il vous faut ; car, par cette lumière par laquelle je vois votre beauté (votre beauté qui fait que vous me plaisez beaucoup), je jure que vous ne devez être mariée à aucun autre homme qu'à moi, car je suis l'homme né exprès, Cateau, pour vous apprivoiser et vous convertir de Cateau sauvage en Cateau douce et aimable, comme les autres Cateaux qui font bon ménage. Voici votre père ; n'allez pas me refuser ; je veux avoir, et j'aurai Catherine pour ma femme.

(Entrent Baptista, Gremio et Tranio.)

BAPTISTA.—Eh bien ! seigneur Petruchio, comment vont vos affaires avec ma fille ?

PETRUCHIO.—Comment ? fort bien, monsieur. Comment voulez-vous qu'elles n'aillent pas bien ? Il est impossible que je ne réussisse pas.

BAPTISTA.—Eh bien ! qu'en dites-vous, ma fille Catherine ? Êtes-vous dans un de vos mauvais moments ?

CATHERINE.—Vous m'appelez votre fille? en effet, vous m'avez donné vraiment une belle preuve de tendresse paternelle, en voulant me marier à un homme à demi-fou, à un vaurien sans cervelle, à un impertinent qui ne fait que jurer, et qui s'imagine vous déconcerter avec ses jurements.

PETRUCHIO.—Beau-père, voici ce que c'est : —Vous, et tout le monde qui avez parlé d'elle, vous vous êtes trompés sur son compte : si elle est bourrue, c'est par politique : car elle n'est point hardie; elle est modeste comme une colombe; elle n'est point violente, mais calme comme le matin; elle serait, en patience, une seconde Griselidis et une Lucrèce romaine en chasteté; et, pour conclure, nous nous sommes si bien convenus, que dimanche est le jour de nos noces.

CATHERINE.—Je te verrai d'abord pendre dimanche.

GREMIO.—Entendez-vous, Petruchio? elle dit qu'elle vous verra d'abord pendre.

TRANIO.—Est-ce là votre succès? Allons, je vois bien qu'il faut dire adieu à nos propres espérances.

PETRUCHIO.—Un peu de patience, messieurs; je la choisis pour moi; si elle en est contente et moi aussi, que vous importe à vous? C'est un marché fait entre nous deux, lorsque nous étions tête à tête, qu'elle sera toujours la méchante en compagnie. Je vous dis que cela est incroyable, à quel excès elle m'aime. O la tendre Cateau! elle se suspendait à mon cou, et puis elle me donnait baisers sur baisers, protestant, avec force serments, qu'en un clin d'œil elle s'était prise d'amour pour moi : oh! vous n'êtes que des novices. C'est une merveille de voir comment un pauvre diable, timide, craintif, peut, dans le tête-à-tête, apprivoiser la femme la plus diablesse. —Donnez-moi votre main, Catherine; je vais aller à Venise pour faire les emplettes des noces.—Beau-père, préparez la fête, et invitez les convives; je réponds que ma Catherine sera belle.

BAPTISTA.—Je ne sais que dire : mais donnez-moi tous deux la main. Dieu vous rende heureux, Petruchio! C'est un mariage conclu.

GREMIO ET TRANIO.—Nous disons *amen*; nous serons les témoins.

PETRUCHIO.—Adieu, beau-père,—adieu, ma femme,—adieu, messieurs; je vais à Venise : dimanche sera bientôt venu. Nous aurons des anneaux et des bijoux, et une riche parure : et embrasse-moi, Cateau ; nous serons mariés dimanche.

(Petruchio et Catherine sortent par des côtés opposés.)

GREMIO.—A-t-on jamais vu un mariage conclu si rapidement?

BAPTISTA.—D'honneur, messieurs, je fais ici le rôle d'un marchand, et j'aventure à tout hasard mon bien sur une entreprise désespérée.

TRANIO.—C'était une denrée qui se gâtait près de vous, et qui vous rapportera du gain, ou qui périra sur les mers.

BAPTISTA.—Tout le gain que je cherche, c'est la paix en cette affaire.

GREMIO.—Oh! sûrement : il s'est là donné une conquête fort pacifique.—Mais à présent, Baptista, parlons de votre cadette.—Le voici enfin venu le jour après lequel nous avons tant soupiré : je suis votre voisin, et je suis le premier en date.

TRANIO.—Et moi, je suis un amant qui aime plus Bianca que les paroles ne peuvent l'exprimer, ou vos pensées le concevoir.

GREMIO.—Allons, marmot, vous ne pouvez l'aimer aussi tendrement que moi.

TRANIO.—Allons, barbon, votre amour est glacé.

GREMIO.—Et le vôtre se frit : allons, gamin, retirez-vous ; c'est la vieillesse qui nourrit.

TRANIO.—Mais c'est la jeunesse qui fleurit aux yeux des belles.

BAPTISTA.—Apaisez-vous, messieurs, je concilierai cette dispute : ce sont les actions qui doivent gagner le prix ; et celui des deux qui peut assurer à ma fille le plus riche douaire aura la tendresse de Bianca.—Parlez, seigneur Gremio, quels avantages lui assurez-vous?

GREMIO.—D'abord, comme vous le savez très-bien, ma

maison de ville est richement fournie de vaisselle d'or et d'argent, de bassins et d'aiguières pour laver ses délicieuses mains. Mes tentures sont des tapisseries de Tyr; j'ai logé mes écus dans des coffres d'ivoire : des caisses de cyprès renferment mes tentures de haute lice, mes courtes-pointes : de riches parures, des tapis, des canapés, de belles toiles, des coussins de Turquie en bosses de perles, des draperies de Venise brochées en or, force ustensiles d'étain[1] et de cuivre, et généralement tous les meubles qui peuvent appartenir à une maison et au ménage. Ensuite, à ma ferme de campagne, j'ai cent vaches à lait, cent vingt bœufs gras dans mes étables, et tout le reste à proportion. Je suis âgé, il faut que je l'avoue, et si je meurs demain, tous ces biens sont à elle, si pendant ma vie elle veut être seulement à moi.

TRANIO. — Ce seulement est venu à propos. (*A Baptista.*) Monsieur, écoutez-moi : je suis l'unique fils et héritier de mon père; si je peux obtenir votre fille pour mon épouse, je lui laisserai, dans l'enceinte de l'opulente Pise, des maisons trois ou quatre fois aussi belles, aussi bien meublées qu'aucune de celles que possède dans Padoue le vieux seigneur Gremio; en outre, deux mille ducats de revenu par année sur une terre fertile; tous ces avantages formeront son douaire. Eh bien! seigneur Gremio, vous ai-je pincé?

GREMIO. — Deux mille ducats de revenu en terre! Ma terre tout entière ne monte pas à cette somme; mais ma terre sera à elle, et en outre un vaisseau, qui maintenant vogue sur la route de Marseille. Eh bien, le vaisseau ne vous coupe-t-il pas la parole?

TRANIO. — Gremio, tout le monde sait que mon père n'a pas moins de trois vaisseaux à lui, outre deux vastes galiotes, et douze belles galères; je lui en ferai don, et deux fois autant encore, après votre dernière offre.

GREMIO. — Moi, j'ai tout offert; je n'ai plus rien à offrir, et elle ne peut avoir plus que je n'ai moi-même. — (*A Baptista.*) Si vous m'agréez, elle m'aura avec tout mon bien.

---

[1] L'étain n'était pas aussi commun que de nos jours.

TRANIO.—Cela étant, la jeune personne est à moi, par l'univers! D'après votre promesse, je dame le pion à Gremio.

BAPTISTA.—Je dois convenir que votre offre est la plus forte ; et si votre père veut lui en cautionner l'assurance, elle est à vous : autrement, vous voudrez bien m'excuser ; car si vous mouriez avant elle, où serait son douaire?

TRANIO.—C'est une mauvaise chicane : mon père est vieux, et moi je suis jeune.

GREMIO.—Et les jeunes gens ne peuvent-ils pas mourir aussi bien que les vieux?

BAPTISTA.—Enfin, messieurs, voici ma dernière résolution.—Dimanche prochain, vous le savez, ma fille Catherine doit être mariée : eh bien, le dimanche suivant, Bianca vous épousera, si vous me donnez cette caution : sinon, elle est au seigneur Gremio ; et sur ce, je prends congé de vous, et vous fais mes remerciements à tous les deux.

*(Baptista sort.)*

GREMIO.—Adieu, bon voisin.—(*A Tranio.*) Maintenant je n'ai pas peur de vous : allons donc, jeune badin, votre père serait un fou de vous abandonner tout son bien, et d'aller, dans le déclin de ses vieux ans, se faire votre pensionnaire. Bah! quelles sornettes! un vieux renard italien ne sera pas si complaisant, mon enfant.

*(Gremio sort.)*

TRANIO.—Le diable emporte ta vieille peau de renard! Cependant je lui ai riposté avec une carte de dix.—Je me suis mis dans la tête de faire le bonheur de mon maître. —Je ne vois pas de raison pourquoi le supposé Lucentio ne pourrait pas s'engendrer un père qui serait un supposé Vincentio ;—ce sera un prodige, car ordinairement ce sont les pères qui engendrent leurs enfants ; mais dans cette intrigue d'amour, c'est un fils qui s'engendrera un père, si mon adresse me sert heureusement.

*(Il sort.)*

FIN DU DEUXIÈME ACTE.

# ACTE TROISIÈME

## SCÈNE I

*Appartement de la maison de Baptista.*

LUCENTIO, HORTENSIO, BIANCA.

LUCENTIO. — Monsieur le musicien, arrêtez; vous allez trop vite, monsieur : avez-vous sitôt oublié la manière dont sa sœur Catherine vous a accueilli?

HORTENSIO. — Mais, pédant querelleur, c'est ici la déesse tutélaire de la céleste harmonie; ainsi, permettez-moi d'avoir la préférence; et lorsque nous aurons employé une heure à la musique, vous pourrez en consacrer une autre à me faire la leçon.

LUCENTIO. — Ane ridicule, qui n'as pas seulement assez lu pour connaître la cause qui a fait ordonner la musique! N'est-ce pas pour rafraîchir l'esprit de l'homme, fatigué de ses études ou des peines de la vie? Laisse-moi donc donner ma leçon de philosophie, et lorsque je m'arrêterai, sers alors ton harmonie.

HORTENSIO. — Drôle, je n'endurerai pas ces bravades de ta part.

BIANCA. — Allons, messieurs, vous me faites une double injure de vous quereller pour une chose qui doit dépendre de mon choix; je ne suis pas un écolier sujet à la correction; je ne suis pas enchaînée aux heures, ni à des temps marqués; je puis prendre mes leçons aux heures qu'il me plaît; et pour terminer tout débat, asseyez-vous ici tous les deux. Vous, prenez votre instrument, commencez à jouer : la leçon de monsieur sera finie, avant que vous vous soyez mis d'accord.

HORTENSIO, *à Bianca*. — Vous abandonnerez sa leçon quand mon instrument sera d'accord.

(Hortensio se retire.)

LUCENTIO.—C'est ce qui n'arrivera jamais.— Accordez toujours votre instrument.

BIANCA.—Où en sommes-nous restés la dernière fois ?

LUCENTIO.—Ici, madame ?

Hac ibat Simoïs; hic est Sigeïa tellus ;
Hic steterat Priam regia celsa senis [1].

BIANCA.—Faites la construction.

LUCENTIO.—*Hac ibat,* comme je vous l'ai déjà dit.— *Simoïs,* je suis Lucentio.—*Hic est,* fils de Vincentio de Pise.—*Sigeia tellus,* déguisé pour obtenir votre amour.— *Hic steterat,* et ce Lucentio qui vient vous rechercher en mariage.—*Priami,* est mon domestique Tranio.—*Regia,* vêtu de mes habits.—*Celsa senis,* afin de pouvoir tromper le vieux Pantalon.

HORTENSIO, *se rapprochant.*—Madame, mon instrument est d'accord.

BIANCA.—Voyons, jouez.—(*Hortensio joue.*) Oh ! fi ; le dessus est horriblement faux.

LUCENTIO.—Ami, crachez dans le trou, et accordez-le de nouveau.

BIANCA.—Laissez-moi voir à mon tour si je peux faire la construction. *Hac ibat Simoïs,* je ne vous connais pas. —*Hic est Sigeïa tellus,* je ne me fie point à vous.—*Hic steterat Priami,* prenez garde qu'il ne vous entende.—*Regia,* ne présumez pas trop.—*Celsa senis,* et ne désespérez pas non plus.

HORTENSIO.—Madame, il est d'accord à présent,

LUCENTIO.—Oui, sauf dans le bas.

HORTENSIO.—Le *bas* est bien.—(*A demi-voix.*) C'est ce *bas* filou qui détonne ici. Comme notre pédant est emflammé et entreprenant ! Sur ma vie ! il fait sa cour à

---

[1] Là coulait le Simoïs; ici est la terre de Sigée; plus loin le superbe palais du vieux Priam.

l'objet de mon amour. — *Pedascule*[1], va, je vais te veiller de plus près.

BIANCA. — Plus tard, je vous croirai peut-être, mais pour le moment je me méfie de vous.

LUCENTIO. — N'ayez nulle défiance; car certainement... Æacides était Ajax : on l'appelait ainsi du nom de son grand-père.

BIANCA. — Il faut bien que je m'en rapporte à mon maître : sans cela je vous promets que j'argumenterais encore sur ce doute; mais laissons cela. — Allons, Licio, à vous. — Bons maîtres, ne le prenez pas en mauvaise part, je vous prie, si j'ai ainsi badiné avec vous.

HORTENSIO. — Vous pourriez aller faire un tour, et me laisser libre un moment; je ne donne point de leçon de musique à trois parties.

LUCENTIO. — Êtes-vous si prompt à vous formaliser, monsieur? (*A part.*) Eh bien! moi, il faut que je reste et que je veille; car si je ne m'abuse, notre beau musicien devient amoureux.

HORTENSIO. — Madame, avant de toucher l'instrument pour apprendre l'ordre dans lequel je place mes doigts, il faut que je commence par les premiers éléments de l'art. Je veux vous montrer la gamme par une méthode plus courte, plus agréable, plus efficace et plus rapide que celle adoptée jusqu'ici par les gens de ma profession ; et la voici lisiblement tracée sur ce papier.

BIANCA. — Mais il y a longtemps que j'ai passé la gamme.

HORTENSIO. — N'importe, lisez celle d'Hortensio.

BIANCA *lit*. — *Gamme*. Je suis la base fondamentale de tous les accords. *A. ré*, pour déclarer la passion d'Hortensio. *B. mi*, Bianca, acceptez-le pour votre époux. *C. fa, ut;* il vous aime avec toute l'affection du monde. *D. sol, ré*, sur une clef j'ai deux notes. *E. la, mi*, montrez-moi de la pitié ou je meurs. — Est-ce que vous appelez cela la gamme? Bah! elle ne me plaît pas; j'aime mieux les anciennes méthodes; je ne suis pas assez délicate pour changer les vieilles règles contre les inventions bizarres.

(Un domestique entre.)

---

[1] Petit pédant, diminutif latin inventé par Shakspeare.

LE DOMESTIQUE.—Ma maîtresse, votre père vous prie de quitter vos livres, et d'aider à arranger l'appartement de votre sœur : vous savez que c'est demain le jour de ses noces.

BIANCA.—Adieu, chers maîtres; il faut que je vous quitte.
(Elle sort.)

LUCENTIO.—Vraiment, mademoiselle, si vous vous en allez, je n'ai nulle raison de rester.
(Il sort.)

HORTENSIO.—Moi, j'en ai d'observer un peu ce pédant; il me semble que tout dans ses yeux annonce qu'il est amoureux.—Mais Bianca, si tes pensées sont assez basses pour jeter tes yeux errants sur le premier aventurier qui se présente, te prenne qui voudra : si une fois je te trouve volage, Hortensio en sera quitte avec toi pour changer.
(Il sort.)

## SCÈNE II

*Devant la maison de Baptista.*

BAPTISTA, GREMIO, TRANIO, CATHÉRINE, LUCENTIO, BIANCA *et sa suite.*

BAPTISTA, *à Tranio.*—Seigneur Lucentio, voici le jour marqué où Cathérine et Petruchio doivent se marier ; et cependant nous n'avons point de nouvelles de notre gendre : qu'en penser ? Quelle insulte que le fiancé manque à sa parole, lorsque le prêtre attend pour accomplir les rites du mariage? Que dit Lucentio de cet affront qui nous est fait ?

CATHERINE.—L'affront n'est que pour moi. Il faut aussi qu'on me force à donner ma main, contre l'inclination de mon cœur, à un écervelé brutal, plein de caprices, qui, après avoir hâté sa déclaration, se propose d'épouser à loisir ! Je vous l'avais bien dit, que c'était un fou, un enragé, qui cachait, sous une apparence de brusquerie, ses insultes amères; afin de passer pour un plaisant, il courtisera mille femmes, fixera le jour du mariage, assemblera ses amis, les invitera, fera même publier les bans, bien résolu de ne pas épouser là où il a fait sa cour. Il faudra donc maintenant que le monde montre au doigt la malheureuse Catherine, et dise : « *Tenez, voilà l'épouse de ce fou de Petruchio, quand il lui plaira de revenir l'épouser.* »

TRANIO.—Patience, bonne Catherine, et vous aussi, Baptista. Sur ma vie, Petruchio n'a que de bonnes intentions, quel que soit le hasard qui l'empêche d'être exact à sa parole : tout rude qu'il est, je le connais pour un homme sensé ; et quoique jovial, il n'en est pas moins honnête.

CATHERINE.—Plût au ciel que Catherine ne l'eût jamais vu !

(Elle sort en pleurant, suivie de Bianca et autres.)

BAPTISTA.—Va, ma fille, je ne puis blâmer tes larmes ; car la patience d'un saint ne tiendrait pas à cette insulte ; encore moins une femme de ton humeur impatiente.

(Entre Biondello.)

BIONDELLO.—Mon maître, mon maître, des nouvelles, de vieilles nouvelles, et telles que vous n'en avez jamais entendu de pareilles.

BAPTISTA.—Que dis-tu, vieilles et nouvelles à la fois ! Comment cela se peut-il ?

BIONDELLO.—Quoi ! ne sont-ce pas des nouvelles, que de vous apprendre l'arrivée de Petruchio ?

BAPTISTA.—Est-il arrivé ?

BIONDELLO.—Et vraiment non, monsieur.

BAPTISTA.—Quoi donc ?

BIONDELLO.—Mais il arrive.

BAPTISTA.—Quand sera-t-il ici ?

BIONDELLO.—Quand il sera à la place où je suis, et qu'il vous verra, comme je vous vois.

TRANIO.—Mais voyons, qu'entends-tu par tes vieilles nouvelles ?

BIONDELLO.—Eh bien ! Petruchio arrive avec un chapeau neuf, un vieux justaucorps, un haut-de-chausses retourné pour la troisième fois : une paire de bottes qui ont longtemps servi d'étui aux bouts de chandelles, l'une bouclée, l'autre lacée ; une vieille épée rouillée, prise dans l'arsenal de la ville, dont la garde est rompue, sans fourreau ; un cheval déhanché avec une selle rongée des mites, et des étriers qui ne s'accordent pas ; le cheval qui est infecté de la morve, et efflanqué des reins comme un rat, affligé d'un lampas au palais, atteint du farcin, rempli d'écorchures, empêtré d'épervins, rayé de jaunisse, avec des avives incurables, tout à fait pelé par les vertigos, rongé par les tranchées, tout contrefait, les épaules déboîtées, les jambes serrées à se couper, avec une bride qui n'a qu'une guide, et une têtière de peau de mouton, et qui, pour le tenir de court, afin de l'empêcher de broncher, a été cent fois rompue et raccommodée avec des nœuds ; une sangle en six morceaux, et une croupière de velours pour femme, marquée de deux lettres de son nom, bien garnie de clous, et rapiécée en mille endroits avec de la ficelle.

BAPTISTA.—Qui vient avec lui ?

BIONDELLO.—Oh ! monsieur, son laquais, qui, ma foi, est caparaçonné comme son cheval, avec un bas de fil à une jambe, et un bas de grosse laine à l'autre, une jarretière de lisière rouge et bleue, un vieux feutre, avec *les humeurs de quarante fantaisies*[1] attachées au lieu de plumet. Enfin un monstre, un vrai monstre dans son accoutrement, et n'ayant rien du valet d'un chrétien, ni du laquais d'un gentilhomme.

TRANIO.—Ce sera quelque idée bizarre qui l'aura porté à s'accoutrer de cette manière.—Cependant il va souvent fort mesquinement vêtu.

BAPTISTA.—Je suis toujours bien aise qu'il soit venu, de quelque façon qu'il vienne.

BIONDELLO.—Quoi ! monsieur, il ne vient pas.

BAPTISTA.—N'as-tu pas dit qu'il venait ?

BIONDELLO.—Qui ? que Petruchio venait ?

BAPTISTA.—Oui, que Petruchio venait.

[1] Titre d'une ballade.

BIONDELLO.—Non, monsieur : je dis que son cheval l'apporte sur son dos.

BAPTISTA.—Bah ! c'est tout un.

BIONDELLO.—Non par saint Jacques : je vous gagerai un sou, qu'un homme et un cheval font plus qu'un, et cependant ne font pas deux.

(Entrent Petruchio et Grumio.)

PETRUCHIO.—Allons, où sont ces messieurs ? qui est ici au logis?

BAPTISTA.—Vous êtes le bienvenu, monsieur.

PETRUCHIO.—Et cependant, je ne viens pas bien.

BAPTISTA.—Vous ne boitez pourtant pas.

TRANIO.—Vous n'êtes pas aussi bien paré que je le souhaiterais.

PETRUCHIO.—Il valait bien mieux me hâter d'arriver.—Mais où est Catherine ? où est mon aimable fiancée ? Comment se porte mon père?—Quoi, messieurs, vous me paraissez sombres : et pourquoi toute cette honnête compagnie me regarde-t-elle d'un air surpris comme si elle voyait quelque prodige étonnant, quelque comète, quelque phénomène extraordinaire ?

BAPTISTA.—Mais, monsieur, vous savez que c'est aujourd'hui le jour de votre mariage : nous étions tristes d'abord, dans la crainte que vous ne vinssiez pas ; mais nous le sommes encore plus maintenant, de vous voir venir si mal préparé. Allons donc ; ôtez cet accoutrement qui déshonore votre fortune et qui attriste notre fête solennelle.

TRANIO.—Et dites-nous quel sujet important vous a tenu si longtemps éloigné de votre future, et vous a fait venir ici si différent de vous-même ?

PETRUCHIO.—L'histoire en serait ennuyeuse à raconter, et fâcheuse à entendre. Il suffit que me voilà venu pour tenir ma parole, quoique j'aie été forcé de manquer, en quelque partie, à ma promesse. Dans un moment où j'aurai plus de loisir, je vous donnerai du tout de si bonnes raisons qu'elles vous satisferont.—Mais où est donc Catherine ? Je reste trop longtemps loin d'elle : la matinée se passe ; nous devrions déjà être à l'église.

TRANIO.—Ne vous offrez pas à votre fiancée dans ces vêtements ridicules : montez dans ma chambre et mettez un de mes habits.

PETRUCHIO.—Non vraiment, je vous le garantis : voilà comme je lui ferai visite.

BAPTISTA.—Mais j'espère du moins que ce ne sera pas dans ce costume que vous vous marierez.

PÉTRUCHIO.—D'honneur, tout comme me voilà. Ainsi, abrégeons les discours : c'est moi qu'elle épouse, et non pas mes habits. Oh ! si je pouvais réparer ce qu'elle usera en ma personne, comme il m'est aisé de changer ce mauvais habit, Catherine s'en trouverait bien, et moi encore mieux. Mais je suis bien fou de m'arrêter à bavarder avec vous, lorsque je devrais être à dire bonjour à ma fiancée et à sceller ce titre par un tendre baiser.

(Petruchio sort avec Grumio et Biondello.)

TRANIO.—Il y a quelque intention dans son bizarre équipage : nous le déterminerons, si cela est possible, à se vêtir plus décemment avant d'aller à l'église.

BAPTISTA.—Je vais le suivre, et voir l'issue de tout ceci.

(Il sort.)

TRANIO.—Mais, monsieur, il est intéressant d'ajouter à votre amour le consentement de son père ; et pour y parvenir, je vais, suivant l'expédient dont je vous ai fait part, me procurer un homme. Quel qu'il soit, peu nous importe, nous le mettrons à même de nous seconder ; il sera Vincentio de Pise, et il cautionnera ici à Padoue de plus grandes sommes que je n'en ai promis ; par ce moyen, vous jouirez tranquillement de l'objet de votre espoir, et vous épouserez l'aimable Bianca de l'aveu de son père.

LUCENTIO.—Si ce n'est que l'autre maître, mon collègue, observe de si près les pas de Bianca, il serait bon, je pense, de nous marier clandestinement ; et la chose une fois faite, le monde entier aurait beau dire non, je serais maître de mon bien, en dépit de tout le monde.

TRANIO.—Nous verrons par degrés à en venir là, et

nous saisirons notre avantage dans cette affaire.—Nous attraperons la barbe grise, Gremio, Minola, dont l'œil paternel est aux aguets, le bizarre musicien, l'amoureux Licio ; et le tout pour servir mon maître Lucentio. (*Rentre Gremio.*) Seigneur Gremio, venez-vous de l'église?

GREMIO.—Ah! d'aussi bon cœur que je suis jamais revenu de l'école.

TRANIO.—Et le marié et la mariée reviennent-ils au logis ?

GREMIO.—Le marié, dites-vous? oh! c'est un vrai palefrenier, et un palefrenier brutal ; et la pauvre fille en saura quelque chose.

TRANIO.—Quoi! plus bourru qu'elle? Oh! cela est impossible.

GREMIO.—Bon ! c'est un diable, un vrai diable, un démon.

TRANIO.—Eh bien ! elle, c'est une diablesse, une diablesse, la femme du diable.

GREMIO.—Bah! elle, c'est un agneau, une colombe, une sotte auprès de lui. Je vais vous conter, seigneur Lucentio : lorsque le prêtre a demandé s'il voulait Catherine pour son épouse, *oui,* a-t-il crié, *par tous les éléments!* et il a juré si horriblement, que, tout confondu, le prêtre a laissé tomber son livre de ses mains ; et comme il se baissait pour le ramasser, ce cerveau brûlé d'époux lui a porté un si furieux coup de poing, que livre et prêtre, prêtre et livre sont tombés par terre : *allons, ramassez-les,* a-t-il dit, *si quelqu'un en a envie.*

TRANIO.—Hé! qu'a dit la fille quand le prêtre s'est relevé ?

GREMIO.—Elle tremblait de tous ses membres ; car il frappait du pied et jurait comme si le vicaire eût eu intention de le duper. Enfin, après plusieurs cérémonies, il a demandé du vin : *une santé !* a-t-il crié, comme s'il eût été à bord d'un vaisseau, buvant à la ronde avec ses camarades après une tempête ; il a avalé des rasades de vin muscat, et il en jetait les rôties à la face du sacristain, sans en avoir d'autre raison, sinon que sa barbe était claire et aride, et avait l'air, disait-il, de lui demander ses rôties lorsqu'il buvait. Cela fait, il vous a pris sa future par le cou, lui a embrassé si bruyamment la bouche, que quand leurs lèvres se séparaient, l'église retentissait du bruit. Moi, voyant cela, je me suis enfui de honte, et je sais qu'après moi vient toute la compagnie. Jamais on n'a vu un mariage si extravagant.— Ecoutez, écoutez, les musiciens jouent.

(On entend de la musique.)
(Entrent Petruchio, Catherine, Bianca, Hortensio, Baptista et leur suite.)

PETRUCHIO.—Mes amis, et vous messieurs, je vous remercie de vos peines et de votre complaisance : je sais que vous comptez dîner avec moi aujourd'hui, et que vous avez fait tous les apprêts d'un festin de noces; mais la vérité est que des affaires pressantes m'appellent loin d'ici, et que je me propose de prendre congé de vous.

BAPTISTA.—Est-il possible que vous vouliez partir ce soir?

PETRUCHIO.—Il faut que je parte aujourd'hui avant que la nuit soit venue; n'en soyez pas étonné : si vous connaissiez mes affaires, vous m'exhorteriez plutôt à partir qu'à rester ; et je vous rends grâces, et à toute l'honnête compagnie, qui avez été témoins de la foi que j'ai donnée à cette épouse vertueuse, si patiente et si douce. Dînez avec mon père, buvez à ma santé, car il faut que je vous quitte : et... adieu tous.

TRANIO.—Accordez-nous de rester jusqu'après le dîner.

PETRUCHIO.—Cela ne se peut pas.

GREMIO.—Souffrez que je vous en prie.

PETRUCHIO.—Cela n'est pas possible.

CATHERINE.—Je vous en supplie.

PETRUCHIO.—Ah! je suis satisfait.

CATHERINE.—Êtes-vous satisfait de rester?

PETRUCHIO.—Je suis satisfait de ce que vous me priez de rester : mais bien décidé à ne pas rester; vous avez beau m'en prier.

CATHERINE.—S'il est vrai que vous m'aimiez, vous resterez.

PETRUCHIO.—Grumio, mes chevaux.

GRUMIO.—Oui, monsieur, ils sont prêts : l'avoine a mangé les chevaux.

CATHERINE.—Non, faites ce que vous voudrez, je ne partirai point aujourd'hui, non; ni demain non plus : je ne partirai que lorsqu'il me plaira. Les portes sont ouvertes, monsieur; voilà votre chemin; vous pouvez partir au trot, tandis que vos bottes sont fraîches.—Pour moi, je ne partirai que quand il me plaira. Il paraît que vous deviendrez un joli brutal de mari, puisque vous y allez si rondement le premier jour.

PETRUCHIO.—O ma Cateau! calme-toi; je t'en prie, ne te fâche pas!

CATHERINE. — Je me fâcherai. Qu'avez-vous à faire? — Mon père, soyez tranquille, il attendra mon loisir.

GREMIO.—Oui, oui, monsieur, cela commence à prendre.

CATHERINE.—Messieurs, allons commencer le dîner des noces. Je vois qu'on pourrait faire d'une femme une sotte, si elle n'avait pas de fermeté pour tenir bon.

PETRUCHIO.—Ces messieurs vont aller dîner, Catherine, suivant ton ordre.—Obéissez à la mariée, vous qui l'avez accompagnée à la cérémonie; allez au banquet, divertissez-vous bien, et livrez-vous à la bonne humeur; buvez à pleine coupe à sa virginité; soyez gais jusqu'à la folie... ou allez au diable, si vous voulez.—Mais pour ma belle Cateau il faut qu'elle vienne avec moi. Oui, ne me regardez pas de travers, ne frappez pas du pied, ne me fixez pas d'un œil menaçant, ne vous mettez pas en courroux, je serai le maître de ce qui m'appartient, j'espère; elle est mon bien, mon mobilier; elle est ma maison, mon ménage, mon champ, ma grange, mon cheval, mon bœuf, mon âne, mon tout enfin; et la voilà ici près de moi, qu'aucun de vous ose la toucher : je mettrai à la raison le plus hardi qui osera m'arrêter sur mon chemin à travers Padoue.—Grumio, tire ton arme, nous sommes assiégés de voleurs; délivre ta maîtresse, si tu es un homme de cœur.—N'aie pas peur, ma fille; ils ne te toucheront pas, Catherine : je serai ton bouclier contre un million d'ennemis.

(Petruchio sort avec Grumio, emmenant Catherine.)

BAPTISTA.—Allons, laissez-les aller ; c'est un couple d'amants fort paisibles !

GREMIO.—S'ils ne s'en étaient pas allés promptement, je serais mort de rire.

TRANIO.—On a bien vu des mariages fous, mais jamais on n'en vit un pareil à celui-ci.

LUCENTIO, *à Bianca.*—Mademoiselle, que pensez-vous de votre sœur ?

BIANCA.—Qu'étant folle elle-même, elle s'est follement mariée.

GREMIO.—Je le lui garantis, Petruchio *est Catherinisé.*

BAPTISTA.—Voisins et amis, si le marié et la mariée nous manquent pour remplir leurs places à table, vous savez que la bonne chère ne manquera pas à la fête.—Lucentio, vous occuperez la place du nouveau marié, et que Bianca prenne celle de sa sœur.

TRANIO.—L'aimable Bianca apprendra à faire l'épouse.

BAPTISTA.—Oui, elle le fera, Lucentio. Allons, messieurs, à dîner.

FIN DU TROISIÈME ACTE.

# ACTE QUATRIÈME

## SCÈNE I

Vestibule dans la maison de campagne de Petruchio.

*Entre* GRUMIO.

GRUMIO.—Malédiction, malédiction sur toutes les rosses qui ne peuvent plus aller, sur tous les maîtres écervelés, et sur tous les mauvais chemins ! Y a-t-il jamais eu homme aussi moulu, aussi crotté, aussi las que moi ? —On m'envoie devant pour faire du feu, et ils viennent après moi pour se chauffer. Ma foi, si je n'étais un petit pot qui se chauffe bientôt[1], mes lèvres seraient collées à mes dents, ma langue au plafond de mes mâchoires, et mon cœur à mon ventre, avant que je pusse approcher du foyer pour me dégeler.—Mais, moi, je vais être réchauffé, rien qu'en allumant le feu. En voyant le temps qu'il fait, un homme plus grand que moi prendrait un rhume.—Holà, quelqu'un ? Curtis !

(Entre Curtis.)

CURTIS.—Qui appelle comme un homme transi de froid ?

GRUMIO.—Un glaçon : si tu en doutes, tu peux glisser de mon épaule à mon talon aussi vite que tu ferais de ma tête à mon cou. Du feu, bon Curtis.

CURTIS.—Mon maître et sa femme viennent-ils, Grumio !

GRUMIO.—Oui, Curtis, oui ; et à cause de cela, du feu, du feu ; ne jette pas d'eau.

---

[1] Expression proverbiale.

CURTIS. — Sa femme est-elle aussi chaude diablesse qu'on le dit?

GRUMIO. — Elle l'était, bon Curtis, avant cette gelée; mais tu sais que l'hiver apprivoise tout, hommes[1], femmes et bêtes; le froid nous a tous mis à la raison, mon ancien maître, ma nouvelle maîtresse, et moi aussi, ami Curtis.

CURTIS. — Au diable, fou de trois pouces[1]! Je ne suis point une bête, moi.

GRUMIO. — Est-ce que je n'ai que trois pouces? Quoi! ta corne a un pied, et je suis aussi long pour le moins[2]. — Mais veux-tu faire du feu, ou que je me plaigne de toi à notre maîtresse dont tu sentiras bientôt la main (car elle n'est qu'à deux pas), à ton froid reconfort, pour t'apprendre à être si paresseux dans ton chaud office?

CURTIS. — Je t'en prie, bon Grumio, dis-moi comment va le monde?

GRUMIO. — Un monde bien froid, Curtis, dans tout autre emploi que le tien! et, partant, du feu; fais ton devoir et prends ton dû; car mon maître et ma maîtresse sont presque morts de froid.

CURTIS. — Voilà du feu tout prêt; ainsi, cher Grumio, à présent des nouvelles!

GRUMIO. — Allons, *pauvre Jacques, ah! mon enfant!* autant de nouvelles que tu voudras.

CURTIS. — Tu es si plein de finesses.

GRUMIO. — Allons donc, du feu; car j'ai pris un froid glacial. — Où est le cuisinier? le souper est-il prêt, la maison rangée, les nattes étendues, les toiles d'araignées balayées? les gens qui servent sont-ils dans leur livrée neuve, dans leur bas blancs, et chaque officier a-t-il son habit de noces? les gobelets sont-ils nets en dedans, et les servantes en dehors[3]? les tapis sont-ils placés? tout est-il en ordre?

CURTIS. — Tout est prêt; ainsi, je t'en prie, des nouvelles.

---

[1] Proverbe.
[2] C'est-à-dire qui a la peau du crâne épaisse de trois pouces.
[3] Jeu de mot sur *jach* et *jill*, qui signifient verser à boire, et serviteurs, servantes.

GRUMIO.—D'abord, tu sauras que mon cheval est rendu de fatigue, et puis, que mon maître et ma maîtresse sont tombés.

CURTIS.—Comment?

GRUMIO.—De leurs selles dans la boue; et là, il y a une histoire.

CURTIS.—Conte-nous-la, bon Grumio.

GRUMIO.—Approche ton oreille.

CURTIS.—La voilà.

GRUMIO, *lui donnant un coup sur l'oreille.*—Tiens.

CURTIS.—C'est là sentir un conte, ce n'est pas l'écouter.

GRUMIO.—Et voilà pourquoi on l'appelle un conte sensible; et ce coup de poing n'était que pour frapper à la porte de ton oreille, et lui demander son attention. Maintenant, je commence. *Primo*, nous avons descendu une infâme colline, mon maître monté en croupe derrière ma maîtresse.

CURTIS.—Tous deux sur un cheval?

GRUMIO.—Que t'importe à toi?

CURTIS.—Eh! bien! sur un cheval.

GRUMIO.—Conte l'histoire, toi.—Si tu ne m'avais pas interrompu mal à propos, tu aurais entendu comment le cheval est tombé, et elle sous le cheval; comment elle a été couverte de fange, comment il l'a laissée avec le cheval sur elle; comment il m'a battu, parce que le cheval s'était abattu; comment elle a passé à travers la boue pour me sauver de ses coups; comment il jurait; comment elle le suppliait :—elle qui auparavant n'avait jamais prié personne! comment je poussais des cris; comment les chevaux se sont évadés; comment sa bride s'est rompue; comment j'ai perdu ma croupière :—avec mille autres circonstances mémorables; lesquelles vont mourir dans l'oubli; et toi, tu retourneras dans ton tombeau sans expérience.

CURTIS.—A ce compte, il est plus méchant qu'elle.

GRUMIO.—Oui, oui, et toi, et le plus fier d'entre vous tous, vous allez l'éprouver, quand il sera revenu au logis. Mais qu'ai-je besoin de te conter cela? Appelle Nathaniel, Joseph, Nicolas, Philippe, Walter, Sucresoupe, et les autres ; qu'ils aient grand soin que leurs têtes soient bien coiffées, leurs habits bleus bien brossés, et leurs jarretières de différentes couleurs. Qu'ils sachent bien faire la révérence de la jambe gauche, et qu'ils ne s'avisent pas de toucher un poil de la queue du cheval de mon maître, sans baiser leurs mains. Sont-ils tous prêts?

CURTIS.—Oui

GRUMIO.—Appelle-les.

CURTIS.—Entendez-vous ; holà ! il vous faut aller au-devant de mon maître pour faire bon visage [1] à ma maîtresse.

GRUMIO.—Bah ! elle a un visage à elle ?

CURTIS.—Qui ne le sait ?

GRUMIO.—Toi, il me semble, qui appelles de la compagnie pour lui faire bon visage.

CURTIS.—J'appelle ses gens pour lui faire honneur [2]

GRUMIO.—Quoi donc ? Elle ne vient pas pour leur emprunter [3] ?

(Paraissent quatre ou cinq laquais.

NATHANIEL.—Ah ! bonjour, Grumio.

PHILIPPE.—Te voilà donc de retour, Grumio ?

JOSEPH.—Eh bien ! comment ça va, Grumio ?

NICOLAS.—Le camarade Grumio !

NATHANIEL.—Eh bien ! mon vieux garçon ?

GRUMIO.—Salut à tous.—Bonjour, toi, et toi, et toi, camarade, allons, voilà assez de bonjours. — A présent, mes braves compagnons, tout est-il prêt, tout est-il propre ?

NATHANIEL.—Tout est en état : à quelle distance est notre maître ?

GRUMIO.—A deux pas d'ici, descendu ici près : ainsi, ne soyez pas.... Morbleu, silence ! j'entends notre maître.

(Petruchio entre avec Catherine.)

PETRUCHIO.—Où sont ces coquins ? Comment ! personne

---

[1] *To countenance.*
[2] *To credit her.*
[3] Équivoque produit par le verbe *to credit.*

à la porte pour me tenir l'étrier, et pour prendre mon cheval ? Où sont Nathaniel, Grégoire, Philippe !

TOUS LES LAQUAIS, *se présentant.* — Me voici, me voici, monsieur, me voici, monsieur.

PETRUCHIO.—Me voici, monsieur ! me voici, monsieur ! me voici ! me voici ! — Lourdauds, valets grossiers ! quoi ! nulle attention, nulle prévenance, nul égard à votre devoir ? Où est ce fou, ce maraud que j'ai envoyé devant ?

GRUMIO.—Me voici, monsieur, aussi fou que je l'étais auparavant.

PETRUCHIO.—Lourd manant, bâtard, vieille rosse, ne t'ai-je pas ordonné de venir au-devant de moi dans le parc, et de m'amener ces coquins avec toi ?

GRUMIO.—L'habit de Nathaniel, monsieur, n'était pas fini, et les souliers de Gabriel étaient tout décousus au talon ; il n'y avait point de noir de fumée pour noircir le chapeau de Pierre, et le couteau de chasse de Walter n'était pas revenu de chez le fourbisseur, qui doit y mettre un fourreau. Il n'y avait de prêts et d'ajustés que Adam, Raoul et Grégoire ; tous les autres étaient déguenillés, malpropres et faits comme des mendiants : mais, tels qu'ils sont, les voilà qui sont venus pour aller au-devant de vous.

PETRUCHIO.—Allez, canaille, allez me chercher le souper. (*Les laquais sortent.*) (*Fredonnant un air.*) *Où est la vie que je menais ?*—Assieds-toi, Catherine, et sois la bienvenue. (*Fredonnant.*) Doux, doux, doux! (*Les laquais rentrent, apportant le souper.*) Eh bien, quand viendrez-vous ?— Allons, ma chère et douce Catherine, égaye-toi.—Otez-moi mes bottes, marauds. — Quand, dis-je ? (*Il chante.*) *C'était un moine gris qui se promenait sur la route*[1]. Ote-toi de là, misérable : tu me tords le pied. Prends cela, (*il le frappe*) et apprends à mieux tirer l'autre.—Egaye-toi donc, Catherine.—Apportez un peu d'eau ici, allons : eh bien? (*On lui présente un bassin.*) Où est mon épagneul Troïle ?—Coquin, sors d'ici, et va prier mon cousin Fer-

---

[1] Chanson populaire.

dinand de venir nous trouver.—C'est un ami, Catherine, à qui il faudra que tu donnes un baiser, et avec qui il faut que tu fasses connaissance.—Où sont mes pantoufles? —Venez, Catherine, venez laver vos mains, et reprenez un peu de courage. (*Le laquais laisse tomber l'aiguière.*)— Eh bien! coquin bâtard, la laisseras-tu tomber.

(Il lui donne un soufflet.)

CATHERINE.—Modérez-vous, je vous prie, c'est une faute involontaire.

PETRUCHIO.—Bâtard, gros lourdaud, face à soufflets. —Allons, Catherine, asseyez-vous. Je sais que vous avez appétit. Voulez-vous dire le *Benedicite*, Catherine, ou bien je le dirai, moi.—Qu'est-ce que cela? du mouton?

PREMIER LAQUAIS.—Oui, monsieur.

PETRUCHIO.—Qui l'a servi?

PREMIER LAQUAIS.—Moi.

PETRUCHIO.—Il est tout brûlé, et tout le souper aussi. Quels chiens sont ces gens-ci? Où est ce maraud de cuisinier? Comment avez-vous eu l'audace, misérables, de le prendre à l'office, et de me le servir comme cela, à moi qui ne l'aime point? Allons, emportez cela, couteaux, verres et tout. (*Il jette le souper sur le plancher.*) Oh! stupides automates, valetaille sans attention, sans égards! Comment, vous murmurez, je crois, entre vos dents? Je vais être à vous tout à l'heure.

CATHERINE.—Je vous en conjure, cher époux, ne vous emportez pas ainsi. Le souper était bien, si vous aviez voulu vous en contenter.

PETRUCHIO.—Je vous dis, Catherine, qu'il était brûlé et tout desséché; et l'on m'a expressément défendu d'en manger de la sorte, parce que cela engendre de la bile et aigrit l'humeur colérique; et il vaut encore mieux, pour nous, nous passer de souper, nous qui par notre constitution, sommes irascibles, que de nous nourrir de pareille viande, desséchée à force de cuire... Soyez tranquille; demain cela ira mieux; mais pour ce soir, nous jeûnerons de compagnie. — Allons, venez, je vais vous conduire à votre appartement de noces.

(Petruchio, Catherine et Curtis sortent.)

NATHANIEL, *s'avançant.*—Pierre, as-tu jamais rien vu de pareil ?

PIERRE.—Il la tue avec ses propres armes.

(Curtis reparaît.)

GRUMIO, *à Curtis.*—Où est-il ?

CURTIS.—Dans la chambre de madame, lui faisant un sermon de continence; et il tempête, et il jure, et il crie, de façon que la pauvre chère âme ne sait à quelle place se mettre, et n'ose ni le regarder ni ouvrir la bouche. Elle est assise comme une personne qu'on réveille en sursaut au milieu de son rêve.—Décampons, décampons : le voilà qui revient ici. (Ils sortent.)

PETRUCHIO.—Ainsi, j'ai commencé mon règne en habile politique, et j'ai l'espoir d'arriver heureusement à mon but. Mon faucon est animé, et fort affamé. .; et jusqu'à ce qu'il s'apprivoise, il ne faut pas trop le gorger de nourriture : car alors il ne daigne plus arrêter ses yeux sur le leurre. J'ai encore un autre moyen de façonner mon faucon sauvage, et de lui apprendre à revenir et à connaître la voix de son maître : c'est de la veiller comme on veille sur ces milans qui voltigent, se révoltent et ne veulent pas obéir : elle n'a goûté de rien aujourd'hui, et elle ne goûtera encore de rien.

La nuit dernière elle n'a pas dormi, elle ne dormira pas encore cette nuit : je saurai trouver quelque défaut imaginaire à la façon du lit, comme j'en ai trouvé au souper, et je ferai voler l'oreiller d'un côté, les draps de l'autre.—Oui, et au milieu de ce vacarme, je prétendrai que tout ce que j'en fais, c'est par égard pour elle; pour conclusion, elle veillera toute la nuit ; et si elle vient à fermer les paupières, je crierai, je tempêterai et la tiendrai sans cesse éveillée par mes clameurs. Voilà le vrai secret de tuer une femme par trop de bonté, et comme cela, je viendrai à bout de dompter son humeur hautaine et intraitable. — Que celui qui saura un meilleur moyen pour mettre une méchante femme à la raison parle et m'apprenne sa recette.—C'est une charité que d'enseigner ce secret.

(Il sort.)

## SCÈNE II

Padoue. — Devant la maison de Baptista.

*Entrent* TRANIO ET HORTENSIO.

TRANIO.—Est-il possible, ami Licio, que la jeune Bianca en aime un autre que Lucentio ? Je vous dis, moi, monsieur, qu'elle me donne les plus belles espérances.

HORTENSIO.—Monsieur, pour vous prouver la vérité de ce que j'avance, tenez-vous à l'écart, et observez la manière dont il lui donne sa leçon.
(Ils se tiennent de côté pour observer Bianca.)
(Entrent Bianca et Lucentio.)

LUCENTIO. — Eh bien ! mademoiselle, profitez-vous de vos lectures ?

BIANCA.—De quelles lectures parlez-vous, mon maître ? Répondez-moi d'abord à cela.

LUCENTIO. — Je lis ce que je professe, l'art d'aimer.

BIANCA.—Et puissiez-vous, monsieur, devenir maître dans votre art.

LUCENTIO.—Oh ! je le serai, chère Bianca, tant que vous serez la maîtresse de mon cœur.
(Ils se retirent.)

HORTENSIO.—C'est aller vite en amour, vraiment !—Eh bien! à présent, qu'en dites-vous, je vous prie, vous qui osiez jurer que votre maîtresse Bianca n'aimait personne au monde aussi tendrement que Lucentio ?

TRANIO.—O maudit amour ! ô sexe inconstant ! — Je vous déclare, Licio, que cela me confond d'étonnement.

HORTENSIO.—Ne vous y méprenez pas plus longtemps ; je ne suis point Licio, ni un musicien, comme je parais l'être, mais un homme qui dédaigne de vivre davantage sous ce déguisement, pour l'amour d'une créature qui abandonne un gentilhomme, et fait un dieu d'un tel manant : apprenez, monsieur, que je m'appelle Hortensio.

TRANIO.—Seigneur Hortensio, j'ai souvent ouï parler

de votre affection extrême pour Bianca ; et, puisque mes yeux sont témoins de sa légèreté, je veux, avec vous, si ce parti vous plaît, abjurer Bianca et mon amour pour jamais.

HORTENSIO.—Voyez comme ils se baisent et se caressent !—Seigneur Lucentio, voici ma main, et je fais le serment irrévocable de ne plus lui faire ma cour, mais de renoncer à elle comme à un objet indigne des égards que je lui ai follement prodigués jusqu'ici.

TRANIO. — Et moi, je fais ici le même serment bien sincère de ne jamais l'épouser, quand elle m'en prierait : honte sur elle ! Voyez avec quelle indécence elle lui fait des avances !

HORTENSIO.—Je voudrais que tout le monde, hors ce pédant, eût pour jamais renoncé à elle ! Pour moi, afin de tenir inviolablement mon serment, je veux être marié à une riche veuve avant qu'il se passe trois jours. Cette veuve m'a longtemps aimé, tandis que j'aimais, moi, cette femme ingrate et dédaigneuse ; et, dans ce dessein, je prends congé de vous. Adieu donc, seigneur Lucentio. —Ce sera la tendresse, et non pas la beauté des femmes qui désormais gagnera mon amour. — Adieu, je vous quitte dans la ferme résolution que j'ai fait serment d'exécuter.

(Hortensio sort.)
(Lucentio et Bianca s'avancent.)

TRANIO.—Bianca, que le ciel vous donne toutes les bénédictions qui peuvent rendre un amant heureux ! Je vous ai surprise endormie, belle maîtresse, et j'ai juré avec Hortensio de renoncer à vous.

BIANCA.—Tranio, vous plaisantez ; mais est-il vrai que vous ayez tous deux renoncé à moi ?

TRANIO.—Oui, mademoiselle.

LUCENTIO.—Nous sommes donc débarrassés de Licio ?

TRANIO.—Sur ma foi, il va trouver à présent une belle veuve, qui sera courtisée et épousée au bout d'un jour.

BIANCA.—Grand bien lui fasse.

TRANIO.—Oui, oui, et il l'apprivoisera.

BIANCA.—C'est ainsi qu'il s'est exprimé, Tranio ?

TRANIO.—D'honneur, il est allé à l'école où l'on apprivoise.

BIANCA.—Quelle est cette école ? En existe-t-il vraiment une ?

TRANIO.—Oui, mademoiselle, elle existe, et c'est Petruchio qui en est le maître ; c'est lui qui enseigne je ne sais combien de douzaines de tours pour réduire une méchante femme et charmer sa langue querelleuse.

(Biondello accourt.)

BIONDELLO.—Oh ! mon maître, j'ai tant veillé que je suis las comme un chien ; mais à la fin j'ai découvert un vieux messager qui descend la colline, et qui nous servira dans nos vues.

TRANIO.—Qui est-ce, Biondello ?

BIONDELLO.—Mon maître, c'est un marchand, ou un pédant, je ne sais lequel, mais grave dans son maintien : il a toute la démarche et la contenance d'un père.

LUCENTIO.—Et que ferons-nous de lui, Tranio ?

TRANIO. — S'il veut se laisser persuader, et croire ce que je lui dirai, je l'engagerai à paraître sous le personnage de Vincentio, et à se porter pour caution auprès de Baptista Minola, comme s'il était le véritable Vincentio. Faites rentrer votre amante, et laissez-moi seul.

(Lucentio et Bianca sortent.)
(Entre un pédant.)

LE PÉDANT.—Dieu vous garde, monsieur.

TRANIO.—Et vous aussi, monsieur ; vous êtes le bienvenu. Voyagez-vous loin, ou êtes-vous au terme de votre route ?

LE PÉDANT.—Au terme, monsieur, dans une semaine ou deux au plus; mais, après ce temps, je vais plus loin ; jusqu'à Rome, et de là à Tripoli, si Dieu me prête vie.

TRANIO.—De quel pays êtes-vous, je vous prie ?

LE PÉDANT.—De Mantoue.

TRANIO.—De Mantoue, monsieur ? ô ciel ! A Dieu ne plaise ! et vous venez à Padoue, sans prendre souci de votre vie ?

LE PÉDANT.—Ma vie, monsieur ? Comment, je vous prie ? car cela est sérieux.

TRANIO.—Il y a la mort pour tout habitant de Mantoue qui vient à Padoue : est-ce que vous n'en savez pas la cause? Vos vaisseaux sont arrêtés à Venise, et le duc, pour une querelle particulière élevée entre lui et votre duc, a fait publier et proclamer cette peine partout. C'est une chose surprenante ; mais si vous étiez arrivé un moment plus tôt, vous l'auriez entendu annoncer ici à son de trompe.

LE PÉDANT.—Hélas! monsieur, il y a encore de plus grands malheurs que cela pour moi ; car j'ai avec moi des lettres de change de Florence qu'il faut que je rende ici.

TRANIO.—Eh bien! monsieur, pour vous obliger je veux bien le faire, et je vous donnerai de bons moyens.— D'abord, dites-moi, avez-vous jamais été à Pise?

LE PÉDANT.—Oui, monsieur, j'ai souvent été à Pise ; à Pise, ville fameuse par la noblesse de ses citoyens.

TRANIO.—Connaissez-vous parmi eux un certain Vincentio ?

LE PÉDANT.—Je ne le connais pas, mais j'ai entendu parler de lui : c'est un négociant d'une richesse incomparable.

TRANIO.—Il est mon père, monsieur, et, à dire la vérité, il vous ressemble un peu par les traits du visage.

BIONDELLO, *à part*.—Comme une pomme ressemble à une huître : c'est tout la même chose.

TRANIO.—Afin de mettre vos jours en sûreté dans ce péril extrême, je vous ferai ce plaisir par amour pour lui ; et ne croyez pas que ce soit un malheur pour vous d'avoir quelque ressemblance avec le seigneur Vincentio. Vous aurez son nom et son crédit, vous serez logé comme un ami dans ma maison.—Songez à jouer votre rôle comme il convient ; vous m'entendez, monsieur? Vous resterez chez moi jusqu'à ce que vous ayez terminé vos affaires dans la ville : si ce service vous oblige, monsieur, acceptez-le.

LE PÉDANT.—Oh ! monsieur, bien volontiers ; et je vous regarderai toujours comme le protecteur de ma vie et de ma liberté.

TRANIO.—Allons, venez donc avec moi exécuter ce qu
je propose, et écouter ce que je vais vous dire en chemin.—Mon père est attendu d'un jour à l'autre pour être caution d'un douaire à l'occasion de mon mariage avec une des filles de Baptista, citoyen de cette ville : je vous mettrai au fait de toutes les circonstances. Venez avec moi, monsieur, pour vous habiller comme il convient.

(Ils sortent.)

## SCÈNE III

Appartement dans la maison de Petruchio.

### CATHERINE, GRUMIO.

GRUMIO.—Non, non, en vérité : je n'oserais, sur ma vie.

CATHERINE.—Plus il m'outrage, et plus son méchant caractère se décèle. Quoi donc, m'a-t-il épousée pour me faire mourir de faim? Les mendiants qui viennent à la porte de mon père, sur la moindre prière, obtiennent une prompte aumône ; ou bien si on la leur refuse, ils trouvent des charités ailleurs. Mais moi, qui n'ai jamais su prier, et qui n'ai jamais eu besoin de prier, je suis affamée faute d'aliments, et étourdie faute de sommeil ; on me tient éveillée par des jurements ; on me nourrit de clameurs, de privations ; et, ce qui me dépite encore plus que toutes ces privations, c'est qu'il prétend me prouver par là le plus parfait amour. Il semble dire que si je goûtais de quelques mets, ou quelques heures de sommeil, je tomberais aussitôt malade, ou que j'en mourrais.—Je te prie, Grumio, va me chercher quelque chose à manger : n'importe quoi, pourvu que ce soit un mets sain.

GRUMIO.—Que dites-vous d'un pied de bœuf?

CATHERINE.—Cela est exquis ; je t'en prie, fais-m'en avoir.

GRUMIO.—Je crains que ce ne soit un mets trop bilieux ; et du boudin gras, bien grillé, comment trouvez-vous cela?

CATHERINE.—Je les aime beaucoup. Bon Grumio, va m'en chercher.

GRUMIO.—Je ne sais pas trop : je crains que ce ne soit un mets trop bilieux : que dites-vous d'une tranche de bœuf, avec de la moutarde?

CATHERINE.—Oh! c'est un mets que j'aime beaucoup.

GRUMIO. — Oui ; mais la moutarde est un peu trop chaude.

CATHERINE.—Eh bien! la tranche de bœuf, et je me passerai de moutarde.

GRUMIO.—Non, je ne veux pas : vous aurez la moutarde, ou vous n'aurez point de tranche de bœuf de Grumio.

CATHERINE.—Eh bien! tous les deux, ou l'un sans l'autre ; tout ce que tu voudras.

GRUMIO.—Eh bien! la moutarde donc sans le bœuf?

CATHERINE.—Va-t'en, valet fourbe, qui te joues de moi, et me nourris par le nom seul des mets. (*Elle le bat.*) Malheur sur toi, et sur tes pareils qui triomphent ainsi de ma misère! Va-t'en! te dis-je!

(Entre Petruchio avec un plat de viandes, et Hortensio.)

PETRUCHIO.—Comment se porte ma Catherine? Quoi! mon cœur, toute consternée?

HORTENSIO.—Eh bien! madame, comment vous trouvez-vous?

CATHERINE.—Oh! aussi froide qu'il est possible de l'être.

PETRUCHIO—Allons, ranimez vos esprits : montrez-moi un œil serein et gai. Approchez, mon amour, et mettez-vous à table : vous voyez mon empressement et mes soins pour vous préparer moi-même ce mets et vous l'apporter. (*Petruchio met le plat sur une table.*) Je suis sûr, chère Catherine, que ma tendresse mérite des remercîments.—Quoi! pas un mot? Allons, vous n'aimez pas cela, et toutes mes peines restent sans fruit. (*A un laquais.*) Vite, ôtez ce plat.

CATHERINE.—Je vous en prie, qu'il reste.

PETRUCHIO.—Le plus petit service est payé de reconnaissance, et il faut que le mien reçoive son prix avant que vous touchiez à ce mets.

CATHERINE.—Je vous remercie, monsieur.

HORTENSIO.—Allons, fi ! seigneur Petruchio : vous avez tort.—Venez, madame, je vous tiendrai compagnie.

PETRUCHIO, *bas à Hortensio*.—Tâche de le manger tout entier, Hortensio, si tu as de l'amitié pour moi.—(*A Catherine*.) Je souhaite que cela fasse beaucoup de bien à ton cher petit cœur !—Allons, Catherine, mange vite.—Et à présent, ma douce amie, nous allons retourner à la maison de ton père, et nous y réjouir dans la parure la plus brillante, robe de soie, chapeaux, anneaux d'or, fraises, manchettes, vertugadins, et autres pompons, avec des écharpes, des éventails et double parure à changer ; des bracelets d'ambre, des colliers, et tous les nœuds les plus élégants.—Allons, as-tu dîné ? Le tailleur attend pour orner ta personne de ses riches étoffes. (*Entre un tailleur*.) Venez, tailleur, faites-nous voir tous ces beaux habits[1]. Déployez la robe. (*Entre un chapelier*.) Et vous, qu'apportez-vous !

LE CHAPELIER.—Voici le chapeau que monsieur m'a commandé.

PETRUCHIO.—Allons donc : il est monté sur la forme d'une écuelle : c'est un plat en velours. Fi ! fi ! c'est indécent et infâme.—Bon, c'est une vraie coquille, une écaille de grosse noix, un hochet, un jouet de poupée, un chapeau d'enfant.—Allons, ôtez-moi cela, et apportez-m'en un plus grand.

CATHERINE.—Je n'en veux pas un plus grand ; il est de mode : et les dames comme il faut portent les chapeaux dans ce goût-là.

PETRUCHIO.—Quand vous serez douce, vous en aurez un, mais pas avant.

HORTENSIO, *à part*.—En ce cas, cela ne sera pas de sitôt.

CATHERINE.—Mais, monsieur, je crois que j'aurai du moins la liberté de parler ; et je prétends parler. Je ne suis pas un enfant, un marmot. Des gens qui valaient mieux que vous ne m'ont pas empêchée de dire ma pen-

---

[1] Du temps de Shakspeare les tailleurs habillaient aussi les femmes.

sée : et si vous ne pouvez pas supporter de m'entendre, il vaut mieux vous boucher les oreilles. Ma langue veut exhaler tout le courroux de mon cœur, ou mon cœur, à force de se contraindre, se brisera, et plutôt que de m'exposer à ce malheur, je prendrai jusqu'à la fin la liberté de parler, si cela me plaît.

PETRUCHIO.—Oui, vous avez raison : c'est un vilain chapeau, une croûte de pâté, un colifichet, un gâteau en soie.—Je vous aime beaucoup, parce qu'il vous déplaît.

CATHERINE.—Aimez-moi, ou ne m'aimez pas : j'aime ce chapeau, et je l'aurai, ou je n'en aurai point d'autre.

PETRUCHIO.—Quoi! votre robe? la voulez-vous?—Allons, tailleur, voyons-la. Oh! merci de Dieu! quelle est cette étoffe de mascarade? Qu'est-ce que c'est que cela? une manche!.... On dirait que c'est un demi-canon : comment, haut et bas, taillé comme une tarte aux pommes : ici une coupure, un pli, puis un trou comme un encensoir de barbier[1]. Et de par tous les diables, tailleur, comment nommes-tu cela?

HORTENSIO, *à part*. —Elle a bien l'air, je crois, de n'avoir ni chapeau, ni robe.

LE TAILLEUR.—Vous m'avez recommandé de la faire comme il faut, suivant la mode et le goût.

PETRUCHIO.—Oui, je vous l'ai recommandé. Mais, si vous avez de la mémoire, je ne vous ai pas dit de la gâter par mode. Allez, sautez-moi vite les ruisseaux jusque chez vous, car vous n'aurez point ma pratique. Je ne veux point de cela, l'ami. Allez, faites-en votre profit.

CATHERINE.—Je n'ai jamais vu de robe mieux faite, plus décente, plus charmante et plus noble. Vous voulez peut-être faire de moi une poupée.

PETRUCHIO.—Oui, c'est bien dit : cet homme veut faire de toi une poupée.

LE TAILLEUR.—Madame dit que c'est vous, monseigneur, qui voulez faire une poupée d'elle.

PETRUCHIO.—O excès d'insolence! Tu mens, fil, dé à

---

[1] On ne voit plus dans la boutique des barbiers de ces petits vases qui, pour donner passage à la fumée, étaient percés de beaucoup de trous.

## ACTE IV, SCÈNE III.

coudre, aune, trois quarts, demi-aune, quart, clou, puce, lente, grillon d'hiver. Je me verrai bravé chez moi par un écheveau de fil! Sors d'ici, lambeau, rognure, ou je vais si bien te mesurer avec ton aune, que tu te souviendras de ton impertinent babil tout le reste de ta vie! Je te dis, encore une fois, moi, que tu as gâté sa robe.

LE TAILLEUR.—Monseigneur est dans l'erreur. La robe est faite précisément comme mon maître l'a commandé; Grumio a expliqué comment elle devait être faite.

GRUMIO.—Je n'ai point donné d'ordres, moi; je n'ai fait que lui remettre l'étoffe.

LE TAILLEUR, *à Grumio*. — Mais comment avez-vous commandé qu'elle fût faite?

GRUMIO.—Parbleu, avec une aiguille et du fil.

LE TAILLEUR.—Mais n'avez-vous pas demandé qu'on la taillât?

GRUMIO.—Tu as mesuré bien des choses[1]?

LE TAILLEUR. — Oui.

GRUMIO.—Eh bien! ne me mesure pas, moi. Tu as rendu plusieurs hommes *braves*[2] : eh bien! ne me brave pas moi; je ne veux être ni mesuré ni bravé. Je te répète que j'ai dit à ton maître de tailler la robe; mais je n'ai pas dit de la tailler en pièces : *ergo*, tu mens.

LE TAILLEUR. — Voici la note de la façon; elle fera preuve.

PETRUCHIO.—Lisez-la.

GRUMIO.—La note est dans son gosier; s'il soutient que j'ai dit cela....

LE TAILLEUR.—D'abord une robe large.

GRUMIO.—Ami, si j'ai parlé d'une large robe, cousez-moi dans les pans de la robe, et battez-moi jusqu'à la mort avec un peloton de fil brun. J'ai dit une robe.

PETRUCHIO, *au tailleur*.—Continuez.

LE TAILLEUR.—Avec une petite pèlerine ronde.

GRUMIO.—Je conviens de la pèlerine.

---

[1] *Thou hast faced many things face note me.* Nous avons traduit par un mot équivalent.

[2] Autre jeu de mot sur *brave*, qui veut dire vaillant et paré.

LE TAILLEUR.—Avec manches retroussées.

GRUMIO.—Je conviens de deux manches.

LE TAILLEUR.—Deux manches élégamment taillées.

PETRUCHIO.—Oui : voilà la sottise.

GRUMIO.—Erreur dans la note, ami ; erreur dans la note. J'ai commandé que les manches fussent coupées, et ensuite recousues ; et cela, je le prouverai contre toi, quoique ton petit doigt soit cuirassé d'un dé.

LE TAILLEUR.—Ce que je dis est la vérité ; et si je te tenais en lieu convenable, je te le ferais sentir.

GRUMIO.—Je suis à toi dans l'instant ; prends la note, et donne-moi ton aune, et après ne me ménage pas.

HORTENSIO.—Vraiment, Grumio, il n'aurait pas l'avantage des armes.

PETRUCHIO.—Allons, mon ami, en deux mots, cette robe n'est pas pour moi.

GRUMIO.—Vous avez raison, monsieur, c'est pour ma maîtresse.

PETRUCHIO, *au tailleur*.—Allons, remportez-la, et que votre maître en fasse l'usage qui lui plaira.

GRUMIO.—Misérable ! sur ta vie, ne t'en avise pas : prendre la robe de ma maîtresse pour l'usage de ton maître !

PETRUCHIO.—Quoi donc, Grumio, quelle est ton idée ?

GRUMIO.—Oh ! monsieur, l'idée est plus profonde que vous ne croyez ; prendre la robe de ma maîtresse pour l'usage de son maître ! Fi ! fi ! fi !

PETRUCHIO, *à part, à Hortensio*.—Hortensio, dis que tu feras payer le tailleur. — (*Au garçon.*) Allons, prends-la, sors, et ne réplique pas un mot.

HORTENSIO.—Tailleur, je te payerai la robe demain. Ne t'offense pas de ces duretés qu'il te dit dans son emportement ; va-t'en, te dis-je, mes compliments à ton maître, garçon.

(Le tailleur sort remportant la robe.)

PETRUCHIO.—Allons, venez, Catherine, nous irons voir votre père dans ces habillements simples et honnêtes ; nos bourses seront fières si nos habits sont humbles, car c'est l'âme qui rend le corps riche ; et comme le soleil perce les nuages les plus noirs, l'honneur de même perce à travers l'habit le plus grossier. Quoi! le geai est-il plus précieux que l'alouette, parce que son plumage est plus beau? ou le serpent vaut-il mieux que l'anguille, parce que sa peau bigarrée charme l'œil? Oh! non, non, chère Catherine; et toi, tu ne vaux pas moins ton prix, pour être vêtue de cette robe simple et de cette parure mesquine. Si tu crois qu'il y a de la honte, mets-la sur mon compte. Allons, sois joyeuse; nous allons partir sur-le-champ pour aller nous réjouir et célébrer la fête à la maison de votre père. (*A un de ses gens.*) Allez, appelez mes gens.—Allons le trouver sans délai.—Amène nos chevaux au bout de la longue ruelle, nous monterons là, et jusque-là nous irons à pied en nous promenant.— Voyons, je crois qu'il est environ sept heures, et nous pouvons fort bien y arriver pour dîner.

CATHERINE.—J'ose vous assurer, monsieur, qu'il est presque deux heures, et il sera l'heure du souper avant que nous soyons arrivés.

PETRUCHIO.—Il sera sept heures avant que je monte à cheval.—Voyez, tout ce que je dis, ce que je fais, ou ce que j'ai le projet de faire, vous êtes toujours à me contredire.—(*A ses gens.*) Allons, laissez; je n'irai pas aujourd'hui, ou avant que j'y aille, il sera l'heure que je dis qu'il est.

HORTENSIO.—Allons! cet homme-là commandera au soleil.

(Petruchio, Catherine et Hortensio sortent.)

## SCÈNE IV

Padoue. — Devant la maison de Baptista.

*Entrent* TRANIO ET LE PÉDANT *habillé comme* VINCENTIO.

TRANIO.—Monsieur, voici la maison; voulez-vous que j'appelle?

LE PÉDANT.—Oui, qu'attendre?—Et je serais bien trompé, si le signor Baptista ne pouvait se rappeler ma figure, depuis vingt ans passés que nous étions à Gênes, logés ensemble à l'auberge du Pégase.

TRANIO.—Tout ira bien, et faites bien votre rôle, dans tous les cas, avec la gravité qui convient à un père.

(Entre Biondello.)

LE PÉDANT.—Je vous réponds de moi.—Mais, monsieur, voici votre valet qui vient ; il serait à propos qu'on lui fît la leçon.

TRANIO.—Oh ! n'ayez pas d'inquiétude sur son compte. —Holà, Biondello, songe à bien faire ton devoir ponctuellement, je t'en avertis : mets-toi bien dans la tête que tu vois le véritable Vincentio.

BIONDELLO.—Bah ! ne soyez pas inquiet de moi.

TRANIO.—Mais, as-tu fait ton message à Baptista ?

BIONDELLO.—Je lui ai annoncé que votre père était à Venise, et que vous l'attendiez aujourd'hui même dans Padoue.

TRANIO.—Tu es un brave garçon : tiens, voilà pour boire.—J'aperçois Baptista. (*Au pédant.*) Arrangez votre visage, monsieur. (*Entrent Baptista et Lucentio.*) Signor Baptista, nous vous rencontrons fort à propos.—(*Au pédant.*) Monsieur, voilà l'honnête homme dont je vous ai parlé. Je vous en conjure, soyez, en ce moment, un bon père pour moi : donnez-moi Bianca pour mon patrimoine.

LE PÉDANT.—Doucement, mon fils.—(*A Baptista.*) Monsieur, veuillez m'entendre. Étant venu à Padoue pour recueillir quelques sommes qui me sont dues, mon fils Lucentio m'a instruit d'une grande affaire d'amour entre votre fille et lui ; et d'après le bien que j'entends dire de vous, et l'amour que mon fils porte à votre fille, et celui qu'elle a pour lui... Afin de ne pas le tenir plus longtemps en suspens, je consens, en bon et tendre père, à faire ce mariage ; et si le parti ne vous déplaît pas plus qu'à moi, monsieur, après quelques conventions, vous me trouverez tout prêt et volontiers disposé à donner à cette alliance un plein consentement, car je n'y regarderai pas de si près avec vous, signor Baptista, dont j'entends parler si avantageusement.

BAPTISTA.—Monsieur, daignez m'excuser dans ce que je vais vous dire.—Votre franchise et votre brièveté me plaisent : il est très-vrai que votre fils Lucentio aime ma fille, et qu'il est aimé d'elle ; ou bien tous les deux dissimulent profondément leurs sentiments ; en conséquence, dites seulement un mot, dites que vous en userez avec votre fils comme un bon père, et que vous assurerez à ma fille un douaire suffisant, et le marché est conclu, tout est dit. Votre fils aura ma fille de mon plein consentement.

TRANIO.—Je vous rends grâces, monsieur.—Allons, où jugez-vous qu'il faut nous aller fiancer, et qu'on pourra passer le contrat qui doit assurer les engagements mutuels des parties ?

BAPTISTA.—Pas dans ma maison, Lucentio, car vous savez que les cruches ont des oreilles, et que j'ai une foule de domestiques. D'ailleurs le vieux Gremio est toujours aux aguets, et nous pourrions bien nous voir interrompus et traversés.

TRANIO.—Eh bien ! ce sera à mon hôtel, si vous le trouvez bon, monsieur. C'est là que loge mon père, et là, nous arrangerons l'affaire ce soir entre nous à l'amiable. Envoyez chercher votre fille par votre domestique que voilà ; le mien ira chercher le notaire dans l'instant : le malheur est que, faute d'être prévenu, vous ferez probablement maigre chère chez moi.

BAPTISTA—Cela m'est égal.—(*A Lucentio.*) Cambio, allez au logis, et dites à Bianca de s'habiller promptement ; et si vous voulez, dites-lui ce qui se passe : dites-lui que le père de Lucentio est arrivé à Padoue, et comment il est tout à fait probable qu'elle sera la femme de Lucentio.

LUCENTIO.—Je prie les dieux qu'elle le devienne ; oh ! de tout mon cœur.

(Il sort.)

TRANIO.—Ne t'amuse point avec les dieux, mais pars vite.—Seigneur Baptista, vous montrerai-je le chemin ? Vous serez le bienvenu : un seul plat fera toute votre chère ; mais enfin venez, nous nous en dédommagerons à Pise.

BAPTISTA.—Je vous suis.
(Tranio sort avec le pédant et Baptista.)

BIONDELLO.—Cambio !

LUCENTIO.—Que me veux-tu, Biondello ?

BIONDELLO.—Vous avez vu mon maître cligner de l'œil et vous adresser un sourire ?

LUCENTIO.—Eh bien ! qu'est-ce que cela veut dire ?

BIONDELLO.—Oh ! rien. Mais il m'a laissé ici, derrière les autres, pour expliquer le sens et la moralité de ses signes et gestes.

LUCENTIO.—Je te prie, voyons ton interprétation.

BIONDELLO.—La voici : Baptista est en fort bonnes mains, ayant à traiter avec le père imposteur d'un fourbe de fils.

LUCENTIO.—Et que veux-tu dire de lui ?

BIONDELLO.—Sa fille doit être amenée par vous au souper.

LUCENTIO.—Ensuite.

BIONDELLO.—Un vieux prêtre de l'église Saint-Luc attend vos ordres à toutes les heures.

LUCENTIO.—Et la fin de tout cela ?

BIONDELLO.—Ah ! je ne saurais vous dire... Excepté qu'ils sont occupés à dresser un faux acte de cautionnement.—Assurez-vous d'elle, vous, *cum privilegio ad imprimendum solum* [1].—Allez à l'église avec le prêtre, le clerc et les témoins suffisants. Si ce ne sont pas là vos intentions, je n'ai plus le mot à vous dire, et vous pouvez dire adieu à Bianca pour une éternité et un jour.

LUCENTIO.—Écoute-moi, Biondello.

BIONDELLO.—Je ne peux rester plus longtemps : j'ai connu une fille mariée en une après-midi, comme elle allait au jardin cueillir du persil pour farcir un lapin ; vous pourriez bien vous marier de même, monsieur ; et sur ce, adieu, monsieur : mon maître m'a enjoint d'aller à l'église de Saint-Luc, dire au prêtre de se tenir prêt à venir, dès que vous arriverez avec votre appendice.
(Il sort.)

LUCENTIO.—Je le pourrais bien, et le veux bien, si cela

---

[1] Avec privilége exclusif.

la satisfait. Hé! pourquoi douterais-je de sa volonté? Arrive ce qui voudra, j'irai rondement avec elle ; il y aura bien du malheur si Cambio revient sans elle.

(Il sort.)

## SCÈNE V

#### Une grande route.

*Entrent* PETRUCHIO, CATHERINE et HORTENSIO.

PETRUCHIO.—Allons, avancez, au nom de Dieu : encore un coup, à la maison de notre père.—Grand Dieu! que la lune est belle et claire !

CATHERINE.—La lune! c'est le soleil : il n'y a pas de clair de lune à présent.

PETRUCHIO.—Je dis que c'est la lune qui brille ainsi.

CATHERINE.—Et moi, je sais bien que c'est le soleil qui brille à présent.

PETRUCHIO.—Oh! par le fils de ma mère (et ce fils, c'est moi-même), ce sera la lune, ou une étoile, ou tout ce que je voudrai, avant que je continue ma route vers la maison de votre père. — Allez, et faites retourner nos chevaux.—Toujours contrarié, contrarié ! jamais que des contradictions !

HORTENSIO.—Dites comme lui, ou nous n'arriverons jamais.

CATHERINE.—Je vous en prie, puisque nous sommes venus si loin, continuons, et que ce soit la lune, ou le soleil, ou tout ce qu'il vous plaira. Et, s'il vous plaît de dire que c'est une chandelle de veille, je vous jure que désormais c'en sera une pour moi.

PETRUCHIO. —Je dis que c'est la lune.

CATHERINE.—Je le sais bien, que c'est la lune.

PETRUCHIO.—Allons, vous mentez : c'est le bienfaisant soleil.

CATHERINE.—Eh bien ! Dieu soit béni ; c'est le bienfaisant soleil : mais ce n'est plus le soleil, dès que vous dites que ce n'est pas le soleil ; et la lune change au gré de votre idée. Ce sera telle chose que vous voudrez la nommer, et ce sera toujours la même chose pour Catherine que pour vous.

HORTENSIO.—Allons, Petruchio, poursuivez : le champ de bataille est à vous.

PETRUCHIO.—Allons, en avant, en avant : voilà comme la boule doit rouler, sans contradiction, et ne pas donner gauchement contre la butte.—Mais, silence : voici de la compagnie qui vient. (*Survient Vincentio, père de Lucentio, en habit de voyage.*) Bonjour, aimable demoiselle ; où allez-vous de ce pas ?—(*A Catherine.*) Dites-moi, ma chère Catherine, et parlez-moi franchement : avez-vous jamais vu une demoiselle dont le teint soit plus frais ? Quel joli combat de lis et de roses sur ses joues ! Quelles étoiles font briller le firmament d'une lumière aussi pure, que celles dont ses deux beaux yeux animent son visage céleste ? Aimable et belle demoiselle, encore une fois, heureux jour à votre divine personne !—Chère Catherine, embrasse-la pour sa beauté.

HORTENSIO.—Il va rendre cet homme fou pour en faire une femme !

CATHERINE —Jeune et charmante vierge, belle, fraîche et douce, où allez-vous ? où est votre demeure ? Heureux le père et la mère d'un si bel enfant ! Plus heureux l'homme à qui des astres favorables te donnent pour être son aimable compagne.

PETRUCHIO.—Allons donc, Catherine ; tu n'es pas folle, j'espère ; c'est un homme vieux, ridé, fané, flétri ; et non pas une jeune fille, comme tu le dis.

CATHERINE, *à Vincentio.*—Pardon, vénérable vieillard ; c'est une méprise de mes yeux, qui ont été si éblouis du soleil, que tout ce que je vois me paraît vert ; je reconnais bien à présent que vous êtes un vieillard respectueux. Excusez, je vous prie, ma folle erreur.

PETRUCHIO, *à Vincentio.*—Oui, excusez-la, vénérable vieillard, et daignez nous apprendre de quel côté vous voyagez : si vous suivez notre chemin, nous serons ravis d'avoir votre compagnie.

VINCENTIO.—Beau cavalier,—et vous, ma joyeuse dame, qui m'avez étrangement surpris au premier abord, mon nom est Vincentio, ma demeure est à Pise, et je vais à Padoue pour y faire visite à un mien fils que je n'ai pas vu depuis longtemps.

PETRUCHIO.—Quel est son nom?

VINCENTIO.—Lucentio, noble cavalier.

PETRUCHIO.—La rencontre est on ne peut pas plus heureuse, et plus heureuse encore pour votre fils ; car, maintenant, la loi aussi bien que votre âge vénérable, m'autorisent à vous appeler mon tendre père. La sœur de ma femme, de cette dame que vous voyez, votre fils vient de l'épouser tout récemment.—N'en soyez ni surpris, ni affligé. La personne jouit d'une excellente réputation : sa dot est opulente et sa naissance très-honnête. De plus, elle a toutes les qualités qui conviennent à l'épouse de tout noble gentilhomme. Que j'embrasse le vénérable et bon Vincentio ! et voyageons ensemble pour aller voir votre estimable fils ; votre arrivée va le combler de joie.

VINCENTIO.—Mais, me dites-vous la vérité? Ou, comme les voyageurs d'humeur joviale, vous étudiez-vous à débiter des plaisanteries à ceux que vous rencontrez sur votre route?

HORTENSIO.—Je vous assure, mon père, que c'est la vérité.

PETRUCHIO.—Avançons, et allons en être les témoins oculaires, car je vois que la plaisanterie de notre début avec vous vous laisse des soupçons.

HORTENSIO.—Fort bien, Petruchio : cela m'encourage. Je vais joindre ma veuve, et si elle est d'humeur chagrine et acariâtre, tu m'auras appris à être plus méchant qu'elle.

(Il sort.)

FIN DU QUATRIÈME ACTE.

# ACTE CINQUIÈME

—

## SCÈNE I

Padoue.—La scène est devant la maison de Lucentio.

*Entrent d'un côté* BIONDELLO, LUCENTIO ET BIANCA,
*et de l'autre côté se promène* GREMIO.

BIONDELLO.—Doucement, et vite aussi, monsieur, car le prêtre attend.

LUCENTIO.—J'y vole, Biondello ; mais on pourrait avoir besoin de toi au logis ; ainsi, laisse-nous.

BIONDELLO.—Non, vraiment, je veux voir le toit de l'église sur votre tête, et alors revenir trouver mon maître aussi vite qu'il me sera possible.

(Ils sortent.)

GREMIO.—Je m'étonne bien que Cambio ne vienne pas pendant tout ce temps.

(Entrent Petruchio, Catherine, Vincentio et suite.)

PETRUCHIO.—Monsieur, voici la porte : c'est ici la maison de Lucentio. Mon père demeure plus avant, vers la place du marché : il faut que je m'y rende, et je vous quitte ici, monsieur.

VINCENTIO.—Vous ne pouvez pas faire autrement que de boire un coup ici avant de nous quitter ; j'espère que vous serez bien reçu sous mes auspices, et suivant toute apparence il y a festin ici.

(Il frappe à la porte.)

GREMIO.—On est fort occupé en dedans : vous feriez bien de frapper plus fort.

LE PÉDANT, *mettant la tête à la fenêtre.* — Qui frappe comme s'il voulait abattre la porte ?

VINCENTIO.—Monsieur, le signor Lucentio est-il là ?

LE PÉDANT.—Oui, il y est, mais on ne peut pas lui parler.

VINCENTIO.—Comment, si un homme lui apportait deux ou trois cents guinées pour ses menus plaisirs ?...

LE PÉDANT.—Gardez vos guinées pour vous ; il n'en aura jamais besoin tant que je vivrai.

PETRUCHIO.—Oui, je vous ai bien dit que votre fils était chéri à Padoue.—(*Au pédant.*) Entendez-vous, monsieur ? Pour abréger les discours, je vous prie de dire au signor Lucentio que son père arrive de Pise, et qu'il attend ici à la porte pour lui parler.

LE PÉDANT.—Vous mentez : son père est arrivé de Pise, et c'est lui qui vous parle à cette fenêtre.

VINCENTIO.—Est-ce vous qui êtes son père ?

LE PÉDANT.—Oui, l'ami, du moins sa mère l'assure, si je peux m'en rapporter à elle.

PETRUCHIO, *à Vincentio*.—Hé ! mon beau monsieur, c'est une basse coquinerie d'usurper ainsi le nom d'un autre.

LE PÉDANT.—Saisissez-vous de ce coquin. Je le soupçonne de vouloir duper ici quelque honnête citoyen de cette ville en empruntant mon nom.

(Biondello revient.)

BIONDELLO.—Je les ai vus tous les deux à l'église : Dieu veuille les conduire à bon port !—(*Apercevant Vincentio.*) Mais que vois-je ici ? mon vieux maître Vincentio !—Oh ! nous voilà perdus, anéantis !

VINCENTIO, *reconnaissant Biondello.*—Viens ici, gibier de potence.

BIONDELLO.—Ce sera si cela me plaît, je crois, monsieur.

VINCENTIO.—Approché ici, pendard. Quoi ! m'as-tu oublié ?

BIONDELLO.—Oublié ? non monsieur. Je ne pouvais guère vous oublier, je ne vous ai jamais vu de ma vie.

VINCENTIO.—Comment, insigne scélérat, tu n'as jamais vu Vincentio, le père de ton maître ?

BIONDELLO.—Qui, mon vieux et respectable maître ? Si vraiment, monsieur : tenez, le voilà à la fenêtre.

VINCENTIO, *en le battant.*—Quoi ! dis-tu vrai ?

BIONDELLO.—Au secours, au secours : voici un furieux qui veut m'assassiner.

(Il s'enfuit.)

LE PÉDANT.—Au secours, mon fils ! au secours, seigneur Baptista !

PETRUCHIO.—Je t'en prie, Catherine, retirons-nous à l'écart, et voyons la fin de cette dispute.

(Ils se retirent à l'écart.)
(Entre le pédant, suivi de laquais; Baptista et Tranio paraissent en bas à la porte.)

TRANIO.—Qui êtes-vous donc, monsieur, vous qui menacez de battre mes gens ?

VINCENTIO. — Qui je suis ? Mais qui êtes-vous vous-même, monsieur ?—O dieux immortels ! ô scélérat en parure ! un habit de soie ! des bas de velours ! un manteau d'écarlate ! et un chapeau à couronne [1] ! — Oh ! je suis ruiné, je suis perdu ! Tandis que je ménage en bon père de famille à la maison, mon fils et mon valet dépensent tout à l'université !

TRANIO.—Eh bien ! de quoi s'agit-il ?

BAPTISTA.—Est-ce que cet homme est fou ?

TRANIO.—Monsieur, vous me paraissez, à votre extérieur, un homme vénérable et de bon sens ; mais à vos discours, vous êtes un insensé.—Eh bien ! monsieur, que vous importe si je porte des perles et de l'or ? J'en ai l'obligation à mon bon père, si je suis dans le cas de faire cette figure.

VINCENTIO.—Ton père ? Ah ! scélérat, ton père est un tisserand en voiles à Bergame.

BAPTISTA.—Vous vous trompez, monsieur ; vous vous trompez. Je vous prie, quel nom croyez-vous qu'il porte ?

VINCENTIO.—Son nom ? Comme si je ne connaissais pas bien son nom, moi qui l'ai élevé depuis l'âge de trois ans ! Eh ! son nom est Tranio.

LE PÉDANT.—Loin d'ici, loin d'ici, imbécile : son nom est Lucentio, et il est mon fils unique et l'héritier de mes terres, de moi, qui suis le signor Vincentio.

[1] Chapeau des élégants du temps.

VINCENTIO.—Lucentio ! oh ! il aura assassiné son maître. Mettez la main sur lui, je vous l'enjoins, au nom du duc.—Oh ! mon fils ! mon fils !—Dis-moi, scélérat, où est mon fils Lucentio ?

TRANIO.—Appelez un officier de justice : emmenez ce furieux, ce coquin en prison. Mon père Baptista, je vous le recommande, voyez à ce qu'il y soit conduit.

VINCENTIO.—Me conduire en prison, moi !

GREMIO.—Arrêtez, officier ; il n'ira pas en prison.

BAPTISTA.—Ne parlez pas, signor Gremio ; je dis, moi, qu'il ira en prison.

GREMIO.—Prenez garde, signor Baptista, que vous ne soyez dupe dans cette affaire : j'ose faire serment que celui-ci est le véritable Vincentio.

LE PÉDANT.—Jurez-le, si vous l'osez.

GREMIO.—Je n'ose pas le jurer.

TRANIO.—Alors, vous feriez mieux de dire que je ne suis pas Lucentio.

GREMIO.—Pour vous, je vous connais pour être le seigneur Lucentio.

BAPTISTA. — Emmenez cet insensé ; entraînez-le en prison.

VINCENTIO.—Comment ! les étrangers seront ainsi insultés et maltraités ! Oh ! l'insigne scélérat !

(Biondello revient avec Lucentio et Bianca.)

BIONDELLO.—Oh ! c'est fait de nous, et le voilà là-bas. —Reniez-le, désavouez-le, ou nous sommes tous perdus.

(Biondello, Tranio et le pédant s'enfuient.)

LUCENTIO, *se jetant aux genoux de son père.*—Pardon, mon tendre père.

VINCENTIO.—Mon cher fils est-il vivant ?

BIANCA.—Pardon, mon père.

BAPTISTA, *à sa fille.*—Et en quoi l'as-tu offensé ?—Où est Lucentio ?

LUCENTIO.—Voici Lucentio, le vrai fils du vrai Vincentio, qui me suis donné, par un mariage légitime, votre fille pour épouse, tandis que des personnages supposés trompaient vos yeux.

GREMIO.—Il y a ici un complot arrangé pour nous tromper tous.

VINCENTIO.—Où est ce damné coquin de Tranio, qui m'a bravé en face avec tant d'insolence?

BAPTISTA.—Mais, dites-moi, n'est-ce pas là mon Cambio?

BIANCA.—Cambio s'est métamorphosé en Lucentio.

LUCENTIO.—C'est l'amour qui a fait ces miracles. Mon amour pour Bianca m'a fait changer d'état avec Tranio, tandis que lui jouait mon rôle dans la ville; et, à la fin, je suis arrivé heureusement au port désiré où était mon bonheur. Ce que Tranio a fait, c'est moi qui l'y ai forcé: daignez donc lui pardonner, mon tendre père, pour l'amour de moi.

VINCENTIO.—J'écraserai le nez du coquin qui voulait me faire conduire en prison.

BAPTISTA.—Mais, m'entendez-vous, monsieur? Est-ce que vous avez épousé ma fille sans me demander mon consentement?

VINCENTIO.—N'ayez pas d'inquiétude, Baptista, nous vous satisferons, comptez-y; mais je veux rentrer pour me venger de cette friponnerie.

(Il sort.)

BAPTISTA.—Et moi aussi, pour approfondir cette scélératesse.

(Il sort.)

LUCENTIO.—Ne soyez pas si pâle, Bianca: votre père ne sera pas fâché.

(Ils sortent.)

GREMIO.—Mon affaire est faite; mais je vais rentrer avec les autres, sans avoir à présent d'autre espérance que de prendre ma part du festin.

(Il sort.)

(Petruchio et Catherine s'avancent.)

CATHERINE.—Cher époux, suivons-les, pour voir le dénoûment de toute cette intrigue.

PETRUCHIO.—Commence par me donner un baiser, Catherine, et après nous irons.

CATHERINE.—Quoi! dans le milieu de la rue!

PETRUCHIO.—Comment, est-ce que tu rougis de moi?

CATHERINE. — Non, monsieur, Dieu m'en préserve ! Mais je suis honteuse de donner un baiser ici.

PETRUCHIO. — En ce cas, reprenons le chemin de notre maison. — (*Au valet.*) Allons, drôle, partons.

CATHERINE. — Non, oh! non, je vais vous donner un baiser : je vous en prie, mon amour, arrêtez.

(Elle l'embrasse.)

PETRUCHIO. — Cela n'est-il pas bien doux ? — Allons, ma chère Catherine, il vaut mieux tard que jamais.

(Ils sortent.)

## SCÈNE II

Appartement de la maison de Lucentio. — Un banquet est servi.

**BAPTISTA, VINCENTIO, GREMIO, LE PÉDANT, LUCENTIO, BIANCA, BIONDELLO, PETRUCHIO, CATHERINE, HORTENSIO** ET SA **VEUVE, TRANIO, BIONDELLO, GRUMIO** *et autres domestiques qui servent.*

LUCENTIO. — A la fin, après tant de dissonances, nous voilà tous d'accord ; et il est temps, après que les fureurs de la guerre sont assoupies, de sourire aux périls et aux dangers auxquels nous avons échappé. Ma belle Bianca, faites bon accueil à mon père, tandis que je vais exprimer la même tendresse au vôtre. — Mon frère Petruchio, — ma sœur Catherine, et vous, Hortensio, avec votre aimable veuve, réjouissez-vous de votre mieux, et soyez les bienvenus dans ma maison. Ce banquet doit restaurer nos estomacs, après que nous aurons fait bonne chère. — Je vous prie, mettez-vous à table, car maintenant nous pouvons nous asseoir, et jaser autant que manger.

PETRUCHIO. — A table ! à table ! manger et manger voilà tout.

BAPTISTA. — C'est Padoue qui nous procure cette joie, mon fils Petruchio.

PETRUCHIO. — Padoue ne procure que du bien.

HORTENSIO. — Par amour pour nous deux, je voudrais que ce que vous dites fût entièrement vrai.

PETRUCHIO.—Je crois, sur ma vie, qu'Hortensio a des inquiétudes sur sa veuve.

LA VEUVE.—Ne vous fiez donc jamais à moi, si j'inspire la crainte.

PETRUCHIO.—Vous êtes fort sensée, et cependant vous vous méprenez sur le sens de mon idée. Je dis qu'Hortensio vous craint.

LA VEUVE.—L'homme qui a des vertiges s'imagine que le monde tourne autour de lui.

PETRUCHIO.—Fort bien répliqué.

CATHERINE.—Madame, comment l'entendez-vous?

LA VEUVE.—Voilà ce qu'il me fait concevoir.

PETRUCHIO.—Moi, vous faire concevoir!—Comment Hortensio goûte-t-il cela?

HORTENSIO.—Ma chère veuve veut dire que voilà comme elle conçoit son discours.

PETRUCHIO.—Bien réparé; donnez-lui un baiser pour cela, bonne veuve.

CATHERINE.—Celui qui a des vertiges pense que tout le monde tourne : je vous prie de me dire ce que vous entendez par là.

LA VEUVE.—Votre mari, qui a la tête troublée par une méchante femme, mesure les chagrins du mien sur les siens ; maintenant, vous concevez ma pensée.

CATHERINE.—Une assez basse pensée.

LA VEUVE.—Je vous comprends bien.

CATHERINE.—Je suis en effet peu de chose, comparée à vous.

PETRUCHIO.—Bon! pousse à la veuve, Catherine.

HORTENSIO.—Pousse à Catherine, chère veuve.

PETRUCHIO.—Gageons cent marcs que ma Catherine l'attère.

HORTENSIO.—Cela, c'est mon affaire.

PETRUCHIO.—C'est répondre en brave militaire.—Allons, à ta santé, mon brave. (Il boit à Hortensio.)

BAPTISTA.—Comment Gremio trouve-t-il l'assaut d'esprit de nos galants?

GREMIO.—Croyez-moi, monsieur, ils se heurtent fort bien de front.

BIANCA.—De front, monsieur? Un homme dont l'esprit serait ingénieux et leste dirait que votre faon heurte avec des cornes.

VINCENTIO.—Oui-dà, madame l'épousée, cela vous a-t-il réveillée?

BIANCA.—Oui, mais cela ne m'a pas effrayée; ainsi, je me rendormirai à mon plaisir.

PETRUCHIO.—Oh! cela, non : vous ne dormirez point; puisque vous avez commencé l'attaque, à vous un ou deux traits.

BIANCA.—Suis-je votre oiseau? Je veux changer de buisson, et puis ensuite poursuivez-moi, l'arc bandé. —Je vous donne à tous le bonsoir.

(Bianca, Catherine et la veuve sortent.)

PETRUCHIO. — Elle m'a prévenu.—Approche, seigneur Tranio, c'est l'oiseau auquel tu visais, quoique tu l'aies manqué; et pour cela, à la santé de tous ceux qui visent et manquent le but.

TRANIO.—Oh! monsieur, Lucentio m'a lâché comme un lévrier qui court le gibier, et qui le prend pour son maître.

PETRUCHIO.—Voilà une assez bonne comparaison, mais une *comparaison de chien*.

TRANIO.—Vous avez bien fait, monsieur, de chasser pour vous-même : on croit que votre biche vous tient en haleine.

BAPTISTA.—Oh! oh! Petruchio; Tranio vous porte une botte.

LUCENTIO.—Grand merci du sarcasme, bon Tranio.

HORTENSIO.—Avouez, avouez : la botte n'a-t-elle pas porté?

PETRUCHIO.—Je confesse qu'il m'a un peu entamé; mais comme le trait s'est écarté de moi, je gage dix contre un qu'il vous a percé tous deux d'outre en outre.

BAPTISTA.—A cette heure, pour parler sérieusement, mon gendre Petruchio, je crois que c'est vous qui avez la plus méchante femme de toutes.

PETRUCHIO.—Eh bien, moi, je dis que non; et pour preuve, que chacun de nous envoie quérir sa femme, et celui qui aura la femme la plus obéissante, celle qui se rendra la première à ses ordres, lorsqu'il la demandera, gagnera le prix que nous aurons réglé.

HORTENSIO.—D'accord.—Quelle est la gageure ?

LUCENTIO.—Vingt ducats.

PETRUCHIO.—Vingt ducats ! Je risquerais cela sur mon faucon ou sur mon chien : j'en risquerais dix fois autant sur ma femme.

LUCENTIO.—Eh bien ! cent.

HORTENSIO.—Accepté.

PETRUCHIO.—Allons, marché fait.

HORTENSIO.—Qui commencera ?

LUCENTIO.—Ce sera moi. Va, Biondello, dis à ta maîtresse de venir me trouver.

BIONDELLO.—J'y vais.

(Il sort.)

BAPTISTA.—Mon fils, je suis de moitié avec vous : que Bianca vienne aussitôt.

LUCENTIO.—Je ne veux point de moitié ; je veux tout pour moi seul.—*(A Biondello qui revient.)* Eh bien ! que t'a-t-on dit ?

BIONDELLO.—Monsieur, ma maîtresse m'envoie vous dire qu'elle est occupée en ce moment, et qu'elle ne peut venir !

PETRUCHIO.—Comment ? elle est occupée et elle ne peut venir ! Est-ce là une réponse ?

GREMIO.—Oui, et une réponse honnête. Priez le ciel, monsieur, que votre femme ne vous en envoie pas une plus dure.

PETRUCHIO.—Je l'espère meilleure.

HORTENSIO.—Hé, Biondello, va et prie ma femme de venir me trouver sur-le-champ.

(Biondello sort.)

PETRUCHIO.—Oh ! oh ! la prier !—Allons, elle ne peut pas se dispenser de venir.

HORTENSIO.—Je crains fort, monsieur, que, quoi que vous fassiez, la vôtre ne veuille pas se laisser prier.—*(Biondello rentre.)* Eh bien ! où est ma femme ?

BIONDELLO.—Elle dit que vous avez apparemment quelque badinage en jeu ; elle ne veut pas venir ; elle dit que vous alliez la trouver.

PETRUCHIO.—Oh ! de pis en pis ; elle ne veut pas venir. Oh ! cela est indigne, insupportable ; cela ne peut pas se passer ainsi.—(A *Grumio*.) Toi, maraud, va dire à ta maîtresse que je lui commande de venir.

(Grumio sort.)

HORTENSIO.—Je sais déjà sa réponse.

PETRUCHIO.—Quelle sera-t-elle ?

HORTENSIO.—Qu'elle ne le veut pas.

PETRUCHIO.—Je n'en serai que plus à plaindre, et voilà tout.

(Personnages du prologue.)

LE LORD.— « Y a-t-il quelqu'un de mes gens ici ? (*Les
« laquais entrent.*) Encore endormi ?—Allons, prenez-le
« doucement, et remettez-lui les habits qu'il avait ; mais
« prenez bien garde, sur toute chose, qu'il ne s'éveille.

UN DES LAQUAIS.—« Nous y prendrons garde, milord.
« —(*A ses camarades.*) Allons, venez m'aider à l'em-
« porter ! »                (Catherine paraît.)

BAPTISTA.—Par la Notre-Dame, voilà Catherine qui vient !

CATHERINE. — Que voulez-vous, monsieur, que vous m'envoyez chercher ?

PETRUCHIO.—Où sont votre sœur et la femme d'Hortensio ? Retournez, et les amenez ici ; si elles refusent de venir, houspillez-les-moi vigoureusement jusqu'à ce qu'elles viennent trouver leurs maris. Allez, vous dis-je, et amenez-les ici sur-le-champ.

(Catherine sort.)

LUCENTIO.—Voilà un prodige, si jamais il y en eut.

HORTENSIO.—Oui, vraiment ; et je suis dans l'étonnement de ce qu'il peut présager.

PETRUCHIO.—Comment ? il présage la paix, la tendresse et une vie tranquille, et la légitime autorité du mari, et la bonne règle, et, pour tout dire en un mot, tout ce qu'il y a de doux et d'heureux.

BAPTISTA.—Allons, prospérez, Petruchio : vous avez gagné la gageure ; et j'ajouterai à leurs pertes vingt mille écus; c'est une autre dot que je donne à une tout autre fille, car elle est changée comme elle ne l'a jamais été.

PETRUCHIO.—Allons, je n'en gagnerai que mieux encore la gageure, et je vous donnerai de plus grandes preuves de son obéissance et de son mérite tout nouvellement édifié. (*Catherine revient avec Bianca et la veuve.*) Voyez, la voilà qui revient, et qui vous amène vos rebelles épouses, prisonnières de son éloquence féminine.—Catherine, le chapeau que vous avez là ne vous sied pas : ôtez-moi ce colifichet, mettez-le sous vos pieds.
(Catherine ôte son chapeau et le jette à terre.)

LA VEUVE, *à Hortensio.*—Monsieur, puissé-je n'avoir jamais sujet de pleurer, jusqu'à ce que l'on m'ait amenée à une si sotte complaisance !

BIANCA.—Fi donc! quel respect imbécile est-ce là?

LUCENTIO.—Je voudrais que le vôtre pour moi fût aussi fou. La réserve de votre obéissance, belle Bianca, m'a coûté cent ducats depuis le souper.

BIANCA.—Vous n'en êtes qu'un plus grand fou de risquer une gageure sur mon obéissance.

PETRUCHIO.—Catherine, je te charge d'expliquer à ces femmes rebelles quel respect elles doivent à leurs époux, leurs seigneurs et maîtres.

LA VEUVE.—Allons, allons, vous vous moquez de nous : nous n'avons pas besoin de leçon.

PETRUCHIO, *à Catherine.*—Allons, fais ce que je te dis, et commence par elle.

LA VEUVE.—Elle ne fera pas cela.

PETRUCHIO.—Je vous dis, moi, qu'elle le fera;—et commence par elle-même.

CATHERINE. — Fi! fi! allons, apaisez ce front dur et menaçant, et ne lancez pas de vos yeux ces regards méprisants pour blesser votre seigneur, votre roi, votre gouverneur ; cela ternit votre beauté, comme la gelée flétrit es prairies ; cela détruit votre réputation, comme l'ouragan disperse les tendres bourgeons ; et cet air renfrogné n'est en aucune façon aimable, ni convenable. Une femme en courroux est comme une fontaine troublée,

fangeuse, sans transparence, sans pureté, et perd toute
sa beauté ; et tant qu'elle est dans cet état, personne,
dans l'excès même de la soif, ne daignera boire de son
onde, ni seulement en approcher ses lèvres. Votre mari
est votre souverain, votre vie, votre gardien, votre chef,
votre roi ; celui qui s'occupe du soin de votre bien-être
et de votre subsistance, qui livre son corps a de pénibles
travaux, sur mer et sur terre, qui veille la nuit, seul, pendant les tempêtes, le jour par le grand froid, tandis que
vous reposez chaudement, en paix et tranquille, dans
votre demeure ; et, pour tous ces sacrifices, il n'exige
d'autre tribut que l'amour, de doux regards et une sincère obéissance : faible salaire pour une dette si immense !
Le respect et la soumission qu'un sujet doit à son prince,
la femme les doit à son mari ; et quand elle est brusque, chagrine, morose et acariâtre, et qu'elle n'obéit pas
à ses ordres honnêtes, qu'est-elle sinon une rebelle coupable et traîtresse, indigne de pardon, envers son tendre
époux ? Je rougis de voir des femmes assez simples pour
offrir la guerre, lorsqu'elles devraient demander la paix
à genoux, ou vouloir s'arroger le sceptre, le commandement et l'empire, lorsqu'elles ont fait vœu de servir, d'aimer et d'obéir. Pourquoi la nature nous a-t-elle faites
d'une constitution faible, délicate et sensible, incapable
de soutenir les fatigues et les agitations du monde, si ce
n'est afin que nos qualités paisibles et nos cœurs fussent
en harmonie avec notre nature extérieure ? Allons, allons,
vous, vermisseaux révoltés et impuissants, mon caractère était né aussi impérieux que le vôtre ; mon cœur
était aussi fier, et peut-être avais-je plus de raisons pour
rendre parole pour parole et menace pour menace ; mais
aujourd'hui, je vois que nos lances ne sont que des fétus
de paille, que notre force n'est que faiblesse, et faiblesse
extrême ; et que lorsque nous paraissons être le plus, nous
sommes en effet le moins. Allons, rabaissez votre orgueil,
car il ne vous sert à rien, et placez vos mains sous les
pieds de vos maris, en preuve de l'obéissance qui leur
est due ; si le mien l'ordonne, ma main est prête, pour
peu que cela lui fasse plaisir.

PETRUCHIO.—Eh bien! voilà ce qui s'appelle une femme! Viens, Catherine, viens m'embrasser.

LUCENTIO.—Allons, poursuis ton chemin, vieux renard, tu réussiras.

VINCENTIO.—C'est une chose agréable à voir que des enfants qui sont dociles !

LUCENTIO.—Mais c'est une chose bien désagréable, que des femmes qui sont mutines.

PETRUCHIO.—Viens, Catherine, nous allons nous mettre au lit.—Nous voilà trois mariés ; mais vous voilà deux qui avez pris les devants : c'est moi qui ai gagné la gageure, (à *Lucentio*) quoique vous ayez touché le blanc [1]. Et, en ma qualité de vainqueur, je prie Dieu qu'il vous donne une bonne nuit !

(Petruchio sort avec Catherine.)

HORTENSIO. — Va, tu peux te vanter d'avoir mis une méchante femelle à la raison.

LUCENTIO.—Il est bien étonnant, avec votre permission, qu'elle se soit ainsi apprivoisée.

(Sly, revêtu de ses premiers habits, et laissé endormi dans un coin du théâtre par des laquais du lord qui s'étaient amusés de son ivresse, se réveille à la fin de pièce.)

UN GARÇON DE CABARET. — « A présent que cette nuit « noire est passée, et que le jour commence à poindre « dans un ciel de cristal, il faut que je me hâte de sor- « tir. Mais, doucement : qui est là ? quoi ! c'est Sly ? ô « miracle ! est-il resté là couché toute la nuit ? Je veux « le réveiller ; je croirais qu'il serait mort de faim, s'il « n'avait le ventre bien farci de bière. Allons, Sly, n'as- « tu pas de honte ? Réveille-toi.

SLY, *croyant toujours parler à son laquais.* — « Simon, « donne-moi encore un coup de vin.—Comment, tous les « comédiens sont partis?—Ne suis-je donc pas un lord [2] ?

---

[1] Allusion au nom de Bianca, *Blanche*.

[2] Addition moderne dans la ballade : *The frolicksome duke or the tinker's good fortune*. Le chaudronnier reçoit du duc facétieux un habit neuf, cinq cents livres, dix journaux de terre, et sa femme devient femme de chambre de la duchesse.

LE GARÇON DE TAVERNE. — « Un lord ? Que la peste
« t'étrangle !—Allons, es-tu toujours ivre ?

SLY. — « Qui est là ? le garçon de cabaret ?—Oh ! j'ai
« fait le plus beau rêve dont tu aies jamais ouï parler de
« ta vie.

LE GARÇON. — « Oui, fort bien : mais tu aurais bien
« mieux fait de rentrer chez toi, car ta femme t'arran-
« gera joliment pour avoir passé la nuit ici à rêver.

SLY. — « Elle ? oh ! je sais à présent la manière de
« mettre une méchante femme à la raison. J'ai rêvé de
« cela toute la nuit, et tu m'as réveillé du meilleur rêve
« que j'aie jamais eu. Mais, je vais aller trouver ma
« femme et la réduire aussi, si elle fait trop la mauvaise
« contre moi. »

FIN DU CINQUIÈME ET DERNIER ACTE.

# PEINES D'AMOUR
## PERDUES

### COMÉDIE

# NOTICE

## SUR

# PEINES D'AMOUR PERDUES

De toutes les pièces contestées à Shakspeare, voici celle que ses admirateurs auraient le plus facilement abandonnée; cependant cette pièce, imparfaite dans son ensemble et souvent faible dans ses détails, nous paraît un miroir où se réfléchit le véritable langage de la cour d'Élisabeth, cet esprit pédantesque du siècle, ce goût de controverse et de logique pointilleuse qui influait sur le ton de la société des savants comme du beau monde de l'époque.

Malgré ses défauts, la comédie de *Peines d'amour perdues* porte aussi l'empreinte du génie de Shakspeare dans plusieurs scènes et dans la conception de presque tous les personnages. Biron et Rosaline sont l'ébauche des caractères inimitables de Bénédick et de Béatrice dans *Beaucoup de bruit pour rien*. Don Adriano Armado est un fanfaron amusant; son petit page est bien réellement une *poignée d'esprit;* Nathaniel le curé, Holoferne le magister, donnent aussi lieu à plus d'une scène comique et originale. Il n'est pas jusqu'à Dull le constable, et Costard le paysan, qui ne contribuent à faire trouver grâce à cette pièce, qui appartient, selon toute apparence, à la jeunesse de Shakspeare.

Douce suppose que Shakspeare a emprunté le sujet de cette pièce à un roman français, et qu'il l'a placée en 1425 environ. Il est difficile d'établir d'une façon positive l'année de la composition de cette comédie, mais il est certain qu'elle a été écrite de 1587 à 1591.

# PEINES D'AMOUR PERDUES

## COMÉDIE

### PERSONNAGES

FERDINAND, roi de Navarre.
BIRON,
LONGUEVILLE, } seigneurs attachés au roi.
DUMAINE,
BOYET, } seigneurs à la suite de la princesse de France.
MERCADE,
DON ADRIEN D'ARMADO, original espagnol.
NATHANIEL, curé.
HOLOFERNE, maître d'école.
DULL, constable.
COSTARD, paysan bouffon.
MOTH, page de don Adrien d'Armado
UN GARDE DE LA FORÊT.
LA PRINCESSE DE FRANCE.
ROSALINE,
MARIE, } dames à la suite de la princesse de France.
CATHERINE,
JACQUINETTE, jeune paysanne.
OFFICIERS ET SUITE DU ROI ET DE LA PRINCESSE.

La scène se passe dans le palais du roi de Navarre et dans les environs.

## ACTE PREMIER

### SCÈNE I

Navarre.—Un parc avec un palais.

LE ROI FERDINAND, BIRON, LONGUEVILLE ET DUMAINE.

LE ROI.—Que la Renommée, objet de la poursuite de tous les hommes pendant leur vie, reste gravée sur nos tombeaux d'airain et nous honore dans la disgrâce de la mort! En dépit du temps, ce cormoran qui dévore tout, un effort, pendant l'instant où nous respirons, peut nous conquérir un honneur qui émoussera le tranchant de sa faux, et fera de nous les héritiers de toute l'éternité.

Courage donc, braves vainqueurs, car vous l'êtes, vous qui faites la guerre à vos propres passions, et qui combattez l'immense armée des désirs du monde.—Notre dernier édit subsistera dans toute sa force, la Navarre deviendra la merveille du monde ; notre cour sera une petite académie, adonnée au repos et à la contemplation. Vous trois, Biron, Longueville et Dumaine, vous avez fait serment de vivre avec moi pendant trois ans, compagnons de mes études, et d'observer les statuts qui sont rédigés dans cette cédule : vos serments sont prononcés ; maintenant signez, et que celui qui violera le plus petit article de ce règlement voie son déshonneur écrit de sa propre main. Si vous êtes armés de courage pour exécuter ce que vous avez juré, signez votre grave serment, et observez-le.

LONGUEVILLE.—Je suis décidé : ce n'est qu'un jeûne de trois ans ; si le corps souffre, l'âme jouira. Les panses trop bien remplies ont de pauvres cervelles, et les mets succulents, en engraissant les côtes, ruinent entièrement l'esprit.

DUMAINE.—Mon aimable souverain, Dumaine se mortifiera ; il abandonne aux vils esclaves d'un monde grossier ses plaisirs plus grossiers encore : je renonce et je meurs à l'amour, à la richesse et aux grandeurs, pour vivre en philosophe avec eux et vous.

BIRON.—Je ne puis que répéter à mon tour la même protestation. J'ai déjà fait les mêmes vœux, mon cher souverain : j'ai juré de vivre, d'étudier ici trois années. Mais il y a d'autres pratiques rigides, comme de ne pas voir une seule femme jusqu'à ce terme, article qui, j'espère, n'est pas enregistré dans l'acte ; de ne goûter d'aucune nourriture durant un jour entier de la semaine, et, les autres jours, de ne manger que d'un seul mets, autre point qui, j'espère, ne s'y trouve pas non plus ; et encore de ne dormir que trois heures par nuit, sans jamais être surpris les yeux assoupis dans le jour (tandis que moi, ma coutume est de ne jamais songer à mal toute la nuit, et même de changer en nuit la moitié du jour), troisième clause qui, j'espère, n'est pas non plus mentionnée dans l'écrit. Oh! ce sont là des tâches bien arides, trop pénibles à remplir : ne pas voir les dames, étudier, jeûner et ne pas dormir!

LE ROI.—Votre serment de vous abstenir de ces trois points est prononcé.

BIRON.—Permettez-moi de répondre non, mon souverain. J'ai simplement juré d'étudier avec Votre Altesse, et de passer ici à votre cour l'espace de trois ans.

LE ROI.—Biron, avec cet article, vous avez juré les autres aussi.

BIRON.—Par oui et par non, mon prince; alors mon serment n'était pas sérieux.—Quel est le but de l'étude? Apprenez-le-moi.

LE ROI.—Quoi! c'est de savoir ce que nous ne saurions pas sans elle.

BIRON.—Voulez-vous parler des connaissances cachées et interdites à l'intelligence ordinaire?

LE ROI.—Oui; telle est la divine récompense de l'étude!

BIRON.—Allons, je veux bien jurer d'étudier, pour connaître la chose qu'il m'est interdit de savoir.—Par exemple, je veux bien étudier pour savoir où je pourrai dîner, lorsque les festins me seront expressément défendus. Et encore, pour savoir où trouver une belle maîtresse, quand les belles seront cachées à mes yeux. Ou bien, m'étant lié par un serment trop difficile à garder, je veux bien étudier l'art de l'enfreindre sans manquer à ma foi. Si tels sont les fruits de l'étude, et qu'il soit vrai qu'elle apprenne à connaître ce qu'on ne savait pas avant, je suis prêt à faire le serment, et jamais je ne me rétracterai.

LE ROI.—Vous venez justement de citer les obstacles qui détournent l'homme de l'étude, et qui donnent à nos âmes le goût des vains plaisirs.

BIRON.—Sans doute, tous les plaisirs sont vains : mais les plus vains de tous sont ceux qui, acquis avec peine, ne produisent pour fruit que la peine; comme de méditer péniblement sur un livre, pour chercher la lumière de la vérité, tandis que son éclat perfide ne sert qu'à aveugler la vue éblouie. La lumière, en cherchant la lumière, enlève la lumière à la lumière. Ainsi, les yeux perdent la vue avant de trouver une faible lueur dans les ténèbres. Étudiez-moi plutôt comment on peut charmer ses yeux, en les fixant sur des yeux plus beaux, qui, s'ils les éblouissent, servent du moins d'étoiles à l'homme qu'ils ont aveuglé. L'étude ressemble au radieux soleil des cieux, qui ne veut pas être approfondi par d'insolents regards : ces infatigables travailleurs n'ont jamais rien gagné qu'un vil renom fondé sur les livres d'autrui. Ces parrains terrestres des astres du ciel, qui donnent un nom à chaque étoile fixe, ne retirent pas plus de fruit de leurs brillantes nuits, que ceux qui se promènent à leur clarté sans les connaître : trop savoir, c'est ne connaître que la gloire, et tout parrain peut donner un nom.

LE ROI.—Comme il est savant en arguments contre la science !

DUMAINE.—Il est fort instruit dans l'art d'empêcher les autres de s'instruire.

LONGUEVILLE.—Il sarcle le bon grain et laisse croître l'ivraie.

BIRON.—Le printemps est proche, quand les oisons couvent.

DUMAINE.—Et la conséquence, quelle est-elle ?

BIRON.—Qu'il faut que chaque chose se fasse en son temps et en son lieu.

DUMAINE.—Rien pour la raison.

BIRON.—Quelque chose donc pour la rime.

LONGUEVILLE.—Biron ressemble à une gelée jalouse, qui attaque les premiers-nés des enfants du printemps.

BIRON.—Eh bien! oui; et pourquoi l'été se vanterait-il avant d'entendre le chant des oiseaux ? Pourquoi me glorifierais-je de productions prématurées ? A Noël, je ne désire pas plus les roses, que je ne désire la neige dans les jours où Mai se montre émaillé de fleurs nouvelles ; mais j'aime chaque fruit dans sa saison. Quant à vous, il est trop tard maintenant pour étudier : ce serait monter sur le toit de la maison pour en ouvrir la porte.

LE ROI.—Eh bien! quittez-nous, retournez chez vous: adieu.

BIRON.—Non, mon gracieux souverain. J'ai fait serment de rester avec vous, et quoique j'aie défendu l'ignorance et la barbarie, par des arguments plus forts que vous ne pouvez en alléguer en faveur de votre céleste science, je n'en garderai pas moins constamment la parole que j'ai jurée, et je supporterai chaque jour toutes les privations des trois années fixes. Donnez-moi l'écrit, que j'en prenne lecture, et je souscrirai mon nom à ses plus rigoureux décrets.

LE ROI.—C'est vous rendre à propos, pour vous racheter de la honte qui allait vous couvrir !

BIRON, *lisant*.—Item. « Que nulle femme ne s'approchera de ma cour, à distance d'un mille. »—Cet article a-t-il été proclamé ?

LONGUEVILLE.—Il y a quatre jours.

BIRON.—Voyons sous quelle peine.—(*Lisant*.) « Sous peine de perdre la langue. » Qui a décerné cette peine ?

LONGUEVILLE.—Hé ! c'est moi.

BIRON.—Eh pour quelle raison, cher seigneur ?

LONGUEVILLE.—Pour les éloigner de cette cour, par la terreur de cette punition.

BIRON.—Voilà une dangereuse loi contre l'urbanité. (*Lisant*.) Item. « Si un homme est surpris parlant à une femme dans l'espace de ces trois années, il subira l'ignominie publique que toute la cour jugera à propos d'infliger. » Pour cet article, vous le violerez vous-même, mon souverain ; car, vous savez bien qu'ici vient en ambassade la fille du roi de France, pour vous parler à vous-même.—Une jeune princesse pleine de grâce et de majesté ! Elle vient traiter avec vous de la cession de l'Aquitaine à son père, vieillard décrépit, infirme, et détenu dans son lit. Ainsi, c'est un article fait en vain, ou c'est en vain que cette illustre princesse vient à votre cour.

LE ROI.—Qu'en dites-vous, seigneurs ? Cela a été tout à fait oublié.

BIRON.—C'est ainsi que l'étude est toujours en défaut ; tandis qu'elle s'occupe de ce qu'elle voudrait acquérir, elle oublie de faire ce qui est nécessaire ; et lorsqu'elle atteint l'objet qu'elle poursuit avec le plus d'ardeur, c'est une conquête qui ressemble à celle d'une ville incendiée : aussitôt gagnée, aussitôt perdue.

LE ROI.—Nous sommes contraints de violer ce décret ; mais c'est la nécessité qui nous force à souffrir ici le séjour de la princesse.

BIRON.—La nécessité nous rendra tous mille fois parjures dans l'espace de ces trois années, car chaque homme naît avec ses penchants, qui ne sont jamais domptés par la violence, mais toujours par une grâce spéciale.—Si je viole ma foi, mon apologie sera cette excuse : je ne me suis parjuré que par la force de la nécessité ; aussi je souscris mon nom sans réserve à ces lois, et je consens que celui qui les enfreindra dans la moindre partie en soit puni par une honte éternelle : les tentations sont pour les autres comme pour moi ; mais je crois, malgré la répugnance que je montre, que je serai encore le dernier à violer mon serment.—Mais n'y a-t-il aucune récréation qui soit permise ?

LE ROI.—Oui, il y en a : notre cour, vous le savez, est fréquentée par un illustre voyageur d'Espagne. Cet homme possède toutes les belles manières du monde : sa tête est une mine de phrases. Un homme dont l'oreille est flattée du son de ses vaines paroles, comme de l'harmonie la plus ravissante ; homme, au surplus, d'une politesse accomplie, et que le juste et l'injuste semblent avoir choisi pour être l'arbitre de leurs disputes. Cet enfant de l'imagination, ce sublime Armado, dans les intervalles de nos études, nous racontera, en termes pompeux, les prouesses de maints chevaliers de l'Espagne basanée, qui ont péri dans les querelles du siècle. —A quel point il vous amuse, messieurs, c'est ce que j'ignore ; mais pour moi, je proteste que j'aime beaucoup à l'entendre mentir, et je le ferai entrer dans la troupe de mes ménétriers.

BIRON.—Armado ! c'est un des plus illustres mortels : un homme à mots nouvellement raffinés, le vrai chevalier de la mode !

LONGUEVILLE.—Ce bouffon de Costard et lui feront

notre divertissement. Ainsi donc, à l'étude, trois ans sont vite passés.

(Entrent Dull et Costard tenant une lettre.)

DULL[1].—Quelle est la personne du duc?

BIRON.—Le voici, l'ami; que veux-tu?

DULL.—Je représente moi-même sa personne, car je suis un officier de police; mais je voudrais voir sa personne propre en chair et en os.

BIRON.—Voilà le duc.

DULL.—Le seigneur Arme... Arme... vous salue: il y a de vilaines choses sur le tapis; cette lettre vous en dira davantage.

COSTARD.—Monsieur, le contenu[2] de cette lettre me touche aussi, moi.

LE ROI, *prenant la lettre.*—Une lettre du magnifique Armado!

BIRON.—Quelque mince qu'en soit le sujet, j'espère, par la grâce de Dieu, de sublimes paroles.

LONGUEVILLE.—Beaucoup d'espérances pour peu de choses! Dieu veuille nous donner la patience.

BIRON.—D'écouter ou de nous abstenir d'écouter.

LONGUEVILLE.—D'écouter patiemment, monsieur; et de rire modérément; ou de nous abstenir de l'un et de l'autre.

BIRON.—Allons, monsieur, ce sera comme le style de la lettre nous montera l'humeur à la gaieté.

COSTARD.—La matière, monsieur, me regarde, comme concernant Jacquelinette. La forme en est que j'ai été pris sur le fait.

BIRON.—Sur quel fait?

COSTARD.—Dans le fait et dans la forme[3] qui suivent, monsieur, trois choses à la fois: j'ai été vu avec elle dans la maison de la ferme, assis avec elle, et surpris à la suivre dans le parc; lesquelles choses, mises ensemble, sont dans le fait et la manière suivantes.—A présent,

---

[1] *Dull;* ce mot veut dire *insipide, ennuyé.*

[2] Jeu de mots intraduisible sur *contents,* contenu, et *contempt,* mépris.

[3] *Manner* et *form.* Jeux de mots qui n'existent que dans l'anglais.

monsieur, quant à la manière... c'est la manière dont un homme parle à une femme, pour la forme... en quelque forme.

BIRON.—Et la suite, l'ami ?

COSTARD.—La suite sera comme sera la correction qu'on me donnera, et Dieu veuille protéger la bonne cause !

LE ROI.—Voulez-vous écouter la lettre avec attention ?

BIRON.—Comme nous écouterions un oracle.

COSTARD.—Telle est la simplicité de l'homme, d'écouter les penchants de la chair.

LE ROI, *lit.* — « Grand lieutenant, illustre vice-roi du « firmament, et seul dominateur de la Navarre, Dieu ter- « restre de mon âme, et patron nourricier de mon corps.

COSTARD.—Il n'y a pas encore là un mot de Costard.

LE ROI, *lisant.* — « Il est de fait...

COSTARD.—Cela peut être ainsi ; mais s'il dit que cela est ainsi, il n'est, lui, à dire vrai, qu'ainsi [1]...

LE ROI.—Paix [2] !

COSTARD.—Soit à moi et à tout homme qui n'ose pas se battre !

LE ROI.—Pas le mot.

COSTARD.—Pas le mot des secrets des autres, je vous en prie.

LE ROI, *continuant de lire.* — « Il est de fait qu'affligé « d'une mélancolie de couleur noire, j'ai recommandé la « sombre et accablante humeur qui m'enveloppait à la « médecine salutaire de votre air qui donne la santé ; et « comme je suis un gentilhomme, je me suis mis à me « promener. L'heure, laquelle ? Vers la sixième heure, « lorsque les animaux paissent du meilleur appétit, que « les oiseaux becquettent le mieux le grain, et que les « hommes sont assis pour prendre ce repas que l'on « nomme le souper : voilà pour le temps. Maintenant le « sol, je veux dire le sol sur lequel je me promenais, il

---

[1] Le genre d'esprit de Costard est principalement de tirer des propositions précédentes des conséquences contradictoires et absurdes.

[2] Paix, absence de bruit, ou absence de guerre. Costard s'attache au dernier sens.

« est enclos de murs : c'était votre parc. A présent, ve-
« nons à l'endroit ; je veux dire l'endroit où j'ai ren-
« contré cet événement obscène et des plus mons-
« trueux, qui tire aujourd'hui de ma plume, blanche
« comme la neige, l'encre de couleur d'ébène, que
« vos yeux voient, contemplent, parcourent ou regar-
« dent ici. C'est là au nord-nord-ouest et au coin ouest
« de votre jardin aux curieux détours que j'ai vu ce
« berger à l'âme basse ; ce misérable ver qui sert à votre
« divertissement.

COSTARD.—C'est moi.

LE ROI, *continuant*.—« Cette âme illettrée et bornée.

COSTARD.—C'est moi.

LE ROI, *continuant*.— « Cet insipide vassal.

COSTARD.—C'est encore moi.

LE ROI, *continuant*. — « Qui, autant que je m'en sou-
« viens, se nomme Costard.

COSTARD.—Oh ! c'est bien moi.

LE ROI, *continuant*. — « En compagnie et en tête-à-tête,
« contre le statut formel de votre édit et de votre loi pro-
« mulguée, avec... avec... Oh ! avec... mais je souffre
« de dire avec qui.

COSTARD.—Avec une fille.

LE ROI, *continuant*.— « Avec un enfant de notre grand'-
« mère Ève, une femelle, ou pour me faire com-
« prendre de votre âme délicate, une femme. Mû par
« l'aiguillon de mon devoir toujours respecté, je vous
« l'ai envoyé, pour recevoir le lot de sa punition, sous
« la garde d'un officier de votre noble Altesse, Antoine
« Dull, homme de bonne renommée, de bonne conduite,
« de bonne réputation, et fort considéré.

DULL.—C'est moi, sous le bon plaisir de Votre Altesse ;
je suis Antoine Dull.

LE ROI, *continuant*. — « Quant à Jacquinette (c'est ainsi
« qu'on appelle le vase le plus faible, que j'ai surpris
« avec le berger susdit), je la garde comme un vase dé-
« voué à la fureur de votre loi ; et, au moindre signal
« de votre illustre volonté, je la mènerai subir son pro-

« cès. Je suis à vous, dans toutes les formalités de l'ar-
« deur brûlante d'un zèle dévoué,

  « Don Adrien d'Armado. »

BIRON.—Cette lettre n'est pas en aussi bon style que je l'attendais, mais c'est le plus menteur que j'aie jamais entendu.

LE ROI.—Oui, le meilleur pour le pire. — Mais, toi, coquin, que réponds-tu à cela ?

COSTARD.—Seigneur, je confesse la fille.

LE ROI.—As-tu entendu la proclamation de mon édit ?

COSTARD.—Je confesse que je l'ai beaucoup entendue, mais aussi que j'y ai fait fort peu d'attention.

LE ROI.—On a publié la peine d'un an de prison pour quiconque serait surpris avec une fille.

COSTARD.—Je n'ai pas été pris avec une fille, seigneur, j'ai été pris avec une damoiselle.

LE ROI.—Eh bien! l'édit porte aussi une damoiselle.

COSTARD.—Ce n'était pas une damoiselle non plus, seigneur : c'était une vierge.

LE ROI.—Cela a été défendu aussi. L'édit porte aussi une vierge.

COSTARD.—Si cela est, je nie sa virginité : j'ai été pris avec une pucelle.

LE ROI.—Cette pucelle ne te servira pas, l'ami.

COSTARD.—Cette pucelle me servira, sire.

LE ROI.—Allons, je vais prononcer la sentence : tu jeûneras une semaine entière au pain bis et à l'eau.

COSTARD. — J'aimerais mieux prier un mois avec du mouton et du poireau.

LE ROI.—Et don Armado sera ton gardien.—Biron, ayez soin qu'il lui soit livré.—Et nous, chers seigneurs, allons mettre en pratique ce que nous avons réciproquement juré d'observer par un serment si solennel.

(Le roi sort avec Longueville et Dumaine.)

BIRON.—Je gagerais ma tête contre le chapeau du premier honnête homme, que ces serments et ces lois deviendront un objet de mépris.—(*A Costard.*) Allons, drôle, marchons.

costard.—Je souffre pour la vérité, monsieur, car il est très-vrai que j'ai été pris avec Jacquinette, et que Jacquinette est une vraie fille ; et ainsi donc, que la coupe amère de la prospérité [1] soit la bienvenue ! L'affliction pourra un jour me sourire encore, et jusqu'à ce moment reste avec moi, douleur.

(Ils sortent tous deux.)

## SCÈNE II

La maison d'Armado.

ARMADO *avec* MOTH *son page.*

armado.—Page, quel signe est-ce, quand une grande âme devient mélancolique ?

moth.—C'est un grand signe, monsieur, qu'elle deviendra triste.

armado.—Quoi ! la tristesse et la mélancolie sont la même chose, mon cher lutin ?

moth.—Non, non, monsieur ; oh ! non.

armado.—Comment peux-tu séparer la tristesse de la mélancolie, mon tendre jouvenceau ?

moth.— Par une démonstration familière de leurs effets, mon rude seigneur.

armado.—Pourquoi dis-tu rude seigneur ? rude seigneur ?

moth.—Et pourquoi dites-vous tendre jouvenceau ? tendre jouvenceau ?

armado.—J'ai dit tendre jouvenceau, comme une épithète qui convient à tes jeunes années, que l'on peut dénommer tendres.

moth.—Et moi, j'ai dit rude seigneur, comme un titre qui appartient à votre vieillesse, que l'on peut nommer rude.

armado.—Joli et convenable.

moth.—Comment l'entendez-vous, monsieur ? Est-ce

---

[1] Bévues mises exprès dans la bouche de Costard.

moi qui suis joli, et mon propos convenable ; ou mon propos qui est joli, et moi convenable ?

ARMADO. — Tu es joli parce que tu es petit.

MOTH. — Petitement joli, parce que je suis petit ; et pourquoi *convenable* ?

ARMADO. — Convenable, parce que tu es vif.

MOTH. — Dites-vous ceci à ma louange, mon maître ?

ARMADO. — A ton digne éloge, vraiment.

MOTH. — Je vanterai une anguille avec le même éloge.

ARMADO. — Quoi ! est-ce qu'une anguille est ingénieuse ?

MOTH. — Une anguille est vive.

ARMADO. — Je dis que tu es vif dans tes réponses. — Tu m'échauffes le sang.

MOTH. — Me voilà payé d'une réponse, monsieur.

ARMADO. — Je n'aime pas à être contrarié.

MOTH. — Celui qui parle par contradictions, les croix[1] ne l'aiment pas.

ARMADO. — J'ai promis d'étudier trois ans avec le duc.

MOTH. — Vous pourriez le faire en une heure, monsieur.

ARMADO. — Impossible.

MOTH. — Combien fait *un* répété trois fois ?

ARMADO. — Je sais mal compter : c'est le talent d'un garçon de cabaret.

MOTH. — Vous êtes un gentilhomme, monsieur, et un joueur.

ARMADO. — J'avoue tous les deux ; tous deux sont le vernis qui rend un homme accompli.

MOTH. — En ce cas, je suis sûr que vous savez très-bien à quelle somme montent deux as.

ARMADO. — Elle monte à un de plus que deux.

MOTH. — Ce que le pauvre vulgaire appelle *trois*.

ARMADO. — Cela est vrai.

MOTH. — Eh bien ! monsieur, n'est-ce que cela à étudier ? En voilà déjà trois d'étudiés avant que vous puissiez cligner l'œil trois fois ; et combien il est aisé d'ajouter les années au mot *trois*, et d'étudier trois ans en deux mots, le cheval sautant[2] vous le dira.

---

[1] *Cross*, croix, pièce de monnaie.
[2] Allusion au cheval de *Banks*, fameux par ses tours.

ARMADO.—Une fort belle figure !

MOTH, *à part*.—Pour prouver que vous n'êtes qu'un zéro.

ARMADO.—Je t'avouerai là-dessus, que je suis amoureux et de même qu'il est bas à un guerrier d'aimer, de même je suis amoureux d'une fille de bas étage. Si de tirer l'épée contre l'humeur de mon penchant me délivrait de la pensée réprouvée qu'il m'inspire, je prendrais le désir prisonnier, je le rançonnerais et je l'enverrais à quelque courtisan de France pour y nouer quelque nouvelle galanterie. Je regarde comme un opprobre de soupirer : je voudrais abjurer Cupidon. Console-moi, mon enfant ; quels sont les grands hommes qui ont été amoureux ?

MOTH.—Hercule, mon maître.

ARMADO.—O doux Hercule !—D'autres autorités, mon cher, d'autres encore ; et qu'ils soient surtout, mon enfant, des hommes de bonne renommée et de bonne façon.

MOTH.—Samson, mon maître. C'était un homme d'un port avantageux, d'un port très-robuste, car il porta les portes de la ville sur son dos, comme un portefaix. Et il était amoureux.

ARMADO.—O robuste Samson ! ô nerveux Samson ! je te surpasse autant dans le maniement de mon épée, que tu me surpasses dans la force d'emporter les portes. Je suis amoureux aussi.—Quelle était l'amante de Samson, mon enfant ?

MOTH.—Une femme, mon maître.

ARMADO.—De quelle couleur de peau ?

MOTH.—Des quatre à la fois ; ou de trois, ou de deux, ou de l'une des quatre.

ARMADO.—Dis-moi au juste de laquelle.

MOTH.—D'un vert d'eau, monsieur.

ARMADO.—Est-ce là une des quatre ?

MOTH.—Oui, monsieur, suivant ce que j'ai lu. Et la meilleure des quatre.

ARMADO.—Le vert[1], en effet, est la couleur des amants ;

---

[1] Le vert du saule.

mais avoir une amante de cette couleur... Je trouve que Samson n'avait guère de raison de le faire. Sûrement il l'affectionnait pour son esprit.

MOTH. — C'était justement pour cela, monsieur ; car elle avait une intelligence verte [1].

ARMADO. — Ma maîtresse est du blanc et du rouge le plus pur.

MOTH. — Ces couleurs, mon maître, masquent les pensées les plus impures.

ARMADO. — Définis, définis, enfant bien élevé.

MOTH. — Esprit de mon père, langue de ma mère, assistez-moi !

ARMADO. — Tendre invocation d'un enfant ; très-jolie et très-pathétique !

MOTH.

Si une femme est composée de blanc et de rouge
Jamais ses fautes ne seront connues.
Car les fautes engendrent les joues pourpres,
Et la blanche pâleur décèle la crainte.
Ainsi, que votre maîtresse ait des craintes, ou qu'elle
  mérite le blâme,
Vous ne le connaîtrez pas à la couleur ;
Car toujours ses joues conserveront la couleur
Qu'elles doivent à la Nature.

Voilà de terribles rimes, mon maître, contre le rouge et le blanc !

ARMADO. — N'y a-t-il pas, enfant, une ballade du roi et de la mendiante [2] ?

MOTH. — Il y a trois siècles environ que le monde était infecté de cette ballade ; mais je crois qu'à présent on ne la trouverait guère, ou, si on la trouvait, elle ne servirait guère ici ni pour les paroles, ni pour la musique.

---

[1] *Intelligence verte*, c'est-à-dire vive et gaie.

[2] *Le roi Cophetua et la mendiante*. Ballade à laquelle Shakspeare fait de fréquentes allusions.

## ACTE I, SCÈNE II.

ARMADO.—Je veux composer quelque chose de neuf sur ce sujet, afin de justifier mon écart par quelque autorité imposante. Page, j'aime cette jeune paysanne que j'ai surprise dans le parc avec cette brute raisonnante de Costard : elle le mérite bien.

MOTH.—D'être fustigée. (*A part.*)—Et pourtant elle mérite un plus digne amant que mon maître.

ARMADO.—Chante, mon enfant, mon âme languit accablée par l'amour.

MOTH.—Et cela est bien étrange, lorsque vous aimez une fille si légère [1].

ARMADO.—Chante donc.

MOTH.—Attendez que la compagnie soit passée.

(Entrent Dull, Costard et Jacquinette.)

DULL.—Monsieur, les intentions du duc sont que vous veilliez sur la personne de Costard, et que vous ne lui laissiez prendre aucun plaisir pour prix de sa conduite; mais qu'il jeûne trois jours de la semaine. Quant à cette damoiselle, je dois la garder dans le parc; elle aidera la laitière. Adieu.

ARMADO.—Ma rougeur me trahit.—Jeune fille?

JACQUINETTE.—Homme?

ARMADO.—J'irai te rendre visite à la loge.

JACQUINETTE.—Cela se peut.

ARMADO.—Je sais où elle est située.

JACQUINETTE.—O Dieu, que vous êtes savant!

ARMADO.—Je te conterai des choses merveilleuses.

JACQUINETTE.—Avec cette face?

ARMADO.—Je t'aime.

JACQUINETTE.—Je vous l'ai ouï dire ainsi.

ARMADO.—Et là-dessus, adieu.

JACQUINETTE.—Que les beaux jours vous suivent!

DULL.—Allons, venez, Jacquinette.

(Dull et Jacquinette sortent.)

ARMADO.—Coquin, tu jeûneras pour tes péchés, avant que tu obtiennes ton pardon.

---

[1] Jeu de mots fréquent sur *light*, lumière, et *light*, léger, agile.

COSTARD.—Allons, monsieur, quand je jeûnerai, j'espère jeûner l'estomac plein.

ARMADO.—Tu seras grièvement puni.

COSTARD.—Je vous ai plus d'obligations que ne vous en ont vos gens, car ils sont fort légèrement récompensés.

ARMADO.—Emmenez ce coquin, enfermez-le.

MOTH.—Allons, viens, esclave transgresseur, vite.

COSTARD.—Ne me faites pas enfermer, monsieur, je jeûnerai fort bien en liberté.

MOTH.—Non, ce serait être lié et délié [1], l'ami, tu iras en prison.

COSTARD.—Eh bien! si jamais je revois les heureux jours de désolation que j'ai vus, il y aura quelqu'un qui verra...

MOTH.—Que verra-t-on?

COSTARD.—Rien, monsieur Moth, que ce que l'on regardera. Il ne convient pas aux prisonniers de trop garder le silence dans leurs paroles; ainsi je ne dirai rien. Je remercie Dieu de ce que j'ai aussi peu de patience qu'un autre homme; ainsi, je peux rester tranquille.

(Moth sort emmenant Costard.)

ARMADO, *seul*.—J'aime jusqu'à la terre qui est basse, où a marché sa chaussure, plus basse encore, conduite par son pied, qui est le plus bas des trois. Si j'aime, je serai parjure, ce qui est une grande preuve de fausseté. Et comment peut-il être sincère, l'amour qui est fondé sur une fausseté? L'amour est un esprit familier, l'amour est un démon : s'il y a un mauvais ange, c'est l'amour. Et cependant Samson fut tenté de même, et Samson avait une force extraordinaire; Salomon fut aussi séduit de même, et Salomon avait une grande dose de sagesse. Le trait de Cupidon est trop dur pour la massue d'Hercule, et par conséquent trop fort aussi pour l'épée d'un Espagnol. La première et la seconde cause ne me serviront de rien [2]. Il ne fait pas de cas de l'escrime. Il ne s'embar-

---

[1] Jeu de mots sur *fast*, jeûne, et *fast*, attaché, lié.

[2] Voyez la note de la comédie *Comme vous voudrez*, sur le règlement des duels.

rasse point du duel : sa honte est d'être appelé un enfant ; mais sa gloire est de vaincre les hommes. Adieu, valeur ! rouille-toi dans le repos, mon épée ! taisez-vous, tambours ! votre maître est amoureux. Oui, il aime. Que quelque dieu des vers impromptus veuille m'assister, car je suis sûr que je deviendrai poëte à sonnets. Esprit, invente ; plume, écris ; car je suis prêt à faire des volumes in-folio.

(Il sort.)

**FIN DU PREMIER ACTE.**

# ACTE DEUXIÈME

## SCÈNE I

Toujours en Navarre. — On voit un pavillon et des tentes à quelque distance.

LA PRINCESSE DE FRANCE, ROSALINE, MARIE, CATHERINE, BOYET, SEIGNEURS ET *suite*.

BOYET.—Maintenant, madame, appelez à votre aide vos plus précieuses facultés. Considérez qui le roi, votre auguste père, envoie, vers qui il envoie, et quel est l'objet de son ambassade ; vous, noble princesse, qui tenez un si haut rang dans l'estime du monde, vous venez conférer avec l'unique héritier de toutes les grandes qualités qu'un mortel puisse posséder, avec l'incomparable roi de Navarre ; et le sujet de votre négociation n'est rien moins que la riche Aquitaine, douaire digne d'une reine. Prodiguez donc aujourd'hui toutes vos grâces, de même que la nature vous a prodigué tous ses dons ; car elle a été avare envers tout le monde, pour n'être libérale qu'envers vous.

LA PRINCESSE.—Cher seigneur Boyet, ma beauté, quoique médiocre, n'a pas besoin du fard de vos louanges : la beauté s'estime par le jugement des yeux, et non sur l'humiliant éloge de la langue intéressée à la vanter. Je suis moins fière de vous entendre exalter mon mérite que vous n'êtes ambitieux de passer pour éloquent, en faisant ainsi dépense d'esprit pour mon panégyrique ; mais venons à la tâche dont j'ai à vous charger.—Digne Boyet, vous n'ignorez pas que la renommée, qui publie tout, a répandu dans le monde le bruit que le prince de

Navarre a fait vœu de ne laisser approcher de sa cour silencieuse aucune femme pendant trois années qu'il dévoue à de pénibles études ; il nous paraît donc que c'est un préliminaire convenable, avant de franchir les portes interdites de son domaine, de savoir ses intentions. Et c'est vous que nous chargeons seul de ce message, vous à qui votre mérite inspire l'audace, vous qui êtes l'orateur le plus fait pour persuader. Dites-lui que la fille du roi de France, désirant une prompte expédition pour une affaire importante, sollicite avec instance une conférence particulière avec Son Altesse. Hâtez-vous, annoncez-lui ma demande ; nous attendons ici, comme d'humbles suppliants, sa volonté souveraine.

BOYET.—Fier de cet emploi, je pars plein de bonne volonté.

LA PRINCESSE.—Tout orgueil est plein de bonne volonté, et le vôtre est tel. (*Il sort.*) Quels sont les ministres dévoués, mes chers seigneurs, qui partagent le vœu de ce prince vertueux ?

UN SEIGNEUR.—Longueville en est un, madame.

LA PRINCESSE.—Le connaissez-vous ?

MARIE.—Je l'ai connu, madame. J'ai vu ce Longueville en Normandie, à la fête du mariage célébré entre le comte de Périgord et la belle héritière de Jacques Faulconbridge. C'est un homme qui passe pour être doué de sublimes qualités ; instruit dans les arts et renommé dans les armes ; tout ce qu'il entreprend il l'exécute avec grâce. La seule ombre qui ternisse l'éclat de ses vertus, si l'éclat de la vertu peut souffrir quelque ombre qui la ternisse, c'est un esprit caustique joint à une volonté trop obstinée ; son esprit tranchant a le pouvoir de blesser, et son caractère le porte à n'épargner personne de ceux qui tombent sous sa main.

LA PRINCESSE.—Il paraît que c'est quelque courtisan railleur, n'est-ce pas ?

MARIE.—C'est ce que répètent ceux qui connaissent le mieux son humeur.

LA PRINCESSE.—Ces esprits-là ont la vie courte, ils se flétrissent en grandissant. Quels sont les autres ?

CATHERINE.—Le jeune Dumaine, jeune homme accompli, chéri pour sa vertu de tous ceux qui aiment la vertu. Avec le pouvoir de faire le mal, il ne sait jamais en faire : il a assez d'esprit pour rendre aimable un cavalier mal fait et il est assez bien fait pour plaire sans esprit. Je l'ai vu une fois chez le duc d'Alençon : et, d'après tout le bien que j'ai remarqué en lui, l'éloge que j'en fais est fort au-dessous de son mérite.

ROSALINE.—Un autre des seigneurs qui se consacrent avec le duc à l'étude y était aussi avec lui, comme on me l'a assuré : on le nomme Biron. Je puis dire que je n'ai jamais eu une heure de conversation avec un homme plus jovial, sans qu'il ait jamais passé les bornes d'une gaieté décente. Son œil sait faire naître à chaque instant l'occasion de ses saillies ; car chaque objet que son œil saisit, son esprit sait en tirer une plaisanterie ingénieuse et gaie ; et sa langue, interprète de sa pensée, sait la rendre en termes si choisis et si gracieux, que les vieilles oreilles font l'école buissonnière pour l'écouter, et que les oreilles plus jeunes sont dans l'enchantement, tant son élocution est agréable et rapide.

LA PRINCESSE.—Que Dieu bénisse mes femmes ! Sont-elles donc toutes amoureuses, que chacune d'elles prodigue à l'objet de son inclination de si grands éloges ?

MARIE.—Voici Boyet.

(Boyet rentre.)

LA PRINCESSE.—Eh bien ! seigneur, quel accueil recevons-nous ?

BOYET.—Le roi de Navarre était déjà informé de votre illustre ambassade, et, avant que je parusse, lui et les courtisans qui partagent son vœu étaient déjà tout prêts à vous accueillir, noble princesse ; mais j'ai appris qu'il aime mieux vous loger dans les champs, comme un ennemi qui viendrait assiéger sa cour, que de songer à se dispenser de son serment, pour vous introduire dans son palais solitaire. Voici le roi de Navarre.

(Toutes les dames mettent leurs masques.)
(Entrent le roi de Navarre, Longueville, Dumaine, Biron. Suite.)

## ACTE II, SCÈNE I.

LE ROI.—Belle princesse, soyez la bienvenue à la cour de Navarre.

LA PRINCESSE.—Belle, je vous renvoie ce compliment, bienvenue, je ne le suis point encore : cette voûte est trop élevée pour être celle de votre palais, et ces champs sont une demeure trop indigne de moi, pour pouvoir me dire la bienvenue.

LE ROI.—Vous serez, madame, bien accueillie à ma cour.

LA PRINCESSE.—Bienvenue à votre cour ; alors je serai la bienvenue ; daignez donc m'y conduire.

LE ROI.—Daignez m'entendre, chère princesse ; je me suis lié par un serment.

LA PRINCESSE.—Si le ciel n'assiste pas mon prince, il va se parjurer?

LE ROI.—Non, belle princesse, il ne le ferait pas pour le monde entier, du moins de sa libre volonté.

LA PRINCESSE.—Eh bien! sa volonté le violera ; sa volonté seule, et nulle autre force.

LE ROI.—Vous ignorez, princesse, quel en est l'objet.

LA PRINCESSE.—Vous seriez plus sage de l'ignorer comme moi, mon prince, au lieu qu'aujourd'hui toute votre science n'est qu'ignorance. J'apprends que Votre Altesse a juré de se retirer dans son palais. C'est un crime de garder ce serment, mon prince, et c'en est un aussi de le violer. Mais daignez me pardonner. Je débute par trop de hardiesse : il me sied mal de vouloir donner des leçons à mon maître. Faites-moi la grâce de lire l'objet de mon ambassade, et de donner sur-le-champ une réponse décisive à ma demande.

LE ROI.—Madame!... (*Elle lui remet un papier.*)—Sur-le-champ, s'il m'est possible de le faire sur-le-champ.

LA PRINCESSE.—Vous le voudrez d'autant plus que je pourrai m'éloigner plus tôt ; car si vous prolongez mon séjour ici, vous deviendrez parjure.

(*Le roi lit les dépêches remises par la princesse; pendant cette lecture, Biron lie conversation avec Rosaline.*)

BIRON, *à Rosaline.*—N'ai-je pas dansé un jour avec vous dans le Brabant?

ROSALINE.—N'ai-je pas dansé un jour avec vous dans le Brabant?

BIRON.—Je le sais très-bien.

ROSALINE.—Vous voyez donc combien il était inutile de me faire cette question?

BIRON.—Vous êtes trop vive.

ROSALINE.—C'est votre faute de me provoquer par de semblables questions.

BIRON.—Votre esprit est trop ardent, il va trop vite, il se fatiguera.

ROSALINE.—Il aura le temps de renverser son cavalier dans le fossé.

BIRON.—Quelle heure est-il?

ROSALINE.—Il est l'heure où les fous font des questions.

BIRON.—Allons, bonne fortune à votre masque.

ROSALINE.—Oui, au visage qu'il couvre.

BIRON.—Et qu'il vous envoie beaucoup d'amants.

ROSALINE.—Soit; pourvu que vous ne soyez pas du nombre.

BIRON.—Non. Eh bien! adieu.

LE ROI.—Madame, votre père offre ici le payement de cent mille écus, et ce n'est que la moitié de la somme que mon père a déboursée dans ses guerres. Mais supposez que lui ou moi nous ayons reçu cette somme entière, que ni l'un ni l'autre nous n'avons reçue, il restera encore dû cent mille autres écus, et c'est en nantissement de cette somme qu'une partie de l'Aquitaine nous est engagée, quoique sa valeur soit au-dessous de cette somme. Si donc, le roi votre père veut seulement nous restituer la moitié de ce qui reste à payer, nous céderons nos droits sur l'Aquitaine, et nous entretiendrons une amitié sincère avec Sa Majesté; mais il paraît que ce n'est guère là ce qu'il se propose de faire, car il demande ici qu'on lui rembourse cent mille écus; il ne parle point du payement des cent mille écus qui restent dus, pour faire revivre son titre sur l'Aquitaine; et nous aurions bien mieux aimé la rendre en recevant l'argent qu'a prêté notre père, que de la garder démembrée comme elle l'est. Chère princesse, si sa demande n'était pas aussi éloignée de toute proposition raisonnable, malgré quelques raisons secrètes, Votre Altesse aurait réussi à me faire céder et s'en retournerait satisfaite en France.

LA PRINCESSE.—Vous faites une trop grande injure au roi mon père, et vous faites vous-même tort à la réputation de votre nom, en dissimulant ainsi le remboursement d'une somme qui a été si fidèlement acquittée.

LE ROI.—Je vous proteste que je n'ai jamais rien su de ce remboursement; et si vous pouvez le prouver, je consens à vous rendre la somme ou à vous céder l'Aquitaine.

LA PRINCESSE.—Je vous somme de tenir votre parole. —Boyet, vous pouvez produire les quittances données par les officiers particuliers de Charles, son père.

LE ROI.—Voyons, donnez-moi ces preuves.

BOYET.—Sous le bon plaisir de Votre Altesse, le paquet où se trouvent ces quittances et autres papiers relatifs à cette affaire n'est pas encore arrivé. Demain on les produira sous vos yeux.

LE ROI.—Elles suffiront pour me convaincre, et à leur vue je souscris sans difficulté à tout ce qui sera juste et raisonnable. En attendant, recevez de moi tout l'accueil que l'honneur peut, sans blesser l'honneur, offrir à votre mérite reconnu. Vous ne pouvez, belle princesse, être admise dans mon palais, mais ici, dans cette enceinte, vous serez reçue et traitée de manière à vous faire juger que si l'entrée de mon palais vous est interdite, vous occupez une place dans mon cœur. Que vos bontés m'excusent; je prends congé de vous; demain nous reviendrons vous faire notre visite.

LA PRINCESSE.—Que l'aimable santé et les heureux désirs accompagnent Votre Altesse!

LE ROI.—Je vous souhaite l'accomplissement des vôtres, partout où vous serez.

(Le roi sort avec sa suite.)

BIRON, à Rosaline.—Madame, je ferai vos compliments à mon cœur.

ROSALINE.—Je vous en prie, dites-lui bien des choses de ma part : je serais bien aise de le voir.

BIRON.—Je voudrais que vous l'entendissiez gémir.

ROSALINE.—Le fou est-il malade ?

BIRON.—Malade au cœur.

ROSALINE.—Eh bien ! faites-le saigner.

BIRON.—Cela lui ferait-il du bien ?

ROSALINE.—Ma médecine dit oui.

BIRON.—Voulez-vous le saigner d'un coup d'œil ?

ROSALINE.— *Non point* [1], mais avec mon couteau.

BIRON.—Dieu vous conserve la vie !

ROSALINE.—Et qu'il abrége la vôtre !

BIRON.—Je n'ai pas de remerciements à vous faire.

DUMAINE, *à Boyet, montrant Rosaline.*—Monsieur, un mot, je vous prie : quelle est cette dame ?

BOYET.—L'héritière d'Alençon : son nom est Rosaline.

DUMAINE.—Une fort jolie dame ! Adieu, monsieur.

(Il sort.)

LONGUEVILLE, *à Boyet.* — Je vous conjure, un mot : qu'est-ce que c'est que cette dame vêtue en blanc ?

BOYET.—Une femme parfaite, et vous l'avez vue à la lumière.

LONGUEVILLE.—Peut-être légère [2] à la lumière ; c'est son nom que je demande.

BOYET.—Elle n'en a qu'un pour elle ; ce serait honteux de le demander.

LONGUEVILLE.—Je vous prie, de qui est-elle fille ?

BOYET.—De sa mère, ai-je entendu dire.

LONGUEVILLE.—Dieu bénisse votre barbe !

BOYET.—Monsieur, ne vous fâchez pas : elle est l'héritière de Faulconbridge.

LONGUEVILLE.—C'est une très-aimable dame.

BOYET.—Oui, monsieur, cela pourrait être.

(Longueville sort.)

BIRON, *à Boyet.*—Quel est le nom de cette dame en chaperon ?

---

[1] *No point,* pas de pointe : et aussi *non point,* expression française.

[2] Encore une équivoque sur *light.*

BOYET.—Catherine, par hasard.
BIRON.—Est-elle mariée, ou non?
BOYET.—A sa volonté, monsieur, ou à peu près.
BIRON.—Je vous donne le bonjour, monsieur, et adieu.
BOYET.—Adieu pour moi, et bonjour pour vous.

(Biron sort, et les dames se démasquent.)

MARIE.—Ce dernier, c'est Biron, ce seigneur jovial et folâtre; chacun de ses mots est une saillie.

BOYET.—Et chacune de ces saillies rien qu'un mot.

LA PRINCESSE.—Vous avez bien fait de le prendre au mot.

BOYET.—J'étais aussi disposé à l'accrocher que lui à m'aborder [1].

MARIE.—Peste! deux vaillants moutons!

BOYET.—Et pourquoi pas deux vaisseaux? Ma douce brebis, nous ne serons moutons que si vous nous laissez brouter sur vos lèvres.

MARIE.—Vous mouton, et moi pâturage; est-ce là toute votre pointe?

BOYET.—Oui, si vous m'accordez le pâturage.

(Il veut l'embrasser.)

MARIE.—Pas du tout, aimable bête; mes lèvres ne sont pas propriété publique, bien qu'elles soient séparées [2].

BOYET.—A qui appartiennent-elles?

MARIE.—A mon destin et à moi.

LA PRINCESSE.—Les beaux esprits se querellent, les esprits bien faits s'entendent: la guerre civile des beaux esprits serait bien plus à propos déclarée au roi de Navarre et à ses studieux courtisans; ici elle est un abus.

BOYET, *à la princesse*.—Si mon observation, qui rarement est en défaut et qui suit l'éloquence muette du cœur, exprimée par les yeux, ne me trompe pas, le roi de Navarre est atteint.

LA PRINCESSE.—De quoi?

BOYET.—De ce que les amants appellent inclination.

LA PRINCESSE.—Votre raison?

---

[1] *To grapple* et *to board*, termes de marine.
[2] Jeu de mots sur *several*, séparé, *distincteer*, terre commune.

BOYET.—La voici : toute son âme s'était retirée dans ses yeux, où perçaient ses secrets désirs. Son cœur, tel qu'une agate, empreint de votre image, et fier de cette empreinte, exprimait son orgueil dans ses yeux. Sa langue, impatiente de parler sans voir, trébuchait en voulant courir à la hâte dans ses yeux. Tous ses sens se sont rendus dans celui-là, pour ne plus faire que regarder la plus belle des belles. Il m'a semblé que tous ses sens étaient contenus dans son œil, comme des joyaux qu'on offre à un prince dans un cristal pour les lui faire acheter. En vous présentant leur mérite dans le globe où ils étaient enchâssés, ils vous faisaient signe de les acheter sur votre passage. L'admiration était si ardente dans tous les traits de son visage, que tous les yeux voyaient ses yeux enchantés de l'objet de ses regards... Je vous donne l'Aquitaine et tout ce qui appartient à Navarre, si vous lui accordez en ma considération seulement un tendre baiser.

LA PRINCESSE.—Allons, regagnons notre tente : Boyet est en train...

BOYET.—Oui, d'exprimer en paroles tout ce qu'ont révélé ses yeux. Je n'ai fait que leur prêter une voix qui, je le sais, ne mentira pas.

ROSALINE.—Vous êtes un ancien trafiquant en amour, et vous en parlez savamment.

MARIE.—Il est le grand-père de Cupidon, et il en sait des nouvelles.

ROSALINE.—Vénus ressemblait donc à sa mère, car son père est fort laid.

BOYET.—Entendez-vous, aimables folles ?

MARIE.—Non.

BOYET.—Eh bien ! voyez-vous ?

ROSALINE.—Oui, le chemin par où il nous faut nous en aller.

BOYET.—Vous en savez trop pour moi.

(Ils sortent.)

FIN DU SECOND ACTE.

# ACTE TROISIÈME

## SCÈNE I

#### Une autre partie du parc.

#### *Entrent* ARMADO *et* MOTH.

ARMADO.—Chante, mon enfant, ravis mon sens de l'ouïe.

MOTH.—Concolinet[1].

ARMADO.—Oh! l'air charmant! Va, tendre jeunesse, prends cette clef, élargis le berger de sa prison, et amène-le promptement ici : j'ai besoin de l'employer à porter une lettre à mon amante.

MOTH.—Mon maître, voulez-vous gagner le cœur de votre maîtresse par un rigodon français?

ARMADO.—Comment l'entends-tu? quereller[2] à la française?

MOTH.—Non, maître accompli, mais fredonnez un air de gigue sur le bout de votre langue; accompagnez-le de vos pas en dansant une canarie; animez-le en roulant vos prunelles, soupirez une note, chantez-en une autre, quelquefois une roulade du gosier, comme si vous vouliez avaler l'amour en le chantant, quelquefois du nez, comme si vous preniez une prise d'amour en flairant l'amour; avec votre chapeau en forme d'auvent sur la boutique de vos yeux; vos bras en croix sur votre veste

---

[1] Selon toute apparence, il devrait venir là une chanson.
[2] *Brawl*, querelles, et danse. *Canary*, autre danse.

légère, comme un lapin à la broche ; ou vos mains dans votre poche, comme un personnage de l'ancienne peinture, en prenant garde de rester trop longtemps sur un même ton, d'abord un fragment et puis un autre.—Voilà les qualités, voilà les gentillesses qui séduisent les jolies filles, lesquelles seraient encore séduites sans tout cela, et qui rendent gens de considération (voyez-vous, gens de considération) ceux qui s'y sont adonnés.

ARMADO.—Comment as-tu acquis cette expérience ?

MOTH.—Par mon sou d'observation [1].

ARMADO.—Mais hélas ! mais hélas !

MOTH.—Le pauvre cheval de bois [2] est en oubli.

ARMADO.—Appelles-tu ma maîtresse, le cheval de bois?

MOTH.—Non, mon maître ; le cheval de bois n'est qu'un poulain : votre belle est peut-être une haquenée ; mais avez-vous oublié votre maîtresse ?

ARMADO.—Oui, je l'avais presque oubliée.

MOTH.—Négligent écolier ! apprenez-la par cœur.

ARMADO.—Par cœur et dans le cœur, mon page.

MOTH.—Et hors du cœur, mon maître, je prouverai les trois choses.

ARMADO.—Que prouveras-tu ?

MOTH.—Je prouverai [3] que je suis un homme, si je vis. —Et cela *par*, *dans* et *hors*, dans l'instant. Vous l'aimez *par* cœur, parce que votre cœur ne peut l'approcher. Vous l'aimez *dans* le cœur, parce que votre cœur est en amour pour elle. Et vous l'aimez *hors* de cœur, puisque le cœur vous manque de ne pouvoir la posséder.

ARMADO.—En effet, je suis dans ces trois cas.

MOTH.—Et trois fois autant, et rien du tout.

ARMADO.—Amène ici le berger, qu'il m'eporte une lettre.

---

[1] Allusion à une ancienne pièce qui avait pour titre : *Un denier d'esprit*.

[2] Dans la célébration des fêtes de mai, on habillait des jeunes garçons en filles ou en moines, et ils montaient sur des chevaux de bois, avec des sonnettes et des drapeaux de toutes couleurs. Après la réformation, on abolit ces fêtes, et ceux qui les regrettaient composèrent une épitaphe en l'honneur du cheval de bois.

[3] *To prove*, prouver et devenir.

MOTH.—Voilà un message bien assorti : un cheval pour être ambassadeur d'un âne.

ARMADO.—Ha, ha ! que dis-tu ?

MOTH —Allons, monsieur, il vaudrait mieux envoyer l'âne sur le cheval, car il a l'allure fort lente.—Mais j'y vais.

ARMADO.—Le chemin est très-court ; allons, pars.

MOTH.—Aussi vite que le plomb, monsieur.

ARMADO.—Ton idée, ingénieux jouvenceau ? Le plomb n'est-il pas un métal pesant et lent ?

MOTH.—*Minimè*, mon honorable maître, ou plutôt, non, mon maître.

ARMADO.—Je dis, moi, que le plomb est lent.

MOTH.—Vous y allez trop vite, monsieur, en disant cela ; est-il lent, le plomb qui est lancé par le canon ?

ARMADO.—Belle vapeur de rhétorique ! Il me prend pour un canon ; et le boulet, ce sera lui.—Allons, je t'ai tiré sur ce berger.

MOTH.—Allons, faites donc feu, et je vole.

(Moth sort.)

ARMADO.—Jouvenceau des plus subtils, plein de volubilité et de grâce !—Par ta bonté, doux ciel, pardonne, il faut que je soupire devant toi ; dure et farouche mélancolie, la valeur te cède le terrain.—Voici mon héraut qui revient.

(Moth rentre avec Costard.)

MOTH.—Un prodige, mon maître !—Voici une grosse tête [1] avec le tibia brisé.

ARMADO.—Quelque énigme, quelque nœud. Allons, ton envoi [2] ; commence.

COSTARD.—Point d'énigme, point de nœud, point d'envoi. Point de drogues dans le sac, monsieur.—Ah ! monsieur, du plantain, du simple plantain. Point d'envoi, ni de drogues, monsieur ; mais du plantain.

ARMADO.—Par la vertu, tu forces le rire, et ton imper-

---

[1] *Costard* veut dire grosse tête.
[2] Mot emprunté du français ; on sait ce qu'est *l'envoi* d'une pièce de poésie.

tinente idée double ma bile.—Le soulèvement de flancs m'excite à des éclats de rire ridicules : ô mes étoiles, pardonnez-moi. Le fou prend-il le *salve* pour l'envoi, et l'envoi pour le *salve*[1] ?

moth.—Le sage les prend-il pour deux choses différentes ? L'envoi n'est-il pas un *salve?* un salut.

armado.—Non, page, c'est un épilogue ou discours, pour éclaircir quelque chose qui précède et qui a été dit auparavant. Je veux t'en donner un exemple :

> Le renard, le singe et l'humble abeille
> Formaient un nombre impair, n'étant que trois.

Voilà la moralité, venons à l'envoi.
moth.—J'ajouterai l'envoi ; répétez la moralité.
(Armado répète ce qu'il vient de dire.)

MOTH.

> Jusqu'à ce que l'oison sortît de la porte,
> Et fît cesser l'impair en faisant quatre.

A présent, je vais commencer votre moralité ; et suivez, vous, avec mon envoi.

> Le singe, le renard et l'humble abeille
> Formaient un nombre impair n'étant que trois.

ARMADO.

> Jusqu'à ce que l'oison sortît de la porte,
> Et fit cesser l'impair en faisant quatre.

moth.—Fort bon envoi, qui termine par un oison: en voulez-vous davantage ?

costard.—Le page lui a vendu un oison qui est plat.—Bien vendu au marché ; c'est être aussi fin qu'un trompeur. Voyons le gros envoi ; oui, c'est une oie grasse.

armado.—Viens çà ; allons, comment as-tu commencé ce raisonnement ?

---

[1] *Salve*, salut, onguent.

MOTH.—En disant qu'une grosse tête avait le tibia brisé, et alors vous avez demandé l'envoi.

COSTARD.—Cela est vrai, cela est vrai, et moi, du plantain. Voilà la suite de votre raisonnement.

Donc le page est le gras envoi, l'oison que vous avez acheté, et il a complété le marché [1].

ARMADO.—Mais dis-moi comment il y avait un Costard avec le tibia brisé?

MOTH.—Je vais vous l'expliquer d'une manière sensible.

COSTARD.—Vous n'avez aucune sensibilité de cela, Moth, je vais dire l'envoi. Moi, Costard, en courant dehors, moi qui étais en sûreté dedans, je suis tombé sur le seuil et me suis brisé le tibia.

ARMADO.—Nous ne traiterons plus de cette matière.

COSTARD.—Non, jusqu'à ce qu'il y ait plus de matière dans mon tibia.

ARMADO.—Ami Costard, je veux t'affranchir.

COSTARD.—Oh! mariez-moi à une Française; je sens quelque envoi, quelque oie en ceci.

ARMADO.—Écoute, Costard, par ma chère âme, je suis dans l'intention de te mettre en liberté, en affranchissant ta personne; tu étais claquemuré, garrotté, captivé, resserré.

COSTARD.—Cela est vrai, cela est vrai; et maintenant vous voulez être ma purgation et me relâcher [2].

ARMADO.—Je te donne ta liberté; je t'élargis de prison, et pour ce bienfait je ne t'impose que cette condition : porte cette missive à la jeune paysanne Jacquinette. Voilà la rémunération. (*Il lui donne quelque argent.*) Car le plus beau fleuron de mon rang honorable est de récompenser ceux qui me servent.—Moth, suis-moi.

MOTH.—En façon de suite, moi tout seul.—Seigneur Costard, adieu.

(*Il sort.*)

COSTARD.—Ma douce livre de chair humaine! ma chère

---

[1] « Allusion au proverbe : trois femmes et une oie forment un marché. *Tre donne ed un' occa fan un mercato.* » (STEEVENS.)

[2] *Bound* et *loot*.

petite.—Maintenant je veux regarder à sa rémunération. Rémunération ! oh ! c'est le mot latin qui signifie trois liards.—Trois liards.—La rémunération. Quel est le prix de ce ruban de fil ? un sol.—Non, je vous donnerai la rémunération. Eh bien ! elle l'emporte. — La rémunération ! comment, c'est un plus beau nom qu'une couronne de France [1] ! je ne veux jamais ni vendre, ni acheter sans ce mot.

(Entre Biron.)

BIRON.—O mon cher ami Costard, que je suis ravi de te trouver ici !

COSTARD.—Je vous prie, monsieur, dites-moi combien de rubans de couleur de chair un homme peut-il acheter pour une rémunération ?

BIRON.—Qu'est-ce que c'est qu'une rémunération ?

COSTARD.—Hé mais, monsieur, c'est un demi-sol et un liard.

BIRON.—Oh bien! c'est trois liards de soie.

COSTARD.—Je remercie bien Votre Seigneurie. Dieu soit avec vous.

BIRON.—Oh ! reste ici, maraud, j'ai besoin de t'employer.—Si tu veux gagner mes bonnes grâces, mon cher Costard, fais, pour m'obliger, une chose que je te vais recommander.

COSTARD.—Quand voulez-vous qu'elle soit faite, monsieur ?

BIRON.—Oh ! cette après-midi.

COSTARD.—Allons, monsieur, je la ferai ; adieu.

BIRON.—Hé mais, tu ne sais pas encore ce que c'est.

COSTARD.—Je le saurai bien, monsieur, quand je l'aurai faite.

BIRON.—Coquin, il faut que tu saches auparavant ce que c'est.

COSTARD.—Je viendrai trouver Votre Seigneurie demain au matin.

BIRON.—Il faut que cela se fasse cette après-midi.

---

[1] *Crown*, écu, couronne, et *corona Veneris*.

## ACTE III, SCÈNE I.

Écoute, maraud, ce n'est pas autre chose que ceci.—La princesse vient chasser ici dans le parc, et elle a une aimable dame à sa suite. Quand les langues adoucissent leur voix, elles prononcent son nom, et l'appellent Rosaline ; demande-la, et songe à remettre dans sa belle main ce secret cacheté.—Voilà ton salaire, va.
(Il lui donne de l'argent.)

COSTARD.—Salaire.—O doux salaire ! il vaut mieux que la rémunération ! Onze sols et un liard valent bien mieux. O le très-doux salaire !—Je le ferai, monsieur, ponctuellement.—Salaire ! rémunération !
(Il sort.)

BIRON.—Oh ! je suis vraiment amoureux ! moi, qui ai été le fléau de l'amour, le prévôt qui châtiait un soupir amoureux ; un censeur, un constable de gardes nocturnes, un pédant impérieux pour cet enfant, le souverain des mortels, cet enfant, voilé, pleureur, aveugle et mutin ; ce géant-nain, jeune et vieux ! don Cupidon, régent des rimes d'amour, seigneur des bras entrelacés, le monarque légitime des soupirs et des gémissements, le suzerain des paresseux et des mécontents, prince redoutable des jupes, roi des hauts-de-chausses, seul empereur et grand général des appariteurs [1].—O mon petit cœur ! et moi je suis destiné à être caporal dans son armée et à porter sa livrée et ses couleurs, comme le cerceau d'un escamoteur. Quoi ! moi, aimer ! moi, prier ! moi, chercher une épouse ! une femme qui ressemble à une montre d'Allemagne, où il y a toujours à refaire, toujours dérangée, et qui ne va jamais bien [2], à moins qu'on ne veille à la faire toujours aller bien. Et pourquoi ? pour devenir parjure, ce qui est le pis de tout, et pour être celui des trois qui aime la pire de toutes ; une blanche et folle créature, avec deux boules de poix attachées à sa face en façon d'yeux. Oui, et par le ciel, une femme qui saura tout faire, quand Argus même serait son eunuque et son

---

[1] Appariteur, nom de l'officier de l'évêque qui porte les assignations.
[2] *Watch*, guet et montre.

gardien, moi, soupirer pour elle ! moi, prier pour l'obtenir ! veiller pour elle !—Allons, c'est un fléau dont Cupidon veut m'affliger, pour me punir d'avoir montré trop peu de respect pour son terrible et tout-puissant petit pouvoir. Allons, j'aimerai, j'écrirai, je soupirerai, je prierai, je solliciterai et je gémirai ; il faut bien que les uns aiment madame et les autres Jeanneton.

FIN DU TROISIÈME ACTE.

# ACTE QUATRIÈME

## SCÈNE I

Une autre partie du parc.

LA PRINCESSE, ROSALINE, MARIE, CATHERINE, SEIGNEURS, *suite*, ET UN GARDE-FORÊT.

LA PRINCESSE.—Était-ce le roi qui piquait si vivement son cheval et lui faisait gravir cette colline escarpée?

BOYET.—Je ne sais pas bien ; mais je ne crois pas que ce fût lui.

LA PRINCESSE.—Quel qu'il fût, il annonçait une âme qui aspire à monter. Allons, nobles seigneurs, nous aurons aujourd'hui notre congé, et samedi nous repartirons pour la France. Garde, mon ami, où est le bois, afin que nous puissions nous y poster et y jouer le rôle de meurtriers?

LE GARDE.—Ici près, sur le bord de ce taillis qui est là-bas : c'est le poste où vous pouvez faire la plus belle chasse.

LA PRINCESSE.—Je rends grâces à ma beauté : je suis une belle qui dois tirer, et voilà pourquoi tu dis la plus belle chasse ?

LE GARDE.—Pardonnez-moi, madame : ce n'est pas là ce que j'entendais.

LA PRINCESSE.—Comment? comment? me louer d'abord et ensuite se rétracter ! O courte jouissance de mon orgueil ! Je ne suis donc pas belle ? hélas ! je suis bien malheureuse !

LE GARDE.—Oui, madame, vous êtes belle.

LA PRINCESSE.—Non, ne te charge plus de faire mon

portrait. Un visage sans beauté ne peut jamais être embelli par le pinceau de la louange. Allons, mon fidèle miroir [1], tiens, voilà pour avoir dit la vérité. (*Elle lui donne de l'argent.*) De bel argent pour de laides paroles, c'est payer généreusement.

LE GARDE.—Tout ce que vous possédez est beau.

LA PRINCESSE.—Voyez, voyez, ma beauté se sauvera par le mérite de mes dons. O hérésie dans le jugement du beau, bien digne de ces temps! Une main qui donne, fût-elle laide, est sûre d'être louée. Mais allons, donnez-moi l'arc.—Maintenant la bonté va tuer; et bien tirer est un mal.—Ainsi, je sauverai la gloire de mon habileté à tirer; car, si je ne blesse pas, ce sera la pitié qui n'aura pas voulu me laisser faire; et si je blesse, c'est que j'aurai voulu montrer mon habileté, qui aura consenti à tuer une fois, plutôt pour s'attirer des éloges que par l'envie de tuer; et, sans contredit, c'est ce qui arrive quelquefois. La gloire se rend coupable de crimes détestables, lorsque, pour obtenir la renommée, pour gagner la louange, biens extérieurs, nous dirigeons vers ce but tous les mouvements du cœur, comme je fais aujourd'hui, moi qui, dans la seule vue d'être louée, cherche à répandre le sang d'un pauvre daim, à qui mon cœur ne veut aucun mal.

BOYET.—N'est-ce pas uniquement par amour de la gloire, que les maudites femmes aspirent à la souveraineté exclusive, lorsqu'elles bataillent pour être les maîtresses de leurs maîtres?

LA PRINCESSE.—Oui, c'est uniquement par amour de la gloire; et nous devons le tribut de nos louanges à toute dame qui subjugue son maître. (*Entre Costard.*) Voilà un membre de la république [2].

COSTARD.—Bien le bonsoir à tous. Je vous prie, laquelle est la princesse qui est la tête de toute la troupe?

---

[1] La princesse s'adresse au garde; mais Johnson veut voir ici une allusion à la coutume des dames de porter des miroirs à leurs ceintures.

[2] *Commonwealth.*

LA PRINCESSE.—Tu la reconnaîtras, ami, par les autres qui n'ont point de tête.

COSTARD.—Quelle est ici la plus grande, la plus haute dame ?

LA PRINCESSE.—La plus grosse, et la plus grande ?

COSTARD.—La plus grosse et la plus grande ! Oui ! cela même : la vérité est la vérité. Si votre taille, madame, était aussi mince que mon esprit, une des ceintures de ces demoiselles serait bonne pour votre ceinture. N'êtes-vous pas la principale femme ? Vous êtes la plus grosse d'ici.

LA PRINCESSE.—Que voulez-vous, l'ami ? que voulez-vous ?

COSTARD.—J'ai une lettre de la part de M. Biron pour une dame Rosaline.

LA PRINCESSE.—Oh ! donne ta lettre, donne ta lettre : c'est un de mes bons amis. Tiens-toi à l'écart, mon cher porteur.—(*A Boyet.*) Boyet, vous pouvez ouvrir ; brisez-moi ce chapon [1].

BOYET.—Je suis dévoué à vos ordres.—Cette lettre est mal adressée : elle n'est pour aucune des dames qui sont ici. Elle est écrite à Jacquinette.

LA PRINCESSE.—Nous la lirons, je le jure.—Brisez le cou de la cire [2], et que chacun prête l'oreille.

BOYET, *lit.* — « Par le ciel, que vous soyez belle, c'est
« une chose infaillible ; c'est une vérité que vous êtes
« belle ; et la vérité même que vous êtes aimable. Toi,
« plus belle que la beauté, plus gracieuse que la grâce,
« plus vraie que la vérité même, prends pitié de ton
« héroïque vassal. Le magnanime et très-illustre roi
« Cophétua fixa ses yeux sur la pernicieuse et indubi-
« table mendiante [3] Zénélophon ; et ce fut lui qui put
« dire à juste titre, *veni, vidi, vici;* ce qui, pour le ré-
« duire en langage vulgaire (ô vil et obscur vulgaire !)
« signifie : il vint, vit et vainquit ; il vint, un ; il vit,

---

[1] Nous disons un poulet : les Italiens une *pollicetta amorosa*.
[2] Jeu de mots sur le poulet.
[3] Le vrai nom était Pénélophon.

« deux; il vainquit, trois. Qui vint? Le roi. Pourquoi
« vint-il? pour voir. Pourquoi vit-il? pour vaincre. Vers
« qui vint-il? vers la mendiante. Que vit-il? la men-
« diante. Qui vainquit-il? la mendiante. La conclusion
« est la victoire. Du côté de qui? du côté du roi. La cap-
« tive est enrichie. Du côté de qui? du côté de la men-
« diante. La catastrophe est une noce. Du côté de qui?
« du roi. Non; du côté de tous les deux en un, ou d'un
« en deux. Je suis le roi; car ainsi se comporte la com-
« paraison. Toi, tu es la mendiante, car ton humble
« situation l'atteste ainsi. Te commanderai-je l'amour?
« je le pourrais. Forcerai-je ton amour? je le pourrais.
« Emploierai-je la prière pour obtenir ton amour? c'est
« ce que je veux faire. Qu'échangeras-tu contre des
« haillons? des robes. Contre des brimborions[1]? des
« titres. Contre toi? moi. Ainsi, en attendant ta réponse,
« je profane mes lèvres sur tes pieds, mes yeux sur ton
« portrait, et mon cœur sur toutes les parties de toi-
« même. Tout à toi, dans le plus tendre empressement
« de te servir.

« Don Adriano d'Armado à Jacquinette. »

C'est ainsi que tu entends le lion de Némée rugir contre toi, pauvre agneau, destiné à être sa proie. Tombe avec soumission aux pieds du monarque, et, au retour du carnage, il pourra être d'humeur de se jouer avec toi; mais si tu résistes, pauvre infortuné, que deviens-tu alors? La proie de sa rage et la provision de sa caverne.

LA PRINCESSE.—De quel plumage est celui qui a dicté cette lettre? Quelle girouette! quel coq de clocher! Avez-vous jamais rien entendu de mieux?

BOYET.—Je suis bien trompé si je ne reconnais pas le style.

LA PRINCESSE.—Je le crois sans peine; autrement votre mémoire serait bien mauvaise, vous venez de le lire il n'y a qu'un moment.

[1] *Tittles* et *titles*.

BOYET. — Cet Armado est un Espagnol qui hante ici la cour. Un rêve-creux, un monarcho [1]. Un homme qui sert de divertissement au prince et à ses compagnons d'étude.

LA PRINCESSE, *à Costard*. — Toi, l'ami, un mot. Qui t'a donné cette lettre ?

COSTARD. — Je vous l'ai dit : monseigneur.

LA PRINCESSE. — A qui devais-tu la remettre ?

COSTARD. — De la part de monseigneur, à madame.

LA PRINCESSE. — De quel seigneur et à quelle dame ?

COSTARD. — De monseigneur Biron, mon bon maître, à une dame de France qu'il appelle Rosaline.

LA PRINCESSE. — Tu t'es mépris sur l'adresse de cette lettre. Allons, mesdames, partons. — (*A Costard.*) Mon ami, cède cette lettre, on te la rendra une autre fois.

(La princesse sort avec sa suite.)

BOYET. — Quel est le galant [2] ?

ROSALINE. — Vous apprendrez à le connaître.

BOYET. — Oui, mon continent de beauté [3].

ROSALINE. — Eh bien ! celle qui tient l'arc. — Bien répliqué, n'est-ce pas ?

BOYET. — La princesse va tuer des cornes ; mais si vous vous mariez, pendez-moi par le cou, si les cornes manquent cette année ; bien riposté.

ROSALINE. — Eh bien ! je suis le tireur.

BOYET. — Et quel est votre daim ?

ROSALINE. — Si on le choisit aux cornes, c'est vous-même... Ne m'approchez pas ; riposté.

MARIE. — Vous disputez toujours avec elle, Boyet ; et elle frappe au front.

BOYET. — Mais elle-même est frappée plus bas, l'ai-je bien visée de ce coup ?

ROSALINE. — Voulez-vous que je vous attaque avec un

---

[1] Caractère fantasque du temps, monarque italien, rodomont et insolent.

[2] *Suitor* et *shooter*. La prononciation fait l'équivoque *amant* et *tireur*.

[3] Toi qui contiens, qui possèdes toute la beauté de la terre.

vieux proverbe qui dit : « Il était un homme, lorsque le « roi Pépin de France n'était encore qu'un petit garçon, » qui visa le but?

BOYET.—Je pourrais vous répliquer par un autre, qui dit : « Il était une femme, lorsque la reine Genièvre « de Bretagne n'était qu'une petite fille, » qui visa le but ?

ROSALINE, *chantant.*

Tu ne peux le toucher, le toucher, le toucher,
Tu ne peux le toucher, bonhomme.

BOYET, *chantant.*

Si je ne le peux, si je ne le peux,
Si je ne le peux, un autre le pourra.

(Rosaline et Catherine sortent.)

COSTARD.—Sur ma foi, cela est bien plaisant! comme tous deux l'ont ajusté!

MARIE.—Un but merveilleusement visé! car tous deux l'ont touché.

BOYET.—Un but! Oh! remarquez bien le but ; un but, dit cette dame. Mettez une marque à ce but, pour le reconnaître, si cela se peut.

MARIE.—La main est à côté de l'arc : en vérité, la main est hors de la ligne.

COSTARD.—Oui vraiment, il faut viser plus près, ou jamais il ne touchera le blanc [1].

BOYET.—Si ma main est à côté de la ligne, il y a apparence que la vôtre est dans la ligne.

COSTARD.—Alors elle aura gagné le prix, en fendant la cheville du blanc.

MARIE.—Allons, allons, vos propos sont trop grossiers. Vos lèvres se salissent.

COSTARD, *à Boyet.*—Elle est trop forte pour vous à la pointe, monsieur. Défiez-la aux boules.

BOYET.—Je crains de trouver trop d'inégalités dans le terrain : bonne nuit, ma chère chouette.

(Boyet et Marie sortent.)

[1] *Cloud,* le blanc que visent les archers, et *pin,* la cheville qui le soutient en l'air.

COSTARD, *seul*.—Par mon âme, un simple berger, un pauvre paysan ! ô seigneur, seigneur ! Comme les dames et moi nous l'avons battu ! Oh ! sur ma vie, excellentes plaisanteries ! Un esprit sale et vulgaire quand il coule si uniment, si obscènement, comme qui dirait, si à propos. Armado d'un côté. Oh ! c'est un élégant des plus raffinés ! Il faut le voir marcher devant une dame et porter son éventail ! Il faut le voir envoyer des baisers ; et avec quelle grâce il lui fait des serments ! et son page de l'autre côté : cette poignée d'esprit ! Ah ! ciel ! c'est la lente la plus pathétique ! « Sol, la, sol, la. »

(On entend des cris à l'intérieur.—Costard sort en courant.)

## SCÈNE II

### DULL, HOLOFERNE et NATHANIEL.

NATHANIEL.—En vérité, une fort honorable chasse ! et exécutée d'après le témoignage d'une bonne conscience !

HOLOFERNE.—La bête était, comme vous le savez, *in sanguis*, en sang : mûre comme une « pomme d'eau [1] » ; qui pend comme un joyau à l'oreille du *cœlum*, c'est-à-dire le ciel, le firmament, l'empyrée ; et tout à coup tombe comme un fruit sauvage sur la face de la *terra*, le sol, le continent, la terre.

NATHANIEL.—En vérité, maître Holoferne, vous variez agréablement vos épithètes, comme le ferait un savant pour le moins ; mais je puis vous assurer que c'était un chevreuil de deux ans.

HOLOFERNE.—Monsieur Nathaniel, *haud credo*.

DULL.—Ce n'était pas un *haud credo*, c'était un petit chevreuil.

HOLOFERNE.—Voilà une remarque des plus barbares : et cependant une espèce d'insinuation, comme par forme, *in viâ*, en manière d'explication pour *facere*, comme qui dirait une réplique ; ou plutôt, *ostentare*, pour montrer, comme qui dirait son inclination ; d'après sa manière

---

[1] Espèce de pomme jadis très-estimée.

mal instruite, mal polie, mal élevée, mal cultivée, mal disciplinée, ou plutôt illettrée; ou plutôt encore, mal assurée, d'aller insérer là pour un chevreuil, mon *haud credo !*

DULL.—J'ai dit que le chevreuil n'était point un *haud credo*, mais un petit chevreuil de trois ans.

HOLOFERNE.—Double bêtise renforcée; *bis coctus*; ô monstrueuse ignorance, comme tu es difforme !

NATHANIEL.—Monsieur, il ne s'est jamais nourri de ces délicates friandises qu'on amasse dans les livres : il n'a point, comme qui dirait, mangé de papier, ni bu d'encre : son intellect n'est point garni de provisions : ce n'est qu'un animal, qui n'est sensible que dans ses parties grossières. Et lorsque nous voyons sous nos yeux ces plantes stériles, cela doit nous inspirer de la reconnaissance (à nous, qui avons du goût et du sens) pour les talents qui fructifient en nous, plutôt qu'en lui; car il me siérait aussi mal d'être vain, indiscret et insensé, qu'un manant serait déplacé dans une école et au milieu de la science : mais *omne benè*, c'est le sentiment d'un vieux père, que bien des gens supportent la tempête, qui n'aiment pas le vent.

DULL.—Vous êtes deux hommes de livres et de science : pouvez-vous, avec tout votre esprit, deviner qui est-ce qui était âgé d'un mois à la naissance de Caïn, et qui aujourd'hui n'a pas encore cinq semaines?

HOLOFERNE.—C'est Dictynna, mon cher Dull : Dictynna, mon cher Dull.

DULL.—Qu'est-ce que c'est que Dictynna?

NATHANIEL.—C'est un titre de Phébé, de *luna*, de la lune.

HOLOFERNE. — La lune avait un mois lorsqu'Adam n'avait pas davantage, et elle n'avait pas atteint cinq semaines, quand Adam avait ses cent ans : l'allusion a été la même malgré le changement des noms.

DULL.—Cela est ma foi vrai. La collusion tient les noms changés.

HOLOFERNE.—Dieu veuille corroborer ta capacité ! je dis que l'allusion reste malgré les noms changés.

DULL.—Et moi je dis que la *pollusion* est dans le changement de noms, car la lune n'est jamais âgée de plus d'un mois; et je dis en outre que c'était un petit chevreuil de deux ans que la princesse a tué.

HOLOFERNE.—Monsieur Nathaniel, voulez-vous entendre une épitaphe impromptu sur la mort du chevreuil? Et pour plaire aux ignorants, j'ai appelé le chevreuil que la princesse a tué un *pricket*.

NATHANIEL.—*Perge*, mon digne monsieur Holoferne, *perge*; comme cela vous abrogerez toute bouffonnerie.

HOLOFERNE.—Je m'attacherai un peu à l'allitération, car cela dénote de la facilité.

La digne princesse a percé et abattu un joli daguet [1].

Il en est qui disent que c'est un chevreuil de trois ans, mais ce n'est pas un chevreuil de trois ans tant qu'il n'est pas blessé.

Les chiens aboyèrent: ajoutez une L, un chevreuil sortira du bois.

Daguet, blessé ou chevreuil, le peuple se met à crier: si chevreuil est blessé, alors une L de plus fait cinquante blessures, ô L blessé!

D'un I blessé faites-en cent en ajoutant seulement une L!

NATHANIEL.—Rare talent!

DULL.—Si le talent est une griffe, voyez comme il le déchire avec un talent.

HOLOFERNE.—C'est un don que je possède; fort simple, ah! fort simple; un esprit fou, extravagant, plein de formes, de figures, d'images, d'objets, d'idées, d'appréhensions, de mouvements, de révolutions; et tout cela est engendré dans le ventricule de la mémoire, nourri dans le sein de la *pia mater* [2], et mis au jour à la maturité de l'occasion; mais ce talent est bon pour ceux dans lesquels il est aigu, et je remercie le ciel de me l'avoir donné.

---

[1] Ce sonnet, rempli d'équivoques, n'a aucun sens en français: cependant nous n'avons pas cru pouvoir nous dispenser de le traduire.

[2] *Pie-mère*, membrane du cerveau.

NATHANIEL.—Monsieur, j'en loue Dieu pour vous ; et mes paroissiens pourraient en faire autant ; car leurs garçons sont fort bien élevés par vous, et leurs filles profitent considérablement sous vous. Vous êtes un bon membre de la république.

HOLOFERNE.—*Mehercle*, si leurs garçons ont des dispositions, ils ne manqueront pas d'instruction : et si leurs filles ont de la capacité, je saurai leur insinuer la science ; mais, *vir sapit qui pauca loquitur*, voilà une âme féminine qui nous salue ?

(Entre Jacquinette avec Costard.)

JACQUINETTE. — Dieu vous donne le bonjour, monsieur Personne [1] !

HOLOFERNE.—Monsieur Personne, *quasi* perce-un. Qui est cet un qu'on veut percer ?

COSTARD.—Ma foi, monsieur le maître d'école, c'est celui qui ressemble le plus à un tonneau.

HOLOFERNE.—Percer un tonneau ! belle invention pour une motte de terre, assez de feu pour un caillou, assez de perles pour un pourceau ; c'est joli, c'est bien.

JACQUINETTE.—Mon bon monsieur le curé, faites-moi la grâce de me lire cette lettre ; elle m'a été donnée par Costard, et elle m'est envoyée de la part de don Armado. Je vous en prie, lisez-la.

HOLOFERNE.—*Fauste, precor, gelidá quando pecus omne sub umbrâ ruminat*, et la suite.—Ah ! digne et sublime Mantouan, je puis dire de toi ce que le voyageur dit de Venise :

*Vinegia ! Vinegia !*
*Chi non te vide, ei non te pregia.*

Vieux Mantouan ! vieux Mantouan [2] ! qui ne t'entend pas, ne t'aime pas.—*Ut, re, sol, la, mi, fa*.—Avec votre permission, monsieur, quel est le contenu de la lettre ?

[1] Ce dialogue est une série d'équivoques comme le sonnet. Elles roulent principalement sur *pierson* et *pierce*.

[2] Baptista Spagnolus, surnommé Mantuanus, de Mantoue, sa ville natale, était un poëte de la fin du xve siècle, et si célèbre alors que les pédants préféraient ses églogues à l'*Énéide*.

Ou plutôt, comme dit Horace, dans son... Quels sont les vers, mon cœur?

NATHANIEL.—Oui, des vers, monsieur, et de fort savants.

HOLOFERNE.—Ah ! que j'en entende une strophe, une stance, un vers ! *Lege, domine.*

### NATHANIEL *lit les vers.*

Si l'amour m'a rendu parjure, comment pourrai-je faire serment d'aimer?
Ah ! il n'est de serments constants que ceux qui sont faits à la beauté,
Quoique parjure à moi-même, je n'en serai pas moins fidèle à toi.
Ces pensées, qui étaient pour moi comme des chênes, s'inclinent devant toi comme des roseaux.
L'étude abandonne ses livres pour ne lire que dans tes yeux
Où brillent tous les plaisirs que l'art peut comprendre.
Si la science est le but de l'étude, te connaître suffit pour l'atteindre.
Savante est la langue qui peut te bien louer.
Ignorante est l'âme qui te voit sans surprise
(Et c'est un éloge pour moi de savoir admirer ton mérite).
Ton œil lance l'éclair de Jupiter, et ta voix son redoutable tonnerre.
Mais, quand tu n'es point en courroux, ta voix est une douce musique,
Et ton regard communique une douce chaleur.
Tu es céleste, ô mon amour ! pardonne si je te fais injure
En chantant avec une voix mortelle les louanges d'un objet céleste.

HOLOFERNE.—Vous ne sentez pas les apostrophes, et vous ne mettez pas l'accent : laissez-moi parcourir cette chanson ; il n'y a ici que le nombre et la mesure d'observés ; mais pour l'élégance, la facilité et la cadence dorée de la poésie, *caret.* Ovide Nason, c'était là un homme ! Et pourquoi s'appelle-t-il Nason? si ce n'est parce qu'il savait sentir les fleurs odorantes de l'imagination, les élans de l'invention. *Imitari* n'est rien ; le chien imite son maître, le singe son gardien, et le cheval enrubanné[1] son cavalier. Mais *damosella* vierge, est-ce à vous que cette épitre est adressée ?

JACQUINETTE. —Oui, monsieur ; de la part d'un M. Biron, un des seigneurs de la princesse étrangère[2].

HOLOFERNE. —Je veux lancer un coup d'œil sur l'adresse : « A la belle main blanche de la très-belle dame Rosaline. » Je veux jeter encore les yeux sur le contenu de la lettre, pour voir la dénomination de la partie qui écrit à la personne suscrite. — « Le serviteur dévoué aux ordres de votre seigneurie, Biron. »—Monsieur Nathaniel, ce Biron est un des seigneurs qui ont fait vœu de retraite avec le roi. Et il a bâti ici une lettre adressée à une dame de la suite de la reine étrangère, laquelle lettre, par accident et dans le progrès de sa route, s'est égarée.—Allons, trottez, courez, ma chère ; remettez cet écrit dans les royales mains du roi ; cela peut être très-important : ne vous arrêtez pas à faire votre compliment ; je vous dispense de votre devoir.—Adieu.

JACQUINETTE. —Bon Costard, viens avec moi.—Dieu conserve vos jours !

COSTARD. —Je te suis, ma fille.

(Costard et Jacquinette sortent.)

NATHANIEL. —Monsieur, vous avez agi là dans la crainte de Dieu, fort religieusement, et, comme dit un certain père...

HOLOFERNE, *l'interrompant.* —Monsieur, ne me parlez point de pères, je crains les spécieuses apparences.—Mais pour revenir à ces vers, vous ont-ils plu, monsieur Nathaniel ?

NATHANIEL. —Merveilleusement bien, quant à la plume.

HOLOFERNE. —Je dois dîner aujourd'hui chez le père d'une élève à moi, où, s'il vous plaît, avant le repas, de gratifier la table d'un *benedicite*, je me chargerai, en

---

[1] Nouvelle allusion au cheval de Banks.
[2] Ceci est une inadvertance de Shakspeare. Jacquinette ne connaît pas Biron, et vient de dire que la lettre lui a été remise par Costard, de la part d'Armado.

vertu du privilège que j'ai auprès des parents de la susdite enfant ou pupille, de vous faire bien accueillir ; et là je prouverai que ces vers sont très-peu savants, et n'ont aucune teinture de poésie, d'esprit, ni d'invention ; je vous demande votre société.

NATHANIEL.—Et je vous remercie aussi de la vôtre ; car la société, dit l'Écriture, est le bonheur de la vie.

HOLOFERNE.—Et, certes, l'Écriture dit là une chose très-vraie et très-juste. (*A Dull.*) Monsieur, je vous invite aussi ; vous ne me direz pas non. *Pauca verba.* Partons ; les nobles sont à leur plaisir, et nous aussi, nous allons nous récréer.

(Ils sortent.)

## SCÈNE III

Une autre partie du parc.

BIRON, *tenant un papier.*

Le roi chasse à la bête, et moi je cours après moi-même. Ils ont tendu les toiles, et moi je m'embarrasse dans la poix[1], dans une poix qui salit. Salir ! ce mot n'est pas beau. Allons, apaise-toi, chagrin ; car on dit que le fou l'a dit ; et je le dis aussi moi, et je suis le fou. Bien raisonné, esprit !—Par le ciel, cet amour est aussi forcené qu'Ajax ; il tue les moutons ; il me tue ; et je suis un mouton. Bien raisonné encore en ma faveur !—Je ne veux pas aimer : si j'aime, qu'on me pende ; en conscience, je ne le veux pas. Oh ! mais son bel œil... Par cette lumière, s'il n'y avait que son œil, je ne l'aimerais pas : bon pour ses deux yeux. Allons, je ne fais rien au monde que mentir, et me mentir à moi-même. Par le ciel, je suis amoureux, et cela m'a appris à rimer, et à être mélancolique ; et voici un échantillon de mes rimes et de ma mélancolie. Fort bien : la belle a déjà un de mes sonnets ; le bouffon le lui a porté, et le fou le lui a envoyé, et la dame le tient en

---

[1] Allusion au teint brun de Rosaline.

sa possession. Cher bouffon, cher fou, dame plus chère encore.—Par l'univers, je m'en moquerais comme d'une épingle, si les trois autres partageaient ma folie.—En voici un avec un papier à la main ! Dieu veuille lui faire la grâce de gémir !

(Il monte et se cache dans un arbre.)
(Entre le roi.)

LE ROI, *soupirant*.—Hélas !

BIRON, *à part*.—Il est atteint, par le ciel ! Poursuis, cher Cupidon. Tu l'as frappé de ta petite flèche sous la mamelle gauche. Par ma foi, des secrets !

LE ROI, *lisant des vers*.

Le soleil doré ne donne point un aussi doux baiser
Aux fraîches gouttes de la rosée du matin sur la rose
Que le premier rayon de tes yeux
Tombant sur la rosée de pleurs que la nuit a fait couler sur mes joues.
La lune argentée brille avec moins d'éclat
Au travers du sein transparent de l'onde
Que l'éclat de ta beauté au travers de mes larmes.
Tu brilles dans chaque larme que je verse.
Il n'en est aucune qui ne te porte comme un char
Dans lequel tu passes triomphant de mes peines.
Daigne seulement regarder ces larmes qui se gonflent dans mes yeux,
Et tu y verras ta gloire éclater dans mes douleurs.
Garde-toi d'aimer, car alors mes larmes ne cesseront de couler,
Et elles serviront de miroir pour réfléchir ta beauté.
O reine des reines ! que tu es incomparable !
La pensée de l'homme ne peut le concevoir, ni sa langue l'exprimer.

Comment lui ferai-je connaître mes peines ? Je vais laisser tomber ce papier ; douces feuilles, abritez ma folie. —Mais qui vient en ce lieu ? (*Le roi se met à l'écart. Entre Longueville qui se croit seul.*) Quoi ! c'est Longueville ! et lisant ! Écoute bien, mon oreille.

BIRON, *à part*.—Allons, voici un autre fou qui paraît sur la scène et qui te ressemble !

LONGUEVILLE.—Malheureux que je suis! je suis parjure.

BIRON, *à part.*—Bon, il s'avance comme un parjure portant son écriteau devant lui [1].

LE ROI, *à part.*—Il est amoureux, j'espère. Heureuse société de honte!

BIRON, *à part.*—Un ivrogne aime un ivrogne comme lui.

LONGUEVILLE, *à part.*—Suis-je le premier qui me suis ainsi parjuré?

BIRON, *à part.*—Je pourrais, moi, servir à te consoler; sans compter les deux parjures que je connais, tu complètes le triumvirat: tu es la corne du chapeau de la société, la figure de la potence d'amour à laquelle est pendue l'innocence.

LONGUEVILLE.—Je crains bien que ces vers impuissants ne manquent de force pour t'émouvoir, ô aimable Marie, souveraine de mes tendres vœux! Je veux déchirer ces rimes et lui écrire en prose.

BIRON, *à part.*—Oh! les rimes sont les sentinelles qui gardent le haut-de-chausses du folâtre Cupidon; ne défigure pas son costume [2].

LONGUEVILLE.—Allons, ces vers peuvent passer.

(Il lit un sonnet.)

N'est-ce pas la céleste éloquence de tes yeux,
Contre laquelle l'univers n'a point de réplique,
Qui a conduit mon cœur à ce parjure?
Un vœu, rompu pour toi, ne mérite pas d'être puni.

Mon vœu regardait une femme : mais je prouverai
Que, toi étant une déesse, je n'ai pas commis un parjure.
Mon vœu ne comprenait que les beautés mortelles, et
    tu es une beauté céleste.
La conquête de tes grâces effacera en moi toute disgrâce.
Les serments ne sont qu'un souffle, et le souffle n'est
    qu'une vapeur.

---

[1] La punition du parjure était de porter un écriteau qui annonçait son crime.

[2] Allusion au costume habituel de Cupidon sur le théâtre.

C'est donc toi, beau soleil, qui brilles sur une terre,
Et qui attires à toi ce serment de vapeur : elle monte vers toi.

Si mon serment est rompu, ce n'est donc pas ma faute.
Et si c'est moi qui l'ai violé, quel fou ne serait pas assez sage
Pour perdre un serment afin de gagner un paradis!

BIRON, à part.—Voilà des vers qui ont coulé d'une veine du foie [1] ; cela vous fait d'une chair mortelle une divinité, une déesse d'une jeune oie. Pure, pure idolâtrie! Dieu nous amende, Dieu nous amende! nous sommes bien loin du droit chemin.

(Dumaine arrive avec un papier.)

LONGUEVILLE.—Par qui enverrai-je ce sonnet? Voilà quelqu'un.—Doucement!

(Il s'éloigne à l'écart.)

BIRON, à part.—Tous cachés, tous cachés! ancien jeu d'enfant.—Je suis ici comme un demi-dieu dans l'Olympe, d'où mon œil attentif plonge sur les malheureux insensés et pénètre leurs secrets. Encore des sacs au moulin. O ciel! mes vœux sont remplis; Dumaine a subi aussi la métamorphose; quatre bécasses dans un seul plat.

DUMAINE.—O divine Catherine!

BIRON, à part.—O profane misérable!

DUMAINE.—Par le ciel, une merveille faite pour étonner des yeux mortels!

BIRON, à part.—Jure encore par la terre, qu'elle n'est pas un corps mortel, et je te donne là un démenti net.

DUMAINE.—Sa chevelure d'ambre surpasse la noirceur de l'ambre même.

BIRON, à part.—Fort bien remarqué, un corbeau couleur d'ambre.

DUMAINE.—Aussi droite qu'un cèdre.

BIRON, à part.—Arrête, te dis-je, son épaule est dans un état de grossesse.

DUMAINE.—Aussi belle que le jour.

---

[1] Le foie était regardé comme le siége de l'amour.

BIRON, *à part.*—Oui, que certains jours où le soleil ne brille pas.

DUMAINE.—Oh! que mes vœux fussent remplis!

LONGUEVILLE, *à part.*—Et les miens aussi!

LE ROI, *à part.*—Et moi, les miens, par le ciel!

BIRON, *à part.*—Et que le ciel exauce les miens! N'est-ce pas là un bon mot?

DUMAINE.—Je voudrais l'oublier; mais elle est une fièvre qui règne dans mon sang et qui me force à me souvenir d'elle.

BIRON, *à part.*—Comme une fièvre dans votre sang! Eh bien, alors une incision la ferait [1] couler dans la palette.—O charmante méprise!

DUMAINE.—Je veux relire encore l'ode que j'ai composée.

BIRON, *à part.*—Je vais voir encore comment l'amour diversifie les productions de l'esprit.

DUMAINE *lit sa pièce de vers.*

Un jour de mai. Malheureux jour!
L'amour, qui choisit toujours mai pour son mois,
Vit une fleur des plus belles
Se jouant dans le vague de l'air;
Il vit le zéphyr folâtre
S'ouvrir un passage
A travers ses feuilles veloutées;
L'amant, malade à en mourir, envia le souffle aérien.
Zéphyr, dit-il, tu peux enfler tes joues;
Que ne puis-je triompher avec toi!
Mais, hélas! rose, ma main a juré
De ne jamais te cueillir de ton épine:
Serment, hélas! peu propre à la jeunesse:
La jeunesse se plaît à cueillir ce qui est doux.
Ah! ne me reproche pas mon crime:
Si pour toi je suis devenu parjure.
Jupiter même, en te voyant, jurerait
Que Junon est une noire Éthiopienne;
Il nierait être Jupiter,
Et se ferait mortel pour l'amour de toi!

[1] C'était la mode, parmi les amoureux du temps, de se piquer au bras ou ailleurs, pour boire son sang à la santé de sa belle, ou d'écrire le nom de sa maîtresse avec son propre sang on signe l'amour.

Je lui enverrai ces vers et quelques autres lignes encore plus simples qui lui exprimeront les peines et les privations de mon sincère amour. Oh! que je voudrais que le roi, et Biron, et Longueville fussent amants aussi! Le mal, servant d'exemple au mal, laverait mon front de la honte du parjure ; la folie devient innocente quand tous sont en délire.

LONGUEVILLE, *se montrant tout à coup.*—Dumaine, ton amour n'est pas charitable, de souhaiter des compagnons d'infortune en amour.—Vous pouvez changer de couleur et pâlir : pour moi, je rougirais qu'on m'eût entendu tenir pareil langage, et surpris dans ce sommeil.

LE ROI, *sortant à son tour et abordant brusquement Longueville.*—Allons, l'ami, vous rougissez : vous êtes dans le même cas que lui : vous le reprenez, et vous êtes deux fois plus coupable : vous n'aimez pas Marie, non? Longueville n'a jamais composé de sonnet pour elle? jamais il n'a serré ses bras en croix contre son sein amoureux, pour contenir les élans de son cœur ? J'étais enveloppé des ombres de ce buisson et je vous observais tous deux, et j'ai rougi pour tous deux. J'ai entendu vos coupables rimes, observé votre contenance, vu les brûlants soupirs qu'exhalait votre sein ; j'ai bien remarqué tous les symptômes de votre passion. « Hélas ! » s'écriait l'un ; « ô « Jupiter ! » criait l'autre : « sa chevelure est brillante « comme l'or ; » l'autre : « ses yeux brillants comme le « cristal. » (*A Longueville.*) Vous, vous voulez violer votre foi et vos serments pour la conquête de ce paradis. (*A Dumaine.*) Et vous : disiez-vous, « Jupiter, violerait ses « serments pour l'amour de ma belle. »—Que dira Biron, lorsqu'il viendra à apprendre que vous avez violé une parole, jurée avec tant de zèle et d'ardeur? Oh! comme il vous méprisera ! comme son esprit s'égayera à vos dépens ! comme il triomphera ! comme il sautera de joie ! comme il rira aux éclats ! Pour tous les trésors que j'ai jamais vus, je ne voudrais pas qu'il pût m'en reprocher autant.

BIRON.—Je m'avance pour châtier l'hypocrisie. (*Il descend de l'arbre.*) Ah! mon cher souverain, je vous prie, daignez me pardonner... Cœur généreux, vous sied-il bien de reprocher à ces malheureux reptiles d'aimer, vous qui êtes le plus amoureux? Vos yeux ne portent-ils pas l'image d'une belle? N'est-il pas certaine princesse qui se peint dans vos larmes? Vous ne voudriez pas vous parjurer : c'est une chose odieuse ; allons, il n'y a que des ménestrels qui fassent des sonnets. Mais ne rougissez-vous pas? Oui, tous trois, n'avez-vous pas honte de vous voir ainsi surpris et convaincus? Vous, Longueville, vous avez vu une paille dans l'œil de Dumaine; le roi en a vu une dans vos yeux à tous deux; mais moi, je découvre une poutre dans l'œil de tous trois. Oh! à quelle scène d'extravagance j'ai assisté! de combien de soupirs, de gémissements, de douleur, de désespoir j'ai été le témoin! Avec quelle patience je me suis tenu assis et coi, pour voir un roi métamorphosé en moucheron! pour voir le robuste Hercule danser une gavotte, et le sage Salomon fredonner une gigue, et Nestor jouer au jeu d'épingle avec les enfants, et le cynique Timon rire de vains hochets!—Où gît ta douleur? dis-le-moi, mon cher Dumaine; et toi, mon cher Longueville, où est ta peine? Et où est le mal de mon souverain? Tous au cœur, n'est-ce pas? Holà! qu'on apporte un cordial, vite!

LE ROI.—Biron, tes railleries ont trop d'amertume : sommes-nous donc ainsi trahis et exposés à tes regards!

BIRON.—Ce n'est pas vous qui êtes trahis par moi; c'est moi qui le suis par vous; moi qui reste honnête; moi, qui regarde comme un crime de violer le vœu dont je suis lié : je suis trahi, puisque je suis dans la société d'hommes changeant comme la lune, et d'une rare inconstance! Quand me verrez-vous rien écrire en rimes ou pousser des soupirs pour une femme? ou dépenser une seule minute de mon temps à polir mes plumes? Quand entendrez-vous dire que je loue une main, un pied, un visage, un œil, une démarche, une contenance, un sourcil, une gorge, une ceinture, une jambe?...

(Biron va sortir.)

LE ROI.—Arrêtez.—Où courez-vous si vite? Est-ce un

honnête homme, ou un voleur, qui s'enfuit avec cette précipitation ?

BIRON.—Je fuis l'amour : bel amoureux, laissez-moi partir.

(Entre Jacquinette et Costard.)

JACQUINETTE.—Dieu conserve le roi !

LE ROI.—Quel présent as-tu là ?

COSTARD.—Une certaine trahison.

LE ROI.—Que fait la trahison ici ?

COSTARD.—Elle n'y fait rien, seigneur.

LE ROI.—Si elle n'y fait rien non plus, la trahison et toi, allez tous deux en paix ensemble.

JACQUINETTE.—Je conjure Votre Altesse de lire cette lettre, notre curé a des soupçons sur elle, il a dit que c'était une trahison.

LE ROI, *la donnant à Biron.*—Biron, lisez-la.—(*A Jacquinette.*) D'où tiens-tu cette lettre ?

JACQUINETTE.—De Costard.

LE ROI, *à Costard.*—Où l'as-tu prise ?

COSTARD.—De dun Adramadio, dun Adramadio.

LE ROI.—Eh bien ! que se passe-t-il donc en vous ? Pourquoi la déchirez-vous ?

BIRON.—Une bagatelle, mon souverain, une bagatelle : n'en concevez aucune inquiétude.

LONGUEVILLE.—Elle lui a causé du trouble : il faut la voir.

DUMAINE, *la considérant.*—Eh ! c'est l'écriture de Biron, et voilà son nom au bas.

(Il ramasse les morceaux.)

BIRON, *à Costard.*—Ah ! infâme bâtard, tu es né pour me déshonorer.—Je suis coupable, mon souverain, coupable ; je le confesse, je l'avoue.

LE ROI.—Et de quoi ?

BIRON.—Vous êtes trois fous, qui vous moquez d'un quatrième fou, comme moi, pour compléter le plat. Lui, et lui, et vous, mon souverain, et moi, sommes des filous en amour, et nous méritons la mort. (*Montrant Costard et Jacquinette.*) Congédiez, je vous prie, ce vil auditoire, et je vous en dirai davantage.

DUMAINE.—A présent nous sommes en nombre pair.

BIRON.—Oh! oui, oui, nous sommes quatre.—Ces tourtereaux s'en iront-ils?

LE ROI.—Allons, mes amis, retirez-vous.—Partez.

COSTARD.—Oui, que tous les honnêtes gens s'en aillent, et que les traîtres restent.

(Costard et Jacquinette s'en vont.)

BIRON.—Mes chers seigneurs, mes chers amoureux, embrassons-nous : nous sommes aussi fidèles à nos serments que le peuvent être la chair et le sang. La mer aura toujours son flux et reflux ; le ciel montrera toujours sa face étoilée ; le sang jeune et fougueux n'obéira jamais à un conseil suranné. Nous ne pouvons nous écarter du but pour lequel nous sommes nés. Ainsi, nous sommes contraints de toutes manières d'être parjures.

LE ROI.—Quoi, les lambeaux de cette lettre déchirée contiennent ils quelques rimes de ta composition?

BIRON.—Si elles en contiennent, dites-vous? Hé! qui peut voir la céleste Rosaline, sans incliner devant elle sa tête vassale, comme le grossier et sauvage Indien se prosterne à la première ouverture des portes brillantes de l'orient? Qui peut, ébloui de son éclat, ne pas humilier son front jusqu'à baiser la poussière? Quel œil audacieux, fût-il perçant comme celui de l'aigle, ose fixer son céleste front sans être aveuglé de sa majesté?

LE ROI.—Quelle passion, quelle fureur s'est tout à coup emparée de toi? Ma bien-aimée, la maîtresse de la tienne, est une lune gracieuse ; ta Rosaline n'est qu'une étoile de sa suite, dont l'éclat s'aperçoit à peine.

BIRON.—Mes yeux ne sont donc pas des yeux, et je ne suis pas Biron. Que le ciel voulût, pour mon amour, changer le jour en nuit! Les plus belles couleurs de tous les teints s'assemblent dans ses belles joues, et de cent attraits divers font une grâce unique, où rien ne manque de tout ce que peut chercher le désir. Prêtez-moi la trompette à mille voix. Non, loin de moi, rhétorique fardée! Elle n'en a pas besoin. Ce sont les denrées communes qui ont besoin de l'éloge du vendeur : elle, elle surpasse la louange ; et un éloge imparfait la ternit.

Un ermite flétri, usé par cent hivers, pourrait, en se mirant dans son bel œil, en secouer cinquante. La vue de sa beauté rend à la vieillesse un coloris qui la rajeunit, et ramène la béquille vers le berceau de l'enfance. Oh ! c'est le soleil qui fait briller tous les objets !

LE ROI. — Par le ciel ! ta maîtresse est noire comme l'ébène.

BIRON. — L'ébène lui ressemble-t-il ? O bois divin ! Une femme faite de ce bois serait le bonheur suprême. Qui peut ici me faire prêter serment : où y a-t-il un livre, afin que je jure que la beauté est imparfaite, si elle n'emprunte pas son regard de ses beaux yeux ? Il n'est point de beau visage, s'il n'est noir comme le sien.

LE ROI. — O paradoxe ! La couleur noire est le symbole de l'enfer, la couleur des prisons et du front de la nuit ; la beauté suprême est seule digne du ciel.

BIRON. — Les démons, pour nous tenter plus sûrement, prennent la forme des anges de lumière. Si les sourcils de ma belle sont tendus de noir, c'est de douleur de ce qu'un fard mensonger, une chevelure usurpée séduisent les amants par une fausse apparence. Rosaline est née pour ériger le noir en beauté ; car les couleurs naturelles sont maintenant prises pour un fard artificiel : aussi le rouge, pour éviter l'affront de cette méprise, se peint en noir, afin d'imiter le sourcil de Rosaline.

DUMAINE. — C'est aussi pour lui ressembler que les ramoneurs sont noirs.

LONGUEVILLE. — Et c'est depuis elle que les charbonniers passent pour beaux.

LE ROI. — Et que les Éthiopiens se vantent d'un aimable teint.

LONGUEVILLE. — Aujourd'hui l'obscurité n'a plus besoin de flambeaux, car les ténèbres sont lumière.

BIRON. — Vos maîtresses n'osent jamais s'exposer à la pluie, de crainte de voir leurs couleurs lavées s'effacer de leurs joues.

LE ROI. — Il ne serait pas mal que la vôtre lavât les siennes ; car, à vous parler franchement, je trouverai un plus beau visage que le sien qui n'a pas été lavé d'aujourd'hui.

BIRON.—Je prouverai sa beauté ou je parlerai jusqu'au jour du jugement.

LE ROI.—Aucun démon ne te fera autant de peur qu'elle ce jour-là.

DUMAINE.—Je n'ai jamais vu d'homme faire tant de cas d'une drogue aussi vile.

LONGUEVILLE, *montrant son pied.*—Tiens, voilà ta belle; vois mon soulier et son visage.

BIRON.—Oh! si les rues étaient pavées avec des yeux comme les siens, ses pieds seraient encore trop délicats pour fouler un tel pavé.

DUMAINE.—Fi donc! alors, sur son passage, la rue verrait bien des mensonges à la face du ciel.

LE ROI.—A quoi bon tous ces propos? Ne sommes-nous pas tous amoureux?

BIRON.—Rien n'est plus certain; et par là tous parjures.

LE ROI.—Eh bien! finissez donc ce vain dialogue; et toi, cher Biron, prouve-nous à présent que notre amour est légitime, et que notre foi n'est pas violée.

DUMAINE.—Oui, vraiment, rends-nous ce service. Excuse et flatte un peu notre faiblesse.

LONGUEVILLE.—Oui, quelque argument qui nous autorise à poursuivre; quelques ruses, quelques chicanes pour duper le diable.

DUMAINE.—Quelque apologie pour notre parjure.

BIRON.—Oh! il y a plus de raisons qu'il n'en faut. Allons, aux armes, soldats de l'amour! Considérez ce que vous avez juré d'abord : de jeûner, d'étudier et de ne voir aucune femme; trahison notoire contre l'empire de la jeunesse. Dites, pouvez-vous jeûner? Vos estomacs sont trop jeunes, et l'abstinence engendre des maladies. Et lorsque vous avez fait vœu d'étudier, chers seigneurs, chacun de vous a fait un parjure à son propre livre; pouvez-vous toujours rêver, réfléchir et méditer? Et quand est-ce que vous, seigneur, ou vous, ou vous, avez trouvé le fondement de l'excellence de l'étude, sans la beauté du visage d'une femme? C'est des yeux des femmes que je tire cette doctrine. Elles sont le fond, le texte, le livre, l'académie d'où jaillit la vraie flamme de Prométhée. Tous les efforts de l'étude enchaînent les esprits de la vie dans les artères [1], comme le mouvement et une action longtemps continués fatiguent les nerfs et la vigueur du voyageur. En jurant de ne point regarder le visage d'une femme, vous avez en cela fait un parjure à l'usage de vos yeux, et à l'étude même, qui est le principe de votre vœu ; car, où est, dans le monde, l'auteur qui enseigne une beauté comparable à l'œil d'une femme ? La science n'est qu'un accessoire à notre individu, et partout où nous sommes, notre science y est aussi ; or, quand nous nous contemplons nous-mêmes dans les yeux d'une femme, n'y voyons-nous pas aussi notre science ? Nous avons fait vœu d'étudier, chers seigneurs ; et, par ce vœu, nous avons manqué de foi à nos livres. Car, quand est-ce que vous, mon souverain, ou vous, ou vous, avez, dans une pesante contemplation, découvert jamais autant de feu poétique, que vous en ont communiqué les yeux brillants d'une belle maîtresse ? Les autres arts indolents restent emprisonnés et oisifs dans le cerveau, et ne produisent que des savants stériles en pratique, qui montrent rarement quelque moisson de leurs pénibles travaux ; mais l'amour, étudié d'abord dans les yeux d'une belle, ne vit pas emprisonné dans l'enceinte du cerveau : porté par le mouvement de tous les éléments, il court aussi vite que la pensée dans toutes les puissances de l'homme, et donne à chaque faculté une double force, qui l'élève au-dessus de leurs fonctions et de leurs offices ; il ajoute une vue précieuse à l'organe de l'œil : les yeux d'un amant peuvent éblouir l'œil d'un aigle ; l'oreille d'un amant saisit jusqu'au plus faible son, là où l'oreille soupçonneuse du voleur n'entend rien. Le sens de l'amour est plus sensible que ne le sont les cornes délicates du limaçon dans sa coquille. Le dieu Bacchus lui-même n'a qu'un palais grossier au prix du goût délicat de l'Amour. L'Amour n'est-il pas un Her-

---

[1] Dans l'ancienne médecine, on attribuait aux artères les fonctions données aujourd'hui aux nerfs.

cule en valeur, qui grimpe toujours sur les arbres des Hespérides ; subtil comme le Sphinx, aussi doux, aussi musical que la lyre brillante d'Apollon, tendue de ses cheveux d'or? Et lorsque l'Amour parle, tous les dieux de l'Olympe s'assoupissent aux doux accents de sa voix. Jamais poëte n'osa toucher une plume pour écrire, qu'il ne l'eût trempée dans les pleurs de l'Amour ; mais alors ses vers charmaient les oreilles les plus sauvages, et faisaient entrer la douceur dans le cœur des tyrans. Voilà la science que je puise dans les yeux des femmes. Elles étincellent comme le feu de Prométhée, elles sont les livres, les arts et les académies qui expliquent, contiennent et nourrissent tout l'univers ; sans elles, nul homme n'excellera en rien. Ainsi, vous étiez des insensés d'avoir violé la foi que vous deviez aux femmes, ou vous serez des insensés en tenant votre serment. Au nom de la Sagesse, mot qu'aiment tous les hommes, ou au nom de l'Amour, mot qui les aime tous, ou au nom des hommes, les auteurs des femmes, ou au nom des femmes, par lesquelles nous sommes hommes, perdons une bonne fois nos serments pour nous retrouver nous-mêmes, ou bien nous nous perdons nous-mêmes pour conserver nos serments. C'est religion de se parjurer ainsi ; car la charité elle-même accomplit la loi ; et qui peut séparer l'Amour de la charité ?

LE ROI.—Allons, crions donc tous : saint Cupidon ! et en plaine, soldats !

BIRON.—Avancez vos étendards et fondons sur elles ; allons, chaude mêlée, renversons-les ; mais prenez garde avant tout, dans ce choc, de rencontrer un soleil, grâce à elles ¹.

LONGUEVILLE.—Allons, parlons clairement ; laissons de côté les gloses. Prendrons-nous le parti de faire notre cour à ces filles de France ?

LE ROI.—Oui, et d'en faire la conquête aussi ; ainsi, méditons quelque divertissement pour les amuser dans leurs tentes.

---

¹ *A sun, a son*, équivoque sur ces deux mots : soleil et fils.

BIRON. — D'abord, conduisons-les hors du parc jusqu'ici, et qu'ensuite, sous les lambris du palais, chaque homme saisisse la main de sa belle maîtresse ; dans l'après-dînée, nous les égayerons par quelque passe-temps nouveau, tel que la brièveté du temps pourrra permettre de le former ; car les bals, les danses, les mascarades, les plaisirs précèdent les pas du bel Amour et jonchent son chemin de fleurs.

LE ROI. — Partons, partons ; nous ne perdrons point de temps, ni aucune des occasions que nous pourrons employer à propos.

BIRON. — Allons, allons ! quand on sème de l'ivraie, on ne recueille pas de blé, et toujours la justice tient sa balance égale. Des filles volages pourraient devenir le fléau d'hommes parjures ; si cela arrive, notre cuivre n'achètera pas de métal plus précieux.

FIN DU QUATRIÈME ACTE.

# ACTE CINQUIÈME

## SCÈNE I

Autre partie du parc.

### HOLOFERNE, NATHANIEL, DULL.

HOLOFERNE.—*Satis quod sufficit.*

NATHANIEL.—Je bénis Dieu pour vous, monsieur. Vos arguments à dîner ont été piquants et sentencieux, plaisants sans bouffonnerie, ingénieux sans affectation, animés sans impudence, savants sans entêtement et neufs sans hérésie. J'ai conversé un *quondam* jour avec un homme de la suite du roi, qui est intitulé, nommé, ou appelé don Adriano d'Armado.

HOLOFERNE.—*Novi hominem tanquam te.* Son humeur est hautaine, sa conversation est tranchante, sa langue est impure, son œil ambitieux, sa démarche superbe, et tout son maintien est vain, ridicule et plein d'emphase thrasonicale [1]. Il est trop tiré à quatre épingles, trop élégant, trop affecté, trop singulier, pour ainsi parler, trop pérégrinal, pourrais-je dire encore.

NATHANIEL, *tirant ses tablettes pour écrire.*—Épithète singulière et choisie !

HOLOFERNE.—Le fil de sa verbosité est plus beau et plus brillant que la chaîne de ses raisonnements. J'abhorre ces gens fantasques et fanatiques, ces puristes insociables et pleins d'affectation, qui mettent l'orthographe à la torture, qui prononcent *doute,* lorsqu'il faut dire doubte ; *dette,* lorsqu'on doit prononcer debte, d, e, b, t, e, et non pas d, e, t : ils vous appellent un cerf, *cer,* un

---

[1] Comme le Thrason de Térence.

bœuf, *beu*. Froid, *vocatur fret*[1] ; paon, en abrége, est *pan*. Cela est *abhominable* (il dirait, lui, *abominable*), cela m'insinue la folie. *Ne intelligis, domine,* il y a de quoi rendre frénétique, lunatique.

NATHANIEL.—*Laus Deo, bonè ; intelligo.*

HOLOFERNE.—*Bone ?*—*bone* pour *benè*, c'est donner un soufflet à Priscus ; mais, fort bien.

(Entrent Armado, Moth et Costard.)

NATHANIEL.—*Videsne, quis venit ?*

HOLOFERNE.—*Video et gaudeo.*

ARMADO, *grasseyant*.—*Dole.*

HOLOFERNE.—*Quare dole,* et non pas drôle ?

ARMADO.—Gens de paix, soyez les bien-assaillis.

HOLOFERNE.—Voilà un salut des plus militaires, monsieur !

MOTH, *à part, à Costard*.—Ils se sont trouvés à un grand festin de langues et ils en ont volé des bribes

COSTARD, *à part*.—Oh ! ils ont longtemps vécu de rebuts de mots ! Je m'étonne que ton maître ne t'ait pas pris et avalé pour un mot. Car tu n'es pas aussi long que *honorificabilitudinitatibus*[2], tu es plus facile à avaler qu'une mèche dans un verre de vin.

MOTH.—Paix ! le tonnerre gronde.

ARMADO, *à Holoferne*.—Monsieur, n'êtes-vous pas lettré ?

MOTH. — Oui, oui ; il enseigne aux enfants l'*Abc ;* et ce que c'est qu'un *a, b,* qu'on appelle à rebours avec une corne sur la tête.

HOLOFERNE.—*Ba, pueritia,* avec l'addition d'une corne.

MOTH.—*Ba,* impertinent bélier, avec une corne.—Vous entendez sa science ?

HOLOPHERNE.—*Quis, quis,* toi, consonne.

MOTH.—La troisième des cinq voyelles, si c'est vous qui les répétez ; et la cinquième, si c'est moi.

HOLOFERNE.—Je vais les répéter : *a, e, i.*

MOTH.—Le bélier ; les deux autres terminent la chose : *o, u, y.*

---

[1] Il a fallu en beaucoup d'endroits de cette scène chercher des équivalents.

[2] Ce mot est cité comme le plus long connu.

ARMADO.—Par les flots salés de la Méditerranée, un joli échantillon : une vive botte d'esprit! une, deux, vite comme le vent, et portée au corps. Cela réjouit mon intellect. Du véritable esprit!

MOTH.—Servi par un enfant à un vieux barbon qui es' vieux d'esprit.

HOLOFERNE. — Quelle est la figure ? quelle est la figure ?

MOTH.—Des cornes.

HOLOFERNE.—Tu raisonnes comme un enfant; va fouetter ton sabot.

MOTH.—Prêtez-moi votre corne pour en faire un ; et je fouetterai votre ignominie tout alentour, *circum circa*. Une toupie de corne de cocu !

ARMADO.—Je n'aurais qu'un sou au monde, que je te le donnerais pour t'acheter du pain d'épice ; tiens, voilà la rémunération même que j'ai reçue de ton maître, bourse d'esprit d'un demi-sou, œuf de pigeon de sagacité. Oh ! si le ciel voulait que tu fusses seulement mon bâtard, que tu ferais de moi un père joyeux ! Va, tu as de l'esprit jusqu'à *dunghill* [1], jusqu'au bout des doigts, comme on dit.

HOLOFERNE.—Oh ! je sens là du faux latin; *dunghill*, pour *unguem*.

ARMADO.—Homme lettré, *præambula* : nous nous séparerons des barbares. N'élevez-vous pas la jeunesse à l'école privilégiée qui est sur le sommet de la montagne?

HOLOFERNE.—Ou du mont de la colline.

ARMADO.—A votre choix ; pour la montagne.

HOLOFERNE.—Oui, sans question.

ARMADO.—Monsieur, c'est le très-gracieux plaisir et penchant du roi de congratuler la princesse dans sa tente vers la partie postérieure du jour, que le grossier vulgaire appelle l'après-midi.

HOLOFERNE.—La partie postérieure du jour, mon très-illustre monsieur, est une épithète très-propre et très-analogue à l'après-dînée. Ce mot est bien rencontré, bien

---

[1] *Dunghill*, fumier, au lieu de *usque ad unguem*.

choisi, gracieux et juste, je vous l'assure, monsieur, je vous l'assure.

ARMADO.—Monsieur, le roi est un brave gentilhomme, et mon intime, je puis vous l'assurer, mon bon ami.—Quant à ce qu'il y a entre nous, passons là-dessus. Je vous en prie, rappelez-vous votre science d'homme de cour.—Je vous en prie, meublez votre tête.—Et parmi bien d'autres discours importuns et très-sérieux...—Et d'une grande importance aussi, vraiment.—Mais laissons cela.—Car il faut vous dire que ce sera le bon plaisir de Son Altesse (j'en jure par l'univers !) de s'appuyer quelquefois sur mon humble épaule ; et, de son doigt royal, comme cela, de caresser l'excrément de ma valeur [1], mes moustaches ; mais, mon cher cœur, laissons cela. Par l'univers ! je ne vous débite pas des fables ; il plaît à Sa Grandeur de conférer certains honneurs particuliers à Armado, un guerrier, un voyageur qui a vu le monde ; mais passons là-dessus.—Le résultat en est que... mais, mon cher cœur, j'implore le secret ;—que le roi veut me présenter à la princesse, mon cher poulet, avec quelque agréable ostentation, ou spectacle, ou scène divertissante ; une farce gaie, ou un feu d'artifice. En conséquence, apprenant que le curé, et vous-même, mon cher, êtes excellents pour les éruptions, et ces soudains éclats de gaieté, pour ainsi parler, je vous en ai donné connaissance dans la vue de solliciter votre assistance.

HOLOFERNE.—Monsieur, il vous faut représenter devant elle les neuf héros.—Monsieur Nathaniel, c'est par rapport à quelque divertissement ou passe-temps, quelque spectacle dans la partie postérieure de ce jour, pour être exécuté par notre assistance... à l'ordre du roi, et de ce très-galant, très-illustre et très-savant gentilhomme... devant la princesse : je dis que rien ne convient tant que de représenter les neuf héros.

NATHANIEL.—Où trouverez-vous assez de grands hommes pour les représenter ?

---

[1] Dans le *marchand de Venise*, Shakspeare appelle la barbe l'excrément de la valeur.

HOLOFERNE.—Josué, vous-même ; moi-même, ou ce galant gentilhomme, Judas Machabée ; ce berger, en ce qui concerne ses larges membres et ses forts muscles, surpassera Pompée le Grand ; le page fera Hercule.

MOTH.—Pardon, monsieur, il y a une erreur : l'individu mesquin de ce page n'a pas assez de quantité pour représenter seulement le pouce de ce héros : il n'est pas aussi gros que le bout de sa massue.

HOLOFERNE.—Aurai-je audience ? Il représentera Hercule dans sa minorité : son entrée et sa sortie seront l'étranglement d'un serpent ; et j'aurai une apologie pour cela.

MOTH.—Un excellent plan ! Ainsi, si quelqu'un de l'auditoire siffle, vous pourrez crier : « A merveille, Hercule ! « en ce moment tu écrases le serpent ; » c'est là le moyen de tirer parti d'un outrage, quoique peu de gens aient le don de le faire.

ARMADO.—Et les autres héros ?

HOLOFERNE.—J'en représenterai trois à moi seul.

MOTH.—Trois fois héroïque personnage !

ARMADO.—Vous dirai-je une chose ?

HOLOFERNE.—Nous écoutons.

ARMADO.—Nous aurons, si cela ne réussit pas, une pantomime. Je vous conjure, suivez.

HOLOFERNE.—*Via*[1] : bonhomme Dull, tu n'as pas dit un mot pendant tout ce temps.

DULL.—Ni n'en ai compris un, monsieur.

HOLOFERNE.—Allons, nous t'emploierons.

DULL.—J'en représenterai un dans une danse, ou à peu près. Ou je battrai sur le tambourin pour ces dignes personnages et leur ferai danser une ronde.

HOLOFERNE.—Tu es bien nommé[2], honnête Dull ; à notre pièce ; partons.

(Ils sortent.)

---

[1] *Via !* courage.
[2] *Most dull.* Il joue sur le nom de Dull.

## SCÈNE II

*Devant la tente de la princesse.*

### LA PRINCESSE, CATHERINE, ROSALINE
### et MARIE.

LA PRINCESSE.—Mes chères amies, nous serons riches avant notre départ de ces lieux, si les cadeaux pleuvent ainsi sur nous. Une dame toute incrustée en diamants ! Voyez ce que j'ai reçu du roi amoureux.

ROSALINE.—Madame, n'y avait-il pas autre chose encore ?

LA PRINCESSE.—Autre chose ? Oui vraiment : autant d'amour en rimes qu'on en peut entasser dans une feuille de papier, écrite des deux côtés et sur la marge, et partout, qu'il lui a plu de sceller avec le nom de Cupidon sur le cachet.

ROSALINE.—C'était le vrai moyen de faire grandir [1] sa divinité ; car il y a cinq mille ans qu'il est enfant.

CATHERINE.—Oui, et un scélérat aussi, un filou.

ROSALINE.—Vous ne serez jamais amis : il a tué votre sœur.

CATHERINE.—Il l'a rendue mélancolique, triste et sombre ; et elle en est morte : si elle eût été légère comme vous, d'une humeur si joviale, si alerte et si remuante, elle aurait pu se voir grand'mère avant de mourir ; et vous pourrez le devenir, vous, car un cœur léger vit longtemps.

ROSALINE.—Quel sens obscur attribuez-vous à ce mot léger, souris ?

CATHERINE.—Un cœur léger dans une sombre beauté.

ROSALINE.—Nous avons besoin de plus de lumière pour vous deviner.

CATHERINE.—Vous éteignez la lumière, si vous la pre-

---

Équivoque sur *wax*, cire et grandir.

nez avec colère ¹. Je laisserai donc mon motif dans l'obscurité.

ROSALINE.—Songez bien à toujours faire ce que vous faites dans les ténèbres.

CATHERINE.—N'en faites rien, vous ; car vous êtes une fille légère.

ROSALINE.—En effet, je ne pèse pas autant que vous, et voilà en quoi je suis légère.

CATHERINE.—Vous ne ne me pesez pas ² ; c'est-à-dire que vous ne vous souciez pas de moi.

ROSALINE.—Avec grande raison ; car, à mal incurable, il n'y a plus de soin à avoir.

LA PRINCESSE.—Bien dit et bien répondu. Voilà de l'esprit bien employé, Rosaline. Vous avez aussi reçu un présent : qui vous l'a envoyé ? et qu'est-ce que c'est ?

ROSALINE.—Je voudrais que vous le connussiez. Si mon visage était aussi beau que le vôtre, j'aurais les mêmes faveurs. En voici la preuve. Oui, j'ai des vers aussi, grâce à Biron. La quantité des syllabes en est juste ; et si le contenu l'était aussi, je serais la plus belle déesse de la terre : je suis comparée à vingt mille beautés. Oh ! il a tracé mon portrait dans sa lettre.

LA PRINCESSE.—Y a-t-il quelque ressemblance ?

ROSALINE.—Beaucoup dans les lettres, mais rien dans l'éloge. Belle comme l'encre ! bonne conclusion.

CATHERINE.—Belle comme un B majuscule dans un manuscrit.

ROSALINE.—Gare les pinceaux ! Comment ! Que je ne meure pas votre débitrice, ma majuscule rouge, ma lettre d'or ! Plût à Dieu que votre visage ne fût pas si rempli d'os ³ !

CATHERINE.—Que la petite vérole vous récompense de cette saillie ! et au diable toutes les méchantes femmes !

LA PRINCESSE, *à Catherine*.—Et vous, quel est le cadeau que vous a envoyé Dumaine ?

---

[1] Équivoque sur *snuff*, mouchure de chandelle et accès de colère.
[2] *To weigh*, peser et faire cas de.
[3] De boutons.

CATHERINE.—Ce gant, madame.

LA PRINCESSE.—Est-ce qu'il ne vous en a pas envoyé deux ?

CATHERINE,—Oui, madame ; et, par-dessus le marché, quelques milliers de vers d'un fidèle amant ; une monstrueuse traduction d'hypocrisie, une vile compilation, une niaiserie profonde.

MARIE.—Cette lettre et ces perles m'ont été envoyées à moi par Longueville. La lettre est trop longue au moins d'un demi-mille.

LA PRINCESSE.—Je le crois comme vous. Ne souhaiteriez-vous pas, dans le fond de votre cœur, que le collier fût plus long et la lettre plus courte ?

MARIE.—Oui, ou que ses mains jointes ne pûssent jamais se séparer.

LA PRINCESSE.—Nous sommes des filles bien sages, de nous moquer ainsi de nos amoureux !

ROSALINE.—Ils sont vraiment bien plus fous d'acheter ainsi nos moqueries ! Oh ! je veux mettre ce Biron à la torture avant que je quitte cette cour. Que je voudrais l'avoir à mes gages seulement une semaine ! Comme je le ferais ramper, supplier, solliciter, attendre l'occasion favorable et épier les temps, dépenser son prodigue esprit en rimes sans récompense ; employer ses services à mon gré, et même être fier d'être le jouet de mes railleries !... Je voudrais gouverner aussi despotiquement toute son existence, que s'il était mon fou, et moi sa destinée.

LA PRINCESSE.—Il n'est point d'hommes aussi bien attrapés, quand une fois ils le sont, que ces beaux esprits changés en fous : la folie, éclose dans le sein de la sagesse, s'arme de toute son autorité et du secours de la science ; et tous les talents de l'esprit servent à décorer ses écarts.

ROSALINE.—Le sang de la jeunesse ne s'enflamme jamais autant que celui de la gravité révoltée en faveur de l'amour.

MARIE.—La folie n'a point dans les fous la même énergie qu'elle a dans les sages ; lorsque l'esprit radote, toute leur intelligence ne leur sert qu'à paraître encore plus simples.

(Entre Boyet.)

LA PRINCESSE.—Voici Boyet, la gaieté sur le visage.

BOYET.—Oh ! le rire m'assassine. Où est Son Altesse ?

LA PRINCESSE.—Eh bien! qu'y a-t-il de nouveau, Boyet?

BOYET.—Préparez-vous, madame, préparez-vous. (*A ses femmes.*) Et vous, belles, aux armes, aux armes ! Des batteries sont dressées contre votre paix. L'Amour s'avance masqué et armé d'arguments : vous allez être surprises : passez en revue toutes les forces de vos esprits : disposez-vous à faire une belle défense ; ou, si le cœur vous manque, cachez vos têtes comme des lâches, et fuyez vite.

LA PRINCESSE.—Allons, opposons saint Denis à saint Cupidon. Qui sont donc ces ennemis qui viennent faire assaut de propos contre nous ? Parlez, espion, parlez.

BOYET.—Sous l'ombrage frais d'un sycomore, je voulais fermer mes yeux une demi-heure, lorsque tout à coup, pour troubler le repos que je voulais prendre, je vois s'avancer vers cet ombrage, le roi et ses compagnons ; je me glisse prudemment dans le buisson voisin, d'où j'ai entendu tout ce que vous allez entendre : dans un moment, ils seront ici déguisés : leur héraut est un joli petit fripon de page, qui a bien appris par cœur son ambassade : ils lui ont fait sa leçon sur ses gestes, sur son accent : « Voilà ce que tu dois dire, et voilà quel doit « être ton maintien ; » et toujours ils craignaient fort, lui disaient-ils, que la majesté de la princesse ne le déconcertât ; car, lui disait le roi : « C'est un ange que tu « vas voir : cependant ne t'alarme pas, mais parle avec « hardiesse. » Le page a répondu : « Un ange n'est pas « méchant, j'aurais peur d'elle si c'était un démon. » A cette repartie, tous ont éclaté de rire, et lui ont frappé sur l'épaule, inspirant, par leurs éloges, plus de hardiesse au petit audacieux. L'un se frottait le coude, comme ça, souriait d'un air moqueur, et jurait que jamais on n'avait fait meilleure réponse ; un autre, levant l'index et le pouce, criait : « Courage, nous en viendrons à bout,

« arrive que pourra. » Un troisième cabriolait et criait :
« Tout va au mieux. » Un quatrième pirouettait sur son
talon, et il est tombé : aussitôt les voilà qui tombent tous
l'un après l'autre sur la terre, avec des éclats de rire si
immodérés, que dans cet accès de rire, les larmes
sérieuses sont venues réprimer leur folie.

LA PRINCESSE.—Mais, quoi? quoi? Est-ce qu'ils viennent nous rendre visite?

BOYET.—Oui, madame, ils y viennent : et ils sont accoutrés comme des Moscovites, ou des Russes[1] : suivant ma conjecture, leur projet est de vous adresser des compliments, de vous faire la cour, et de danser avec vous; et chacun d'eux fera son offrande d'amour à sa maîtresse, qu'il reconnaîtra à la couleur des cadeaux différents qu'ils vous ont envoyés.

LA PRINCESSE.— Ah! c'est là leur projet? Les galants auront leur paquet. Il faut, mesdames, nous masquer toutes; et pas un d'eux n'aura la faveur, en dépit de ses prières, de voir un seul de nos visages.—Tenez, Rosaline, vous porterez ce cadeau : et alors le roi, trompé, vous fera la cour, croyant la faire à sa dame. Prenez celui-ci, ma chère, et donnez-moi le vôtre; et Biron me prendra pour Rosaline.—Changez toutes vos rubans et vos bijoux : grâce à ce moyen, vos galants trompés par ces échanges, feront leur cour de travers, et prendront l'une pour l'autre.

ROSALINE, *à Catherine*.—Allons, changeons : portez vos cadeaux de manière à les faire voir.

CATHERINE, *à la princesse*.—Mais quel est votre but dans cet échange?

LA PRINCESSE.—Mon projet est de traverser le leur. Ce qu'ils en font n'est qu'un badinage pour s'amuser, tromper le trompeur est tout mon but. Ils révéleront leurs secrets à celles que, dans leur méprise, ils croiront

---

[1] Les Russes étaient alors peu connus en Europe, et cette mascarade était piquante comme le serait aujourd'hui celle qui nous mettrait sous les yeux un peuple lointain et nouvellement découvert.

leurs maîtresses, et ensuite, à la première occasion que nous aurons de les revoir à visage découvert, pour leur parler et les complimenter, ils seront l'objet de nos railleries.

ROSALINE.—Mais danserons-nous s'ils nous y invitent?

LA PRINCESSE.—Non; pour rien au monde, nous ne remuerons le pied, et ne rendrons aucun compliment; — pas un mot de remerciement à leurs discours étudiés : et détournons le visage, tandis qu'ils nous parleront.

BOYET.—Oh! le dédain tuera le courage de l'orateur, et lui fera oublier tout son rôle.

LA PRINCESSE.—C'est bien là ce que je veux : et je suis sûre que le reste du compliment ne pourra jamais paraître au jour, si l'orateur est une fois hors de contenance. Il n'est rien de plus divertissant que de dérouter un badinage par un autre : faisons-nous un amusement de leur projet de s'amuser de nous sans qu'ils puissent prendre leur revanche. Ainsi le rire sera pour nous seules, et nous nous divertirons du tour qu'ils voulaient nous jouer; et eux, en se voyant bien raillés, ils s'en retourneront avec leur honte.

(On entend des trompettes.)

BOYET.—La trompette sonne : masquez-vous : voilà les masques qui viennent.

(La princesse et ses femmes se masquent.
(Le roi, Biron, Longueville et Dumaine paraissent, déguisés et vêtus à la moscovite, Moth les précède accompagné de musiciens, etc.)

MOTH.—« Hommage et salut, beautés les plus belles « de la terre. »

BOYET.—Belles, comme peut l'être un masque de taffetas.

MOTH.—« Céleste élite des plus belles dames... » (les dames lui tournent le dos) « qui aient jamais tourné « leur dos aux regards des mortels. »

BIRON, *le reprenant.*—Leurs yeux, petit misérable, leurs yeux.

MOTH.—« Qui aient jamais tourné leurs yeux vers les regards des mortels.—Par, par....

BOYET.—Oh! te voilà déconcerté.

MOTH.—« Par votre faveur, accordez-nous, célestes esprits, de ne pas nous regarder.

BIRON.—« De nous regarder une fois, étourdi.

MOTH.—« De nous regarder une seule fois avec vos yeux brillants comme le soleil.... Avec vos yeux brillants comme le soleil. »

BOYET.—Elles ne répondront pas à cette épithète : tu ferais mieux de dire : « des yeux brillants comme des yeux de filles. »

MOTH, *troublé*.—Elles ne m'écoutent pas, et cela me trouble.

BIRON.—Est-ce là tout ton savoir-faire? Retire-toi, petit malheureux.

ROSALINE.—Que nous veulent ces étrangers? Boyet, sachez leurs intentions. S'ils parlent notre langue, nous désirons que quelque homme sensé nous instruise de leurs vues. Voyez ce qu'ils veulent.

BOYET.—Que demandez-vous de la princesse?

BIRON.—Rien que la paix et une galante visite.

ROSALINE.—Eh bien! que demandent-ils?

BOYET.—Rien que la paix et l'honneur de vous visiter.

ROSALINE.—Tout cela leur est accordé, ainsi dites-leur de se retirer.

BOYET, *à Biron*.—Elle dit que vous avez tout cela, et que vous pouvez vous retirer.

LE ROI.—Dites-lui que nous avons mesuré bien des milles, pour danser un menuet avec elle sur ce gazon.

BOYET.—Ils disent qu'ils ont mesuré bien des milles pour danser un menuet avec vous sur ce gazon.

ROSALINE.—Ce n'est pas cela.—Demandez-leur combien il y a de pouces dans un mille; s'il est vrai qu'ils aient mesuré bien des milles, ils nous diront aisément la mesure d'un mille.

BOYET.—Si pour venir ici vous avez mesuré des milles, et plusieurs, la princesse vous charge de lui dire combien il faut de pouces pour compléter un mille.

BIRON.—Dites-lui que nous les mesurons par des pas ennuyés.

BOYET.—Elle a entendu elle-même votre réponse.

ROSALINE.—Hé! combien de pas ennuyés, dans le nombre des milles ennuyeux que vous avez parcourus, compte-t-on dans l'espace d'un mille?

BIRON.—Nous ne comptons rien de ce que nous faisons pour vous.—Notre zèle est si grand, si inépuisable, que nous pouvons toujours prendre cette peine sans les compter. Daignez nous montrer le soleil de vos traits, afin que, comme les sauvages, nous puissions l'adorer.

ROSALINE.—Mon visage n'est qu'une lune et voilée de nuages.

LE ROI.—Heureux les nuages qui seraient comme ceux qui vous cachent. Daignez, brillante lune, et vous, belles étoiles de sa cour, écarter ces nuages et laisser tomber vos rayons sur nos yeux humides.

ROSALINE. — O frivole demande! demandez quelque chose de plus intéressant; ce que vous venez de demander n'est qu'un clair de lune dans l'eau.

LE ROI.—Eh bien! pour changer, accordez-nous un tour de danse; vous m'ordonnez de vous faire une demande, celle-là n'a rien d'étrange.

ROSALINE.—Allons, musiciens, jouez; allons, il faut faire ce tour promptement.—Non, pas encore. Point de danse.—Je change comme la lune.

LE ROI.—Ne voulez-vous pas danser? Comment avez-vous changé sitôt?

ROSALINE.—Vous avez pris la lune dans son plein; mais à présent sa phase est changée.

LE ROI.—Et cependant elle est toujours la lune, et moi je suis l'homme de la lune. La musique joue, accordez-nous quelques mouvements pour la suivre.

ROSALINE.—Nos oreilles la suivent.

LE ROI.—Mais il faudrait que vos pas la suivissent en même temps.

ROSALINE.—Puisque vous êtes des étrangers, et qu'un hasard vous a conduits ici, nous ne serons pas si dédaigneuses; prenez nos mains. — Nous ne voulons pas danser.

LE ROI.—Pourquoi donc prenez-vous nos mains?

ROSALINE.—Uniquement pour nous quitter en amis.—Voilà ma révérence, mes beaux galants; et là finit le menuet.

LE ROI.—De grâce, un peu plus de cette mesure encore; ne soyez pas si réservées.

ROSALINE.—Nous ne pouvons pas vous en donner davantage pour le prix.

LE ROI.—Daignez donc vous priser vous-mêmes; à quel prix peut-on acheter votre compagnie?

ROSALINE.—Par votre absence, et point d'autre.

LE ROI.—Cela ne peut pas être.

ROSALINE.—En ce cas, il est impossible de nous acheter; ainsi, adieu. Un double adieu à votre masque, et une moitié d'adieu pour vous.

LE ROI.—Si vous refusez de danser, accordez-nous du moins la grâce d'un plus long entretien.

ROSALINE.—En secret donc?

LE ROI.—Je n'en serai que plus enchanté.

(Ils se parlent à part.)

BIRON, *à la princesse.*—Belle maîtresse à la main d'albâtre, un mot de douceur avec vous.

LA PRINCESSE.—Miel, lait et sucre, voilà trois mots.

BIRON.—Et deux fois trois, si vous devenez si friande; hydromel, moût de bière et malvoisie; dé bien jeté! voilà une demi-douzaine de douceurs.

LA PRINCESSE.—Septième douceur, adieu. Puisque vous avez le secret de piper les dés, je ne veux plus jouer avec vous.

BIRON.—Un mot en secret.

LA PRINCESSE.—Oh! je vous prie, que ce mot ne soit pas une douceur!

BIRON.—Vous aigrissez ma bile.

LA PRINCESSE.—La bile? ce mot est amer.

BIRON.—En ce cas il est à propos.

(Ils causent tous bas.)

DUMAINE, *à Marie.*—Voulez-vous me faire la grace d'échanger un mot avec moi.

MARIE.—Nommez-le.

DUMAINE.—Belle dame.

MARIE. — Parlez-vous ainsi? beau seigneur. — Voilà pour votre belle dame.

DUMAINE. — Si c'est votre bon plaisir, encore un mot en secret. C'est pour vous dire adieu.

(Ils s'entretiennent en secret.)

CATHERINE, *à Longueville.* — Quoi donc? votre masque est-il sans langue?

LONGUEVILLE. — Je sais pourquoi, belle dame, vous me faites cette question.

CATHERINE. — Oh! voyons votre raison. Vite, monsieur, je brûle de la savoir.

LONGUEVILLE. — Vous avez une double langue dans votre masque, et vous devriez en céder une moitié à mon masque muet.

CATHERINE. — *Veal*, dit le Hollandais! *veal* ne veut-il pas dire veau?

LONGUEVILLE. — Un veau, belle dame.

CATHERINE. — Non, un beau seigneur, veau.

LONGUEVILLE. — Partageons le mot.

CATHERINE. — Non, je ne veux pas être votre moitié, gardez tout; cela pourra devenir un bœuf.

LONGUEVILLE. — Holà! comme vous vous buttez dans ces pointes de raillerie. Voudriez-vous donner des cornes, chaste dame? n'en faites rien.

CATHERINE. — Mourez donc, veau, avant que les cornes vous poussent.

LONGUEVILLE. — Un mot à part avec vous, avant de mourir.

CATHERINE. — Parlez donc bas, de peur que le boucher n'entende. (Ils causent à part.)

BOYET. — La langue des filles caustiques est aussi tranchante que le fil invisible du rasoir; elle peut couper un cheveu imperceptible, si fin, qu'il échappe à la vue. La finesse de leurs traits est au-dessus de toute imagination: leurs saillies ont des ailes plus rapides que les boulets, que le vent, que la pensée, et tout ce qu'il y a de plus rapide.

ROSALINE. — Pas un mot de plus, mes filles. Rompons, rompons l'entretien.

biron.—Par le ciel, il faut nous retirer bafoués, et le gosier sec.

le roi.—Adieu, folles; vous avez un bien pauvre esprit.

> (Le roi, les seigneurs, Moth, les musiciens et la suite s'en vont.)

la princesse.—Vingt fois adieu, mes Moscovites gelés. Est-ce là cette génération d'esprits si admirés?

boyet. — Des lumières qu'un léger souffle de votre bouche a éteintes.

rosaline.—Ces esprits chargés d'embonpoint; grossiers, grossiers, épais, épais.

la princesse.—Le pauvre esprit pour l'esprit d'un roi! Les déplorables railleries! croyez-vous qu'ils ne se pendront pas de désespoir cette nuit? ou qu'ils oseront montrer de nouveau leurs visages, autrement que sous le masque? Ce Biron qu'on dit si ingénieux était tout décontenancé.

rosaline.—Oh! ils étaient là dans la plus déplorable situation : encore un bon mot, et le roi se mettait à pleurer.

la princesse.—Biron a juré, tout décontenancé.

marie.—Dumaine et son épée étaient à mon service; non point, lui ai-je dit : et aussitôt mon beau serviteur est resté muet.

catherine. — Le seigneur Longueville m'a dit que j'avais dompté son cœur; et savez-vous comment il m'a appelée?

la princesse.—Mal de cœur peut-être?

catherine.—Oui, d'honneur.

la princesse.—Va-t'en, mal de cœur toi-même.

rosaline.—Allons, on trouverait aisément de meilleurs esprits parmi les docteurs en bonnet selon les statuts [1].
—Mais, savez-vous une chose? Le roi a juré qu'il était amoureux de moi.

---

[1] Le bonnet de statut. Un acte du parlement enjoignit aux personnes au-dessus de six ans de porter, les dimanches et jours de fête, un bonnet de laine fabriqué en Angleterre : il n'y avait d'exception que pour la noblesse.

LA PRINCESSE.—Et le subtil Biron m'a engagé sa foi.

CATHERINE.—Et Longueville était né pour me servir.

MARIE. — Dumaine est à moi, aussi inséparable que l'écorce l'est de l'arbre.

BOYET.—Madame, et vous, mes jolies nymphes, prêtez-moi l'oreille, ils vont revenir tout à l'heure ici sous leur forme naturelle : car il n'est pas possible qu'ils digèrent jamais ce cruel affront.

LA PRINCESSE.—Ils vont revenir, dites-vous?

BOYET.—Ils reviendront, ils reviendront, Dieu le sait; et vous les verrez danser de joie, quoique vous les ayez renvoyés estropiés à force de coups. Ainsi, changez de couleurs, et, lorsqu'ils reparaîtront en ce lieu, épanouissez-vous comme de belles roses au souffle de l'été.

LA PRINCESSE. — Qu'entendez-vous par épanouir? Qu'entendez-vous par là? Parlez de façon qu'on vous entende.

BOYET.—De belles dames masquées sont des roses dans le bouton. Démasquées, et montrant leur incarnat et leurs douces nuances, ce sont des anges sortis des nuages, ou des roses épanouies.

LA PRINCESSE.—Laissez là vos ambiguïtés. Que ferons-nous, s'ils reviennent nous faire la cour en face?

ROSALINE.—Ma chère princesse, si vous voulez vous laisser conduire par mes avis, raillons-les encore en face, comme nous les avons raillés masqués. Plaignons-nous à eux de ce qu'il est venu ici des fous déguisés en Moscovites, dans un accoutrement bizarre, et demandons avec étonnement ce que pouvaient être ces aventuriers, quel était le but de leur plate comédie, de leur prologue grossier, de tout leur procédé si ridicule, et de leur arrivée dans notre tente.

BOYET.—Mesdames, retirez-vous : nos galants sont à deux pas.

LA PRINCESSE.—Courons à nos tentes, comme des chevreuils fuyant dans la plaine.

(La princesse sort avec ses femmes.)

(Entrent le roi, Biron, Longueville et Dumaine dans leur costume habituel.)

LE ROI, *à Boyet.*—Salut, beau chevalier ; où est la princesse ?

BOYET.—Elle s'est retirée dans sa tente : Votre Majesté a-t-elle à me charger de quelques ordres pour elle ?

LE ROI.—Dites-lui que je la prie de m'accorder une minute d'audience.

BOYET.—Je vais la lui demander, sire ; et je sais qu'elle vous l'accordera.

(Boyet sort.)

BIRON. — Cet homme se gorge d'esprit comme les pigeons de pois [1], et il se dégorge quand il plaît à Dieu. Colporteur de bons mots, il revend sa denrée aux vigiles des fêtes, aux assemblées, aux marchés, aux foires ; et nous qui le vendons en gros, Dieu le sait, nous n'avons pas l'avantage de l'étaler, comme lui, en vue des chalands. Ce galant sait accrocher les jeunes filles à sa manche, comme une épingle. S'il eût été Adam il aurait tenté Ève : il sait découper les viandes et grasseyer. Quoi ! c'est lui qui baisait sa main en signe de politesse ; c'est le singe des belles manières, c'est monsieur le précieux ; quand il joue au trictrac, il fait gronder les dés en termes choisis, il chante le ténor avec grâce, et dans l'art de maître des cérémonies, le surpasse qui pourra. Les dames l'appellent mon cher cœur ; chaque degré que son pied foule en montant, le baise et le caresse : c'est une fleur qui s'épanouit, qui sourit à chacun pour montrer ses dents blanches comme des os de baleine.—Et toutes les consciences qui ne veulent pas mourir endettées lui donnent le titre mérité de Boyet à la langue mielleuse.

LE ROI.—Que les aphthes saisissent sa langue emmiellée, je le lui souhaite de tout mon cœur, pour le punir d'avoir déconcerté le page d'Armado dans son rôle !

(Entrent la princesse, Rosaline, Marie, Catherine, Boyet, et suite.)

BIRON.—Regardez, voilà qu'on vient !—Savoir-vivre ! qu'étais-tu avant que cet homme t'enseignât, et qu'es-tu maintenant ?

---

[1] Proverbe populaire.

LE ROI.—Salut, aimable princesse, et bonjour.

LA PRINCESSE.—Bonjour dans un salut [1], ce n'est pas très-bien, je crois.

LE ROI.—Interprétez mieux mes paroles.

LA PRINCESSE. —Faites-moi de meilleurs souhaits, je vous le permets.

LE ROI.—Nous sommes venus vous rendre visite, et nous nous proposons aujourd'hui de vous conduire à notre cour : accordez-nous cette faveur.

LA PRINCESSE.—Je ne sortirai point de ce parc; et songez à observer votre vœu. Ni Dieu ni moi n'aimons les hommes parjures.

LE ROI.—Ne me faites pas un crime d'une faute dont vous êtes la cause. C'est la vertu de vos yeux qui me force à rompre mon serment.

LA PRINCESSE.—Vous appelez vertu ce qui n'en est pas une ; vous auriez dû dire vice, car jamais la vertu n'a l'effet de faire violer les serments des hommes. Par mon honneur virginal, aussi pur que le lis encore intact, je proteste que, quand on me ferait souffrir les plus horribles tourments, je ne consentirais jamais à accepter un asile dans votre palais, tant j'abhorre d'être cause qu'on viole des serments faits au ciel avec sincérité.

LE ROI.—Oh ! vous avez mené ici une vie solitaire et triste, sans voir le monde, sans recevoir la moindre visite; et c'est une honte pour nous.

LA PRINCESSE.—Non pas, seigneur ; il n'en est pas ainsi, je vous le jure. Nous avons eu ici des divertissements et des amusements fort agréables. Il n'y a pas encore long-temps qu'une troupe de Russes vient de nous quitter.

LE ROI.—Comment, madame, des Russes ?

LA PRINCESSE.—Oui, d'honneur, seigneur ; de braves galants, pleins de politesse, tout brillants de magnificence.

ROSALINE.—Madame, dites 1 vérité.—Ce portrait ne leur ressemble pas, seigneur. C'est par politesse, et pour se conformer au ton de nos jours, que la princesse leur donne un éloge qu'ils ne méritent pas. Il est bien vrai

---

[1] *Hail*, salut et grêle.

que nous quatre nous avons été abordées par quatre galants en habits russes; ils sont restés ici une heure, et ont beaucoup parlé; mais pendant toute cette heure, seigneur, nous n'avons pas eu le bonheur de leur entendre dire un mot heureux. Je n'ose pas les appeler des fous, mais ce que je crois, c'est que quand ils ont soif, il y a des fous qui auraient bien envie de boire.

BIRON.—Cette plaisanterie me sèche le gosier à moi.— Ma belle, ma charmante, votre esprit tourne la sagesse en folie : lorsque nos yeux veulent saluer l'œil enflammé des cieux, à force de lumière nous perdons la lumière : votre talent est éblouissant comme lui ; auprès de votre sagesse, la sagesse d'autrui ne paraît que folie ; et ce qu'il y a de plus riche nous paraît pauvreté.

ROSALINE.—Ce que vous dites annonce que vous êtes riche et sage ; car à mes yeux...

BIRON.—Je suis un fou, dénué de tout, n'est-ce pas ?

ROSALINE.—Si ce n'est que vous prenez ce qui vous appartient, il serait mal à vous de m'arracher les paroles de la bouche.

BIRON —Oh! je suis tout à vous, avec tout ce que je possède.

ROSALINE.—Un fou tout entier à moi ?

BIRON.—Je ne puis vous donner moins.

ROSALINE.—Quel était, dans les masques, celui que vous portiez ?

BIRON.—Où cela? Quand ? Quel masque ? Pourquoi me demandez-vous cela?

ROSALINE.—Hé! là même, dans ce temps-là même, ce masque, oui, cet étui superflu, qui montrait le plus beau visage et cachait le plus laid.

LE ROI, *à ceux de sa suite.*—Nous sommes découverts : elles vont nous accabler de leurs railleries.

DUMAINE.—Avouons tout, et tournons la chose en plaisanterie.

LA PRINCESSE, *au roi.*—Quoi! vous restez confondu, seigneur ? Pourquoi Votre Altesse a-t-elle l'air si sérieux?

ROSALINE.—Au secours! tenez-lui le front; pourquoi

pâlissez-vous ? Le mal de mer, je crois : ils viennent de Moscovie.

BIRON.—Ainsi, les étoiles versent les calamités pour punir le parjure : quel front d'airain pourrait y résister ? —Me voici en butte à vos traits, belle dame ; lancez sur moi toutes les bordées de votre science ; écrasez-moi de vos affronts ; accablez-moi de vos moqueries ; hachez-moi du tranchant de vos épigrammes. Ah ! je ne viendrai plus vous prier de danser ; je ne viendrai plus vous faire ma cour en habit russe.—Oh ! je ne me fierai plus aux harangues étudiées, ni aux mouvements de la langue d'un page ; je ne viendrai plus visiter mon amie en masque, ni faire ma cour en rimes semblables aux chansons d'un aveugle jouant de la harpe ; adieu phrases de taffetas, compliments soyeux, hyperboles à triple étage, affectation recherchée et figures pédantesques ! ces insectes bourdonnants m'ont soufflé comme un ballon ; je les abjure, et je proteste ici, par ce gant si blanc (combien la main l'est encore davantage, Dieu le sait !), que désormais, en faisant ma cour, l'expression de mes sentiments sera énoncée par des oui et des non, de l'étoffe la plus unie et la plus simple ; et, pour commencer ma réforme, ma belle, que Dieu m'assiste, oui, comme mon amour pour vous est ferme et constant, de la trempe la plus pure, sans paille ni alliage !

ROSALINE.—Sans *sans* [1], je vous prie.

BIRON.—Il me reste encore un brin de mon ancienne rage.—Daignez me supporter : je suis un malade ; je me déferai de cela par degrés. Attendez : voyons.—Ecrivez sur ces trois personnes : « Que le Seigneur ait pitié de « nous [2] ! » Ils sont infectés ; le mal est dans leurs cœurs : ils ont la peste ; ils l'ont gagnée de vos yeux. Ces braves seigneurs sont visités par la colère du ciel ; et vous n'en êtes pas exemptes, mesdames ; je vois sur vous les signes de la main de Dieu.

---

[1] C'est-à-dire *sans* mot français. Biron avait répété le mot *sans*.
[2] Inscription placée sur l'hospice des pestiférés.

LA PRINCESSE.—Ceux qui nous ont donné ces signes en doivent être délivrés.

BIRON.—Nos États sont confisqués ; ne cherchez pas à achever de nous détruire.

ROSALINE.—Pas du tout ! Comment se pourrait-il que vous fussiez confisqués ? c'est vous qui faites le procès [1].

BIRON.—Ah ! paix ! Je ne veux plus avoir d'affaire avec vous.

ROSALINE.—Vous n'aurez pas non plus affaire à moi, si ma volonté s'accomplit.

BIRON.— Parlez pour vous-même : mon esprit est à bout.

LE ROI, *à la princesse*.—Enseignez-nous, belle princesse, quelque belle excuse pour notre grave offense.

LA PRINCESSE.—La plus belle excuse, c'est l'aveu. N'étiez-vous pas ici, il n'y a qu'un moment, tous déguisés ?

LE ROI.—J'y étais, madame.

LA PRINCESSE.—Et avez-vous reçu une bonne leçon ?

LE ROI.—Oui, certes, madame.

LA PRINCESSE.—Et lorsque vous étiez ici, qu'avez-vous murmuré à l'oreille de votre dame ?

LE ROI.—Que je la prisais plus que tous les trésors du monde entier.

LA PRINCESSE.—Et lorsqu'elle vous sommera de tenir votre promesse, vous la repousserez.

LE ROI.—Non, sur mon honneur.

LA PRINCESSE.—Allons, allons, modérez-vous : après un premier serment violé, vous ne vous faites aucun scrupule de vous parjurer encore.

LE ROI.—Méprisez-moi si jamais je viole ce serment que j'ai fait.

LA PRINCESSE.—Je vous mépriserai donc ; et un peu de modération.—Rosaline, que vous a murmuré ce Russe tout bas dans l'oreille ?

ROSALINE.—Madame, il a juré que je lui étais chère et précieuse comme la prunelle de l'œil, et il m'a élevée au-dessus du prix de cet univers, ajoutant, de plus,

---

[1] Équivoque sur *sue*, procès et offre, hommage, demande, supplique.

qu'il m'épouserait, ou qu'il mourrait mon amant.

LA PRINCESSE.—Dieu te donne joie de lui! Le noble prince tient bien honorablement sa promesse!

LE ROI.—Que voulez-vous dire, madame? Sur ma vie, sur ma foi, je n'ai jamais fait pareil serment à cette dame.

ROSALINE.—Par le ciel, vous l'avez fait; et, pour le confirmer, vous m'avez fait ce présent; mais reprenez-le, monsieur, le voilà.

LE ROI.—Ce présent, c'est à la princesse que je l'ai donné avec ma foi. Je l'ai bien distinguée à ce joyau qu'elle portait sur sa manche.

LA PRINCESSE.—Pardonnez-moi, seigneur; c'était elle qui portait ce joyau; quant à moi, c'est le seigneur Biron, je lui en rends grâces, qui est mon amant.—Eh bien! Biron, voulez-vous de moi, ou voulez-vous que je vous rende votre perle?

BIRON.—Ni l'un ni l'autre; je vous les abandonne tous deux.—Je devine le fin mot.—Il y a eu ici un complot (parce qu'elles ont été instruites d'avance de notre divertissement); elle ont tout disposé pour le battre en ruine comme une comédie de Noël. Quelque rediseur, quelque patelin, quelque mauvais bouffon, quelque flagorneur, quelque écuyer tranchant, quelque plaisant à qui l'excès du rire a ridé les joues, et qui sait comment il faut s'y prendre pour faire rire la princesse, lorsqu'elle est de belle humeur, a dévoilé d'avance tout notre projet; et sur cette découverte, les dames ont changé de présents; et nous, déçus par les couleurs auxquelles nous pensions les reconnaître, nous n'avons fait la cour qu'au signe trompeur qui nous a égarés. A présent, pour aggraver notre parjure, nous sommes parjures encore une fois, la première par notre bonne volonté, et la seconde par notre méprise. (*A Boyet.*) Et ne serait-ce pas vous-même qui auriez éventé notre secret et notre plan de divertissement pour nous rendre ainsi parjures? N'avez-vous pas trouvé la mesure du pied de la princesse [1]? Ne savez-

---

[1] Phrase proverbiale; flatter quelqu'un, et s'insinuer dans ses bonnes grâces.

vous pas toujours sourire à ses yeux, et vous tenir debout entre son dos et le feu, portant une assiette et faisant le bouffon? Vous avez déconcerté notre page dans son discours : allez, tout vous est permis ; mourez quand vous voudrez, une jupe vous servira de linceul. Vous me lorgnez d'un œil malin, n'est-il pas vrai? Vous avez un œil qui blesse comme une épée de plomb.

BOYET.—Cette brave lice a été vigoureusement courue jusqu'au bout.

BIRON.—Voyez, il joute encore : en voilà assez ; moi, j'ai fini. (*Entre Costard.*) Te voilà venu fort à propos, « tout esprit; » tu viens terminer une belle dispute.

COSTARD.—« O mon Dieu, monsieur, » ils voudraient savoir si les trois héros [1] viendront ou non.

BIRON.—Comment, est-ce qu'ils ne sont que trois?

COSTARD.—Non, monsieur ; mais cela est fort beau, car chacun en représente trois.

BIRON.—Et trois fois trois font neuf.

COSTARD.—Non pas, monsieur ; sous votre bon plaisir, monsieur, j'espère qu'il n'en est pas ainsi : vous ne pouvez pas demander notre interdiction [2], monsieur ; je vous le proteste, monsieur, nous savons ce que nous savons. —J'espère que trois fois trois, monsieur...

BIRON.—Ne font pas neuf?

COSTARD.—Sous votre bon plaisir, monsieur, nous savons à combien cela se monte.

BIRON.—Par Jupiter, j'ai toujours pris trois fois trois pour neuf.

COSTARD.—« O mon Dieu, monsieur, » vous seriez bien malheureux, si vous étiez obligé de gagner votre vie à compter, monsieur.

BIRON.—Combien donc cela fait-il?

COSTARD.—« O mon Dieu, monsieur, » les parties elles-mêmes, les acteurs, monsieur, vous l'apprendront, combien cela fait. Quant à moi, je ne suis, comme on dit,

---

[1] Shakspeare veut tourner en ridicule *l'histoire des neuf preux.*
[2] Nous ne sommes pas fous.

que pour faire un homme dans un pauvre homme, *Pompion le Grand*, monsieur.

BIRON.—Es-tu un des neuf héros ?

COSTARD.—Il leur a plu de me croire digne d'être Pompion le Grand : quant à moi, je ne connais pas le rang ni le caractère de ce champion ; mais je dois le représenter.

BIRON.—Va, dis-leur de se préparer.

COSTARD.—Nous donnerons à cela une jolie tournure, monsieur ; nous y donnerons quelque attention.

LE ROI.—Biron, ils nous feront affront ; qu'ils n'approchent pas.

(Costard sort.)

BIRON.—Nous sommes à l'épreuve de la honte, mon prince ; et il y a une certaine politique à avoir un spectacle plus mauvais que celui qu'ont donné le roi et ses courtisans.

LE ROI.—Qu'ils s'abstiennent de venir.

LA PRINCESSE.—Allons, mon noble prince, laissez-vous gouverner par moi à présent. Souvent le spectacle plaît d'autant plus que les acteurs savent moins les moyens de plaire. Lorsque le zèle s'évertue pour contenter les spectateurs, et que la pièce expire au milieu des efforts de ceux qui la représentent, alors la ridicule confusion des caractères donne plus de gaieté, c'est ainsi qu'on voit de grands projets, conduits avec beaucoup de peine, avorter dès leur naissance.

BIRON.—Une juste description de notre mascarade, seigneur !

(Entre Armado.)

ARMADO.—Oint du Seigneur, j'implore de votre auguste souffle autant de temps qu'il m'en faut pour proférer une couple de mots.

(Il converse en particulier avec le roi et lui remet un papier.)

LA PRINCESSE.—Cet homme sert-il Dieu ?

BIRON.—Pourquoi me faites-vous cette question, madame ?

LA PRINCESSE.—C'est qu'il ne parle pas comme les hommes que Dieu a créés.

ARMADO, *haut*.—Cela est égal, mon beau, mon gracieux, mon doux monarque ; car je proteste que le maître d'école est excessivement original, trop, trop vain ; trop, trop vain ; mais nous risquerons la chose, comme on dit : *alla fortuna della guerra*. Je vous souhaite la paix de l'âme, mon royal couple.

(Il sort.)

LE ROI.—Il y a à parier que nous aurons une belle représentation de héros. Lui, il représente Hector de Troie ; le paysan, Pompée le Grand ; le curé de la paroisse, Alexandre ; le page d'Armado, Hercule ; le pédant, Judas Machabée ; et si ces quatre héros réussissent d'abord dans leur premier rôle, les quatre changeront de costume et représenteront les cinq autres.

BIRON.—Il y en a cinq dans la première pièce.

LE ROI.—Non, vous vous trompez.

BIRON.—Le pédant, le fanfaron, le prêtre de campagne, le fou et le page... Une vraie partie de neuf[1], et le monde entier n'en fournirait pas cinq pareils, à les prendre chacun dans leur caractère.

LE ROI.—Le vaisseau est à la voile, et le voilà qui cingle en pleine mer.

(On apporte des siéges.)
(Entre Costard représentant Pompée.)

COSTARD.—Moi, je suis Pompée.

BOYET.—Vous mentez, vous n'êtes pas Pompée.

COSTARD.—Je suis Pompée....

BOYET.—Avec la tête d'un léopard sur le genou.

BIRON.—Bien dit, vieux railleur ; il faut que je me réconcilie avec toi.

COSTARD.—Je suis Pompée, Pompée surnommé *le gros*.

DUMAINE, *le reprenant*.—Le grand.

COSTARD.—Oui, c'est le grand, monsieur : Pompée surnommé *le grand*, qui, souvent dans le champ de bataille, avec mon bouclier et mon épée, ai fait suer mon ennemi.

---

[1] *Ad novum* pour *novem*, ancien jeu de dés.

Voyageant le long de cette côte, je suis venu ici par hasard, et je dépose mes armes aux pieds de cette belle damoiselle de France. (*A la princesse.*) Si Votre Altesse voulait dire : Pompée, je vous rends grâces, j'aurais fini.

LA PRINCESSE.—Grand merci, grand Pompée.

COSTARD.—Je n'en méritais pas tant, mais je me flatte que j'ai été parfait ; je n'ai fait qu'une petite faute dans le mot *grand*.

BIRON.—Mon chapeau contre un sou que Pompée est le meilleur des neuf héros.

(Entre Nathaniel représentant Alexandre.)

NATHANIEL.—Lorsque je vivais dans le monde, j'étais le monarque du monde ; j'étendis ma puissance et mes conquêtes à l'orient, à l'occident, au nord et au midi ; mon écusson annonce clairement que je suis Alisandre.

BOYET.—Votre nez dit que non, que vous ne l'êtes pas ; car il est trop droit.

BIRON, *à Boyet.*—Votre nez sent à merveille que non, mon chevalier au flair délicat.

LA PRINCESSE.—Le conquérant est tout en désarroi ; continuez, bon Alexandre.

NATHANIEL.—Lorsque je vivais dans le monde, j'étais le maître du monde.

BOYET.—Rien de plus vrai ; cela est juste, vous l'étiez, Alisandre.

BIRON.—Pompée le Grand !

COSTARD.—Votre serviteur, et Costard.

BIRON.—Enlève le conquérant, enlève Alisandre !

COSTARD.—Oh ! monsieur, vous avez mis en déroute Alisandre le conquérant. (*A Nathaniel.*) Tu seras pour cela dépouillé de ton habit de représentation ; et ton lion, qui tient sa hache d'armes, assis sur une chaise de garde-robe, sera donné à un Ajax, et ce sera lui qui sera le neuvième héros. Un conquérant qui tremble de parler ! Fuis de honte, Alisandre. (*Nathaniel sort.*) S'il vous plaît, c'est un bon homme imbécile, un honnête homme, voyez-vous, et bientôt mis en déroute ! C'est un excellent voisin, en vérité, et un fort bon joueur de boule.... Mais, pour Alisandre, hélas ! vous voyez ce que c'est, il s'est un peu trompé dans son rôle. Mais voilà des héros qui expliqueront leur pensée un peu mieux.

BIRON.—Rangez-vous de ce côté, bon Pompée.

*(Entrent Holoferne représentant Judas Machabée, et Moth représentant Hercule.)*

HOLOFERNE, *montrant le page Moth.*

Le grand Hercule est représenté par ce marmot,
Lui dont la massue a tué Cerbère, ce *Canus* [1] à triple tête;
Et lorsqu'il n'était encore qu'un nain, qu'un petit enfant au berceau,
　Il vous étranglait ainsi les serpents dans ses *manus*
　　*Quoniam*, il semble être ici dans la minorité.
　*Ergo*, je viens avec cette apologie.—
　　(A Moth.)
Conserve quelque majesté dans ton *exit*, et disparais.

(Moth sort.)

HOLOFERNE *continuant*.—Je suis Judas....

DUMAINE.—Un Judas!

HOLOFERNE.—Non pas l'Iscariote, monsieur.—Je suis Judas, nommé *Macchabæus*.

DUMAINE.—Un Judas Machabée tondu [2] est un vrai Judas nu.

BIRON.—Un traître qui donne des baisers! Comment es-tu devenu Judas?

HOLOFERNE.—Je suis Judas.

DUMAINE.—A ta plus grande honte, Judas.

HOLOFERNE.—Que prétendez-vous, monsieur?

DUMAINE.—Faire que Judas se pende lui-même.

HOLOFERNE.—Commencez, monsieur; vous êtes mon aîné.

BIRON.—Bien répondu : Judas fut pendu à un sureau.

HOLOFERNE.—Je ne me laisserai pas déconcerter.

BIRON.—Parce que tu es dévisagé [3].

---

[1] Pour *canis*, chien.
[2] *Ycleped*, nommé, et *clipt*, tondu.
[3] *To out face one*, dévisager quelqu'un.

HOLOFERNE.—Qu'est-ce que c'est que cela ?

BOYET.—Une tête de cistre.

DUMAINE.—La tête d'une épingle à cheveux.

BIRON.—Une tête de mort dans une bague.

LONGUEVILLE.—La face d'une vieille médaille romaine, à demi effacée.

BOYET.—Le pommeau du sabre de César.

DUMAINE.—La tête sculptée en os d'une cartouche de soldat.

BIRON.—Une demi-joue de saint George dans une boucle.

DUMAINE.—Oui, dans une boucle de plomb.

BIRON.—Oui, et que porte à son chapeau un arracheur de dents. Et à présent, poursuis; car nous t'avons mis en bonne contenance.

HOLOFERNE.—Vous m'avez mis hors de contenance.

BIRON.—Tu mens; nous t'avons donné des physionomies.

HOLOFERNE.—Mais vous les avez toutes dévisagées.

BIRON.—C'est ce que nous te ferions si tu étais un lion.

BOYET.—Mais comme c'est un âne, qu'il s'en aille : et là-dessus, adieu, cher Jude ; pourquoi restes-tu ?

DUMAINE.—Pour la fin de son nom.

BIRON.—Pour l'âne ajouté au Jude : donnez-la-lui.—Jud-as[1], va-t'en.

HOLOFERNE.—Cela n'est pas généreux, ni poli, ni honnête.

BOYET.—Une lumière pour monsieur Judas, il fait nuit ; il pourrait se jeter par terre.

LA PRINCESSE.—Hélas ! le pauvre Machabée, comme il a mordu à l'hameçon !

(Entre Armado, représentant Hector.)

BIRON.—Cache ta tête, Achille ; voici Hector qui s'avance en armes.

DUMAINE.—Quand mes railleries devraient retomber sur moi, je veux m'égayer en ce moment.

---

[1] *Jude ass,* pour Jude âne.

LE ROI.—Hector n'était qu'un Troyen[1] en comparaison de celui-ci.

BOYET.—Mais est-ce bien Hector?

DUMAINE.—Je pense qu'Hector n'était pas si bien fait.

LONGUEVILLE.—Sa jambe est trop grosse pour Hector.

DUMAINE.—Sûrement, il est plus gras.

BOYET.—Non, il est habillé au mieux en petit.

BIRON.—Ce ne peut être là Hector.

DUMAINE.—C'est un dieu ou un peintre, car il fait des mines.

ARMADO.—L'armipotent Mars, le tout-puissant des lances, a fait à Hector un don....

DUMAINE.—Une muscade dorée.

BIRON.—Un citron.

LONGUEVILLE.—Garni de clous de girofle[2].

DUMAINE.—Non, fendu.

ARMADO.—Paix!—Mars l'armipotent, le tout-puissant des lances, a fait un don à Hector, l'héritier d'Ilion : un homme d'une si infatigable haleine, que, sûrement, il combattrait, oui, depuis le matin jusqu'au soir, hors de sa tente. Je suis cette fleur....

DUMAINE.—Cette menthe.

LONGUEVILLE.—Cette violette.

ARMADO.—Cher seigneur Longueville, tenez votre langue.

LONGUEVILLE.—Je dois plutôt lui lâcher la bride : car elle court sur la trace d'Hector.

DUMAINE.—Et Hector est un lévrier.

ARMADO.—Le cher guerrier est mort et en poussière : mes chers cœurs, ne battez pas les cendres des morts. Quand il respirait, c'était un homme!—Mais je vais poursuivre mon rôle. (A la princesse.) Douce royauté, accordez-moi le sens de votre ouïe.

LA PRINCESSE.—Parlez, brave Hector; vous nous faites beaucoup de plaisir.

ARMADO.—J'adore la pantoufle de votre aimable grâce.

---

[1] *Trojan*, Troyen. Du temps de Shakspeare, sobriquet de voleur.
[2] Étrennes à la mode pour la Noël.

BOYET.—Il l'aime au pied.

DUMAINE.—Il ne pourrait pas l'aimer à l'aune.

ARMADO.—Cet Hector a surpassé de bien loin Annibal.

COSTARD.—Votre partie adverse, camarade Hector, est une fille perdue. Elle est à deux mois de sa carrière.

ARMADO.—Que veux-tu dire?

COSTARD.—En bonne foi, si vous ne jouez pas le rôle de l'honnête Troyen, la pauvre fille est à plaindre; elle le sent remuer : l'enfant fait déjà le fanfaron dans son ventre; il est à vous.

ARMADO.—Veux-tu me *diffamoniser* parmi les potentats? Tu mourras.

COSTARD.—Hector sera donc fouetté pour Jacquinette, dont il a troublé la vie; et pendu pour Pompée, à qui il veut donner la mort.

DUMAINE.—O rare Pompée!

BOYET.—O fameux Pompée!

BIRON.—Pompée plus grand que le grand, grand, grand Pompée. Pompée le géant!

DUMAINE.—Hector, tremble.

BIRON.—Pompée est ému. Attisez, attisez la fureur[1]. Excitez-les, excitez-les.

DUMAINE.—Hector lui fera un défi.

BIRON.—Oui, pour peu qu'il y ait dans son ventre autant de sang humain qu'il en faut pour le dîner d'une mouche.

ARMADO, *à Costard.*—Par le pôle nord, je te fais un défi.

COSTARD.—Je ne veux point combattre avec un pieu[2], comme un homme du nord. Je veux me battre d'estoc et de taille : je veux me servir de l'épée.—Je vous prie, laissez-moi reprendre mes armes d'Hector.

DUMAINE.—Place aux héros irrités.

COSTARD.—Je veux me battre dans ma chemise.

DUMAINE.—Voilà un Pompée des plus résolus!

MOTH, *à Armado.*—Mon maître, baissez le ton d'une note : ne voyez-vous pas que Pompée se déshabille

---

[1] *Atis;* Até, la déesse des fureurs.
[2] *Pole*, pôle, et *pole*, pieu.

pour le combat? Que prétendez-vous? Vous allez perdre votre réputation.

ARMADO.—Nobles gentilshommes, nobles guerriers, pardonnez : mais je ne combattrai point en chemise.

DUMAINE.—Vous ne pouvez pas le refuser : c'est Pompée qui a fait le défi.

ARMADO.—Aimables gentilshommes, je le peux, et je le veux.

BIRON.—Quelle est votre raison?

ARMADO.—La vérité nue de la chose, c'est que je n'ai point de chemise; je vais en laine par pénitence.

BOYET.—Cela est vrai; et à Rome on lui a enjoint de s'abstenir de la toile; depuis ce temps, je le jurerais, il n'en a porté aucune, si ce n'est un vieux lange de Jacquinette; et cela il le porte près de son cœur comme un gage de sa maîtresse.

(Entre Mercade.)

MERCADE.—Dieu conserve vos jours, madame!

LA PRINCESSE.—Soyez le bienvenu, Mercade; vous nous faites tort pourtant, en interrompant notre divertissement.

MERCADE.—J'en suis bien fâché, madame; car la nouvelle que j'apporte pèse cruellement sur ma langue. Le roi votre père....

LA PRINCESSE.—Est mort, sur ma vie?

MERCADE.—Oui, madame : mon message est fini.

BIRON, *aux acteurs*.—Messieurs les héros, retirez-vous. La scène commence à se rembrunir.

ARMADO.—Quant à moi, je respire librement : j'ai jusqu'ici vu les affronts qu'on m'a faits, par le petit trou de la prudence, et je me ferai justice comme un vrai guerrier.

(Les héros sortent.)

LE ROI, *à la princesse*.—Dans quelles dispositions se trouve Votre Altesse?

LA PRINCESSE, *à Boyet*.—Boyet, préparez tout : je veux partir ce soir.

LE ROI.—Non pas si vite, madame : je vous en conjure, attendez encore.

LA PRINCESSE, *à Boyer*.—Préparez-vous, vous dis-je.—
(*Au roi et à ses seigneurs.*) Je vous remercie, mes gracieux seigneurs, de tous vos galants efforts pour nous plaire : et je vous prie, du fond de mon âme qui vient d'être affligée, de daigner, dans votre rare sagesse, excuser et oublier l'excessive liberté de nos procédés et de nos contradictions. Si nous nous sommes comportées avec un excès de hardiesse dans nos mutuelles entrevues, et dans notre conversation ensemble, c'est la faute de votre politesse. (*Au roi.*) Adieu, noble prince. Un cœur oppressé de tristesse abrége les compliments. Excusez-moi si je ne donne qu'un mot de remerciement à l'importante requête que vous m'avez si facilement accordée.

LE ROI.—Il n'est rien que la fuite rapide du temps ne précipite et ne modifie ; et souvent, au moment où il force les hommes à se séparer, il décide ce qui n'aurait pu se terminer que par de longues discussions. Quoique la douleur peinte sur le front d'une fille défende le sourire galant de l'amour et la prière sacrée de la tendresse, qui voudrait triompher de vos regrets : cependant, puisque l'amour a été le premier objet de nos démarches, que les nuages de la tristesse ne le détournent pas du but où il se proposait d'arriver. Pleurer des amis perdus n'est pas, il s'en faut bien, aussi salutaire, aussi avantageux que de se réjouir d'avoir gagné de nouveaux amis.

LA PRINCESSE.—Je ne vous comprends point, et cela double mon chagrin.

BIRON.—Des paroles franches pénètrent mieux l'oreille et la douleur : comprenez donc mieux la pensée du roi ; c'est pour votre beauté que nous avons dépensé notre temps, et que nous nous sommes si mal acquittés de nos serments. Votre beauté, belles dames, a considérablement défiguré nos caractères, en façonnant nos humeurs dans un sens tout opposé à nos intentions, et c'est là la cause de tout ce qui vous a paru ridicule en nous. L'amour est plein d'écarts qui offensent les bienséances, il est tout folâtre comme un enfant, toujours sautillant et toujours frivole ; comme il se forme par les yeux, il est comme l'œil, rempli d'habitudes étranges, de formes bizarres ; il varie sans cesse les objets, comme l'œil qui, en roulant, reçoit les images successives de tous les objets qui se présentent à ses regards ;—si ces bigarrures changeantes du volage amour, qui ont masqué nos caractères, ont paru, à vos beaux yeux, se mal associer avec nos serments et la gravité des personnages, ce sont ces yeux célestes, témoins de nos fautes, qui nous ont excités à les commettre. Ainsi, belles dames, puisque notre amour est vôtre, l'erreur qu'a produite l'amour est vôtre également. Si nous devenons parjures à nous-mêmes, c'est par un parjure qui nous rend à jamais fidèles à celles qui nous font violer et garder notre foi, à vous, belles dames ; et cette fausseté qui, par elle-même, est un crime, s'épure par son objet, et devient vertu.

LA PRINCESSE. — Nous avons reçu vos lettres pleines d'amour, vos présents, messagers d'amour ; et, dans notre conseil de femmes, nous les avons évalués à une simple galanterie, à une agréable plaisanterie, à une pure politesse ; comme des paroles insignifiantes, destinées à faire passer le temps ; nous n'y avons pas attaché plus d'importance que cela ; et, dans cette opinion, nous avons reçu vos propositions d'amour pour ce qu'elles valaient à nos yeux, comme un simple passe-temps.

DUMAINE.—Nos lettres, madame, montraient quelque chose de plus qu'un simple badinage.

LONGUEVILLE.—Et nos regards aussi.

ROSALINE.—Nous n'en avons pas jugé ainsi.

LE ROI.—A présent, à la dernière minute de l'heure qui nous sépare, accordez-nous votre amour.

LA PRINCESSE.—Une minute est, je pense, un temps trop court pour terminer un marché éternel ; non, non, seigneur, Votre Altesse a commis un parjure, c'est un crime de la tendresse ; et en conséquence, voici ma proposition.—Si, par amour pour moi (amour encore bien gratuit de votre part), vous voulez faire quelque sacrifice, vous ferez celui-ci à ma considération. Je ne veux point me fier à votre serment; mais allez promptement vous renfermer dans quelque ermitage solitaire et désert, éloigné de tous les plaisirs du monde; restez-y jusqu'à ce que les douze signes célestes aient complétement rendu leur compte annuel. Si cette vie austère et privée de toute société ne change rien à votre offre faite dans l'ardeur du sang; si les gelées, les jeûnes, la tristesse de l'habitation, et de grossiers habillements ne fanent pas cette fragile fleur d'amour, mais qu'elle résiste à cette longue épreuve, et que vos sentiments persévèrent; alors, à l'expiration de l'année, venez me réclamer au nom du mérite de ce noviciat; et, je le jure par cette main virginale qui s'unit maintenant à la vôtre, je serai à vous. Jusqu'à ce terme, je vais enfermer ma triste existence dans une maison de deuil, versant les pleurs de la douleur sur le souvenir de mon père. Si vous vous refusez à cette convention, que nos mains se désunissent, sans prétendre à aucun droit sur le cœur l'un de l'autre.

LE ROI.—Si je refusais cette épreuve, ou toute autre plus pénible encore; si je refusais de laisser dormir dans le repos toutes mes facultés, que la main soudaine de la mort vienne fermer à l'instant mes yeux; de ce moment mon cœur vole dans votre sein.

BIRON.—Et moi, chère amante, et moi, quelle sera ma pénitence?

ROSALINE.—Il faut aussi vous purifier; vos péchés sont en grand nombre, vous êtes coupable de parjure; si donc vous prétendez à mes faveurs, vous passerez un mois à visiter les lits des malades.

DUMAINE.—Et moi, ma belle, et moi, quelle sera la mienne?

CATHERINE.—Une femme!—Plus de barbe, une belle santé et l'honnêteté; voilà les trois souhaits que forme pour vous mon amour.

DUMAINE.—Puis-je répondre : « Je vous rends grâces, aimable épouse? »

CATHERINE.—Non pas, seigneur.—Pendant un an et un jour, je n'écouterai pas un mot des doux propos que les galants débitent d'un visage flatteur. Lorsque le roi viendra retrouver notre princesse, alors, si j'ai beaucoup d'amour, je vous en donnerai un peu.

DUMAINE. — Je vous servirai jusqu'à ce terme avec loyauté et fidélité.

CATHERINE. — Mais ne le jurez pas, de crainte d'un second parjure.

LONGUEVILLE. — Et que dit Marie ?

MARIE. — A la fin des douze mois révolus, j'échangerai ma robe de deuil contre un fidèle ami.

LONGUEVILLE. — J'attendrai avec patience ; mais le terme est bien long.

MARIE. — Il vous en ressemble mieux ; il est peu de jeunes cavaliers plus longs, plus grands que vous.

BIRON. — Ma belle Rosaline médite-t-elle ? Ma maîtresse, regardez-moi, considérez la fenêtre de mon cœur, ce sont mes yeux ; voyez l'humble respect peint dans mes regards qui attendent votre réponse. Imposez-moi quelque service pour vous prouver mon amour.

ROSALINE. — J'avais souvent ouï parler de vous, seigneur Biron, avant que j'eusse eu l'avantage de vous voir, et la vaste langue de l'univers vous peignait comme un homme fécond en railleries, en comparaisons plaisantes, en sarcasmes mordants que vous lancez sur toutes les conditions qui se trouvent exposées à la merci des traits de votre esprit. Pour déraciner cette herbe amère de votre cerveau trop fertile et mériter mes bonnes grâces, si vous êtes jaloux de les acquérir (et sans cela je ne serai jamais à vous), il faut que, pendant ces douze mois, vous visitiez tous les jours les malades muets, et que vous conversiez à toute heure avec les malheureux gémissants dans leurs maux ; et votre tâche sera de réunir tous les efforts et toutes les ressources de votre esprit pour forcer au rire le malade tourmenté de faiblesse et de douleurs.

BIRON. — Exciter le sourire dans la bouche de la mort ! cela ne se peut pas, cela est impossible ; la joie ne peut entrer dans une âme à l'agonie.

ROSALINE. — Eh bien ! c'est là le vrai moyen de réprimer un esprit railleur, dont les écarts sont le fruit d'applaudissements indiscrets, que des auditeurs, à tête vide et rieurs, donnent à ses folies. Le succès d'un bon mot dépend de l'oreille qui l'entend, et jamais de la langue qui le dit. Ainsi donc, si les oreilles des malades, assourdies par les clameurs de leurs propres gémissements, veulent se prêter à entendre vos vaines railleries, alors continuez sur ce ton, et je consens à vous accepter avec ce défaut; mais si elles ne veulent pas les entendre, alors défaites-vous de ce genre d'esprit, et je vous retrouverai corrigé de ce défaut et tout joyeux de votre réforme.

BIRON.—Douze mois entiers? Allons, arrive ce qui voudra : je consens à aller plaisanter pendant douze mois dans un hôpital.

LA PRINCESSE, *qui s'entretenait à part avec le roi.*—Oui, noble prince ; et je prends congé de vous.

LE ROI.—Non, madame ; nous voulons vous accompagner et vous mettre dans votre route.

BIRON.—Notre amour ne finit pas comme nos anciennes pièces : Jeannot n'a pas sa Jeannette. Si ces dames avaient voulu, elles auraient pu donner à notre scène le dénoûment d'une comédie.

LE ROI.—Allons, seigneurs, il n'y a plus que douze mois et un jour à passer, et le dénoûment viendra.

BIRON.—Cela est trop long pour une pièce.

(Entre Armado.)

ARMADO.—Gracieuse Majesté, daignez m'accorder....

LA PRINCESSE.—N'est-ce pas là notre Hector?

DUMAINE.—Oui, le preux chevalier de Troie.

ARMADO.—Que je baise votre doigt royal, et que je prenne congé de vous. Je suis lié par un vœu ; j'ai promis à Jacquinette de tenir pour l'amour d'elle la charrue pendant trois ans : mais, très-renommée Altesse, vous plaît-il d'entendre le dialogue que deux savants ont compilé à la louange de la chouette et du coucou? Il aurait dû suivre immédiatement la fin de notre spectacle.

LE ROI.—Nous le voulons bien : faites-les paraître promptement.

ARMADO, *aux acteurs.*—Holà ! avancez. (*Entrent Holo-*

ferne, *Nathaniel, Moth, Costard, et autres.*) De ce côté est
*Hyems,* l'Hiver.—De celui-ci est *Ver,* le Printemps : l'un
est ami de la *chouette,* et l'autre du *coucou.*—Printemps,
commence.

    LE PRINTEMPS, *chante les deux couplets suivants.*

Quand la marguerite étoilée et la violette azurée,
Quand la primevère argentée
Et les marguerites d'or
Émaillent les prés de riantes couleurs,
Le coucou alors, de feuillage en feuillage,
Se moque des maris en chantant
    *Coucou,*
Coucou, coucou.—O mot redoutable !
Fatal à l'oreille d'un époux.

Quand les bergers enflent leur chalumeau d'avoine ;
Quand l'alouette joyeuse sonne le réveil du laboureur ;
Quand les tourterelles se caressent, et roucoulent et
    murmurent,
Et que la jeune bergère blanchit son linge,
Alors, etc.

    L'HIVER, *chante à son tour.*

Quand les glaçons brillent aux toits;
Quand le berger Guillot souffle dans ses doigts ;
Quand Pierrot entasse des souches dans le foyer;
Quand le lait gèle et durcit dans le vase,
Que le sang se glace et que les chemins se salissent,
Alors la chouette effrayante chante dans la nuit
    *Toou oüe,*
Tou oüe, to oüe. Note faite pour plaire !

Quand la grosse Jeanne écume son pot;
Quand tous les vents sifflent déchaînés ;
Que la toux emporte le prône du pasteur,
Que les oiseaux sont blottis dans la neige ;
Quand le froid rougit le nez de Marianne ;
Quand les pommes rôties sifflent sur le feu,
Alors la chouette effrayante, etc.

ARMADO.—Après les chants d'Apollon, Mercure offense

l'oreille.—Vous, sortez de ce côté ; et vous, de celui-ci ¹.
(Tous sortent.)

¹ Holoferne représente un pédant ou maître de langues, contemporain du poëte, nommé *Jean Florio*, maître d'italien à Londres. Sa profession est cause qu'il débite tant de sentences italiennes dans sa conversation. Dans un de ses ouvrages il désigne clairement Shakspeare, furieux de ce qu'il l'avait joué sur le théâtre. — « Qu'Aristophane, dit-il, et ses comédiens fassent des pièces, et injurient Socrate ; tout ce qu'ils font pour le diffamer ne sert qu'à rehausser l'éclat de sa vertu. » Il parle aussi d'un sonnet d'un de ses amis (cet ami, c'était sans doute lui-même), qu'on avait parodié selon toute apparence dans le sonnet de cette pièce : *The praiseful princess*, etc. On voit aussi que le même Florio aimait l'allitération, cette ridicule affectation de plusieurs mots commençant par la même lettre. — Il signait, le résolu Jean Florio. C'est la férocité du caractère de cet Italien qui lui fait donner par Shakspeare le nom que Rabelais donne à son pédant Thubal, *Holoferne*. Warburton cite ce personnage comme un des rares exemples de satire personnelle que Shakspeare se soit permis.

FIN DU CINQUIÈME ET DERNIER ACTE.

# PÉRICLÈS

TRAGÉDIE

# NOTICE SUR PÉRICLÈS

Si cette étrange tragédie doit être rangée parmi les productions de Shakspeare [1], il est incontestable qu'elle appartient, et à la jeunesse du poëte, et à l'enfance de l'art. Malone ne croit pas qu'il existe en anglais une pièce plus incorrecte, plus défectueuse, et par la versification, et par l'invraisemblance du plan général. Le héros, vrai coureur d'aventures, voyage continuellement. Un acte entier se passe dans un mauvais lieu, etc., etc.; il est même une scène qui indigne tellement un commentateur (je crois que c'est Steevens), qu'il déclare qu'un des personnages mériterait le fouet, et que l'autre, tout roi qu'il est, devrait être renvoyé dans les coulisses à coups de pied. Il est nécessaire cependant pour l'histoire de l'art de faire connaître ses premiers efforts, et, pour l'histoire du goût, d'apprécier ces ébauches informes qui étaient applaudies chaque soir, dans leur temps, et imprimées in-4°, comme *Périclès*, avec le titre d'*admirable tragédie*. On se demandera peut-être aussi comment, dans ces époques arriérées où une grange servait souvent de salle, on pouvait représenter des pièces d'une exécution aussi difficile que *Périclès*, dont la plus grande partie du dernier acte se passe en pleine mer et sur des vaisseaux. Les machinistes de notre opéra moderne seraient peut-être eux-mêmes embarrassés pour figurer la scène où le développement de l'action transporte ses per-

---

[1] Le docteur Malone, qui avait d'abord été d'un avis contraire, avoue que M. Steevens a eu raison de maintenir que *Périclès* a été seulement revu et corrigé par Shakspeare. Plusieurs scènes entières sont évidemment de lui.

sonnages. Il faut croire que l'imagination complaisante du spectateur se prêtait à la licence du poëte, et voyait sur le théâtre ce qui n'y existait pas : mer, vaisseaux, palais, forêts, etc.

L'histoire sur laquelle est fondée la tragédie de *Périclès*, dit Malone, auquel nous empruntons ces détails, est d'une antiquité reculée; on la trouve dans un livre jadis très-populaire, intitulé *Gesta Romanorum*, écrit, à ce qu'on suppose, il y a plus de cinq cents ans; elle est également racontée par le vieux Gower, dans sa *Confessio amantis*, livre VIII. Il existe en français un ancien roman sur le même sujet, intitulé *le roi Apollyn de Thyr*, par Robert Copland. Mais puisque l'auteur de *Périclès* a introduit Gower dans sa pièce, il est tout naturel de penser qu'il a suivi surtout l'ouvrage de ce poëte dont il a même évidemment emprunté plusieurs expressions.

Steevens cite plusieurs autres histoires de Périclès, tantôt appelé roi, tantôt prince, et plus souvent Apollonius que Périclès : nous ne donnerons que les titres de trois traductions françaises, en faisant observer qu'une histoire si populaire se recommandait d'elle-même aux poëtes dramatiques.

1º *La chronique d'Apollyn, roy de Thyr*, in-4º. Genève, sans date.

2º *Plaisante et agréable histoire d'Apollonius, prince de Tyr, en Afrique, et roi d'Antioche*, traduit par Gilles Corozet, in-8º, Paris, 1530.

3º Dans le septième volume des *Histoires tragiques* de François Belleforêt : *Accidents divers advenus à Apollonie, roy des Tyriens; ses malheurs sur mer, ses pertes de femme et fille, et la fin heureuse de tous ensemble.*

# PÉRICLÈS

## TRAGÉDIE

### PERSONNAGES

ANTIOCHUS, roi d'Antioche.
PÉRICLÈS, prince de Tyr.
HÉLICANUS,} seigneurs de Tyr.
ESCANÈS,    }
SIMONIDE, roi de Pentapolis [1].
CLÉON, gouverneur de Tharse.
LYSIMAQUE, gouverneur de Mitylène.
CÉRIMON, seigneur d'Éphèse.
THALIARD, seigneur d'Antioche.
PHILÉMON, valet de Cérimon.

LÉONIN, valet de Dionysa.
UN MARÉCHAL.
UN ENTREMETTEUR et SA FEMME.
BOULT, leur valet.
GOWER, personnage du chœur.
LA FILLE D'ANTIOCHUS.
THAISA, fille de Simonide.
DIONYSA, femme de Cléon.
MARINA, fille de Périclès et de Thaisa.
LYCHORIDA, nourrice de Marina.
DIANA.

SEIGNEURS, DAMES, CHEVALIERS, GENTILSHOMMES, MARINS, PIRATES, PÊCHEURS, MESSAGERS, etc.

La scène se passe dans diverses contrées.

## ACTE PREMIER

*Devant le palais d'Antiochus.—Des têtes sont disposées sur les remparts.*

*Entre GOWER.*

GOWER.—Le vieux Gower renaît de ses cendres pour répéter une ancienne histoire ; se soumettant de nouveau aux infirmités de l'homme pour charmer vos oreilles, et amuser vos yeux. Ce sujet fut jadis chanté la veille des fêtes : des seigneurs et des dames le lisaient alors comme récréation : son but est de rendre le monde plus vertueux ; *et quo antiquius eo melius*. Si vous, qui êtes

[1] Ville imaginaire.

nés dans ces temps modernes où l'esprit est plus cultivé, vous acceptiez mes vers, si le chant d'un vieillard pouvait vous donner quelque plaisir, je désirerais jouir encore de la vie pour la consumer pour vous, comme la flamme d'une torche.

La ville que vous voyez fut bâtie par Antiochus le Grand, pour être sa capitale ; c'est la plus belle cité de la Syrie. (Je répète ce que dit mon auteur.) Ce monarque prit une épouse qui en mourant laissa une fille si aimable, si gracieuse, et si belle, qu'il semblait que le ciel l'eût comblée de tous ses dons. Le père conçut de l'amour pour elle, et la provoqua à l'inceste. Père coupable ! engager son enfant à faire le mal, c'est ce que nul ne devrait faire. La longue habitude leur persuada que ce qu'ils avaient commencé n'était pas un péché. La beauté de cette fille criminelle fit accourir plusieurs princes pour la demander en mariage et jouir de ses charmes. Pour la garder et éloigner d'elle les autres hommes, le père déclara, par une loi, que celui qui la voudrait pour sa femme devinerait une énigme sous peine de la vie. Plusieurs prétendants moururent pour elle, comme l'attestent les têtes exposées à vos regards : ce qui suit va être soumis au jugement de vos yeux, et je leur demande de l'indulgence pour ce spectacle.

(Il sort.)

## SCÈNE I

Antioche.— Appartement du palais.

ANTIOCHUS *entre avec* PÉRICLÈS *et sa suite.*

ANTIOCHUS.—Jeune prince de Tyr, vous êtes instruit du danger de ce que vous osez entreprendre.

PÉRICLÈS.—Oui, Antiochus, et mon âme, enhardie par la gloire qui l'attend, compte pour rien la mort que je risque.

(Musique.)

ANTIOCHUS.—Amenez notre fille, parée comme une fiancée, et digne des embrassements de Jupiter lui-même. A sa naissance (où présida Lucine), la nature la combla de ses dons; et toutes les planètes s'assemblèrent pour réunir en elle leurs différentes perfections.

(Entre la fille d'Antiochus.)

PÉRICLÈS.—Voyez-la venir, parée comme le printemps. Les grâces sont ses sujettes, et sa pensée, reine des vertus, dispense la gloire aux mortels. Son visage est le livre des louanges, où l'on ne lit que de rares plaisirs, comme si le chagrin en était expulsé pour toujours, et que la colère farouche ne pût jamais être la compagne de sa douceur. O vous, dieux qui me créâtes homme et sujet de l'amour, vous qui avez allumé dans mon sein le désir de goûter le fruit de cet arbre céleste ou de mourir dans l'aventure, soyez mes soutiens; fils et serviteur de vos volontés, que je puisse obtenir cette félicité infinie.

ANTIOCHUS.—Prince Périclès....

PÉRICLÈS.—Qui voudrais être fils du grand Antiochus.

ANTIOCHUS.—Devant toi est cette belle Hespéride avec ses fruits d'or qu'il est dangereux de toucher, car des dragons qui donnent la mort sont là pour t'effrayer. Son visage, comme le ciel, t'invite à contempler une gloire inestimable à laquelle le mérite seul peut prétendre, tandis que tout ton corps doit mourir par l'imprudence de ton œil, si le mérite te manque. Ces princes jadis fameux, amenés ici comme toi par la renommée, et rendus hardis par le désir, avec leur langue muette et leurs pâles visages qui n'ont d'autres linceuls que ce champ d'étoiles, t'avertissent qu'ils ont péri martyrs dans la guerre de Cupidon. Leurs joues mortes te dissuadent de te jeter dans le piège inévitable de la mort.

PÉRICLÈS.—Antiochus, je te remercie : tu as appris à ma nature mortelle à se connaître et tu prépares mon corps à ce qu'il sera un jour, par la vue de ces objets hideux. Car le souvenir de la mort devrait être comme un miroir qui nous fait voir que la vie n'est qu'un souffle : s'y fier est une erreur. Je ferai donc mon testament; et comme font ces malades qui connaissent le monde, voient le ciel, mais qui, sentant la douleur, ne tiennent plus comme autrefois aux plaisirs de ce monde. Je te lègue donc une heureuse paix à toi et à tous les hommes vertueux, comme devraient l'être tous les princes : je laisse mes richesses à la terre d'où elles sont sorties.—Et à vous (*à la fille d'Antiochus*) la pure flamme de mon amour.—Ainsi préparé au voyage de la vie ou de la mort, j'attends le coup fatal, Antiochus, et je méprise tous tes avis.

ANTIOCHUS.—Lis donc cette énigme : si tu ne l'expliques pas, la loi veut que tu périsses comme ceux qui sont devant toi.

LA FILLE D'ANTIOCHUS.—En tout, sauf en cela, puisses-tu être heureux ! En tout, sauf en cela, je te souhaite du bonheur.

PÉRICLÈS.—Comme un vaillant champion, j'entre dans la lice, et je ne demande conseil qu'à ma fidélité et à mon courage.

(Il lit l'énigme.)

Je ne suis pas une vipère, et cependant je me nourris
De la chair de la mère qui m'engendra :
Je cherchai un époux, et dans ma recherche
Je le trouvai dans un père.
Il est père, fils et tendre époux ;
Moi, je suis mère, femme, et cependant sa fille.
Comment toutes ces choses peuvent-elles être en deux
    Si tu veux vivre, devine-le.             [personnes?]

Triste alternative de cette dernière ligne ! Mais, ô vous, puissances qui avez donné au ciel d'innombrables yeux pour voir les actions des hommes, pourquoi n'obscurcissent-ils pas sans cesse leurs regards, si ce que je viens de lire en pâlissant est véritable ? (*Il prend la main de la princesse.*) Beau cristal de lumière, je vous aimais et vous aimerais encore si cette noble cassette ne contenait pas le crime ; mais je dois vous dire....—Ah ! mes pensées se révoltent, car il n'est pas honnête homme celui qui, sachant que le crime est en dedans, touche la porte. Vous êtes une belle viole, et vos sens en sont les cordes. Touchée par une main légitime, votre harmonie ferait abaisser les cieux et rendrait les dieux attentifs.

Mais touchée avant votre temps, c'est l'enfer seul que vos sons discordants réjouissent.—En bonne conscience... je renonce à vous.

ANTIOCHUS.—Prince Périclès, ne la touchez pas, sous peine de perdre la vie. C'est un point aussi dangereux pour vous que le reste. D'après notre loi, votre temps est expiré : ou devinez, ou subissez votre sentence.

PÉRICLÈS.—Grand roi, peu de personnes aiment à entendre citer les crimes qu'ils aiment à commettre; ce serait vous outrager que de m'expliquer davantage. Celui qui a le registre de tout ce que font les monarques agit plus sûrement en le tenant fermé qu'ouvert. Là, le vice qu'on dénonce est comme le vent errant, qui, pour se répandre au loin, jette de la poussière aux yeux des hommes, et la fin de cela c'est que le vent passe, et que la vue malade s'éclaircit. Arrêter le vent leur serait funeste. La taupe aveugle pousse des monticules arrondis vers le ciel, pour dire que la terre est opprimée par les crimes de l'homme; le pauvre animal est puni de mort pour cela. Les rois sont les dieux de la terre. Dans le vice, leur volonté est leur loi. Si Jupiter s'égare, qui osera dire que Jupiter fait le mal? Il suffit que vous sachiez... Et il convient d'étouffer ce qui deviendrait pire encore, si on le connaissait. Chacun aime le sein qui le nourrit; permettez à ma langue d'aimer ma tête.

ANTIOCHUS, *à part*.—Que n'ai-je sa tête en mon pouvoir? Il a trouvé le sens de l'énigme.—Mais je vais user de ruse avec lui. (*Haut.*) Jeune prince de Tyr, quoique, par la teneur de notre édit sévère, votre explication étant fausse, nous puissions procéder à votre supplice, cependant l'espérance que nous inspire votre belle jeunesse nous fait prendre une autre résolution. Nous vous accordons encore quarante jours de répit. Si au bout de ce terme notre secret est connu, cette clémence prouvera le plaisir que nous aurons à vous agréer pour notre fils. Jusqu'alors vous serez traité comme il convient à notre honneur et à votre mérite.

(Antiochus sort avec sa fille et sa suite.)

PÉRICLÈS.—Comme la courtoisie voudrait déguiser le

crime! Tout ce que je vois n'est que l'acte d'un hypocrite qui n'a de bon que ce qu'il laisse voir au dehors. S'il était vrai que j'eusse mal interprété l'énigme, tu ne serais pas assez coupable pour te livrer à l'inceste : tandis que tu es à la fois un père et un fils par ton coupable commerce avec ton enfant qui devait faire la joie d'un époux et non d'un père, ta fille ne serait pas condamnée à dévorer la chair de sa mère, en souillant la couche maternelle. Ils sont comme deux serpents qui, en se nourrissant des plus douces fleurs, n'en retirent que venin. Antiochus, adieu! La sagesse me dit que ceux qui ne rougissent pas d'actions plus noires que la nuit ne négligeront rien pour les dérober à la lumière! Un crime, je le sais, en provoque un autre. Le meurtre suit de près la luxure, comme la flamme la fumée. Le crime tient dans sa main la trahison, le poison et un bouclier pour écarter la honte. De peur que ma vie ne soit sacrifiée à votre honneur, je veux éviter le danger par la fuite.

(Antiochus rentre.) (Il sort.)

ANTIOCHUS.—Il a trouvé le mot de l'énigme, il trouvera la mort. Il ne faut pas le laisser vivre pour proclamer mon infamie et pour dire au monde le crime révoltant qu'a commis Antiochus. Que ce prince meure donc, et que sa mort sauve mon honneur. Holà! quelqu'un!

(Thaliard entre.)

THALIARD.—Votre Majesté m'appelle-t-elle?

ANTIOCHUS. — Thaliard, tu es de ma maison et le confident des secrets de mon cœur : ta fidélité fera ton avancement.—Thaliard, voici du poison et voici de l'or; nous haïssons le prince de Tyr, et tu dois le tuer. Il ne t'appartient pas de demander le motif de cet ordre. Dis-moi, cela suffit-il?

THALIARD.—Sire, cela suffit.

(Entre un messager.)

ANTIOCHUS.—Un instant! reprends haleine, et dis-nous pourquoi tu te hâtes tant.

LE MESSAGER.—Sire, le prince Périclès a pris la fuite.

(Il sort.)

ANTIOCHUS.—Si tu veux vivre, vole après lui, et, comme un trait lancé par un archer habile, atteins le but que ton œil a visé. Ne reviens que pour nous dire : Le prince Périclès est mort.

THALIARD.—Seigneur, si je puis le voir seulement à la portée de mon pistolet, je le tiens pour mort. Adieu donc.

(Il sort.)

ANTIOCHUS.—Thaliard, adieu ; jusqu'à ce que Périclès soit mort, mon cœur ne pourra secourir ma tête.

(Il sort.)

## SCÈNE II

Tyr.—Un appartement du palais.

**PÉRICLÈS, HÉLICANUS** *et autres seigneurs.*

PÉRICLÈS.—Que personne ne nous interrompe. Pourquoi ce poids accablant de pensées ? Triste compagne, la sombre mélancolie est chez moi une chose si habituelle qu'il n'est aucune heure du glorieux jour ou de la nuit paisible (tombe où devrait dormir tout chagrin) qui puisse m'apporter le repos. Ici les plaisirs courtisent mes yeux, et mes yeux les évitent, et le danger que je craignais est près d'Antiochus dont le bras semble trop court pour m'atteindre ici. Ni le plaisir ne peut ici charmer mon âme, ni l'éloignement du péril ne peut me consoler. Telles sont ces passions qui, nées d'une fatale terreur, sont entretenues par l'inquiétude. Ce qui n'était jadis qu'une crainte de ce qui pouvait arriver s'est changé en précaution contre ce qui peut arriver encore. Voilà ma position. Le grand Antiochus (contre lequel je ne puis lutter, puisque vouloir et agir sont pour lui même chose) croira que je parlerai lors même que je lui jurerai de garder le silence. Il ne me servira guère de lui dire que je l'honore, s'il soupçonne que je puis le déshonorer ; il fera tout pour étouffer la voix qui pourrait le faire rougir ; il couvrira la contrée de troupes ennemies et déploiera un si terrible appareil de guerre que mes États perdront tout courage ; mes soldats seront vaincus avant de combattre, et mes sujets punis d'une offense qu'ils n'ont pas commise. C'est mon inquiétude pour eux et non une crainte égoïste (je ne suis que comme la cime des arbres qui protége les racines qui l'avoisinent), qui fait languir mon corps et mon âme. Je suis puni même avant qu'Antiochus m'ait attaqué.

PREMIER SEIGNEUR.—Que la joie et le bonheur consolent votre auguste cœur.

SECOND SEIGNEUR.— Conservez la paix dans votre cœur jusqu'à votre retour.

HÉLICANUS.—Silence, silence, seigneurs, et laissez parler l'expérience. Ils abusent le roi, ceux qui le flattent. La flatterie est le soufflet qui enfle le crime. Celui qu'on flatte n'est qu'une étincelle à laquelle le souffle de la flatterie donne la chaleur et la flamme, tandis que les remontrances respectueuses conviennent aux rois; car ils sont hommes, et peuvent se tromper. Quand le seigneur Câlin vous annonce la paix il vous flatte, et déclare la guerre à votre roi. Prince, pardonnez-moi, ou flattez-moi si vous voulez, mais je ne puis me mettre beaucoup plus bas que mes genoux.

PÉRICLÈS.—Laissez-nous tous ; mais allez visiter le port pour examiner nos vaisseaux et nos munitions, et puis revenez. (*Les seigneurs sortent.*)—Hélicanus, toi, tu m'as ému. Que vois-tu sur mon front?

HÉLICANUS.—Un air chagrin, seigneur redoutable.

PÉRICLÈS.—Si le front courroucé des princes est si redouté, comment as-tu osé allumer la colère sur le mien?

HÉLICANUS.—Comment les plantes osent-elles regarder le ciel qui les nourrit?

PÉRICLÈS.—Tu sais que je suis maître de ta vie.

HÉLICANUS, *fléchissant le genou*.—J'ai moi-même aiguisé la hache, vous n'avez plus qu'à frapper.

PÉRICLÈS.—Lève-toi ; je t'en prie, lève-toi ; assieds-toi. Tu n'es pas un flatteur, je t'en remercie ; et que le ciel préserve les rois de fermer l'oreille à ceux qui leur révèlent leurs fautes. Digne conseiller et serviteur d'un prince, toi qui, par ta sagesse, rends le prince sujet, que veux-tu que je fasse?

HÉLICANUS.—Supportez avec patience les maux que vous vous attirez vous-même.

PÉRICLÈS.—Tu parles comme un médecin. Hélicanus, tu me donnes une potion que tu tremblerais de recevoir toi-même. Écoute-moi donc : je fus à Antioche, où, comme tu sais, au péril de ma vie, je cherchais une beauté célèbre qui pût me donner une postérité, cette arme des princes qui fait la joie des sujets. Son visage fut pour mes yeux au-dessus de toutes les merveilles ; le reste, écoute bien, était aussi noir que l'inceste. Je découvris le sens d'une énigme qui faisait la honte du père coupable ; mais celui-ci feignit de me flatter au lieu de me menacer. Tu sais qu'il est temps de craindre quand les tyrans semblent vous caresser. Cette crainte m'assaillit tellement que je pris la fuite à la faveur du manteau de la nuit qui me protégea. Arrivé ici, je songeais à ce qui s'était passé, à ce qui pourrait s'ensuivre. Je connaissais Antiochus pour un tyran ; et les craintes des tyrans, au lieu de diminuer, augmentent plus vite que leurs années. Et s'il venait à soupçonner (ce qu'il soupçonne sans doute) que je puis apprendre au monde combien de nobles princes ont péri pour le secret de son lit incestueux, afin de se débarrasser de ce soupçon, Antiochus couvrirait cette contrée de soldats, sous prétexte de l'outrage que je lui ai fait ; et tous mes sujets, victimes de mon offense, si c'en est une, éprouveraient les coups de la guerre qui n'épargne pas l'innocence : cette tendresse pour tous les miens (et tu es du nombre, toi qui me blâmes)....

HÉLICANUS.—Hélas ! seigneur.

PÉRICLÈS.—Voilà ce qui bannit le sommeil de mes yeux, le sang de mon visage ; voilà ce qui remplit mon cœur d'inquiétudes, quand je pense aux moyens d'arrêter cette tempête avant qu'elle éclate. Ayant peu d'espoir de prévenir ces malheurs, je croyais que le cœur d'un prince devait les pleurer.

HÉLICANUS.—Eh bien ! seigneur, puisque vous m'avez

permis de parler, je vous parlerai franchement. Vous craignez Antiochus, et vous n'avez pas tort; on peut craindre un tyran qui, soit par une guerre ouverte ou une trahison cachée, attentera à votre vie. C'est pourquoi, seigneur, voyagez pendant quelque temps, jusqu'à ce que sa rage et sa colère soient oubliées, ou que le destin ait tranché le fil de ses jours. Laissez-nous vos ordres : si vous m'en donnez, le jour ne sert pas plus fidèlement la lumière que je vous servirai.

PÉRICLÈS.—Je ne doute pas de ta foi ; mais s'il voulait empiéter sur mes droits en mon absence?

HÉLICANUS.—Nous verserons notre sang sur la terre qui nous donna naissance.

PÉRICLÈS.—Tyr, adieu donc ; et je me rends à Tharse, j'y recevrai de tes nouvelles et je me conduirai d'après tes lettres. Je te confie le soin que j'ai toujours eu et que j'ai encore de mes sujets : ta sagesse est assez puissante pour t'en charger, je compte sur ta parole, je ne te demande pas un serment. Celui qui ne craint pas d'en violer un en violera bientôt deux. Mais, dans nos différentes sphères, nous vivrons avec tant de sincérité, que le temps ne donnera par nous aucune preuve nouvelle de cette double vérité. Tu t'es montré sujet loyal, et moi bon prince.

(Ils sortent.)

## SCÈNE III

Tyr.—Un vestibule du palais.

*Entre* THALIARD.

THALIARD.—Voici donc Tyr et la cour. C'est ici qu'il me faut tuer le roi Périclès ; et si j'y manque, je suis sûr d'être tué à mon retour. C'est dangereux. Allons, je m'aperçois qu'il fut sage et prudent, celui qui, invité à demander ce qu'il voudrait à un roi, lui demanda de n'être admis à la confidence d'aucun de ses secrets. Je vois bien qu'il avait raison ; car si un roi dit à un homme d'être un coquin, il est obligé de l'être par son serment. Silence. Voici les seigneurs de Tyr.

(Hélicanus entre avec Escanès et autres seigneurs.)

HÉLICANUS.—Vous n'avez pas le choix, mes pairs de Tyr, de faire d'autres questions sur le départ de votre roi. Cette commission, marquée de son sceau, qu'il m'a laissée, dit assez qu'il est parti pour un voyage.

THALIARD, *à part.*—Quoi ! le roi est parti?

HÉLICANUS. — Si vous voulez en savoir davantage, comme il est parti sans prendre congé de vous, je vous donnerai quelques éclaircissements. Étant à Antioche...

THALIARD, *à part.*—Que dit-il d'Antioche?

HÉLICANUS.—Le roi Antiochus (j'ignore pourquoi) prit de l'ombrage contre lui, ou du moins Périclès le crut; et, craignant de s'être trompé ou d'avoir commis quelque faute, il a voulu montrer ses regrets en se punissant lui-même, et il s'est mis sur un vaisseau où sa vie est menacée à chaque minute.

THALIARD, *à part.*—Allons, je vois que je ne serai pas pendu, quand je le voudrais ; mais, puisqu'il est parti, le roi sera charmé qu'il ait échappé aux dangers de la terre pour périr sur mer.—Présentons-nous.—Salut aux seigneurs de Tyr.

HÉLICANUS.—Le seigneur Thaliard est le bienvenu de la part d'Antiochus.

THALIARD.—Je suis chargé par lui d'un message pour le prince Périclès ; mais depuis mon arrivée, ayant appris que votre maître est parti pour de lointains voyages, mon message doit retourner là d'où il est venu.

HÉLICANUS.—Nous n'avons aucune raison pour vous le demander, puisqu'il est adressé à notre maître et non à nous ; cependant, avant de vous laisser partir, nous désirons vous fêter à Tyr, comme ami d'Antiochus.

(Ils sortent.)

## SCÈNE IV

Tharse.—Appartement dans la maison du gouverneur.

**CLÉON** *entre avec* **DIONYSA** *et une suite.*

CLÉON.—Ma Dionysa, nous reposerons-nous ici pour essayer, par le récit des malheurs des autres, d'oublier les nôtres ?

DIONYSA.—Ce serait souffler le feu dans l'espoir de l'éteindre ; car celui qui abat les collines trop hautes ne fait qu'en élever de plus hautes encore. O mon malheureux père ! telles sont nos douleurs : ici, nous ne ferons que les sentir et les voir avec des yeux humides ; semblables à des arbres, si on les émonde, elles croissent davantage.

CLÉON.—O Dionysa ! quel est celui qui a besoin de nourriture, et qui ne le dit pas ? Peut-on cacher sa faim jusqu'à ce qu'on en meure ? Nos langues et nos chagrins font retentir notre douleur jusque dans les airs, nos yeux pleurent jusqu'à ce que nos poumons fassent entendre un son plus bruyant encore, afin que, si les cieux dorment pendant que leurs créatures sont dans la peine, ils puissent être appelés à leur secours. Je parlerai donc de nos anciennes infortunes ; et quand les paroles me manqueront, aide-moi de tes larmes.

DIONYSA.—Je ferai de mon mieux, ô mon père !

CLÉON.—Tharse, que je gouverne, cette cité sur laquelle l'abondance versait tous ses dons ; cette cité, dont les richesses se répandaient par les rues, dont les tours allaient embrasser les nuages ; cette cité, l'étonnement continuel des étrangers, dont les habitants étaient si parés de bijoux, qu'ils pouvaient se servir de miroir les uns aux autres ; car leurs tables étaient servies moins pour satisfaire la faim que le coup d'œil, toute pauvreté était méprisée, et l'orgueil si grand que le nom d'aumône était devenu odieux...

DIONYSA.—Cela est trop vrai.

CLÉON.—Mais voyez ce que peuvent les dieux! Ces palais délicats, que naguère la terre, la mer et l'air ne pouvaient contenter malgré l'abondance de leurs dons, sont maintenant privés de tout; ces palais, qui, il y a deux printemps, avaient besoin d'inventions pour charmer leur goût, seraient aujourd'hui heureux d'obtenir le morceau de pain qu'ils mendient. Ces mères, qui, pour amuser leurs enfants, ne croyaient pas qu'il y eût rien d'assez rare, sont prêtes maintenant à dévorer ces petits êtres chéris qu'elles aimaient. Les dents de la faim sont si cruelles, que l'homme et la femme tirent au sort pour savoir qui des deux mourra le premier pour prolonger la vie de l'autre. Ici pleure un époux, et là sa compagne; on voit tomber des foules entières, sans avoir la force de leur creuser un tombeau. N'est-ce pas la vérité?

DIONYSA.—Notre pâleur et nos yeux enfoncés l'attestent.

CLÉON.—Que les villes qui se désaltèrent à la coupe de l'abondance, et à qui elle prodigue les prospérités, écoutent nos plaintes au milieu de leurs banquets! le malheur de Tharse peut être un jour leur partage.

(Un seigneur entre.)

LE SEIGNEUR.—Où est le gouverneur?

CLÉON.—Ici. Déclare-nous les chagrins qui t'amènent ici avec tant de hâte; car l'espérance est trop loin pour que ce soit elle que nous attendions.

LE SEIGNEUR.—Nous avons signalé sur la plage voisine une flotte qui fait voile ici.

CLÉON.—Je m'en doutais : un malheur ne vient jamais sans amener un héritier prêt à lui succéder. Quelque nation voisine, prenant avantage de notre misère, a armé ces vaisseaux pour nous vaincre, abattus comme déjà nous le sommes, et faire de nous sa conquête sans se soucier du peu de gloire qu'elle en recueillera.

LE SEIGNEUR.—Ce n'est pas ce qu'il faut craindre; car leurs pavillons blancs déployés annoncent la paix, et nous promettent plutôt des sauveurs que des ennemis.

CLÉON.—Tu parles comme quelqu'un qui ignore que l'apparence la plus flatteuse est aussi la plus trompeuse.

Mais advienne que pourra ; qu'avons-nous à craindre ? la tombe est basse et nous en sommes à moitié chemin. Va dire au commandant de cette flotte que nous l'attendons ici pour savoir ce qu'il veut faire, d'où il vient, et ce qu'il veut.

LE SEIGNEUR.—J'y cours, seigneur.

(Il sort.)

CLÉON.—Que la paix soit la bienvenue, si c'est la paix qu'il nous apporte ; si c'est la guerre, nous sommes hors d'état de résister.

(Entre Périclès avec sa suite.)

PÉRICLÈS.— Seigneur gouverneur, car c'est votre titre, nous a-t-on dit ; que nos vaisseaux et nos guerriers ne soient pas comme un signal allumé qui épouvante vos yeux. Le bruit de vos malheurs est venu jusqu'à Tyr, et nous avons appris la désolation de votre ville : nous ne venons point ajouter à vos larmes, mais les tarir ; et nos vaisseaux, que vous pourriez croire remplis comme le cheval de Troie, de combattants prêts à tout détruire, ne sont pleins que de blé pour vous procurer du pain, et rendre la vie à vos corps épuisés par la famine.

TOUS.—Que les dieux de la Grèce vous protégent, nous prierons pour vous.

PÉRICLÈS.—Relevez-vous, je vous prie ; nous ne demandons point vos respects, mais votre amour, et un port pour nous, nos navires et notre suite.

CLÉON.—Si ce que vous demandez vous était jamais refusé, si jamais quelqu'un de nous était seulement ingrat en pensée, quand ce seraient nos femmes, nos enfants, ou nous-mêmes, que la malédiction du ciel et des hommes les punisse de leur lâcheté ! mais jamais pareille chose n'aura lieu ; jusque-là du moins, vous êtes le bienvenu dans notre ville et dans nos maisons.

PÉRICLÈS.—Nous acceptons ce bon accueil ; passons ici quelque temps dans les fêtes jusqu'à ce que nos étoiles daignent nous sourire de nouveau.

FIN DU PREMIER ACTE.

# ACTE DEUXIÈME

*Entre* GOWER.

GOWER.—Vous venez de voir un puissant roi entraîner sa fille à l'inceste, et un autre prince meilleur et plus vertueux se rendre respectable par ses actions et ses paroles. Tranquillisez-vous donc, jusqu'à ce qu'il ait échappé à la nécessité. Je vous montrerai comment ceux qui, supportant l'infortune, perdent un grain de sable et gagnent une montagne. Le prince vertueux, auquel je donne ma bénédiction est encore à Tharse où chacun écoute ce qu'il dit comme chose sacrée, et, pour éterniser le souvenir de ses bienfaits, lui décerne une statue d'or; mais d'autres nouveautés vont être représentées sous vos yeux : qu'ai-je besoin de parler?—(*Spectacle muet.— Périclès entre par une porte, parlant à Cléon, qui est accompagné d'une suite; par une autre porte entre un messager avec une lettre pour Périclès; Périclès montre la lettre à Cléon, ensuite il donne une récompense au messager. Cléon et Périclès sortent chacun de leur côté.*)—Le bon Hélicanus est resté à Tyr, ne mangeant pas le miel des autres comme un frelon. Tous ses efforts tendent à tuer les mauvais et à faire vivre les bons. Pour remplir les instructions de son prince, il l'informe de tout ce qui arrive à Tyr, et lui apprend que Thaliard était venu avec l'intention secrète de l'assassiner, et qu'il n'était pas sûr pour lui de rester plus longtemps à Tharse. Périclès s'est embarqué de nouveau sur les mers, si souvent fatales au repos de l'homme; le vent commence à souffler, le tonnerre et les flots font un tel tapage que le vaisseau qui aurait dû lui servir d'asile fait naufrage et se brise; le bon prince ayant tout perdu est porté de côte en côte par les vagues ; tout l'équipage a péri, lui seul s'échappe ; enfin la fortune, lasse d'être injuste, le jette sur un rivage ; il aborde, heureusement le voici. Excusez le vieux Gower de n'en pas dire davantage, il a été déjà assez long.

(Il sort.)

## SCÈNE I

Pentapolis.—Plaine sur le bord de la mer.

PÉRICLÈS *entre tout mouillé.*

PÉRICLÈS.—Apaisez votre colère, étoiles furieuses du ciel ; vent, pluie et tonnerre, souvenez-vous que l'homme mortel n'est qu'une substance qui doit vous céder, et je vous obéis comme ma nature le veut. Hélas ! la mer m'a jeté sur les rochers, après m'avoir transporté sur ses flots de rivage en rivage et ne me laissant d'autre pensée que celle d'une mort prochaine. Qu'il suffise à votre puissance d'avoir privé un prince de toute sa fortune ; repoussé de cette tombe humide, tout ce qu'il demande c'est de mourir ici en paix.

(Entrent trois pêcheurs.)

PREMIER PÊCHEUR.—Holà ! Pilch.

SECOND PÊCHEUR.—Holà ! viens et apporte les filets.

PREMIER PÊCHEUR.—Moi, vieux rapetasseur, je te dis !

TROISIÈME PÊCHEUR.—Que dites-vous, maître ?

PREMIER PÊCHEUR.—Prends garde à ce que tu fais ; viens, ou j'irai te chercher avec un croc.

TROISIÈME PÊCHEUR.—En vérité, maître, je pensais à ces pauvres gens qui viennent de faire naufrage à nos yeux, tout à l'heure.

PREMIER PÊCHEUR.—Hélas ! pauvres âmes ! cela me déchirait le cœur, d'entendre les cris plaintifs qu'ils nous adressaient quand nous avions peine à nous sauver nous-mêmes.

TROISIÈME PÊCHEUR.—Eh bien ! maître, ne l'avais-je pas dit en voyant ces marsouins[1] bondir. On dit qu'ils sont

---

[1] Le docteur Malone considère ce pronostic comme une super-

moitié chair et moitié poisson. Le diable les emporte !
ils ne paraissent jamais que je ne pense à être noyé ;
maître, je ne sais pas comment font les poissons pour
vivre dans la mer.

PREMIER PÊCHEUR.—Eh ! comme les hommes à terre :
les gros mangent les petits. Je ne puis mieux comparer
nos riches avares qu'à une baleine, qui se joue et chasse
devant elle les pauvres fretins pour les dévorer d'une
bouchée. J'ai entendu parler de semblables baleines à
terre, qui ne cessent d'ouvrir la bouche qu'elles n'aient
avalé toute la paroisse, église, clochers, cloches et tout.

PÉRICLÈS.—Jolie morale !

TROISIÈME PÊCHEUR.—Mais, notre maître, si j'étais le
sacristain, je me tiendrais ce jour-là dans le beffroi.

SECOND PÊCHEUR.—Pourquoi, mon camarade ?

TROISIÈME PÊCHEUR.—Parce qu'elles m'avaleraient aussi,
et qu'une fois dans leur ventre, je branlerais si fort les
cloches qu'elle finirait par tout rejeter, cloches, clochers,
église et paroisse. Mais si le bon roi Simonide était de
mon avis....

PÉRICLÈS.—Simonide !

TROISIÈME PÊCHEUR.—Nous purgerions la terre de ces
frelons qui volent les abeilles.

PÉRICLÈS.—Comme ces pêcheurs, d'après le marécageux sujet de la mer, peignent les erreurs de l'homme
et de leurs demeures humides ils passent en revue tout
ce que l'homme approuve et invente.—Paix à vos travaux, honnêtes pêcheurs.

SECOND PÊCHEUR. —Honnête !... bonhomme, qu'est-ce
que cela ?—Si c'est un jour qui vous convienne, effacez-le du calendrier, et personne ne le cherchera.

PÉRICLÈS.—Non, voyez, la mer a jeté sur votre côte....

SECOND PÊCHEUR.—Quelle folle d'ivrogne est la mer, de
te jeter sur notre chemin !

PÉRICLÈS.—Un homme que les flots et les vents, dans

stition des matelots ; mais le capitaine Cook, dans son second
voyage aux mers du Sud, dit aussi que les marsouins jouant autour du vaisseau annonçaient toujours un grand coup de vent.

ce vaste jeu de paume, ont pris pour balle, vous supplie d'avoir pitié de lui; il vous supplie, lui qui n'est pas habitué à demander.

PREMIER PÊCHEUR.—Quoi donc, l'ami, ne peux-tu mendier? Il y a des gens dans notre Grèce qui gagnent plus en mendiant que nous en travaillant.

SECOND PÊCHEUR.—Sais-tu prendre des poissons?

PÉRICLÈS.—Je n'ai jamais fait ce métier.

SECOND PÊCHEUR.—Alors tu mourras de faim; car il n'y a rien à gagner aujourd'hui, à moins que tu ne le pêches.

PÉRICLÈS.—J'ai appris à oublier ce que je fus; mais le besoin me force de penser à ce que je suis, un homme transi de froid; mes veines sont glacées et n'ont guère de vie que ce qui peut suffire à donner assez de chaleur à ma langue pour implorer vos secours. Si vous me les refusez, comme je suis homme, veuillez me faire ensevelir quand je serai mort.

PREMIER PÊCHEUR.—Mourir, dis-tu? que les dieux t'en préservent. J'ai un manteau ici, viens t'en revêtir; réchauffe-toi : approche. Tu es un beau garçon; viens avec nous, tu auras de la viande les dimanches, du poisson les jours de jeûne, sans compter les *poudings* et des gâteaux de pomme, et tu seras le bienvenu.

PÉRICLÈS.—Je vous remercie.

SECOND PÊCHEUR.—Ecoute, l'ami, tu disais que tu ne pouvais mendier?

PÉRICLÈS.—Je n'ai fait que supplier.

SECOND PÊCHEUR.—Je me ferai suppliant aussi, et j'esquiverai le fouet.

PÉRICLÈS.—Quoi! tous les mendiants sont-ils fouettés?

SECOND PÊCHEUR.—Non pas tous, l'ami; car si tous les mendiants étaient fouettés, je ne voudrais pas de meilleure place que celle de bedeau; mais notre maître, je vais tirer le filet.

(Les deux pêcheurs sortent.)

PÉRICLÈS.—Comme cette honnête gaieté convient à leurs travaux!

PREMIER PÊCHEUR.—Holà, monsieur, savez-vous où vous êtes?

PÉRICLÈS.—Pas trop.

PREMIER PÊCHEUR.—Je vais vous le dire : cette ville s'appelle Pentapolis, et notre roi est le bon Simonide.

PÉRICLÈS. Le bon roi Simonide, avez-vous dit?

PREMIER PÊCHEUR.—Oui, et il mérite ce nom par son règne paisible et son bon gouvernement.

PÉRICLÈS.—C'est un heureux roi, puisque son gouvernement lui mérite le titre de bon. Sa cour est-elle loin de ce rivage?

PREMIER PÊCHEUR. — Oui-dà, monsieur, à une demi-journée ; je vous dirai qu'il a une belle fille ; c'est demain le jour de sa naissance, et il est venu des princes et des chevaliers de toutes les parties du monde, afin de jouter dans un tournois pour l'amour d'elle.

PÉRICLÈS.—Si ma fortune égalait mes désirs, je voudrais me mettre du nombre.

PREMIER PÊCHEUR.—Monsieur, il faut que les choses soient comme elles peuvent être. Ce qu'un homme ne peut obtenir, il peut légitimement le faire pour... l'âme de sa femme.

(Les deux pêcheurs rentrent en tirant leur filet.)

SECOND PÊCHEUR.—A l'aide, maître, à l'aide, voici un poisson qui se débat dans le filet comme le bon droit dans un procès. Il y aura de la peine à le tirer.—Ah ! au diable !—Le voici enfin, et il s'est changé en armure rouillée.

PÉRICLÈS.—Une armure ! mes amis, laissez-moi la voir, je vous prie. Je te remercie, fortune, après toutes mes traverses, de me rendre quelque chose pour me rétablir ; je te remercie quoique cette armure m'appartienne et fasse partie de mon héritage ; ce gage me fut donné par mon père avec cette stricte recommandation répétée à son lit de mort : *Regarde cette armure, Périclès, elle m'a servi de bouclier contre la mort* (il me montrait ce brassard); *conserve-la parce qu'elle m'a sauvé ; dans un danger pareil, ce dont les dieux te préservent, elle peut te défendre aussi.* Je l'ai conservée avec amour jusqu'au moment où les vagues cruelles, qui n'épargnent aucun mortel, me l'arrachèrent dans leur rage ; devenues plus calmes, elles me la rendent. Je te remercie ; mon naufrage n'est plus un malheur, puisque je retrouve le présent de mon père.

PREMIER PÊCHEUR.—Monsieur, que voulez-vous dire?

PÉRICLÈS.—Mes bons amis, je vous demande cette armure qui fut celle d'un roi, je la reconnais à cette marque. Ce roi m'aimait tendrement, et pour l'amour de lui je veux posséder ce gage de son souvenir. Je vous prie aussi de me conduire à la cour de votre souverain où cette armure me permettra de paraître noblement, et, si ma fortune s'améliore, je reconnaîtrai votre bienveillance ; jusqu'alors je suis votre débiteur.

PREMIER PÊCHEUR.—Quoi ! voulez-vous combattre pour la princesse ?

PÉRICLÈS. — Je montrerai mon courage exercé à la guerre.

PREMIER PÊCHEUR.—Prends donc cette armure, et que les dieux te secondent.

SECOND PÊCHEUR. — Mais, écoutez-nous, l'ami, c'est nous qui avons tiré cet habit du fond de la mer ; il est certaines indemnités. Si vous prospérez, j'espère que vous vous souviendrez de ceux à qui vous le devez.

PÉRICLÈS.—Oui, crois-moi. Maintenant, grâce à vous, je suis vêtu d'acier ; et, en dépit de la fureur des vagues, ce joyau a repris sa place à mon bras. Il me servira à me procurer un coursier dont le pas joyeux réjouira tous ceux qui le verront. Seulement, mon ami, il me manque encore un haut-de-chausse.

SECOND PÊCHEUR.—Nous vous en trouverons ; je vous donnerai mon meilleur manteau pour vous en faire un, et je vous conduirai moi-même à la cour.

PÉRICLÈS.—Que l'honneur serve de but à ma volonté. Je me relèverai aujourd'hui, ou j'accumulerai malheur sur malheur.

(Ils sortent.)

## SCÈNE II

Place publique, ou plate-forme conduisant aux lices. Sur un des côtés de la place est un pavillon pour la réception du roi, de la princesse, et des seigneurs.

*Entrent* SIMONIDE, THAISA, *des seigneurs; suite.*

SIMONIDE.—Les chevaliers sont-ils prêts à commencer le spectacle?

PREMIER SEIGNEUR.—Ils sont prêts, seigneur, et n'attendent que votre arrivée pour se présenter.

SIMONIDE.—Allez leur dire que nous sommes prêts, et que notre fille, en l'honneur de qui sont célébrées ces fêtes, est ici assise comme la fille de la beauté que la nature créa pour l'admiration des hommes.

(Un seigneur sort.)

THAISA.—Mon père, vous aimez à mettre ma louange au-dessus de mon mérite.

SIMONIDE.—Cela doit être; car les princes sont un modèle que les dieux font semblable à eux. Comme les bijoux perdent leur éclat si on les néglige, de même les princes perdent leur fleur si l'on cesse de leur rendre hommage. C'est maintenant un honneur qui vous regarde, ma fille, d'expliquer les vues de chaque chevalier dans sa devise.

THAISA.—C'est ce que je ferai pour conserver mon honneur.

(Entre un chevalier. Il passe sur le théâtre, et son écuyer offre son écu à la princesse.)

SIMONIDE.—Quel est ce premier qui se présente?

THAISA.—Un chevalier de Sparte, mon illustre père. Et l'emblème qu'il porte sur son bouclier est un noir Éthiopien qui regarde le soleil; la devise est: *Lux tua vita mihi.*

SIMONIDE.—Il vous aime bien celui qui tient la vie de

vous. (*Un second chevalier passe.*) Quel est le second qui se présente ?

THAISA. — Un prince de Macédoine, mon noble père ! L'emblème de son bouclier est un chevalier armé, vaincu par une dame ; la devise est en espagnol : *Più per dulçura que per fuerça.*

(Un troisième chevalier passe.)

SIMONIDE. — Et quel est le troisième ?

THAISA. — Le troisième est d'Antioche ; son emblème est une guirlande de chevalier, avec cette devise : *Me pompæ provehit apex.*

(Un quatrième chevalier passe.)

SIMONIDE. — Quel est le quatrième ?

THAISA. — Il porte une torche brûlante renversée, avec ces mots : *Quod me alit me extinguit.*

SIMONIDE. — Ce qui veut dire que la beauté a le pouvoir d'enflammer et de faire périr.

(Un cinquième chevalier passe.)

THAISA. — Le cinquième a une main entourée de nuages, tenant de l'or éprouvé par une pierre de touche. La devise dit : *Sic spectanda fides.*

(Un sixième chevalier passe.)

SIMONIDE. — Et quel est le sixième et dernier, qui t'a présenté lui-même son bouclier avec tant de grâce ?

THAISA. — Il paraît étranger ; mais son emblème est une branche flétrie qui n'est verte qu'à l'extrémité, avec cette devise : *In hac spe vivo.*

SIMONIDE. — Charmante devise ! Dans l'état de dénûment où il est, il espère que par vous sa fortune se relèvera.

PREMIER SEIGNEUR. — Il avait besoin de promettre plus qu'on ne doit attendre de son extérieur ; car, à son armure rouillée, il semble avoir plus l'usage du fouet que de la lance.

SECOND SEIGNEUR. — Il peut bien être un étranger, car il vient à un noble tournoi avec un étrange appareil.

TROISIÈME SEIGNEUR. — C'est à dessein qu'il a laissé jusqu'à ce jour son armure se rouiller, pour la blanchir dans la poussière.

SIMONIDE.—C'est une folle opinion qui nous fait juger l'homme par son extérieur. Mais en voilà assez : les chevaliers s'avancent ; plaçons-nous dans les galeries.

(Il sortent.— Acclamations ; cris répétés de : *Vive le pauvre chevalier !*)

## SCÈNE III

*Salle d'apparat.— Banquet préparé.*

**SIMONIDE** *entre avec* **THAISA**, *les* **SEIGNEURS**, *les* **CHEVALIERS** *et suite.*

SIMONIDE.—Chevaliers ! vous dire que vous êtes les bienvenus, ce serait superflu ; exposer tout votre mérite aux yeux comme le titre d'un livre, ce serait impossible, car vos exploits rempliraient un volume, et la valeur se loue elle-même dans ses hauts faits. Apportez ici de la gaieté, car la gaieté convient à un festin. Vous êtes mes hôtes.

THAISA.—Mais vous, mon chevalier et mon hôte, je vous remets ce laurier de victoire, et vous couronne roi de ce jour de bonheur.

PÉRICLÈS.—Princesse, je dois plus à la fortune qu'à mon mérite.

SIMONIDE.—Dites comme vous voudrez ; la journée est à vous, et j'espère qu'il n'est personne ici qui en soit envieux. En formant des artistes, l'art veut qu'il y en ait de bons, mais que d'autres les surpassent tous ; vous êtes son élève favori. Venez, reine de la fête (car, ma fille, vous l'êtes) : prenez votre place ; et que le reste des convives soient placés, selon leur mérite, par le maréchal.

LES CHEVALIERS.—Le bon Simonide nous fait beaucoup d'honneur.

SIMONIDE.—Votre présence nous réjouit : nous aimons l'honneur, car celui qui hait l'honneur hait les dieux.

LE MARÉCHAL.—Seigneur, voici votre place.

PÉRICLÈS.—Une autre me conviendrait mieux.

PREMIER CHEVALIER.—Cédez, seigneur; car nous ne savons ni dans nos cœurs, ni par nos regards envier les grands ni mépriser les petits.

PÉRICLÈS.—Vous êtes de courtois chevaliers.

SIMONIDE. — Asseyez-vous, asseyez-vous, seigneur, asseyez-vous.

PÉRICLÈS.—Par Jupiter, dieu des pensées, je m'étonne que je ne puisse pas manger un morceau sans penser à elle!

THAISA.—Par Junon, reine du mariage, tout ce que je mange est sans goût; je ne désire que lui pour me nourrir. Certainement, c'est un brave chevalier!

SIMONIDE.—Ce n'est qu'un chevalier campagnard : il n'a pas plus fait que les autres; brisé une lance ou deux. —Oubliez cela.

THAISA.—Pour moi, c'est un diamant à côté d'un morceau de cristal.

PÉRICLÈS.—Ce roi est pour moi comme le portrait de mon père, et me rappelle sa gloire. Si des princes s'étaient assis autour de son trône comme des étoiles, il en eût été respecté comme le soleil : nul ne le voyait sans soumettre sa couronne à la suprématie de son astre; tandis qu'aujourd'hui son fils est un ver luisant dans la nuit, et qui n'aurait plus de lumière dans le jour. Je vois bien que le temps est le roi des hommes; il est leur père et leur tombeau, et ne leur donne que ce qu'il veut, non ce qu'ils demandent.

SIMONIDE.—Quoi donc! vous êtes contents, chevaliers?

PREMIER CHEVALIER.—Pourrait-on être autrement en votre présence royale?

SIMONIDE.—Allons, avec une coupe remplie jusqu'au bord (vous qui aimez, il faut boire à votre maîtresse), nous vous portons cette santé.

LES CHEVALIERS.—Nous remercions Votre Altesse.

SIMONIDE. — Arrêtez un instant; ce chevalier, il me semble, est là tout mélancolique, comme si la fête que nous donnons à notre cour était au-dessous de son mérite. Ne le remarquez-vous pas, Thaïsa?

THAISA.—Qu'est-ce que cela me fait, mon père?

SIMONIDE.—Écoutez, ma fille, les princes doivent imiter les dieux qui donnent généreusement à tous ceux qui viennent les honorer. Les princes qui s'y refusent ressemblent à des cousins qui bourdonnent avec bruit, et dont la petitesse étonne quand on les a tués. Ainsi donc, pour égayer sa rêverie, vidons cette coupe à sa santé.

THAISA.—Hélas! mon père, il ne convient pas d'être si hardie avec un chevalier étranger. Il pourrait s'offenser de mes avances, car les hommes prennent les dons des femmes pour des preuves d'impudence.

SIMONIDE.—Quoi donc! faites ce que je dis, ou vous me mettrez en courroux.

THAISA, *à part*.—J'atteste les dieux qu'il ne pouvait m'ordonner rien de plus agréable.

SIMONIDE.—Et ajoutez que nous désirons savoir d'où il est, son nom et son lignage.

THAISA.—Seigneur, le roi mon père a porté votre santé.

PÉRICLÈS.—Je le remercie.

THAISA.—En désirant que ce qu'il a bu fût autant de sang ajouté au vôtre.

PÉRICLÈS.—Je vous remercie, lui et vous, et vous réponds cordialement.

THAISA.—Mon père désire savoir de vous d'où vous êtes, votre nom et votre lignage.

PÉRICLÈS.—Je suis un chevalier de Tyr, mon nom est Périclès, mon éducation a été celle des arts et des armes : en courant le monde pour y chercher des aventures, j'ai perdu dans les flots mes vaisseaux et mes soldats, et c'est le naufrage qui m'a jeté sur cette côte.

THAISA.—Il vous rend grâces; il s'appelle Périclès, chevalier de Tyr, qui en courant les aventures a perdu ses vaisseaux et ses soldats, et a été jeté sur cette côte par le naufrage.

SIMONIDE.—Maintenant, au nom des dieux, je plains son infortune et veux le distraire de sa mélancolie. Venez, chevalier, nous donnons trop de temps à de vains plaisirs quand d'autres fêtes nous attendent. Armé comme vous êtes, vous pouvez figurer dans une danse guerrière. Je n'admets point d'excuse; ne dites pas que cette bruyante musique étourdit les dames, elles aiment les hommes en armes autant que leurs lits. (*Les chevaliers dansent.*) L'exécution a répondu à mon attente. Venez, chevalier, voici une dame qui veut avoir son tour ; j'ai entendu dire que vous autres chevaliers de Tyr vous excellez à faire sauter les dames, et que vous dansez plus en mesure que personne.

PÉRICLÈS.—Oui, seigneur, pour ceux qui veulent bien s'en contenter.

SIMONIDE.—Vous parlez comme si vous désiriez un refus. (*Les chevaliers et les dames dansent.*) Cessez, cessez, je vous remercie, chevaliers ; tous ont bien dansé, mais vous (*à Périclès*) le mieux de tous. Pages, prenez des flambeaux pour conduire ces chevaliers à leurs appartements. Quant au vôtre, seigneur, nous avons voulu qu'il fût tout près du nôtre.

PÉRICLÈS.—Je suis aux ordres de Votre Majesté.

SIMONIDE.—Princes, il est trop tard pour parler d'amour, car je sais que c'est le but auquel vous visez. Que chacun aille goûter le repos ; demain chacun fera de son mieux pour plaire.

(Ils sortent.)

## SCÈNE IV

Tyr.—Appartement dans le palais du gouverneur.

**HÉLICANUS** *entre avec* **ESCANÈS.**

HÉLICANUS.—Non, non, mon cher Escanès, apprends cela de moi.—Antiochus fut coupable d'inceste ; voilà pourquoi les dieux puissants se sont enfin lassés de tenir en réserve la vengeance due à son crime atroce. Au milieu même de sa gloire, lorsque dans l'orgueil de son pouvoir il était assis avec sa fille sur un char d'une inestimable valeur, un feu du ciel descendit et flétrit leurs corps jusqu'à les rendre des objets de dégoût. Ils répandaient une odeur si infecte qu'aucun de ceux qui les adoraient avant leur chute n'oseraient leur donner la sépulture.

ESCANÈS.—Voilà qui est étrange.

HÉLICANUS.—Et juste cependant : le roi était grand, mais sa grandeur ne pouvait être un bouclier contre le trait céleste, le crime devait avoir sa récompense.

ESCANÈS.—Cela est vrai.

(Entrent trois seigneurs.)

PREMIER SEIGNEUR.—Voyez, il n'y a pas un seul homme pour lequel, dans les conférences particulières ou dans le conseil, il ait les mêmes égards que pour lui.

SECOND SEIGNEUR.—Nous saurons enfin nous plaindre.

TROISIÈME SEIGNEUR.—Maudit soit celui qui ne nous secondera pas.

PREMIER SEIGNEUR.—Suivez-moi donc : seigneur Hélicanus, un mot.

HÉLICANUS.—Moi?—Soyez donc les bienvenus. Salut, seigneurs.

PREMIER SEIGNEUR.—Sachez que nos griefs sont au comble et vont enfin déborder.

HÉLICANUS.—Vos griefs! quels sont-ils? N'outragez pas le prince que vous aimez.

PREMIER SEIGNEUR.—Ne vous manquez donc pas à vous-même, noble Hélicanus : si le prince vit, faites-le-nous saluer, ou dites-nous quelle contrée jouit du bonheur de sa présence ; s'il est dans ce monde, nous le chercherons, s'il est dans le tombeau, nous l'y trouverons. Nous voulons savoir s'il vit encore pour nous gouverner ; ou, s'il est mort, nous voulons le pleurer et procéder à une élection libre.

SECOND SEIGNEUR.—C'est sa mort qui nous semble presque certaine. Comme ce royaume sans son chef, tel qu'un noble édifice sans toiture, tomberait bientôt en ruine, c'est à vous comme au plus habile et au plus digne que nous nous soumettons.—Soyez notre souverain.

TOUS.—Vive le noble Hélicanus!

HÉLICANUS.—Soyez fidèles à la cause de l'honneur ; épargnez-moi vos suffrages, si vous aimez le prince Périclès. Si je me rends à vos désirs, je me jette dans la mer, où il y a des heures de tourmente pour une minute de calme. Laissez-moi donc vous supplier de différer votre choix pendant un an encore en l'absence du roi. Si, ce terme expiré, il ne revient pas, je supporterai avec patience le joug que vous m'offrez. Si je ne puis vous amener à cette complaisance, allez, en nobles chevaliers et en fidèles sujets, chercher votre prince et les aventures : si vous le trouvez et le faites revenir, vous serez comme des diamants autour de sa couronne.

PREMIER SEIGNEUR.—Il n'y a qu'un fou qui ne cède pas à la sagesse; et puisque le seigneur Hélicanus nous le conseille, nous allons commencer nos voyages.

HÉLICANUS.—Vous nous aimez alors, et nous vous serrons la main. Quand les grands agissent ainsi de concert, un royaume reste debout.

(Ils sortent.)

## SCÈNE V

Pentapolis.—Appartement dans le palais.

*Entre* SIMONIDE *lisant une lettre ; les* CHEVALIERS *viennent à sa rencontre.*

PREMIER CHEVALIER.—Salut au bon Simonide !

SIMONIDE.—Chevaliers, ma fille me charge de vous dire qu'elle ne veut pas avant un an d'ici entrer dans l'état du mariage : ses motifs ne sont connus que d'elle, et je n'ai pu les pénétrer.

PREMIER CHEVALIER.—Ne pouvons-nous avoir accès auprès d'elle, seigneur ?

SIMONIDE.—Non, ma foi ! Elle s'est si bien renfermée dans sa chambre qu'on ne peut y entrer ; elle veut porter pendant un an encore la livrée de Diane : elle l'a juré par l'astre de Cynthie et sur son honneur virginal.

SECOND CHEVALIER.—C'est avec regret que nous prenons congé de vous.

(Ils sortent.)

SIMONIDE. — Les voilà bien congédiés : maintenant voyons la lettre de ma fille. Elle me dit qu'elle veut épouser le chevalier étranger, ou ne jamais revoir le jour ni la lumière. Madame, fort bien ; votre choix est d'accord avec le mien : j'en suis charmé. Comme elle fait la décidée avant de savoir si j'approuve ou non ! Allons, je l'approuve ; et je n'admettrai pas plus de retard. Doucement, le voici ; il me faut dissimuler.

(Entre Périclès.)

PÉRICLÈS.—Mille prospérités au bon Simonide !

SIMONIDE.—Recevez le même souhait ; je vous remercie de votre musique d'hier soir : je vous proteste que jamais mes oreilles ne furent ravies par une mélodie aussi douce.

PÉRICLÈS.—Je dois ces éloges à l'amitié de Votre Altesse et non à mon mérite.

SIMONIDE.—Seigneur, vous êtes le maître de la musique.

PÉRICLÈS.—Le dernier de tous ses écoliers, mon bon seigneur.

SIMONIDE.—Permettez-moi une question.—Que pensez-vous, seigneur, de ma fille ?

PÉRICLÈS.—Que c'est une princesse vertueuse.

SIMONIDE.—N'est-elle pas belle aussi ?

PÉRICLÈS.—Comme un beau jour d'été, merveilleusement belle.

SIMONIDE.—Ma fille, seigneur, pense de vous avantageusement ; au point qu'il faut que vous soyez son maître : elle veut être votre écolière, je vous en avertis.

PÉRICLÈS.—Je suis indigne d'être son maître.

SIMONIDE.—Elle ne pense pas de même : parcourez cet écrit.

PÉRICLÈS. — Qu'est-ce que ceci ? Elle aime, dit cette lettre, le chevalier de Tyr. (*A part.*) C'est une ruse du roi pour me faire mourir. O généreux seigneur, ne cherchez point à tendre un piége à un malheureux étranger qui ne prétendit jamais à l'amour de votre fille, et se contente de l'honorer.

SIMONIDE.—Tu as ensorcelé ma fille, et tu es un lâche.

PÉRICLÈS.—Non, de par les dieux ! Seigneur, jamais je n'eus une pensée capable de vous faire outrage ; je n'ai rien fait pour mériter son amour ou votre déplaisir.

SIMONIDE.—Traître, tu mens.

PÉRICLÈS.—Traître !

SIMONIDE.—Oui, traître.

PÉRICLÈS.—A tout autre qu'au roi, je répondrais qu'il en a menti par la gorge.

SIMONIDE, *à part.*—J'atteste les dieux que j'applaudis à son courage.

PÉRICLÈS. — Mes actions sont aussi nobles que mes pensées qui n'eurent jamais rien de bas. Je suis venu dans votre cour pour la cause de l'honneur, et non pour y être un rebelle ; et quiconque dira le contraire, je lui ferai voir par cette épée qu'il est l'ennemi de l'honneur.

SIMONIDE, *à part.*—Non !—Voici ma fille qui portera témoignage.

(Entre Thaïsa.)

PÉRICLÈS.—Vous qui êtes aussi vertueuse que belle, dites à votre père couronné si jamais ma langue a sollicité ou si ma main a rien écrit qui sentit l'amour.

THAISA.—Quand vous l'auriez fait, seigneur, qui s'offenserait de ce qui me rendrait heureuse ?

SIMONIDE.—Ah ! madame, vous êtes si décidée ? J'en suis charmé (*à part*). Je vous dompterai.—Voulez-vous sans mon consentement aimer un étranger ? (*à part*). Qui, ma foi, est peut-être mon égal par le sang.—Ecoutez-moi bien, madame, préparez-vous à m'obéir ; et vous, seigneur, écoutez aussi.... Ou soyez-moi soumis, ou je vous.... marie. Allons, venez, vos mains et vos actes doivent sceller ce pacte : c'est en les réunissant que je détruis vos espérances ; et, pour votre plus grand malheur, Dieu vous comble de ses joies.—Quoi, vous êtes contente ?

THAISA, *à Périclès.*—Oui, si vous m'aimez, seigneur.

PÉRICLÈS.—Autant que ma vie aime le sang qui l'entretient.

SIMONIDE.—Quoi, vous voilà d'accord ?

TOUS DEUX.—Oui, s'il plaît à Votre Majesté.

SIMONIDE.—Cela me plaît si fort que je veux vous marier ; allez donc le plus tôt possible vous mettre au lit.

FIN DU SECOND ACTE.

# ACTE TROISIÈME

—

*Entre* GOWER.

gower.—Maintenant le sommeil a terminé la fête. On n'entend plus dans le palais que des ronflements, rendus plus bruyants par un estomac surchargé des mets de ce pompeux repas de noces. Le chat, avec ses yeux de charbon ardent, se tapit près du trou de la souris, et les grillons qu'égaye la sécheresse chantent sous le manteau de la cheminée. L'hymen a conduit la fiancée au lit, où, par la perte de sa virginité, un enfant est jeté dans le moule. Soyez attentifs ; et le temps, si rapidement écoulé, s'agrandira, grâce à votre riche et capricieuse imagination ; ce qui va vous être offert en spectacle muet sera expliqué par mes paroles. — (*Pantomime.* — *Périclès entre par une porte avec Simonide, et sa suite. Un messager les aborde, s'agenouille, et donne une lettre à Périclès. Périclès la montre à Simonide. Les seigneurs fléchissent le genou devant le prince de Tyr. Entrent Thaïsa, enceinte, et Lychorida. Simonide communique la lettre à sa fille. Elle se réjouit. Thaïsa et Périclès prennent congé de Simonide et partent ; Simonide et les autres se retirent.*)

On a soigneusement cherché Périclès à travers les pays les plus terribles et les plus sombres, aux quatre coins opposés du monde ; on l'a cherché avec soin et diligence, à cheval, sur des navires, et sans épargner aucuns frais. Enfin la renommée répond à ces puissantes recherches. De Tyr à la cour de Simonide on apporte des lettres dont voici la teneur :

« Antiochus et sa fille sont morts. Les seigneurs ont
« voulu placer la couronne sur la tête d'Hélicanus ;
« mais il l'a refusée, se hâtant de leur dire, pour apaiser

« le tumulte, que, si le roi Périclès ne revient pas dans
« douze mois, il se rendra alors à leurs vœux. »

Cette nouvelle, apportée à Pentapolis, y a ravi toute la contrée; chacun applaudit et s'écrie : Notre jeune prince naîtra roi. Qui eût rêvé, qui eût deviné une semblable chose? Bref il faut qu'il parte pour Tyr. Son épouse, enceinte, désire partir. (Qui s'y opposerait?) Nous abrégeons le récit des pleurs et des regrets. Elle prend avec elle Lychorida, sa nourrice, et s'embarque. Le vaisseau se balance sur le sein de Neptune : la quille de leur vaisseau a fendu la moitié des ondes; mais nouveau caprice de la fortune : le nord envoie une telle tempête, que, semblable à un cygne qui plonge pour se sauver, le pauvre navire est la proie de sa furie. La dame pousse des cris, et se voit près d'accoucher d'effroi. Vous allez voir la suite de cet orage, dont je ne ferai pas le récit, ne pouvant pas espérer de m'en acquitter dignement. Représentez-vous par l'imagination le vaisseau sur lequel le prince, ballotté par les flots, est supposé parler.

(Gower sort.)

## SCÈNE 1

PÉRICLÈS *sur un vaisseau en mer.*

PÉRICLÈS.—O toi, dieu de ce vaste abîme, gourmande ces vagues qui lavent le ciel et la terre; et toi, qui gouvernes les vents, enferme-les dans leur prison d'airain, après les avoir fait sortir de l'abîme! Apaise ces tonnerres terribles et assourdissants! Éteins doucement les agiles éclairs de soufre! O Lychorida, comment se trouve ma reine? Tempête, vomiras-tu sur nous tout ton venin? Le sifflet du matelot est comme un faible murmure à l'oreille de la mort qui ne l'entend point. Lychorida, Lucina, ô divine patronne, et sage-femme, qui protége ceux qui gémissent dans la nuit, abaisse ta divinité sur ce navire battu par l'orage, abrége l'angoisse de la reine ! Eh bien ! Lychorida ?

(Lychorida entre avec un enfant.)

LYCHORIDA.—Voici un être trop jeune pour un tel lieu, et qui, s'il était doué déjà de la pensée, mourrait comme je me sens près de le faire. Recevez dans vos bras ce reste de votre épouse inanimée.

PÉRICLÈS.—Que dis-tu, Lychorida ?

LYCHORIDA.—Patience ; seigneur, n'assistez pas l'orage : voici tout ce qui vit encore de notre reine.... une petite fille ;—pour l'amour d'elle, soyez un homme et prenez courage.

PÉRICLÈS.—O vous, dieux ! nous faites-vous aimer vos célestes dons pour nous les enlever ? Nous du moins, ici-bas, nous ne redemandons pas ce que nous donnons, et en cela nous l'emportons sur vous.

LYCHORIDA.—Patience, bon prince, même dans ce malheur.

PÉRICLÈS.—Maintenant que ta vie soit calme ! car jamais enfant n'eut une naissance plus troublée ! Que ta destinée soit paisible et douce, car jamais fille de prince ne fut accueillie dans ce monde avec plus de sévérité. Puisse la suite être heureuse pour toi ! tu as une naissance aussi bruyante que le feu, l'air, l'eau, la terre et le ciel pouvaient te la procurer pour annoncer ta sortie du sein qui te conçut ; et déjà même tu as plus perdu que tu ne gagneras dans la vie.—Que les dieux bienveillants jettent sur elle un favorable regard.

(Deux matelots entrent.)

PREMIER MATELOT.—Eh bien ! avez-vous bon courage ? Dieu vous conserve !

PÉRICLÈS.—J'ai assez de courage. Je ne crains pas la tempête, elle m'a fait le plus grand mal qu'elle pût me faire ; cependant, pour l'amour de ce pauvre enfant, je souhaite que le ciel s'éclaircisse.

PREMIER MATELOT. — Relâche les cordages ; allons donc.... Souffle et fais tous tes efforts.

SECOND MATELOT.—Mais les vagues sombres vont caresser la lune : je ne puis.

PREMIER MATELOT.—Seigneur, la reine doit être jetée à la mer. La mer est si haute, le vent si violent qu'il ne se calmera que quand nous aurons débarrassé le vaisseau des morts.

PÉRICLÈS.—C'est une superstition.

PREMIER MATELOT.—Pardonnez-nous, seigneur; c'est une chose que nous avons toujours observée sur mer, et nous parlons sérieusement; rendez-vous donc, car il faut la jeter à la mer sans plus tarder.

PÉRICLÈS.—Faites ce que vous croirez nécessaire.—Malheureuse princesse!

LYCHORIDA.—C'est là qu'elle repose, seigneur.

PÉRICLÈS.—O mon amie, tu as eu un terrible accouchement, sans lumière, sans feu; les éléments ennemis t'ont complétement oubliée, et le temps me manque pour te rendre les honneurs de la sépulture; mais à peine déposée dans le cercueil, il faut que tu sois précipitée dans les flots! Au lieu d'un monument élevé à ta cendre et de lampe funéraire, l'énorme baleine et les vagues mugissantes recouvriront ton corps au milieu des coquillages. Lychorida, dis à Nestor de m'apporter des épices, de l'encre et du papier, ma cassette et mes bijoux. Dis à Méandre de m'apporter le coffre de satin. Couche l'enfant: va vite, pendant que je dis à Thaïsa un adieu religieux: hâte-toi, femme.

(Lychorida sort.)

SECOND MATELOT.—Seigneur, nous avons sous les écoutilles une caisse déjà enduite de bitume.

PÉRICLÈS.—Je te rends grâces, matelot.—Quelle est cette côte?

SECOND MATELOT.—Nous sommes près de Tharse.

PÉRICLÈS.—Dirigeons-y notre proue avant de continuer notre route vers Tyr. Quand pourrons-nous y aborder?

SECOND MATELOT.—Au point du jour, si le vent cesse.

PÉRICLÈS.—Oh! voguons vers Tharse. Je visiterai Cléon, car l'enfant ne vivrait pas jusqu'à Tyr: je le confierai à une bonne nourrice. Va naviguer, bon matelot; je vais apporter le corps. (Ils sortent.)

## SCÈNE II

Éphèse.—Appartement dans la maison de Cérimon.

*Entrent* CÉRIMON *avec* UN VALET *et quelques personnes qui ont fait naufrage.*

CÉRIMON.—Holà! Philémon.
(Philémon entre.)

PHILÉMON.—Est-ce mon maître qui appelle?

CÉRIMON.—Allume du feu et prépare à manger pour ces pauvres gens. La tempête a été forte cette nuit?

LE VALET.—J'ai vu plus d'une tempête, et jamais une semblable à celle de cette nuit.

CÉRIMON.—Votre maître sera mort avant votre retour : il n'est rien qui puisse le sauver. (*A Philémon.*)—Portez ceci à l'apothicaire, et vous me direz l'effet que le remède produira.
(Sortent Philémon, le valet et les naufragés.)
(Entrent deux Éphésiens.)

PREMIER ÉPHÉSIEN.—Bonjour, seigneur Cérimon.

SECOND ÉPHÉSIEN.—Bonjour à Votre Seigneurie.

CÉRIMON.—Pourquoi, seigneurs, vous êtes-vous levés si matin?

PREMIER ÉPHÉSIEN.—Nos maisons, situées près de la mer, ont été ébranlées comme par un tremblement de terre : les plus fortes poutres semblaient près d'être brisées, et le toit de s'écrouler. C'est la surprise et la peur qui m'ont fait déserter le logis.

SECOND ÉPHÉSIEN.—Voilà ce qui cause de si bon matin notre visite importune : ce n'est point un motif d'économie domestique.

CÉRIMON.—Oh! vous parlez bien.

PREMIER ÉPHÉSIEN.—Je m'étonne que Votre Seigneurie, ayant autour d'elle un si riche attirail, s'arrache de si bonne heure aux douces faveurs du repos. Il est étrange que la nature se livre à une peine à laquelle elle n'est pas forcée.

CÉRIMON. — J'ai toujours pensé que la vertu et le savoir étaient des dons plus précieux que la noblesse et la richesse. Des héritiers insouciants peuvent flétrir et dissiper ces deux derniers ; mais les autres sont suivis par l'immortalité qui fait un dieu de l'homme. Vous savez que j'ai toujours étudié la médecine, dont l'art secret, fruit de la lecture et de la pratique, m'a fait connaître les sucs salutaires que contiennent les végétaux, les métaux et les minéraux. Je puis expliquer les maux que la nature cause, et je sais les moyens de les guérir : ce qui me rend plus heureux que la poursuite des honneurs incertains, ou le souci d'enfermer mes trésors dans des sacs de soie pour le plaisir du *fou* et de la *mort*.

SECOND ÉPHÉSIEN. — Votre Seigneurie a répandu ses bienfaits dans Éphèse, où mille citoyens s'appellent vos créatures, rendues par vous à la santé ; — non-seulement votre science, vos travaux, mais encore votre bourse toujours ouverte, ont procuré au seigneur Cérimon une renommée que jamais le temps....

(Entrent deux valets avec une caisse.)

LE VALET. — Déposez ici.

CÉRIMON. — Qu'est-ce que cela ?

LE VALET. — La mer vient de jeter sur la côte ce coffre, qui provient de quelque naufrage.

CÉRIMON. — Déposez-le là, que nous l'examinions.

SECOND ÉPHÉSIEN. — Cela ressemble à un cercueil, seigneur.

CÉRIMON. — Quoi que ce soit, le poids est des plus lourds : ouvrez cette caisse. L'estomac de la mer est surchargé d'or : la fortune a eu raison de le faire vomir ici.

SECOND ÉPHÉSIEN. — Vous avez deviné, seigneur.

CÉRIMON. — Comme elle est goudronnée partout ! Est-ce la mer qui l'a jetée sur le rivage ?

LE VALET. — Je n'ai jamais vu de vague aussi forte que celle qui l'a apportée.

CÉRIMON. — Allons, ouvre-la. — Doucement, doucement ; quel parfum délicieux !

SECOND ÉPHÉSIEN. — C'est un baume exquis.

CÉRIMON.—Jamais je n'ai senti un plus doux parfum.
—Allons, dépêchons.—O Dieu tout-puissant!—Que vois-je? un cadavre!

PREMIER ÉPHÉSIEN.—Chose étrange!

CÉRIMON.—Il est enveloppé d'un riche linceul et de sacs pleins de parfums. Un écrit! Apollon, rends-moi habile à lire.

*(Il déroule un écrit et lit.)*

« Je donne à connaître, si jamais ce cercueil touche à
« terre, qu'il contient une reine plus précieuse que tout
« l'or du monde, et qu'elle a été perdue par moi, roi
« Périclès. Que celui qui la trouvera, lui donne la
« sépulture! Elle fut la fille d'un roi : les dieux récom-
« penseront sa charité : ce trésor lui appartient. »

Si tu vis, Périclès, ton cœur est déchiré de douleur.—Ce cercueil a été fait cette nuit.

SECOND ÉPHÉSIEN.—Probablement, seigneur.

CÉRIMON.—C'est sûrement cette nuit; car, voyez cet air de fraîcheur.—Ils ont été des barbares, ceux qui ont jeté cette femme à la mer! Allumez du feu; apportez ici toutes les boites de mon cabinet. La mort peut usurper l'empire de la nature pendant quelques heures, et le feu de la vie rallumer encore les sens assoupis. J'ai entendu parler d'un Égyptien qui passa pour mort pendant neuf heures, et qui, à force de soins, revint à la vie. *(Un valet entre avec des boîtes, du linge et du feu.)* Très-bien : du feu et du linge.—Je vous prie, faites entendre un air de musique, quelque rudes que soient vos instruments.—Ah! tu remues, corps insensible!—Ici la musique.—Je vous prie, encore un air.—Seigneurs, cette reine est vivante.—La nature se réveille.—Une douce chaleur s'en exhale : il n'y a pas plus de cinq heures qu'elle est dans cet état. Voyez comme la fleur de la vie s'épanouit de nouveau en elle!

PREMIER ÉPHÉSIEN.—Le ciel, seigneur, vous a choisi pour nous étonner par ses prodiges : votre réputation est éternelle.

CÉRIMON.—Elle vit : voyez; ses paupières, qui cou-
vraient ces célestes bijoux perdus par Périclès, commen-

cent à écarter leurs franges d'or. Ces diamants si purs vont doubler la richesse du monde. O vis et arrache-nous des larmes par ton histoire, belle créature !

(Thaïsa fait un mouvement.)

THAISA. — O divine Diane, où suis-je, où est mon époux ? — Quel est le lieu que je vois ?

SECOND ÉPHÉSIEN. — N'est-ce pas étrange ?

PREMIER ÉPHÉSIEN. — Merveilleux !

CÉRIMON. — Paix, mes chers amis : aidez-moi, portons-la dans la chambre voisine. Préparez du linge. — Donnons-lui tous nos soins, une rechute serait mortelle. Venez, venez, et qu'Esculape nous guide.

(Ils sortent emportant Thaïsa.)

## SCÈNE III

Tharse. — Appartement dans le palais de Cléon.

PÉRICLÈS *entre avec* CLÉON, DIONYSA, LYCHORIDA ET MARINA.

PÉRICLÈS. — Respectable Cléon, je suis forcé de partir, l'année est expirée et Tyr ne jouit plus que d'une paix douteuse ; recevez, vous et votre épouse, toute la reconnaissance dont est rempli mon cœur : que les dieux se chargent du reste.

CLÉON. — Les traits de la fortune qui vous frappent mortellement se font aussi sentir à nous.

DIONYSA. — O votre pauvre princesse ! pourquoi les destins n'ont-ils pas permis que vous l'ameniez ici pour charmer ma vue ?

PÉRICLÈS. — Nous ne pouvons qu'obéir aux puissances du ciel. Quand je gémirais et que je rugirais comme la mer qui la recèle dans son sein, Thaïsa n'en serait pas moins privée de la vie. Ma petite Marina ! (je lui ai donné ce nom parce qu'elle est née sur les flots) : je la recommande à vos soins et je vous la laisse comme la fille de votre bienveillante amitié, pour qu'elle reçoive une éducation royale et digne de sa naissance.

CLÉON.—Ne craignez rien, seigneur, nous nous souviendrons pour votre fille du prince généreux qui nous a nourris de son blé, et les prières du peuple reconnaissant imploreront le ciel pour son libérateur. Si je me rendais coupable d'une ingrate négligence, tous mes sujets me forceraient à remplir mon devoir; mais, si mon zèle a besoin d'être excité, que les dieux vous vengent sur moi et les miens jusqu'à la dernière génération.

PÉRICLÈS.—Je vous crois, votre honneur et votre vertu sont pour moi un gage plus sûr que vos serments. Jusqu'à ce que ma fille soit mariée, madame, j'en jure par Diane, que nous honorons tous, ma chevelure sera respectée des ciseaux. Je prends congé de vous; rendez-moi heureux par les soins accordés à ma fille.

DIONYSA.—J'ai aussi une fille; elle ne me sera pas plus chère que la vôtre.

PÉRICLÈS.—Madame, je vous remercie et je prierai pour vous.

CLÉON.—Nous vous escorterons jusque sur le rivage, où nous vous abandonnerons au mystérieux Neptune et aux vents les plus favorables.

PÉRICLÈS.—J'accepte votre offre. Venez, chère reine.—Point de larmes, Lychorida, point de larmes : pensez à votre jeune maîtresse dont vous allez désormais dépendre.—Allons, seigneur.

(Ils sortent.)

## SCÈNE IV

Éphèse.—Appartement dans la maison de Cérimon.

*Entrent* CÉRIMON ET THAISA.

CÉRIMON.—Madame, cette lettre et ces bijoux étaient avec vous dans le cercueil : les voici. Connaissez-vous l'écriture?

THAISA.—C'est celle de mon époux. Je me rappelle fort bien encore m'être embarquée au moment de devenir mère ; mais ai-je été délivrée ou non ? par les dieux immortels ! je l'ignore. Hélas ! puisque je ne reverrai plus mon époux, le roi Périclès, je veux prendre des vêtements de vestale et renoncer à toute félicité.

CÉRIMON. — Madame, si c'est là votre intention, le temple de Diane n'est pas loin ; vous pourrez y passer le reste de vos jours ; et, si vous voulez, une nièce à moi vous y accompagnera.

THAISA.—Je ne puis que vous rendre grâces, voilà tout. Ma reconnaissance est grande, quoiqu'elle puisse peu de chose.

(Ils sortent.)

FIN DU TROISIÈME ACTE.

# ACTE QUATRIÈME

*Entre* GOWER.

GOWER. — Figurez-vous Périclès arrivé à Tyr et accueilli selon ses désirs ; laissez à Éphèse sa malheureuse épouse qui s'y consacre au culte de Diane. Maintenant occupez-vous de Marina que notre scène rapide doit trouver à Tharse élevée par Cléon qui lui fait enseigner la musique et les lettres, et acquérant tant de grâces qu'elle attire sur elle l'admiration et la tendresse générale. Mais, hélas ! le monstre de l'envie, qui est souvent la mort du mérite, cherche à abréger la vie de Marina par le poignard de la trahison. Telle est la fille de Cléon déjà mûre pour le mariage. Cette fille se nomme Philoten ; et l'on assure dans notre histoire qu'elle voulait toujours être avec Marina, soit quand elle formait des tissus de soie avec ses doigts délicats, minces et blancs comme le lait, soit quand avec une aiguille elle piquait la mousseline que ces blessures rendaient plus solides, soit quand elle chantait en s'accompagnant de son luth et rendait muet l'oiseau qui fait résonner la nuit de ses accents plaintifs, ou quand elle offrait son hommage à Diane, sa divinité : toujours Philoten rivalisait d'adresse avec la parfaite Marina. C'est comme si le corbeau prétendait le disputer en blancheur à la colombe de Paphos. Marina reçoit tous les éloges, non comme un don, mais comme une dette. Les grâces de Philoten sont tellement éclipsées, que l'épouse de Cléon, inspirée par une insigne jalousie, suscite un meurtrier contre la vertueuse Marina, afin que sa fille reste sans égale après ce meurtre ; la mort de Lychorida, notre nourrice, favorise ses pensées ; et la maudite Dionysa a déjà l'instrument de colère prêt à frapper. Je recommande à votre attention cet événement qui se prépare. Je transporte seulement le temps et ses ailes sur le pied boiteux de mon poëme. Je ne pourrais y parvenir si vos pensées ne voyagent avec moi.—Dionysa va paraître avec Léonin, un meurtrier.

(Gower sort.)

## SCÈNE I

Tharse.—Plaine près du rivage de la mer.

DIONYSA entre avec LÉONIN.

DIONYSA.—Souviens-toi de ton serment, tu as juré de l'exécuter ; ce n'est qu'un coup qui ne sera jamais connu. Tu ne pourrais rien faire dans ce monde en aussi peu de temps, qui te rapportât davantage. Que la conscience, qui n'est qu'une froide conseillère, n'allume pas la sympathie dans ton cœur trop scrupuleux ; que la pitié, que les femmes même ont abjurée, ne t'attendrisse pas ; sois un soldat résolu dans ton dessein.

LÉONIN.—Je te tiendrai parole ; mais c'est une céleste créature.

DIONYSA.—Elle n'en est que plus propre à être admise chez les dieux ; la voici qui vient pleurant la mort de sa nourrice ; es-tu résolu ?

LÉONIN.—Je le suis.

(Entre Marina avec une corbeille de fleurs.)

MARINA.—Non, non : je déroberai les fleurs de la terre pour les semer sur le gazon qui te recouvre ; les genêts, les bluets, les violettes purpurines et les soucis seront suspendus en guirlandes, tant que durera l'été. Hélas ! pauvre fille que je suis, née dans une tempête où mourut ma mère, le monde est pour moi comme une tempête continuelle, m'éloignant de mes amis.

DIONYSA.—Quoi donc, Marina ! pourquoi êtes-vous seule ? Comment se fait-il que ma fille ne soit pas avec vous ? Ne vous consumez pas dans la tristesse, vous avez en moi une autre nourrice. Seigneur ! combien votre visage est changé par ce malheur. Venez, venez, donnez-moi votre guirlande de fleurs avant que la mer la flétrisse; promenez-vous avec Léonin; l'air est vif ici et aiguise l'appétit. Venez, Léonin, prenez Marina par le bras et promenez-vous avec elle.

MARINA.—Non, je vous en prie, je ne veux point vous priver de votre serviteur.

DIONYSA.—Venez, venez, j'aime le roi votre père et vous, comme si je n'étais pas une étrangère pour vous. Nous l'attendons tous les jours ici. Quand il viendra, il trouvera flétrie celle que la renommée vante comme un chef-d'œuvre; il regrettera un si long voyage, et il nous blâmera, mon époux et moi, d'avoir négligé sa fille. Allez, je vous prie, vous promener et soyez moins triste. Conservez ce teint charmant qui a désolé tant de cœurs de tous les âges. Ne vous inquiétez pas de moi, je retourne seule au palais.

MARINA.—Eh bien! j'irai, mais je ne m'en soucie guère.

DIONYSA.—Venez, venez, je sais que cela vous sera salutaire: promenez-vous une demi-heure au moins.— Léonin, souviens-toi de ce que j'ai dit.

LÉONIN.—Je vous le promets, madame.

DIONYSA.—Je vous laisse pour un moment, ma chère Marina: promenez-vous doucement, ne vous échauffez pas le sang. Je dois avoir soin de vous.

MARINA.—Je vous remercie; ma chère dame.—(*Dionysa sort.*) Est-ce le vent d'ouest qui souffle?

LÉONIN.—C'est le sud-ouest.

MARINA.—Quand je naquis, le vent était au nord.

LÉONIN.—Était-ce le nord?

MARINA.—Mon père, comme disait ma nourrice, ne montrait aucune crainte, mais il criait: Bons matelots! et déchirait ses mains royales en maniant les cordages, et en embrassant le mât; il bravait une mer qui faisait presque éclater le tillac; elle fit tomber des hunes un matelot monté pour plier les voiles. Eh! dit un autre, veux-tu sortir? et ils roulent tous les deux de l'éperon à la poupe, le contre-maître siffle, le pilote appelle et triple leur confusion.

LÉONIN.—Et quand cela eut-il lieu?

MARINA.—Quand je vins au monde; jamais les vents ni les vagues ne furent plus violents.

LÉONIN.—Allons, dites promptement vos prières.

MARINA.—Que voulez-vous dire?

LÉONIN.—Si vous demandez quelques moments pour prier, je vous les accorde : je vous en prie, mais hâtez-vous, car les dieux ont l'oreille fine, et j'ai juré d'exécuter promptement.

MARINA.—Quoi! voulez-vous me tuer?

LÉONIN.—Pour obéir à ma maîtresse.

MARINA.—Pourquoi veut-elle ma mort?—Autant que je puis me le rappeler, je jure que je ne l'ai jamais offensée de ma vie; je n'ai jamais dit un mot méchant ni fait mal à aucune créature vivante. Croyez-moi, je n'ai jamais tué une souris ni blessé une mouche. J'ai marché un jour sur un ver contre ma volonté, mais j'en ai pleuré. Quel est mon crime? En quoi ma mort peut-elle lui être utile, ou ma vie être dangereuse pour elle?

LÉONIN.—Ma commission n'est pas de raisonner, mais d'exécuter.

MARINA.—Vous ne le feriez pas pour tout au monde, je l'espère; vous avez un visage où respire la douceur, et qui annonce que vous avez un cœur généreux. Je vous vis dernièrement vous faire blesser pour séparer deux hommes qui se battaient : en vérité cela prouvait en votre faveur; faites encore de même. Votre maîtresse en veut à ma vie : mettez-vous entre nous et sauvez-moi; je suis la plus faible.

LÉONIN.—J'ai juré de vous immoler.

(Surviennent des pirates pendant que Marina se débat.)

PREMIER PIRATE.—Arrête, coquin!

(Léonin s'enfuit.)

SECOND PIRATE.—Une prise, une prise!

TROISIÈME PIRATE.—Chacun sa part, camarades; partageons. Portons-la à bord sans tarder.

(Les pirates emmenant Marina.)

## SCÈNE II

Même lieu.

LÉONIN *rentre.*

LÉONIN.—Ces bandits servent sous le grand pirate Valdès, et ils se sont emparés de Marina. Laissons-la aller. Il n'y a pas d'apparence qu'elle revienne. Je jurerai qu'elle est tuée et précipitée dans la mer.—Mais voyons encore un peu : peut-être ils se contenteront de satisfaire leur brutalité sur elle, sans l'emmener. S'ils la laissent après l'avoir outragée, il faut que je la tue.

(Il sort.)

## SCÈNE III

Mitylène.—Appartement dans un mauvais lieu.

*Entrent le* MAITRE DE LA MAISON[1], SA FEMME ET BOULT.

LE MAITRE DE LA MAISON.—Boult !

BOULT.—Monsieur.

LE MAITRE.—Cherche avec soin dans le marché; Mitylène est plein de galants : nous avons perdu trop d'argent, l'autre foire, pour avoir manqué de filles.

LA FEMME.—Nous n'avons jamais été aussi mal montés : nous n'avons que trois pauvres diablesses, elles ne peuvent que ce qu'elles peuvent; et, à force de servir, elles tombent en pourriture, ou peu s'en faut.

LE MAITRE.—Il nous en faut donc de fraiches, coûte que coûte. Il faut avoir de la conscience dans tous les états, sans quoi on ne prospère pas.

LA FEMME.—Tu dis vrai : il ne suffit pas d'élever de pauvres bâtardes; et j'en ai élevé, je crois, jusqu'à onze....

BOULT.—Oui, jusqu'à onze ans, et pour les abaisser après; mais j'irai chercher au marché.

LA FEMME.—Sans doute, mon garçon ; la cochonnerie

---

[1] Le maitre de la maison, en anglais *pander*, et la femme *bawd*.

que nous avons tombera en pièces au premier coup de vent; elles sont trop cuites que cela fait pitié.

LE MAITRE.—Tu dis vrai; en conscience elles sont trop malsaines. Le pauvre Transylvanien est mort pour avoir couché avec la petite drôlesse.

BOULT.—Comme elle l'a vite expédié; elle en a fait du rôti pour les vers!—Mais je vais au marché.

(Boult sort.)

LE MAITRE.—Trois ou quatre mille sequins seraient un assez joli fonds pour vivre tranquilles et abandonner le commerce.

LA FEMME.—Pourquoi abandonner le commerce, je vous prie? Est-il honteux de gagner de l'argent quand on se fait vieux?

LE MAITRE.—Oh! le renom ne va pas de pair avec les profits, ni les profits avec le danger. Ainsi donc, si dans notre jeunesse nous avons pu nous acquérir une jolie petite fortune, il ne serait pas mal de fermer notre porte. D'ailleurs, nous sommes dans de tristes termes avec les dieux, et cela devrait être une raison pour nous d'abandonner le commerce.

LA FEMME.—Allons, dans d'autres métiers on les offense aussi bien que dans le nôtre.

LE MAITRE.—Aussi bien que dans le nôtre, oui, et mieux encore : mais la nature de nos offenses est pire; et notre profession n'est pas un métier ni un état. Mais voici Boult.

(Les pirates entrent avec Boult et entraînent Marina.)

BOULT, *à Marina.*—Ici.—(*A Marina.*) Venez par ici.—Messieurs, vous dites qu'elle est vierge?

PREMIER PIRATE.—Nous n'en doutons pas.

BOULT.—Maître, j'ai avancé un haut prix pour ce morceau; voyez : si elle vous convient, cela va bien.—Sinon, j'ai perdu mes arrhes.

LA FEMME.—Boult, a-t-elle quelques qualités?

BOULT.—Elle a une jolie figure; elle parle bien, a de belles robes : quelles qualités voulez-vous de plus?

LA FEMME.—Quel prix en veut-on?

BOULT.—Je n'ai pas pu l'avoir à moins de mille pièces d'or.

LE MAITRE.—Très-bien. Suivez-moi, mes maîtres ; vous allez avoir votre argent sur l'heure. Femme, reçois-la ; instruis-la de ce qu'elle a à faire, afin qu'elle ne soit pas trop novice.

(Le maitre sort avec les pirates.)

LA FEMME.—Boult, prends son signalement, la couleur de ses cheveux, son teint, sa taille, son âge et l'attestation de sa virginité ; puis crie : *Celui qui en donnera le plus l'aura le premier.* Un tel pucelage ne serait pas bon marché, si les hommes étaient encore ce qu'ils furent. Allons, obéis à mes ordres.

BOULT.—Je vais m'en acquitter. (Boult sort.)

MARINA.—Hélas ! pourquoi Léonin a-t-il été si mou, si lent ? Il aurait dû frapper et non parler. Pourquoi ces pirates n'ont-ils pas été assez barbares pour me réunir à ma mère, en me précipitant sous les flots ?

LA FEMME.—Pourquoi vous lamentez-vous, ma belle ?

MARINA.—Parce que je suis belle.

LA FEMME.—Allons, les dieux se sont occupés de vous.

MARINA.—Je ne les accuse point.

LA FEMME.—Vous êtes tombée entre mes mains, et vous avez chance d'y vivre.

MARINA.—J'ai eu d'autant plus tort d'échapper à celles qui m'auraient tuée !

LA FEMME.—Et vous vivrez dans le plaisir.

MARINA.—Non.

LA FEMME.—Oui, vous vivrez dans le plaisir, et vous goûterez toutes sortes de messieurs ; vous ferez bonne chère ; vous apprendrez la différence de tous les tempéraments. Quoi ! vous vous bouchez les oreilles !

MARINA.—Êtes-vous une femme ?

LA FEMME.—Que voulez-vous que je sois, si je ne suis une femme ?

MARINA.—Une femme honnête, ou pas une femme.

LA FEMME.—Malepeste ! ma petite chatte, j'aurai à faire avec vous, je pense. Allons, vous êtes une petite folle ; il faut vous parler avec des révérences.

MARINA.—Que les dieux me défendent !

LA FEMME.—S'il plaît aux dieux de vous défendre par

les hommes,—ils vous consoleront, ils vous entretiendront, ils vous réveilleront. —Voilà Boult de retour. (*Entre Boult.*) Eh bien ! l'as-tu criée dans le marché ?

BOULT.—Je l'ai criée sans oublier un de ses cheveux ; j'ai fait son portrait avec ma voix.

LA FEMME. —Et dis-moi, comment as-tu trouvé les gens disposés, surtout la jeunesse ?

BOULT.—Ma foi, ils m'ont écouté comme ils écouteraient le testament de leur père. Il y a eu un Espagnol à qui l'eau en est tellement venue à la bouche, qu'il a été se mettre au lit rien que pour avoir entendu faire son portrait.

LA FEMME.—Nous l'aurons demain ici avec sa plus belle manchette.

BOULT.—Cette nuit, cette nuit ! Mais, notre maîtresse, connaissez-vous le chevalier français qui fait de si profondes révérences ?

LA FEMME.—Qui ! monsieur Véroles ?

BOULT.—Oui, il voulait faire un salut à la proclamation ; mais il a poussé un soupir et juré qu'il viendrait demain.

LA FEMME.—Bien, bien : quant à lui il a apporté sa maladie avec lui ; il ne fait ici que l'entretenir. Je sais qu'il viendra à l'ombre de la maison pour étaler ses *couronnes* au soleil.

BOULT.—Si nous avions un voyageur de chaque nation, nous les logerions tous avec une telle enseigne.

LA FEMME.—Je vous prie, venez un peu ici. Vous êtes dans le chemin de la fortune ; écoutez-moi. Il faut avoir l'air de faire à regret ce que vous ferez avec plaisir, et de mépriser le profit quand vous gagnerez le plus. Pleurez votre genre de vie, cela inspire de la pitié à vos amants : cette pitié vous vaut leur bonne opinion, et cette bonne opinion est un profit tout clair.

MARINA.—Je ne vous comprends pas.

BOULT.—Emmenez-la, maîtresse, emmenez-la ; cette pudeur s'en ira avec l'usage.

LA FEMME.—Tu dis vrai, ma foi, cela viendra ; la fiancée elle-même ne se prête qu'avec honte à ce qu'il est de son devoir de faire.

BOULT. — Oui, les unes sont d'une façon et les autres d'une autre. Mais dites donc, maîtresse, puisque j'ai procuré le morceau....

LA FEMME. — Tu voudrais en couper ta part sur la broche.

BOULT. — Peut-être bien.

LA FEMME. — Et qui donc te le refuserait? Allons, jeunesse, j'aime la forme de vos vêtements.

BOULT. — Oui, ma foi, il n'y a pas encore besoin de les changer.

LA FEMME. — Boult, va courir la ville; raconte quelle nouvelle débarquée nous avons; tu n'y perdras rien. Quand la nature créa ce morceau, elle te voulut du bien. Va donc dire quelle merveille c'est, et tu auras le prix de tes avis.

BOULT. — Je vous garantis, maîtresse, que le tonnerre réveille moins les anguilles[1] que ma description de cette beauté ne remuera les libertins. Je vous en amènerai quelques-uns cette nuit.

LA FEMME. — Venez par ici, suivez-moi.

MARINA. — Si le feu brûle, si les couteaux tuent, si les eaux sont profondes, ma ceinture virginale ne sera pas dénouée. Diane, à mon secours!

LA FEMME. — Qu'avons-nous à faire de Diane? Allons, venez-vous?

(Ils sortent.)

## SCÈNE IV

Tharse. — Appartement dans le palais de Cléon.

*Entre* CLÉON *avec* DIONYSA.

DIONYSA. — Quoi? êtes-vous insensé; n'est-ce pas une chose faite?

CLÉON. — Dionysa, jamais les astres n'ont été témoins d'un meurtre semblable.

DIONYSA. — Allez-vous retomber dans l'enfance?

---

[1] On suppose que le tonnerre ne produit pas d'effet sur le poisson en général, mais sur les anguilles qu'il fait sortir de la bourbe et qu'on prend alors plus aisément.

CLÉON.—Je serais le souverain de tout l'univers que je le donnerais pour que ce crime n'eût pas été commis. O jeune princesse, moins grande par la naissance que par la vertu, il n'était pas de couronne qui ne fût digne de toi! O lâche Léonin, que tu as aussi empoisonné! Si tu avais avalé pour lui le poison, c'eût été un exploit comparable aux autres. Que diras-tu quand le noble Périclès réclamera sa fille?

DIONYSA.—Qu'elle est morte. Les destins n'avaient pas juré de la conserver : elle est morte la nuit. Je le dirai; qui me contredira? à moins que vous n'ayez la simplicité de me trahir, et, pour mériter un titre de vertu, de crier : Elle a été égorgée.

CLÉON.—O malheureuse! de tous les crimes, c'est celui que les dieux abhorrent le plus.

DIONYSA.—Croyez-vous que les petits oiseaux de Tharse vont voler ici et tout découvrir à Périclès? J'ai honte de penser à la noblesse de votre race et à la timidité de votre cœur.

CLÉON.—Celui qui approuva jamais de telles actions, même sans y avoir consenti, ne fut jamais d'un noble sang.

DIONYSA.—Ah! bien, soit.—Mais personne, excepté vous, ne sait comment elle est morte; personne ne le saura, Léonin ayant cessé de vivre. Elle dédaignait ma fille; elle était un obstacle à son bonheur. Nul ne la regardait; tous les yeux étaient fixés sur Marina, tandis que notre enfant était négligée comme une pauvre fille qui ne valait pas la peine d'un *bonjour*. Cela me perçait le cœur; et quoique vous traitiez mon action de dénaturée, vous qui n'aimez pas votre enfant, moi je la crois bonne et généreuse, et un sacrifice fait à notre fille unique.

CLÉON.—Que les dieux vous pardonnent!

DIONYSA.—Et quant à Périclès, que pourra-t-il dire? nous avons pleuré à ses funérailles, et nous portons encore le deuil. Son monument est presque fini, et ses épitaphes en lettres d'or attestent son grand mérite, et notre douleur à nous, qui l'avons fait ensevelir à nos frais.

CLÉON.—Tu es comme la Harpie qui, pour trahir, porte

un visage d'ange, et saisit sa proie avec des serres de faucon.

DIONYSA.—Vous êtes un de ces hommes superstitieux qui jurent aux dieux que l'hiver tue les mouches ; mais je sais que vous suivrez mes conseils.

(Ils sortent.)
(Entre Gower. Il est devant le monument de Marina, à Tharse.)

GOWER.—C'est ainsi que nous abrégeons le temps et les distances ; n'ayant qu'à désirer pour vouloir, traversant les mers, et voyageant avec l'aide de votre imagination de contrée en contrée et d'un bout du monde à l'autre. Grâce à votre indulgence, ou ne nous blâme point de nous servir d'un seul langage dans les divers climats où nous transportent nos scènes. Je vous supplie de m'écouter pour que je supplée aux lacunes de notre histoire. Périclès est maintenant sur les flots inconstants (suivi de maints seigneurs et chevaliers). Il va voir sa fille, charme de sa vie. Le vieil Escanès, qu'Hélicanus a fait monter dernièrement à un poste éminent, est resté à Tyr pour gouverner. Souvenez-vous qu'Hélicanus suit son prince. D'agiles vaisseaux et des vents favorables ont amené le roi Périclès à Tharse. Imaginez-vous que la pensée est son pilote et son voyage sera aussi rapide qu'elle. Périclès va chercher sa fille qu'il a laissée aux soins de Cléon. Voyez-les se mouvoir comme des ombres. Je vais satisfaire en même temps vos oreilles et vos yeux.—*(Scène muette.)*—*Périclès entre par une porte avec sa suite ; Cléon et Dionysa par une autre. Cléon montre à Périclès le tombeau de Marina, tandis que Périclès se lamente, se revêt d'une haire et part dans la plus grande colère. Cléon et Dionysa se retirent.)*—Voyez comme la crédulité souffre d'une lugubre apparence ! cette colère empruntée remplace les pleurs qu'on eût versés dans le bon vieux temps [1] ; et Périclès, dévoré de chagrin, sanglotant et baigné de larmes, quitte Tharse et s'embarque. Il jure de ne plus laver son visage, ni couper ses cheveux ; il se

---

[1] Dans l'enfance du monde, la dissimulation n'existait pas ; les poëtes ont tous cru à un âge d'or.

revêt d'une haire et se confie à la mer. Il brave une tempête qui brise à demi son vaisseau mortel [1], et cependant il poursuit sa route.—Maintenant voulez-vous connaître cette épitaphe, c'est celle de Marina faite par la perfide Dionysa :

(Gower lit l'inscription gravée sur le tombeau de Marina.)

« Ci-gît la plus belle, la plus douce et la meilleure des
« femmes, qui se flétrit dans le printemps de ses jours ;
« elle était la fille du roi de Tyr, celle que la mort a si
« cruellement immolée ; elle portait le nom de Marina.
« Fière de sa naissance, Thétis engloutit une partie de
« la terre ; voilà pourquoi la terre, craignant d'être sub-
« mergée, a donné aux cieux celle qui naquit dans le
« sein de Thétis ; voilà pourquoi (et elle ne cessera ja-
« mais) Thétis fait la guerre aux rivages de la terre. »

Aucun masque ne convient à la noire scélératesse comme la douce et tendre flatterie. Laissez Périclès, voyant que sa fille n'est plus, poursuivre ses voyages au gré de la fortune, pendant que notre théâtre vous représente le malheur de sa fille dans le séjour profane où elle est renfermée. Patience donc, et figurez-vous tous maintenant que vous êtes à Mitylène.

(Il sort.)

## SCÈNE V

Mitylène.—Une rue devant le mauvais lieu.

DEUX JEUNES GENS *de Mitylène sortent de la maison.*

PREMIER JEUNE HOMME. — Avez-vous jamais entendu pareille chose ?

SECOND JEUNE HOMME.— Non, et jamais on n'entendra pareille chose en pareil lieu, quand elle n'y sera plus.

PREMIER JEUNE HOMME.—Mais se voir prêcher là ! Avez-vous jamais rêvé une telle chose ?

---

[1] Son corps, que dans une autre pièce Shakspeare appelle aussi la maison mortelle (de l'âme).

SECOND JEUNE HOMME.—Non, non. Viens, je renonce aux mauvais lieux. Irons-nous entendre les vestales ?

PREMIER JEUNE HOMME.—Je ferai toute chose louable ; je suis sorti pour toujours du chemin du vice.

(Ils sortent.)

## SCÈNE VI

Mitylène.—Un appartement dans le mauvais lieu.

*Entrent le* **MAITRE DE LA MAISON**, sa **FEMME** et **BOULT**.

LE MAITRE.—Ma foi, je donnerais deux fois ce qu'elle m'a coûté pour qu'elle n'eût jamais mis les pieds ici.

LA FEMME.—Fi d'elle ! elle est capable de glacer le dieu Priape, et de perdre toute une génération ; il nous faut la faire violer ou nous en défaire. Quand le moment vient de rendre ses devoirs aux clients et de faire les honneurs de la maison, elle a ses caprices, ses raisons, ses maîtresses raisons, ses prières, ses génuflexions, si bien qu'elle rendrait le diable puritain s'il lui marchandait un baiser.

BOULT.—Il faut que je m'en charge, ou elle dégarnira la maison de tous nos cavaliers et fera des prêtres de tous nos amateurs de juron.

LE MAITRE.—Que la maladie emporte ses scrupules !

LA FEMME.—Ma foi, il n'y a que la maladie qui puisse nous tirer de là. Voici le seigneur Lysimaque déguisé.

BOULT.—Nous aurions le maître et le valet, si la hargneuse petite voulait seulement faire bonne mine aux pratiques.

(Entre Lysimaque.)

LYSIMAQUE.—Comment donc ? Combien la douzaine de virginités ?

LA FEMME.—Que les dieux bénissent Votre Seigneurie !

BOULT.—Je suis charmé de voir Votre Seigneurie en bonne santé.

LYSIMAQUE.—Allons, il est heureux pour vous que vos pratiques se tiennent bien sur leurs jambes. Eh bien ! sac d'iniquités, avez-vous quelque chose que l'on puisse manier à la barbe du chirurgien?

LA FEMME.—Nous en avons une ici, seigneur, si elle voulait... Mais il n'est jamais venu sa pareille à Mitylène.

LYSIMAQUE.—Si elle voulait faire l'œuvre des ténèbres, voulez-vous dire?...

LA FEMME.—Votre Seigneurie comprend ce que je veux dire.

LYSIMAQUE.—Fort bien ; appelez, appelez.

BOULT.—Vous allez voir une rose.—Ce serait une rose, en effet, si elle avait seulement...

LYSIMAQUE.—Quoi, je te prie?

BOULT.—O seigneur ! je sais être modeste.

LYSIMAQUE.—Cela ne relève pas moins le renom d'un homme de ton métier que cela ne donne à tant d'autres la bonne réputation d'être chastes.

(Entre Marina.)

LA FEMME.—Voici la rose sur sa tige, et pas encore cueillie, je vous assure ; n'est-elle pas jolie ?

LYSIMAQUE.—Ma foi, elle servirait après un long voyage sur mer.—Fort bien. Voilà pour vous. Laissez-nous.

LA FEMME.—Permettez-moi, seigneur, de lui dire un seul mot, et j'ai fait.

LYSIMAQUE.—Allons, dites.

LA FEMME, à *Marina qu'elle prend à part.*—D'abord je vous prie de remarquer que c'est un homme honorable.

MARINA.—Je désire le trouver tel, pour pouvoir en faire cas.

LA FEMME.—Ensuite c'est le gouverneur de la province, et un homme à qui je dois beaucoup.

MARINA.—S'il est gouverneur de la province, vous lui devez beaucoup en effet ; mais en quoi cela le rend honorable, c'est ce que je ne sais pas.

LA FEMME.—Dites-moi, je vous prie, le traiterez-vous bien sans faire aucune de vos grimaces virginales? Il remplira d'or votre tablier.

MARINA.—S'il est généreux, je serai reconnaissante.

LYSIMAQUE.—Avez-vous fini ?

LA FEMME.—Seigneur, elle n'est pas encore au pas ;

vous aurez de la peine à la dresser à votre goût.—Allons, laissons-la seule avec Sa Seigneurie.

(Le maître de la maison, la femme et Boult sortent.)

LYSIMAQUE.—Allez.—Maintenant, ma petite, y a-t-il longtemps que vous faites cet état?

MARINA.—Quel état, seigneur?

LYSIMAQUE.—Un état que je ne puis nommer sans offense.

MARINA.—Je ne puis être offensée par le nom de mon état. Veuillez le nommer.

LYSIMAQUE.—Y a-t-il longtemps que vous exercez votre profession?

MARINA.—Depuis que je m'en souviens.

LYSIMAQUE.—L'avez-vous commencée si jeune? Êtes-vous devenue libertine à cinq ans ou à sept?

MARINA.—Plus jeune encore, si je le suis aujourd'hui.

LYSIMAQUE.—Quoi donc! la maison où je vous trouve annonce que vous êtes une créature.

MARINA.—Vous savez que cette maison est un lieu de ce genre et vous y venez? On me dit que vous êtes un homme d'honneur et le gouverneur de la ville.

LYSIMAQUE.—Quoi! votre principale vous a appris qui j'étais!

MARINA.—Qui est ma principale?

LYSIMAQUE.—C'est votre herbière, celle qui sème la honte et l'iniquité. Oh! vous avez entendu parler de ma puissance, et vous prétendez à un hommage plus sérieux? Mais je te proteste, ma petite, que mon autorité ne te verra pas, ou ne te regardera pas du moins favorablement. Allons, mène-moi quelque part.—Allons, allons.

MARINA.—Si vous êtes homme d'honneur, c'est à présent qu'il faut le montrer. Si ce n'est qu'une réputation qu'on vous a faite, méritez-la.

LYSIMAQUE.—Oui-da!—Encore un peu; continuez votre morale.

MARINA.—Malheureuse que je suis!... Quoique vertueuse, la fortune cruelle m'a jetée dans cet infâme lieu, où je vois vendre la maladie plus cher que la guérison. —Ah! si les dieux voulaient me délivrer de cette maison impie, je consentirais à être changée par eux en l'oiseau le plus humble de ceux qui fendent l'air pur.

LYSIMAQUE.—Je ne pensais pas que tu aurais parlé si bien, je ne t'en aurais jamais crue capable. Si j'avais porté ici une âme corrompue, ton discours m'eût converti. Voilà de l'or pour toi, persévère dans la bonne voie, et que les dieux te donnent la force.

MARINA.—Que les dieux vous protégent!

LYSIMAQUE.—Ne crois pas que je sois venu avec de mauvaises intentions. Les portes et les croisées de cette maison me sont odieuses. Adieu, tu es un modèle de vertu, et je ne doute pas que tu n'aies reçu une noble éducation.—Arrête, voici encore de l'or.—Qu'il soit maudit, qu'il meure comme un voleur celui qui te ravira ta vertu. Si tu entends parler de moi, ce sera pour ton bien.

(Au moment où Lysimaque tire sa bourse, Boult entre.)

BOULT.—Je vous prie, seigneur, de me donner la pièce.

LYSIMAQUE.—Loin d'ici, misérable geôlier! Votre maison, sans cette vierge qui la soutient, tomberait et vous écraserait tous. Va-t'en!

(Lysimaque sort.)

BOULT.—Qu'est-ce que ceci? Il faut changer de méthode avec vous. Si votre prude chasteté, qui ne vaut pas le déjeuner d'un pauvre, ruine tout un ménage, je veux qu'on fasse de moi un épagneul. Venez.

MARINA.—Que voulez-vous de moi?

BOULT.—Faire de vous une femme, ou en charger le bourreau. Venez, nous ne voulons plus qu'on renvoie d'autres seigneurs; venez, vous dis-je.

(La femme rentre.)

LA FEMME.—Comment? de quoi s'agit-il?

BOULT.—De pire en pire, notre maîtresse: elle a fait un sermon au seigneur Lysimaque.

LA FEMME.—O abomination!

BOULT.—Elle fait cas de notre profession comme d'un fumier.

LA FEMME.—Malepeste! qu'elle aille se faire pendre.

BOULT.—Le gouverneur en aurait agi avec elle comme

un gouverneur ; elle l'a renvoyé aussi froid qu'une boule de neige et disant ses prières.

LA FEMME. — Boult, emmène-la ; fais-en ce qu'il te plaira ; brise le cristal de sa virginité, et rends le reste malléable.

BOULT. — Elle serait un terrain plus épineux qu'elle n'est, qu'elle serait labourée je vous le promets.

MARINA. — Dieux, à mon secours !

LA FEMME. — Elle conjure, emmène-la. Plût à Dieu qu'elle n'eût jamais mis le pied dans ma maison. Au diable ! elle est née pour être notre ruine. Ne voulez-vous pas faire comme les femmes ? Malepeste ! madame la précieuse !

(La femme sort.)

BOULT. — Venez, madame, venez avec moi.

MARINA. — Que me voulez-vous ?

BOULT. — Vous prendre le bijou qui vous est si précieux.

MARINA. — Je t'en prie, dis-moi une chose d'abord.

BOULT. — Allons, voyons, je vous écoute.

MARINA. — Que désirerais-tu que fût ton ennemi ?

BOULT. — Je désirerais qu'il fût mon maître, ou plutôt ma maîtresse.

MARINA. — Ni l'un ni l'autre ne sont aussi méchants que toi, car leur supériorité les rend meilleurs que tu n'es. Tu remplis une place si honteuse, que le démon le plus tourmenté de l'enfer ne la changerait pas pour la sienne. Tu es le portier maudit de chaque ivrogne qui vient ici chercher une créature. Ton visage est soumis au poing de chaque coquin de mauvaise humeur. La nourriture qu'on te sert est le reste de bouches infectées.

BOULT. — Que voudriez-vous que je fisse ? — Que j'aille à la guerre où un homme servira sept ans, perdra une jambe et n'aura pas assez d'argent pour en acheter une de bois !

MARINA. — Fais tout autre chose que ce que tu fais. Va vider les égouts, servir de second au bourreau ; tous les métiers valent mieux que le tien. Un singe, s'il pouvait parler, refuserait de le faire. Ah ! si les dieux daignaient me délivrer de cette maison !—Tiens, voilà de l'or, si ta maîtresse veut en gagner par moi, publie que je sais chanter et danser, broder, coudre, sans parler d'autres talents dont je ne veux pas tirer vanité. Je donnerai des leçons de toutes ces choses ; je ne doute pas que cette ville populeuse ne me fournisse des écolières.

BOULT.—Mais pouvez-vous enseigner tout ce que vous dites ?

MARINA.—Si je ne le puis, ramène-moi ici et prostitue-moi au dernier valet qui fréquente cette maison.

BOULT.—Fort bien, je verrai ce que je puis pour toi : si je puis te placer, je le ferai.

MARINA.—Mais sera-ce chez d'honnêtes femmes ?

BOULT.—Ma foi, j'ai peu de connaissances parmi celles-là ! mais puisque mon maître et ma maîtresse vous ont achetée, il ne faut pas songer à s'en aller sans leur consentement : je les informerai donc de votre projet, et je ne doute pas de les trouver assez traitables. Venez, je ferai pour vous ce que je pourrai.—Venez.

(Ils sortent.)

FIN DU QUATRIÈME ACTE.

# ACTE CINQUIÈME

*Entre* GOWER.

GOWER.—Marina échappe donc au mauvais lieu, et tombe, dit notre histoire, dans une maison honnête. Elle chante comme une immortelle et danse comme une déesse au son de ses chants admirés. Elle rend muets de grands clercs, et imite avec son aiguille les ouvrages de la nature, fleur, oiseau, branche ou fruit. Son art le dispute aux roses naturelles, la laine filée et la soie forment sous sa main des cerises couleur de vermillon ; elle a des élèves du plus haut rang qui lui prodiguent des largesses ; elle remet le prix de son travail à la maudite entremetteuse. Laissons-la et retournons auprès de son père sur la mer où nous l'avons laissé. Chassé par les vents, il arrive où habite sa fille : supposez-le à l'ancre sur cette côte. La ville se préparait à célébrer la fête annuelle du dieu Neptune. Lysimaque aperçoit notre vaisseau tyrien et ses riches pavillons noirs ; il se hâte de diriger sa barque vers lui. Que votre imagination soit encore une fois le guide de vos yeux, figurez-vous que c'est ici le navire du triste Périclès où l'on va essayer de vous découvrir ce qui se passe. Veuillez bien vous asseoir et écouter.

(Il sort.)

## SCÈNE I

A bord du vaisseau de Périclès, dans la rade de Mitylène. Une tente sur le pont avec un rideau.—On y voit Périclès sur une couche. Une barque est attachée au vaisseau tyrien.

*Entrent* DEUX MATELOTS *dont l'un appartient au vaisseau tyrien et l'autre à la barque;* HÉLICANUS.

LE MATELOT TYRIEN, *à celui de Mitylène*.—Où est le seigneur Hélicanus?—Il pourra vous répondre.—Ah! le voici.—Seigneur, voici une barque venue de Mitylène, dans laquelle est Lysimaque, le gouverneur, qui demande à se rendre à bord. Quels sont vos ordres?

HÉLICANUS.—Qu'il vienne puisqu'il le désire. Appelle quelques nobles Tyriens.

LE MATELOT TYRIEN.—Holà! seigneurs! le seigneur Hélicanus vous appelle.

(Entrent deux seigneurs tyriens.)

LE PREMIER SEIGNEUR.—Votre Seigneurie appelle?

HÉLICANUS.—Seigneurs, quelqu'un de marque va venir à bord, je vous prie de le bien accueillir.

(Les seigneurs et les deux matelots descendent à bord de la barque, d'où sortent Lysimaque avec les seigneurs de sa suite, ceux de Tyr et les deux matelots.)

LE MATELOT TYRIEN.—Seigneur, voilà celui qui peut vous répondre sur tout ce que vous désirerez.

LYSIMAQUE.—Salut, respectable seigneur! que les dieux vous protégent.

HÉLICANUS.—Puissiez-vous dépasser l'âge où vous me voyez et mourir comme je mourrai.

LYSIMAQUE.—Je vous remercie d'un tel souhait.—Étant sur le rivage à célébrer la gloire de Neptune, j'ai vu ce noble vaisseau et je suis venu pour savoir d'où vous venez.

HÉLICANUS.—D'abord, seigneur, quel est votre emploi?

LYSIMAQUE.—Je suis le gouverneur de cette ville.

HÉLICANUS.—Seigneur, notre vaisseau est de Tyr. Il

porte le roi qui, depuis trois mois, n'a parlé à personne et n'a pris que la nourriture nécessaire pour entretenir sa douleur.

LYSIMAQUE.—Quel est le malheur qui l'afflige ?

HÉLICANUS.—Seigneur, il serait trop long de le raconter ; mais le motif principal de ses chagrins vient de la perte d'une fille et d'une épouse chéries.

LYSIMAQUE.—Ne pourrons-nous donc pas le voir ?

HÉLICANUS.—Vous le pouvez, seigneur ; mais ce sera inutile ; il ne veut parler à personne.

LYSIMAQUE.—Cependant cédez à mon désir.

HÉLICANUS, *tirant le rideau*.—Voyez-le, seigneur.—Ce fut un prince accompli jusqu'à la nuit fatale qui attira sur lui cette infortune.

LYSIMAQUE.—Salut, sire, que les dieux vous conservent ! salut, royale majesté.

HÉLICANUS.—C'est en vain, il ne vous parlera pas.

PREMIER SEIGNEUR DE MITYLÈNE.—Seigneur, nous avons à Mitylène une jeune fille qui, je gage, le ferait parler.

LYSIMAQUE.—Bonne pensée ! sans questions, par le doux son de sa voix et d'autres séductions, elle attaquerait le sens de l'ouïe assoupi à demi chez lui. La plus heureuse, comme elle est la plus belle, elle est avec ses compagnes dans le bosquet situé près du rivage de l'île.

(Lysimaque dit deux mots à l'oreille d'un des seigneurs de la suite qui sort avec la barque.)

HÉLICANUS.—Certainement tout sera sans effet, mais nous ne rejetterons rien de ce qui porte le nom de guérison.—En attendant, puisque nous avons fait jusqu'ici usage de votre bonté, permettez-nous de vous demander encore de faire ici nos provisions avec notre or qui, loin de nous manquer, nous fatigue par sa vétusté.

LYSIMAQUE.—Seigneur, c'est une courtoisie que nous ne pouvons vous refuser sans que les dieux justes ne nous envoient une chenille pour chaque bourgeon afin d'en punir notre province ; mais, encore une fois, je vous prie de me faire connaître en détail la cause de la douleur de votre roi.

HÉLICANUS.— Seigneur, seigneur, je vais vous l'apprendre.—Mais, voyez, je suis prévenu.

(La barque de Lysimaque avance. On voit passer sur le vaisseau tyrien, un seigneur de Mitylène, Marina et une jeune dame.)

LYSIMAQUE.—Oh ! voici la dame que j'ai envoyé chercher. Soyez la bienvenue.—N'est-ce pas une beauté céleste ?

HÉLICANUS.—C'est une aimable personne !

LYSIMAQUE.—Elle est telle que, si j'étais sûr qu'elle sortit d'une race noble, je ne voudrais pas choisir d'autre femme et me croirais bien partagé.—Belle étrangère ! nous attendons de vous toute votre bienveillance pour un roi malheureux. Si, par un heureux artifice vous pouvez l'amener à nous répondre, pour prix de votre sainte assistance, vous recevrez autant d'or que vous en désirerez.

MARINA.—Seigneur, je mettrai tout en usage pour sa guérison, pourvu qu'on nous laisse seules avec lui, ma compagne et moi.

LYSIMAQUE.—Allons, laissons-la, et que les dieux la fassent réussir. (*Marina chante.*) A-t-il entendu votre mélodie ?

MARINA.—Non, et il ne nous a pas regardées.

LYSIMAQUE.—Voyez, elle va lui parler.

MARINA.—Salut, sire. Seigneur, écoutez-moi.

PÉRICLÈS.—Eh ! ah !

MARINA.—Je suis une jeune fille, seigneur, qui jamais n'appela les yeux sur elle, mais qui a été regardée comme une comète. Celle qui vous parle, seigneur, a peut-être souffert des douleurs égales aux vôtres, si on les comparait ; quoique la capricieuse fortune ait rendu mon étoile funeste, j'étais née d'ancêtres illustres qui marchaient de pair avec de grands rois ; le temps a anéanti ma parenté et m'a livrée esclave au monde et à ses infortunes. (*A part.*) Je cesse ; cependant il y a quelque chose qui enflamme mes joues et qui me dit tout bas : Continue, jusqu'à ce qu'il réponde.

PÉRICLÈS.—Ma fortune, ma parenté, illustre parenté,

égalant la mienne.—N'est-ce pas ce que vous avez dit?

MARINA.—J'ai dit, seigneur, que, si vous connaissiez ma parenté, vous me regarderiez sans courroux.

PÉRICLÈS —Je le pense.—Je vous prie, tournez encore les yeux vers moi. Vous ressemblez...—Quelle est votre patrie? êtes-vous née sur ce rivage?

MARINA.—Non, ni sur aucun rivage; cependant je suis venue au monde d'après les lois de la nature, et ne suis pas autre que je parais.

PÉRICLÈS.—Je suis accablé de douleur et j'ai besoin de pleurer. Mon épouse était comme cette jeune fille, et ma fille aurait aussi pu lui ressembler. C'est là le front de ma reine, sa taille mince comme celle du souple roseau, sa voix argentine, ses yeux brillants comme une pierre précieuse et ses douces paupières, sa démarche de Junon, sa voix qui rendait l'oreille affamée de l'entendre.—Où demeurez-vous?

MARINA.—Dans un lieu où je ne suis qu'étrangère: d'ici vous pouvez le voir.

PÉRICLÈS.—Où fûtes-vous élevée, où avez-vous acquis ces grâces dont votre beauté relève encore le prix?

MARINA.—Si je vous racontais mon histoire, elle vous semblerait une fable absurde.

PÉRICLÈS.—Je t'en supplie, parle; le mensonge ne peut sortir de ta bouche; tu parais modeste comme la justice, tu me sembles un palais digne de la royale vérité. Je te croirai, je persuaderai à mes sens tout ce qui paraîtrait impossible, car tu ressembles à celle que j'aimai jadis. Quels furent tes amis? ne disais-tu pas, quand j'ai voulu te repousser (au moment où je t'ai aperçue), que tu avais une illustre origine?

MARINA.—Oui, je l'ai dit.

PÉRICLÈS.—Eh bien! quelle est ta famille? Je crois que tu as dit aussi que tu avais souffert de nombreux outrages, et que tes malheurs seraient égaux aux miens s'ils étaient connus et comparés.

MARINA.—Je l'ai dit, et n'ai rien dit que ma pensée ne m'assure être véridique.

PÉRICLÈS.—Dis ton histoire. Si tu as souffert la millième partie de mes maux, tu es un homme, et moi j'ai faibli comme une jeune fille : cependant tu ressembles à la Patience contemplant les tombeaux des rois et désarmant le malheur par son sourire. Qui furent tes amis? comment les as-tu perdus ? Ton nom, aimable vierge ? Fais ton récit ; viens t'asseoir à mon côté.

MARINA.—Mon nom est Marina.

PÉRICLÈS.—Oh ! je suis raillé, et tu es envoyée par quelque dieu en courroux pour me rendre le jouet des hommes.

MARINA.—Patience, seigneur, ou je me tais.

PÉRICLÈS.—Oui, je serai patient ; tu ignores jusqu'à quel point tu m'émeus en t'appelant Marina.

MARINA.—Le nom de Marina me fut donné par un homme puissant, par mon père, par un roi.

PÉRICLÈS.—Quoi ! la fille d'un roi ?—et ton nom est Marina ?

MARINA.—Vous aviez promis de me croire ; mais, pour ne plus troubler la paix de votre cœur, je vais m'arrêter ici.

PÉRICLÈS.—Êtes-vous de chair et de sang ? votre cœur bat-il ? n'êtes-vous pas une fée, une vaine image ? Parlez. Où naquîtes-vous ? et pourquoi vous appela-t-on Marina ?

MARINA.—Je fus appelée Marina parce que je naquis sur la mer.

PÉRICLÈS.—Sur la mer ! et ta mère ?

MARINA.—Ma mère était la fille d'un roi ; elle mourut en me donnant le jour, comme ma bonne nourrice Lychorida me l'a souvent raconté en pleurant.

PÉRICLÈS.—Oh ! arrête un moment ! voilà le rêve le plus étrange qui ait jamais abusé le sommeil de la douleur. (*A part.*) Ce ne peut être ma fille ensevelie.—Où fûtes-vous élevée ? Je vous écoute jusqu'à ce que vous ayez achevé votre récit.

MARINA.—Vous ne pourrez me croire ; il vaudrait mieux me taire.

PÉRICLÈS.—Je vous croirai jusqu'au dernier mot. Cependant permettez.—Comment êtes-vous venue ici ? Où fûtes-vous élevée ?

MARINA.—Le roi mon père me laissa à Tharse. Ce fut là que le cruel Cléon et sa méchante femme voulurent me faire arracher la vie. Le scélérat qu'ils avaient gagné pour ce crime avait déjà tiré son glaive, quand une troupe de pirates survint et me délivra pour me transporter à Mitylène. Mais, seigneur, que me voulez-vous? Pourquoi pleurer? Peut-être me croyez-vous coupable d'imposture. Non, non, je l'assure, je suis la fille du roi Périclès, si le roi Périclès existe.

PÉRICLÈS.—Oh! Hélicanus?

HÉLICANUS.—Mon souverain m'appelle?

PÉRICLÈS.—Tu es un grave et noble conseiller, d'une sagesse à toute épreuve. Dis-moi, si tu le peux, quelle est cette fille, ce qu'elle peut être, elle qui me fait pleurer.

HÉLICANUS.—Je ne sais, seigneur, mais le gouverneur de Mitylène, que voilà, en parle avec éloge.

LYSIMAQUE.—Elle n'a jamais voulu faire connaître sa amille. Quand on la questionnait là-dessus, elle s'asseyait et pleurait.

PÉRICLÈS.—O Hélicanus, frappe-moi; respectable ami, fais-moi une blessure, que j'éprouve une douleur quelconque, de peur que les torrents de joie qui fondent sur moi entraînent tout ce que j'ai de mortel et m'engloutissent. Oh! approche, toi qui rends à la vie celui qui t'engendra; toi, qui naquis sur la mer, qui fus ensevelie à Tharse et retrouvée sur la mer. O Hélicanus, tombe à genoux, remercie les dieux avec une voix aussi forte que celle du tonnerre : voilà Marina. Quel était le nom de ta mère? Dis-moi encore cela, car la vérité ne peut trop être confirmée, quoique aucun doute ne s'élève en moi sur ta véracité.

MARINA.—Mais d'abord, seigneur, quel est votre titre?

PÉRICLÈS.—Je suis Périclès de Tyr : dis-moi seulement (car jusqu'ici tu as été parfaite), dis-moi le nom de ma reine engloutie par les flots, et tu es l'héritière d'un royaume, et tu rends la vie à Périclès ton père.

MARINA.—Suffit-il, pour être votre fille, de dire que le nom de ma mère était Thaïsa? Thaïsa était ma mère, Thaïsa qui mourut en me donnant la naissance.

PÉRICLÈS.—Sois bénie, lève-toi, tu es mon enfant. Donnez-moi d'autres vêtements. Hélicanus, elle n'est pas morte à Tharse (comme l'aurait voulu Cléon); elle te dira tout, lorsque tu te prosterneras à ses pieds, et tu la reconnaîtras pour la princesse elle-même.—Qui est cet homme?

HÉLICANUS.—Seigneur, c'est le gouverneur de Mitylène, qui, informé de vos malheurs, est venu pour vous voir.

PÉRICLÈS.—Je vous embrasse, seigneur.—Donnez-moi mes vêtements, je suis égaré par la joie de la voir. Oh! que les dieux bénissent ma fille. Mais écoutez cette harmonie. O ma Marina, dis à Hélicanus, dis-lui avec détail, car il semble douter; dis-lui comment tu es ma fille.—Mais quelle harmonie!

HÉLICANUS.—Seigneur, je n'entends rien.

PÉRICLÈS.—Rien? C'est l'harmonie des astres. Écoute, Marina.

LYSIMAQUE.—Il serait mal de le contrarier, laisse-le croire.

PÉRICLÈS.—Du merveilleux! n'entendez-vous pas?

LYSIMAQUE.—De la musique; oui, seigneur.

PÉRICLÈS.—Une musique céleste. Elle me force d'être attentif, et un profond sommeil pèse sur mes paupières. Laissez-moi reposer.

*(Il dort.)*

LYSIMAQUE.—Donnez-lui un coussin. (*On ferme le rideau de la tente de Périclès.*) Laissez-le. Mes amis, si cet événement répond à mes vœux, je me souviendrai de vous.

(*Sortent Lysimaque, Hélicanus, Marina et la jeune dame qui l'avait accompagnée.*)

## SCÈNE II

Même lieu.

PÉRICLÈS *dort sur le tillac;* DIANE *lui apparaît dans un songe.*

DIANE.—Mon temple est à Éphèse, il faut t'y rendre et faire un sacrifice sur mon autel. Là, quand mes ministres seront assemblés devant le peuple, raconte comment tu as perdu ton épouse sur la mer. Pour pleurer tes infortunes et celles de ta fille, raconte fidèlement toute ta vie. Obéis, ou continue à être malheureux. Obéis, tu seras heureux, je l'atteste par mon arc d'argent. Réveille-toi et répète ton songe.

(Diane disparaît.)

PÉRICLÈS.—Céleste Diane, déesse au croissant d'argent, je t'obéirai.—Hélicanus?

(Entrent Hélicanus, Lysimaque et Marina.)

HÉLICANUS.—Seigneur?

PÉRICLÈS, *à Hélicanus.* — Mon projet était d'aller à Tharse pour y punir Cléon, ce prince inhospitalier, mais j'ai d'abord un autre voyage à faire. Tournez vers Éphèse vos voiles enflées. Plus tard, je vous dirai pourquoi. (*A Lysimaque.*) Nous reposerons-nous, seigneur, sur votre rivage, et vous donnerons-nous de l'or pour les provisions dont nous aurons besoin?

LYSIMAQUE.—De tout mon cœur, seigneur; et quand vous viendrez à terre, j'ai une autre prière à vous faire.

PÉRICLÈS.—Vous obtiendrez même ma fille si vous la demandez, car vous avez été généreux envers elle.

LYSIMAQUE.—Seigneur, appuyez-vous sur mon bras.

PÉRICLÈS.—Viens, ma chère Marina.

(Ils sortent.)

(On voit le temple de Diane à Éphèse. Entre Gower.

GOWER. — Maintenant le sable de notre horloge est presque écoulé.... Encore un peu et c'est fini. Accordez-moi pour dernière complaisance (et cela m'encouragera), accordez-moi de supposer toutes les fêtes, les banquets, les réjouissances bruyantes que le gouverneur fit à Mitylène pour féliciter le roi. Il était si heureux qu'on lui eût promis de lui donner Marina pour épouse! mais cet hymen ne devait avoir lieu que lorsque Périclès aurait fait le sacrifice ordonné par Diane. Laissez donc le temps s'écouler; on met à la voile au plus vite, et les désirs sont aussitôt satisfaits. Voyez le temple d'Éphèse, notre roi et toute sa suite. C'est à vous que nous devons, et nous en sommes reconnaissants, que Périclès soit arrivé sitôt.

(Gower sort.)

## SCÈNE III

Le temple de Diane à Éphèse.—Thaïsa est près de l'autel en qualité de grande prêtresse. Une troupe de vierges. Cérimon et autres habitants d'Éphèse.

*Entrent* PÉRICLÈS *et sa suite*, LYSIMAQUE, HÉLICANUS, MARINA ET UNE DAME.

PÉRICLÈS.—Salut, Diane! pour obéir à tes justes commandements, je me déclare ici le roi de Tyr, qui chassé par la peur, de ma patrie, épousai la belle Thaïsa à Pentapolis. Elle mourut sur mer en mettant au monde une fille appelée Marina, qui porte encore ton costume d'argent, ô déesse! Elle fut élevée à Tharse par Cléon, qui voulut la faire tuer à l'âge de quatorze ans; mais une bonne étoile l'amena à Mitylène. C'est là que la fortune la fit venir à bord de mon navire, où en rappelant le passé elle se fit connaître pour ma fille.

THAISA.—C'est sa voix, ce sont ces traits.... vous êtes, vous êtes....—O roi Périclès!

(Elle s'évanouit.)

PÉRICLÈS.—Que veut dire cette femme...? Elle se meurt : au secours!

CÉRIMON.—Noble seigneur, si vous avez dit la vérité aux pieds des autels de Diane, voilà votre femme.

PÉRICLÈS.—Respectable vieillard, cela ne se peut; je l'ai jetée de mes bras dans la mer.

CÉRIMON.—Sur cette côte même.

PÉRICLÈS.—C'est une vérité.

CÉRIMON.—Regardez cette dame.—Elle n'est mourante que de joie. Un matin d'orage, elle fut jetée sur ce rivage : j'ouvris le cercueil, j'y trouvai de riches joyaux, je lui ai rendu la vie et l'ai placée dans le temple de Diane.

PÉRICLÈS.—Pouvons-nous voir ces joyaux?

CÉRIMON.—Illustre seigneur, ils seront apportés dans ma maison, où je vous invite à venir.... Voyez, Thaïsa revit.

THAISA.—Oh! laissez-moi le regarder. S'il n'est pas mon époux, mon saint ministère ne prêtera point à mes sens une oreille licencieuse. O seigneur, êtes-vous Périclès? Vous parlez comme lui; vous lui ressemblez. N'avez-vous pas cité une tempête, une naissance, une mort?

PÉRICLÈS.—C'est la voix de Thaïsa.

THAISA.—Je suis cette Thaïsa, crue morte et submergée.

PÉRICLÈS.—Immortelle Diane!

THAISA.—Maintenant, je vous reconnais.—Quand nous quittâmes Pentapolis en pleurant, le roi mon père vous donna une bague semblable.

(Elle lui montre une bague.)

PÉRICLÈS.—Oui, oui; je n'en demande pas davantage. O dieux! votre bienfait actuel me fait oublier mes malheurs passés. Je ne me plaindrai pas, si je meurs en touchant ses lèvres.—Oh! viens, et sois ensevelie une seconde fois dans ces bras!

MARINA.—Mon cœur bondit pour s'élancer sur le sein de ma mère.

(Elle se jette aux genoux de Thaïsa.)

PÉRICLÈS.—Regarde celle qui se jette à tes genoux! C'est la chair de ta chair,—Thaïsa, l'enfant que tu portais dans ton sein sur la mer, et que j'appelai Marina; car elle vint au monde sur le vaisseau.

THAISA.—Béni soit mon enfant!

HÉLICANUS.—Salut, ô ma reine!

THAISA.—Je ne vous connais pas.

PÉRICLÈS.—Vous m'avez entendu dire que, lorsque je partis de Tyr, j'y laissai un vieillard pour m'y remplacer. Pouvez-vous vous rappeler son nom? Je vous l'ai dit souvent.

THAISA.—C'est donc Hélicanus?

PÉRICLÈS.—Nouvelle preuve. Embrasse-le, chère Thaïsa; c'est lui. Il me tarde maintenant de savoir comment vous fûtes trouvée et sauvée ; quel est celui que je dois remercier, après les dieux, de ce grand miracle ?

THAISA.—Le seigneur Cérimon. C'est par lui que les dieux ont manifesté leur puissance ; les dieux qui peuvent tout pour vous.

PÉRICLÈS.—Respectable vieillard, les dieux n'ont pas sur la terre de ministre mortel plus semblable à un dieu que vous. Voulez-vous me dire comment cette reine a été rendue à la santé ?

CÉRIMON.—Je le ferai, seigneur. Je vous prie de venir d'abord chez moi, où vous sera montré tout ce qu'on a trouvé avec votre épouse ; vous saurez comment elle fut placée dans ce temple ; enfin, rien ne sera omis.

PÉRICLÈS.—Céleste Diane ! je te rends grâces de ta vision, et je t'offrirai mes dons. Thaïsa, ce prince, le fiancé de votre fille, l'épousera à Pentapolis. Maintenant, cet ornement, qui me rend si bizarre, disparaîtra, ma chère Marina ; et j'embellirai, pour le jour de tes noces, ce visage, que le rasoir n'a pas touché depuis quatorze ans.

THAISA.—Cérimon a reçu des lettres qui lui annoncent la mort de mon père.

PÉRICLÈS.—Qu'il soit admis parmi les astres ! Cependant, ma reine, nous célébrerons leur hyménée, et nous achèverons nos jours dans ce royaume. Notre fille et notre fils régneront à Tyr. Seigneur Cérimon, nous languissons d'entendre ce que nous ignorons encore. — Seigneur, guidez-nous.

(Ils sortent.)

(Entre Gower.)

GOWER.—Vous avez vu, dans Antiochus et sa fille, la récompense d'une passion monstrueuse ; dans Périclès, son épouse et sa fille (malgré les injustices de la cruelle fortune), la vertu défendue contre l'adversité, protégée par le ciel, et enfin couronnée par le bonheur. Dans Hélicanus, nous vous avons offert un modèle de véracité et de loyauté ; et dans le respectable Cérimon, le mérite qui accompagne toujours la science et la charité. Quant au méchant Cléon et à sa femme, lorsque la renommée eut révélé leur crime et la gloire de Périclès, la ville, dans sa fureur, les brûla avec leur famille dans le palais. Voilà comment les dieux les punirent du meurtre qu'ils avaient voulu commettre. Accordez-nous toujours votre patience, et goûtez de nouveaux plaisirs. Ici finit notre pièce.

(Gower sort.)

FIN DU CINQUIÈME ET DERNIER ACTE.

# TABLE DES MATIÈRES

## DU TOME CINQUIÈME

### LE ROI LEAR.

Notice.................................................... 3
LE ROI LEAR, tragédie.............................. 9

### CYMBELINE.

Notice.................................................... 127
CYMBELINE, tragédie.............................. 129

### LA MÉCHANTE FEMME MISE A LA RAISON.

Notice.................................................... 243
LA MÉCHANTE FEMME MISE A LA RAISON, comédie.. 245

### PEINES D'AMOUR PERDUES.

Notice.................................................... 339
PEINES D'AMOUR PERDUES, comédie............... 341

### PÉRICLÈS.

Notice.................................................... 443
PÉRICLÈS, tragédie................................... 445

FIN DU TOME CINQUIÈME

---

Paris. — Imprimerie de P.-A. BOURDIER et Cⁱᵉ, rue des Poitevins, 6.

www.ingramcontent.com/pod-product-compliance
Lightning Source LLC
Chambersburg PA
CBHW051132230426
43670CB00007B/778